- 本书为 2021 年贵州省民族古籍研究基地课题“小江文书（第二辑）整理与研究”成果之一

- 本书获 2021 年贵州省出版传媒事业发展专项资金资助

贵州少数民族地区民间珍稀文献汇编

清水江流域珍稀文献汇编·小江文书（第二辑）

小江文书·石引卷（上）

龙泽江　傅安辉◎编

贵州大学出版社
Guizhou University Press

图书在版编目（CIP）数据

小江文书．第二辑．石引卷 / 龙泽江，傅安辉编
．-- 贵阳 ：贵州大学出版社，2021.10
（清水江流域珍稀文献汇编）
ISBN 978-7-5691-0493-6

Ⅰ．①小… Ⅱ．①龙… ②傅… Ⅲ．①侗族－民族地区－地方史－文献－汇编－贵州 Ⅳ．①K297.3

中国版本图书馆CIP数据核字（2021）第221000号

小江文书·石引卷

编　　者：龙泽江　傅安辉

出 版 人：闵　军
选题策划：葛静萍
责任编辑：高佩佩　文桂芳
装帧设计：陈　丽　方国进

出版发行：贵州大学出版社有限责任公司
地址：贵阳市花溪区贵州大学北校区出版大楼
邮编：550025　电话：0851-88291180
印　　刷：贵州思捷华彩印刷有限公司
开　　本：787毫米×1092毫米　1/16
印　　张：46.5
字　　数：990千字
版　　次：2021年10月第1版
印　　次：2021年10月第1次印刷

书　　号：ISBN 978-7-5691-0493-6
定　　价：288.00元

前 言

傅安辉

石引村属锦屏县平秋镇，距离平秋镇政府 3 千米，距离锦屏县城约 22 千米。石引村是平秋镇第二大村，坐落在锦（屏）彦（洞）公路（852 县道）线上 23 ～ 25 千米处，东接平秋村，南抵清水江“三板溪”水电站库区，与平略镇平敖村相望，西邻彦洞乡黄门村，北与本镇富库、岑巩、万丰、圭叶、孟伯及天柱柳寨相邻。行政区面积 18298.5 亩[①]，其中有林地 16407.5 亩，田 815 亩，旱地 1076 亩。

一、历史沿革

石引村历史悠久，文献记载可以追溯到元代。吴锡镇编著的《亮江流域屯堡文化探寻》记载：“元朝至元二十六年（1289 年），置中林验洞蛮夷长官司，朝廷颁长官司铜印一颗，杨华袭正长官职，领印卜居验洞（彦洞），招抚地方。辖验洞（彦洞）、黄闷（黄门）、苗白（瑶白）、平秋、石隐（石引）、高坝、皮所、小江、谢寨、大广和小广（今剑河县属地）一带，苗民各安耕作。”从这段文字可以看出，1289 年，元朝设立中林验洞蛮夷长官司的时候，“石隐”（石引）村就已经存在，为该长官司的辖地。这么推上去，石引建寨还应该更早。可是，现在石引陆姓、刘姓都说石引开寨于明代，从明代景泰年间（1450 ～ 1457 年）算起，至今有 570 多年的历史。他们的族谱记述，明代景泰年间，陆、刘二姓先人从天柱蓝田一带辗转来到九寨，始结庐于距今石引住地东南方 1 千米处的因寨、新寨。陆姓住因寨，刘姓住新寨。据说之所以选择因寨和新寨，是因为那里已经有人家居住，初来乍到有个依靠。陆、刘姓老人发现在因寨、新寨放牧牛群，牛群觅食到今住地石引后总是乐不思归，又观其地形乃周围高中央平坦宽阔，水源丰富，实为宝地，便移入定居。

---

① 1 亩约合 666.7 平方米。

据说，当时的耕牛就变成了犀牛，而且有“犀牛引路，宝地宏开”的美好传说，侗语“犀引”（Xis Yenx）村名由此而来。为了书写简便，就把“犀引”写成“西引”，再到后来，“西引”又被写成“石引”。如今，石引村有10多个姓氏，陆、刘、吴为三大老姓，陈、邵、熊、全、龙、傅、任、徐等姓宗族人口不多，全姓只剩下一人，有的姓氏人家已经迁走，有的姓氏人家已经绝户。石引所有姓氏人家，除了陆邵二姓、刘陈二姓世结异姓兄弟外，其余各姓之间都可以相互通婚成亲戚。

明清时期，石引是古侗款“九寨”之一，雍正后直属黎平府东北路。1914年，石引设为联防保；1942年，设为九寨乡第五保。解放初，设村建制，为平秋乡所辖。20世纪50年代设为大队，为平秋公社所辖。1984年，复设村，至今为平秋镇所辖。解放后，石引村很大一部分田土、山林被划分出去了。岑良、岑巩、桃子坳等自然村寨也在1950～1958年不再归石引村管辖。石引村现行体制健全，下辖石引、塘娥、登泵、大坝等自然寨，14个村民小组，512户2119人，99.6%的人都是侗族。

二、村容寨貌

石引村，按东、南、西、北的顺序，各姓氏宗族居住地是压欧、盘韶啦、先恩、坪东油、泵铜腊、盘压亥、金壤、扛磨边闷、先架、盘德寨、角顾、塘夺、豪美门、压老、坳场、大寨、圭塘录、盘所、豪所、岗约。开寨的陆氏宗族住先架，开寨的刘氏宗族住坳场。

石引山川灵秀。村寨地形呈盆状，周高中低。北面居住地叫“大寨”，是一座山，风水先生说是金山银山，山下、山腰、山上住满了人家，为石引村的主体。传说有个外地的地理先生来到石引村，看了地形地貌，说石引大寨像一条覆舟，覆舟不吉利，结果被寨老驱逐离境，警告他永远不要再来石引。

石引生态良好，古树参天，竹木青翠，现有保存较好的国家一级珍稀树种红豆杉群，其中古红豆杉树10余棵，是目前九寨地区规模最大的红豆杉树群。还有古枫树、锥栗树、银杏树等风景古树60多棵。石引人历来有重视风景树的习俗，大人教育小孩不能破坏风景树，认为风景树是佑护村民的树木，所以，参天古树随处可见。进入现代社会以来，石引积极响应各级政府建设文明村寨的号召，开展植树绿化活动，村寨的绿化率进一步提高，到处绿树成荫。石引村周围群山环抱，山上杉木林、茶油林、翠竹郁郁苍苍，犹如茫茫林海，望不到边。寨中有3条溪流分别从东、南、西三面汇聚“圭相追”，往东北方向流经圭石溪，流到圭叶村，汇聚小江河，到锦屏县城汇入清水江。

石引村传统民居为全木质吊脚楼，顺山岭而建，鳞次栉比，蔚为壮观。石引村现存原建木质民居150余幢，而且均在居住。石引村寨的建筑物发生较大变化是在20世纪70年代之后，因火患和经济收入的增加，20世纪80年代后，村民逐渐从村中央向四周迁移散居，并陆续改建住房，有的在一楼砌砖，有的全建成砖房，除了少数有别墅或欧式洋房建筑外，绝大多数砖房都模仿干栏式吊脚楼建筑风格式样建造。现在，石引村的房屋屋顶多数盖水泥瓦，或为现浇水泥加防漏雨材料的平顶。2005 年，全村计有盖瓦木房 241 幢，半砖半木房 66 幢，砖混结构房 16 幢。到 2020 年，全村新建砖房已经有 100 多幢。

三、文化习俗

（一）唱歌习俗

石引村的村民爱唱歌，不论何时都爱唱歌，且凡事必歌。石引侗歌有嘎老、嘎花、嘎烧等，歌唱形式有独唱、对唱、合唱。

事主邀请自家最亲近的舅父或姑父家喜爱唱歌的若干个歌师、歌伴对唱嘎老，主方借古典人物及故事对本家作比况，其间无不表露“苦情”“悲情”。客方也在同一古典人物及故事中挑好的一面给予回唱安抚，最后唱许多祝福的颂歌，祝贺主方一切向好。

一个人不能唱“嘎老”，至少要 3 人。一人高调领唱，二人另调跟唱。领唱者或依照侗歌经典或即兴创作，依照固定歌谱（歌调）唱出歌词，跟唱的人以另一固定的歌谱（歌调）接唱。领唱者一般由歌师担当，称为“歌篓”。石引“歌篓”不少，陆再川、陆再坚、陆宗礼、刘荣波、刘光泽、刘光环、吴化云等人深受村民喜爱，活跃在石引和周围村寨。其中，刘光环还是县级代表性传承人。

“嘎花”，即花歌，是石引的婚嫁歌之一。结婚当晚男女双方要唱“嘎花”。主客两方，人数一般男女各 8 ～ 16 人不等，皆为双数。石引现在仍然较好地保持了古老的婚恋习俗。男女青年通过玩山等形式自由恋爱，婚礼需经媒人问话、过篮子、过财礼、谢舅公、唱花歌、出嫁迎亲等程序和仪式。唱“花歌”是石引婚俗的最大特色。出嫁之前，女子要提前一个月左右邀请自己的“花园”男情伴到家中来唱“花歌”，告诉对方“我即将成为别人的新娘”，仪式极为庄重。男情伴接到邀请后立即组织歌队习歌，届时到女方家唱“嘎花”。出嫁当晚，男情伴歌队出发去女方家，女方歌队则在村头、楼下、大门口隆重鸣放礼炮迎接。男情伴歌队进屋后，在堂屋长歌席左边坐下，女方的歌队在歌席右边坐下。女方歌队队友端水给男方歌队队友一一洗脸，吃过甜酒，桌子上摆上丰盛的吃食后开始对唱花歌。花歌一环扣一环，按歌唱顺序分为敲门歌、进屋歌、上楼歌、甜酒歌、夸赞歌、换酒歌、叙旧歌、挽留歌、催行歌、恭贺歌、盘问歌、开路歌、答谢告辞歌等。歌唱内容涉及嫁娶的来历和规矩，对新婚夫妇的赞美和祝福，抒发自己不能得到心上人的惆怅。比如男歌队一般表达的是事主家女儿在恋爱时，先是与男情伴有情有意，后来看上了别人，有了心上人，如今心上人成为夫君，今晚特来叙旧，向女友祝贺，倾诉两情相悦却难成眷属，就此别离，此后天各一方、相互尊重的意思。同时，通过唱歌来祝贺新娘新郎成双成对，祝愿女友成家立业、生儿育女，谋求家庭兴旺发达。女情伴歌队表达的是感谢男情伴，与男情伴在花前月下一起度过了美好的时光，非常留恋同在花园玩耍的日子，本来想跟男情伴私定终身，却受父母之命、媒妁之言被另外许配给舅家表哥或姑表哥为妻，今晚就要出嫁，希望男情伴想方设法解救女情伴出去，远走他乡做一对恩恩爱爱的夫妻，等等。花歌从晚上十点左右开始，一直唱到第二天早晨。天亮了，男情伴的歌队起身辞别，唱辞别歌，新娘歌队则唱挽留歌。男情伴结亲的当天晚上，也一样事先组成歌队，邀请从前在花园谈情说爱、感情深厚的女情伴组成歌队来唱花歌。花歌内容为，女情伴歌队来祝贺男情伴新婚，恭贺新郎成家立业、早生贵子。同时叙旧，埋怨男情伴看不起，以至至今没有婆家可去，等等。男情伴则表达花园攀花不上、女情伴是心上人又得不到才去找别人来做妻子的想法。虽然名花有主，可是心里一直还牵挂着女情伴，怀念从前花前月下的美好时光。若是女情伴回心转意，那就喜出望外，还可从头再来，另起炉灶，等等。无论是新娘出嫁还是新郎娶亲，所唱的花歌实际上都是邀请歌队贺婚叙旧的一种情感活动。每个歌手将花歌烂熟在心，当然也有即兴自编自唱的。唱花歌作为九寨地区最为典型、最具有代表性的婚姻习俗，至今在石引仍然深受人们的喜爱，哪怕唱一场花歌耗资上万也在所不惜。

婚嫁时也必唱“嘎烧”（酒歌），这个是在酒席上唱的，是亲戚为事主家操办的酒席唱赞席歌、祝贺歌。“嘎老”“嘎花”是石引村民的拿手好戏，因此产生了不少歌师。

（二）节庆文化

石引村民族民间节日很多，如春节、元宵、春谯、二月二、三月三、牛生日、立夏、端午、六月尝新、七月上桃源、九月九等。其中过得隆重的有春节、春谯、三月三、端午、六月尝新、七月上桃源、九月九。

石引古有五年一“鞍瓦”，十三年逢卯一“借圈”的斗牛习俗。“鞍瓦”为村寨之间互邀放牛打架的联欢活动。从前，石引常与平秋、黄门、瑶白等大寨子轮流在重阳节举行盛大的斗牛活动，一个村五年举办一次，因此又叫“重阳鞍瓦”。活动主要内容有：祭祖、跳芦笙、牛踩塘、斗牛争霸比赛。现今还融入了民歌赛、行歌坐夜以及极具现代特色的文娱晚会、篮球比赛等内容。届时六亲毕汇，百客咸集，热闹非常。各户争相抢客，以得多为荣。20世纪50年代以后，各村轮流较少，多是由各村寨自行组织进行。2002年9月，石引村恢复举办“鞍瓦”，邀请平秋村全体村民集体做客，开展斗牛、文艺演出、篮球赛等活动，吸引了锦屏、天柱、剑河等地观众二万余人。“借圈”，也叫“吃鼓藏”，是村寨杀牛祭祖祈福和庆祝丰收而特意举办的隆重盛会，以举行祭祖仪式为主，也有斗牛比赛。20世纪50年代以来，“借圈”在石引已经不再举行。其中的斗牛活动则经常进行，逢三月三、端午、尝新、中元、中秋、重阳等节日均放牛打斗。

七月上桃源是石引村的一项神秘习俗，一般在每年的农历七月中元举行。相传每年农历七月的十一日到十九日，阴间向阳间开放桃源，一天不多一天不少。桃源大门开启后，有缘的人在这个时段可以进入桃源，游览体验桃源境况。传说桃源在阴间，上桃源是阳间的人肉身与灵魂分开，肉身在夜幕下坐着凳子，两掌拍打大腿，两腿脚跟离开地面，脚尖点地面，有节奏地跳跃。于是，灵魂离开肉体进入阴间的桃源。传说桃源繁花似锦，洞天似天堂，到了里面，就不想回来。桃源一共有十二道门，一般进到第九道，再往前就谁喊都喊不回来了，即上桃源人的两腿跳到死为止。所以，怕人们贪恋桃源盛景，在身旁帮助上桃源的法师，一般都要进行操纵控制，等灵魂走进桃源的第九道门时就不让其往前了。20 世纪 80 年代以前，石引有名的帮助上桃源的法师是陆氏宗族的连响师傅，他作导师，指示人们摆设香案，放好上桃源的位子。大家各自坐好，把头和双手埋在大腿上，作好上桃源洞的准备。在夜幕下吹灭灯光，暗下来后，大家把头埋在大腿上。只听连响念念有词，意思大概是请天上的仙女、阴间的守门人，都来帮助上桃源。然后，他含着冷水往上桃源座位上的一排人背后喷去，人们浑身打颤，打着呵欠，双脚脚跟离开地面，脚尖着地就弹跳起来，就是走上了去桃源的路。不是每一个人都能上桃源。身体虚弱的人容易去，身体强壮的就去不了。因此，准备上桃源的人往往有几十个，但能够进去的人往往只有十几个。进不了的就在现场问进去了的人，进去的人就把在阴间桃源所看到的、所听到的、所遇到的说给阳间的人们听。

现在七月上桃源的风俗，被开发成传统文化节日。节日活动同样是行歌坐夜、以歌会友、以歌传情等。2007 年农历七月初十，石引村依照上桃源的习俗办起了“桃源文化节”，此后每到此节，均举行大型斗牛赛事、赛歌、文艺晚会，以娱大众。届时邀约周边寨民参加，热闹非凡，大家其乐融融。

四、石引文书概况

石引村契约文书资源丰富，《小江文书·石引卷》收录了 7 户人家所收藏的文书约 600 份。石引文书涉及内容最多的是卖田契约，其次为山林契约、园地契约、山场租佃契约、土地管业执照、田赋收据、典当借贷契约、房屋地基契约、农业税收据，等等。在刘光辉家收藏的契约文书里，还有比较少见的出售妻子契约 2 件，内容都是出卖同一个妻子。还有 1 件送兵收据，把兵员一人送到兵役局，兵役局就开收据给送兵人回去交差。

（一）刘光彬户藏文书

刘光彬是清末九寨乡团总理刘开厚家族的后裔。刘开厚没有儿子，刘光彬是刘开厚亲兄弟的第四代传人。刘氏家族在刘开厚去世后的家族财产纠纷诉讼与生产经营不善中逐渐败落下来，到了刘光彬的父亲刘生良这一辈，跨越解放前与解放后两个时期，家里的财产更是没有什么值得炫耀的了。只有刘开厚时代的契约，见证了那段难忘的辉煌记忆。刘开厚遗存的所有文书都是由刘光彬收藏保存。其中，保甲团练档案文书已经收录在《九寨侗族保甲团练档案》，本卷只收录刘光彬户收藏的刘氏家族土地契约及赋税等文书142件。其中，田、山、园地等土地契约85件，租佃合约33件，典当借贷契约24件。

（二）傅安辉户藏文书

傅安辉是石引傅氏宗族的第四代后裔。石引傅氏宗族第一代人傅光铨进入石引购置田土山林比较多，到了他的三个儿子，老大傅万顺靠做法师、老三傅长发靠染布技艺，发展都超过了傅光铨，只有老二傅长久务农没有发迹，长久的三个儿子，老大傅宗桥和老三傅德贵继承父辈衣钵务农，依然一贫如洗，只有老二傅宗贵改做生意经商，在20世纪40年代发迹了，购置了不少田土山林。解放初期，傅安辉的父亲傅宗贵被划为富农，后来傅宗贵申请获得同意改划为富裕中农，可见是比较殷实的人家。其契约大都收藏保存在三儿子傅安辉家里。本卷收录傅安辉户收藏的契约文书共91件，基本上全是田、山、园地等土地契约。

（三）陆宗显户藏文书

陆宗显祖上住在石引村的上寨，家族人丁发展较快，经济状况在石引处于中等以上水平。到其父辈，宗族里的陆荣彦当过九寨乡第五保保长，说明陆宗显的家族在民国时期是比较有势力的。但是，陆宗显家里没有人从政，是靠务农和经营副业富裕起来的，也购置了一些山林田土。本卷收录陆宗显户收藏的契约文书共54件，以田、山、园等土地契约为主。

（四）吴孝求户藏文书

吴孝求所属吴氏家族住在石引村大寨的圭塘禄一带，实际上为石引村的下寨。明清时期发展较好，到了民国时期，吴氏家族经济状况处于下等，贫寒人家比较多。到了解放初期，吴氏家族出了一个人物叫吴金林，就是吴孝求的堂伯父，他出任石引村的出纳，后任会计，直到1971年底，可以算是石引的显赫人物。吴氏家族还有一位显赫人物就是吴孝求的父亲吴清海，他聪明过人，自学成才，是石引村大名鼎鼎的掌墨师傅，设计建造过石引和附近村寨的很多木楼。吴清海掌墨师傅的木匠技艺给家里带来了一定的经济收益，他也购买过一些山林田土。但是，家境基础太薄弱，难以在短时间内有较大的改变。吴清海的父亲在吴清海出生前的五个月就病故了，母亲在他六岁时也改嫁他人，吴清海与祖母相依为命度日。所以，家境贫寒，难以迅速发迹。不过，吴清海为人忠厚，赢得了家族的信任。家族中的一些契约文书都托他保管。后来，吴清海年事已高，转交给大儿子吴孝求保管，所以，吴孝求家中至今收藏有一些契约文书。本卷收录吴氏家族契约文书87件，以田、山、园地契约为主，其中1份出卖乡场集市股份的文书比较少见。

（五）刘光辉户藏文书

刘光辉所属刘氏家族在清末的经济情况，据村里老人回忆，是比较好的状态。到了民国时期，由盛到衰，呈败落趋势。解放后，情况逐渐好转。刘光辉的父亲是老实本分的农民，一辈子过着清贫的日子。刘光辉三兄弟长在新社会，沐浴着党的阳光雨露，生活状况在村里比较好。刘光辉是老二，按照石引的习俗，契约文书应该是老大保管，可是，刘光辉的哥哥刘光和文化水平有限，刘光辉的弟弟刘光文也比不上刘光辉的文化水平，所以，刘氏家族祖传的契约文书就由老二刘光辉来保管收藏。本卷收录刘光辉户收藏的契约文书86 件。契约内容涉及面比较广，除了以田、山、园地等土地契约为主外，还有析分家产文书、继嗣文书和售妻书等。

（六）傅道坤户藏文书

傅道坤属于石引傅氏宗族第一代人傅光铨的大儿子的后裔，是石引傅氏宗族的第五代人。傅道坤的祖父傅宗禄早年担任九寨乡的积谷管理员，家庭经济状况比较好，购置了不少山林田土。但是，其曾祖父和祖父主要还是靠做法师积累财富，他们会放阴火。九寨习俗中，非正常死亡的人在埋葬之前要烧成骨灰。放阴火就是把死人放入棺木，在棺木两头各开一个小口子，从尸体脚的一头用棉花点火，火苗燃向棺木里面，另一头冒烟出来，等到棺木内的尸体烧成灰，阴火自然熄灭。九寨一条山岭上，会放阴火的就是傅氏宗族法师。就凭这门技术，九寨区域内的各村各寨有人非正常死亡时，都来请傅宗禄他们去放阴火，所以，他们积攒了一些钱财。傅宗禄有根林、安显、安永、安相四个儿子。傅道坤的父亲傅根林是老大，而傅道坤又是傅根林的大儿子。所以，祖父傅宗禄保管的契约文书大都收藏保存在傅道坤家里。本卷收录傅道坤家收藏的契约文书共 99 件。以田、山、园坪为主的契约文书 67 件，契约抄本 1 册，抄录土地契约或购买土地信息 64 件，税费票据31 件。

（七）陆再成户藏文书

据石引村老人回忆，陆再成祖上在清朝末年田地较多，家境比较殷实，家资在石引属于中等偏上。民国后期家境败落，不断出卖山林田土。解放后划分成分时变成贫农。由于陆再成属于长房的老大，按照习俗，契约文书由他保管。本卷收录陆再成户收藏的陆氏家族契约文书 38 件，以田、山、园地等契约为主。

石引村的土地，经历了一个先入为主、无偿占有，到凭借占有、出售给后来者，再到后来者互相之间进行买卖的发展变化过程。从明代景泰年间陆姓、刘姓联袂前来石引开寨起，这里的土地都被他们随意占领瓜分。开寨的陆姓、刘姓人家对于稍后的进入者，提出的要求只有一个，那就是不管你原来是什么姓氏，到了石引就得归附、依附或投靠开寨人家的姓氏，不同意就走人。千里来寻住地，当然只能选择服从。开寨的陆姓、刘姓人家就把占有的土地、山场的一部分划分给他们，作为房屋、谷仓、鱼塘的地基、耕地和林木用地。再往后，外面的人因各种缘由纷至沓来，后来者就是改名换姓归附陆姓、刘姓也已经不可能分到土地，就只能向先入者购买土地了，由此开启了石引土地买卖的历史。

目　录

凡　例

一、本资料汇编来源于锦屏、天柱、剑河三县交界的小江流域，涉及三县毗邻地带的多个侗族村寨，总名为小江文书，按归户编排，分册整理。册下分卷，一户一卷。

二、文书题名包含“责任者（立契人或事主）+文书内容（事由）+文书类型名称（文种）”三要素，后面括注文书产生时间。

三、立契人超过三人时，题名只录前三人，后面以“等”字代替。两人以上（含两人）视其关系标明父子、母子、叔侄或兄弟等。

四、相同姓氏人名连排时，原则上题名及全文录文不省略后面人名的姓氏。

五、责任者即契约的立契人或事主。官府发布的告示、通知、告谕、判决等行政、军事或法律等普发性公文，以官府为文书发布者。而官府出据的土地执照、田赋收据、保甲户牌等，以土地所有人、田粮缴纳人、户主等为责任主体（事主）。

六、题名括注的时间为年号纪年和民国纪年，中华人民共和国成立后的少量契约，则用公元纪年，其数字均用汉字小写。部分民国契约的时间只有干支纪年，则换算成民国纪年，如“民国乙卯年”换算成“民国四年”。文书时间原作“廿”“念”“卅”者，题名中一律改作“二十”“三十”；闰月年份，原作“润”“又”“后”者，一律改为“闰”。全文录文时原则上遵从原文的表述。

七、题名中的文书内容（事由）及文书类型名称（文种）遵从原文表述，力求简洁。如原文对文书名称可能表述为“契约”或“字约”，则省称“契”或“字”，也有可能原文表述不清，则根据情况酌定。

八、全文录文中的时间、金额等数字有用汉字小写“一、二、三……”和汉字大写“壹、贰、叁……”的，原则上遵从原文。

九、原文中的异体字或错别字，在原文照录外，以“（）”标出正字。不过对于文书资料中的人名、地名，录文时尽量尊重原文写法。

十、因文书损坏造成的缺字或字迹模糊，难以辨识，一律以“□”表示此处缺一字或该字无法辨识；若不能确定缺字数量，则一律以“……”表示。凡缺字一般不补，但若据上下文义或同类相关文书可确认为某字时则补，补字以“[ ]”标出。若出现多余的字即衍字，可以不录。

十一、合约类文书中的半书字或骑缝字等以“【】”标出。

卷一 刘光彬户藏文书

（一）土地契约

1. 抄件（乾隆五十八年七月初二日及咸丰二年二月初十日）

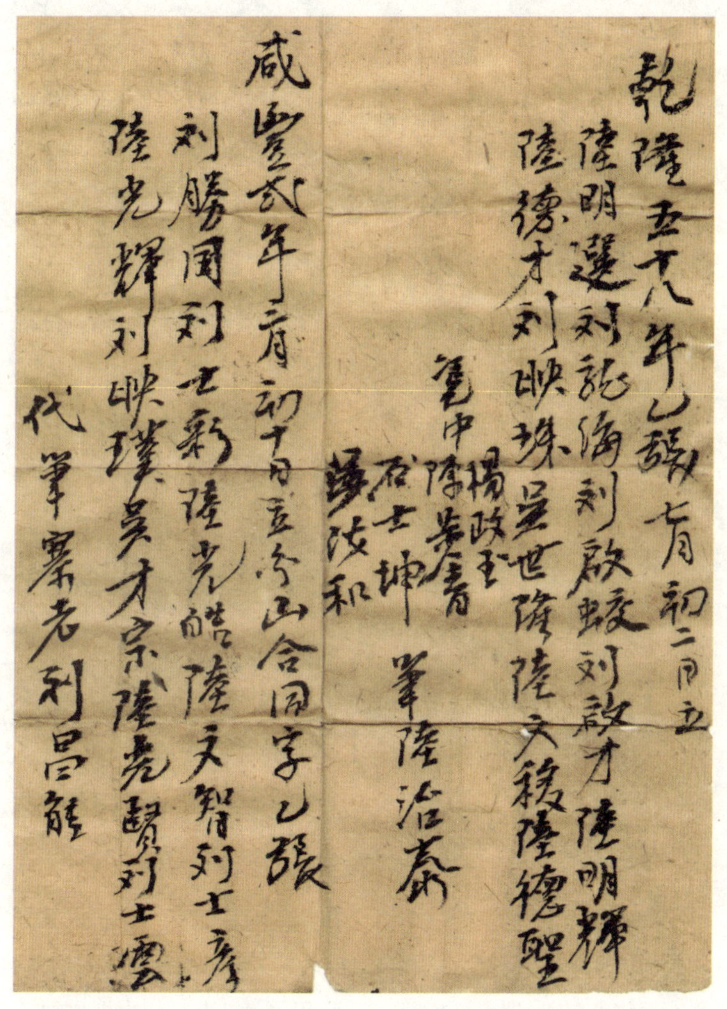

乾隆五十八年一张七月初二日立

陆明选、刘龙海、刘启蛟、刘启才、陆明辉、陆德才、刘映珠、吴世隆、陆文移、陆德圣

凭中：杨政玉、陈步青、石士坤、吴汝和

笔：陆治泰

咸丰贰年二月初十日立分山合同字一张

刘胜国、刘士彩、陆光皓、陆文智、刘士彦、陆光辉、刘映璞、吴才宗、陆先贤、刘士云

代笔：寨老刘昌能

2. 刘祥桥、刘秀荣、刘秀林父子卖地土字（道光十九年四月初四日）

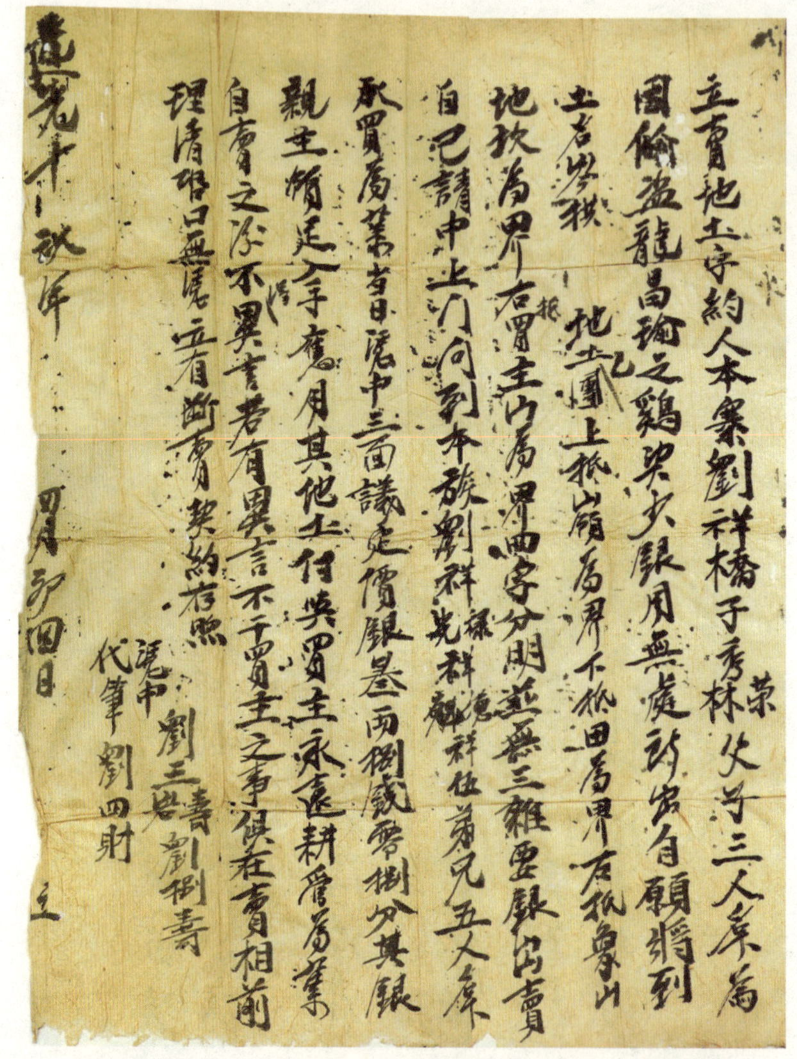

立卖地土字约人本寨刘祥桥、子秀荣、秀林父子三人名下，为因偷盗龙昌瑜之鸡，缺少银用，无处所出，自愿将到土名岑拱地土一团，上抵岭为界，下抵田为界，左抵象山地坎为界，右抵买主山为界，四字（至）分明，并无三（掺）杂，要银出卖。自己请中上门问到本族刘祥禄、祥光、祥德、祥魁、祥伍弟兄五人名下承买为业，当日凭中三面议定价银叁两捌钱零捌分。其银亲主（手）领足入手应用，其地土付与买主永远耕管为业。自卖之后，不得异言。若有异言，不干买主之事，俱在卖［主］相（向）前理清。恐口无凭，立有断卖契约存照。

凭中：刘三寿、刘三岩、刘捌寿

代笔：刘四财

道光十玖年四月初四日立

3.陆承莫、陆承元、陆承晚兄弟卖地土字木柴山字（咸丰元年三月十六日）

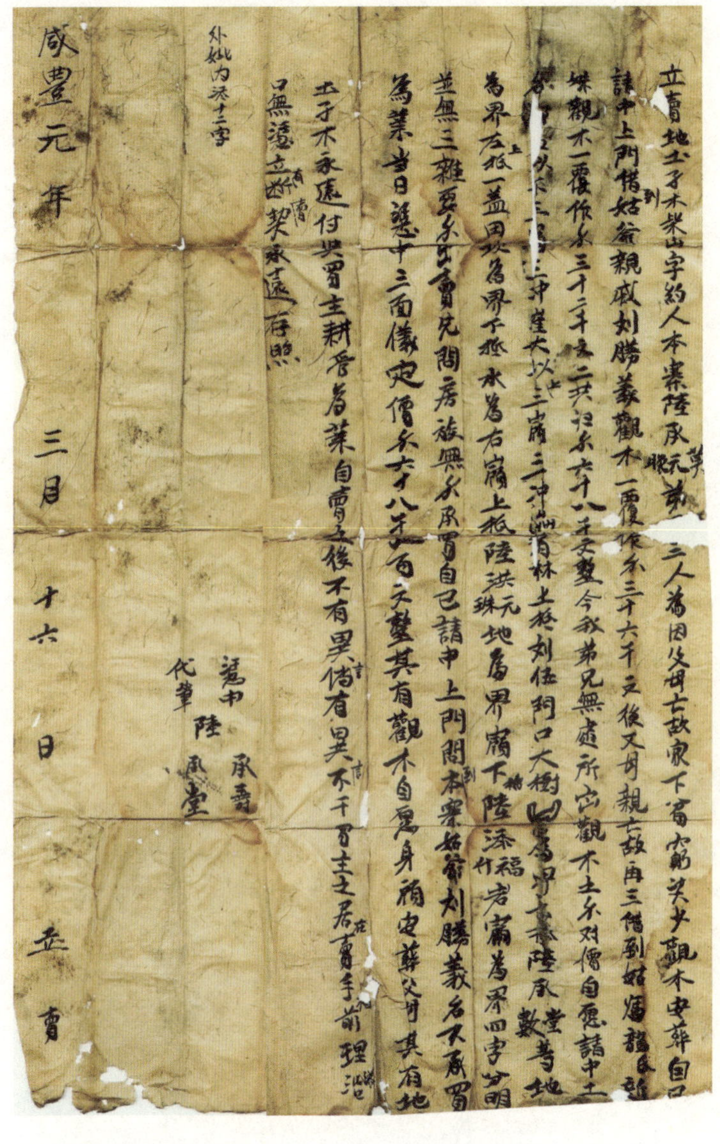

立卖地土子（字）木柴山字约人本寨陆承莫、陆承元、陆承晚弟［兄］三人，为因父母亡故，家下贫穷，缺少观（棺）木安葬，自己请中上门借到姑爷亲戚刘胜义观（棺）木一覆（副），作钱三十六千文，后又母亲亡故，再三借到姑妈龙氏新姝观（棺）木一覆（副），作钱三十二千文，二共归钱六十八千文整。今我弟兄无处所出，观（棺）木土钱对价，自愿请中土名□□以下三□三冲，□大以上三岭三冲□□有林，上抵刘伍门口大树凹为界，下抵陆承堂、陆承数等地为界，左上抵一盖田坎为界，下抵水为［界］，右岭上抵陆洪元、陆洪珠地为界，岭下抵陆添福、陆添什岩岭为界。四字（至）分明，并无三（掺）杂，要钱出卖。先问房族无钱承买，自己请中上门问到本寨姑爷刘胜义名下承买为业，当日凭中三面仪（议）定价钱六十八千八百文整。其有观（棺）木自愿身领安葬父母，其有地土子木永远付与买主耕管为业。自卖之后，不有异言。倘有异言，不干买主之［事］，居（俱）在卖手相（向）前理落。恐口无凭，立有断卖契永远存照。

外批：内添十二字

凭中：陆承寿

代笔：陆承堂

咸丰元年三月十六日立卖

4. 刘宗□卖田契（同治元年八月十四日）

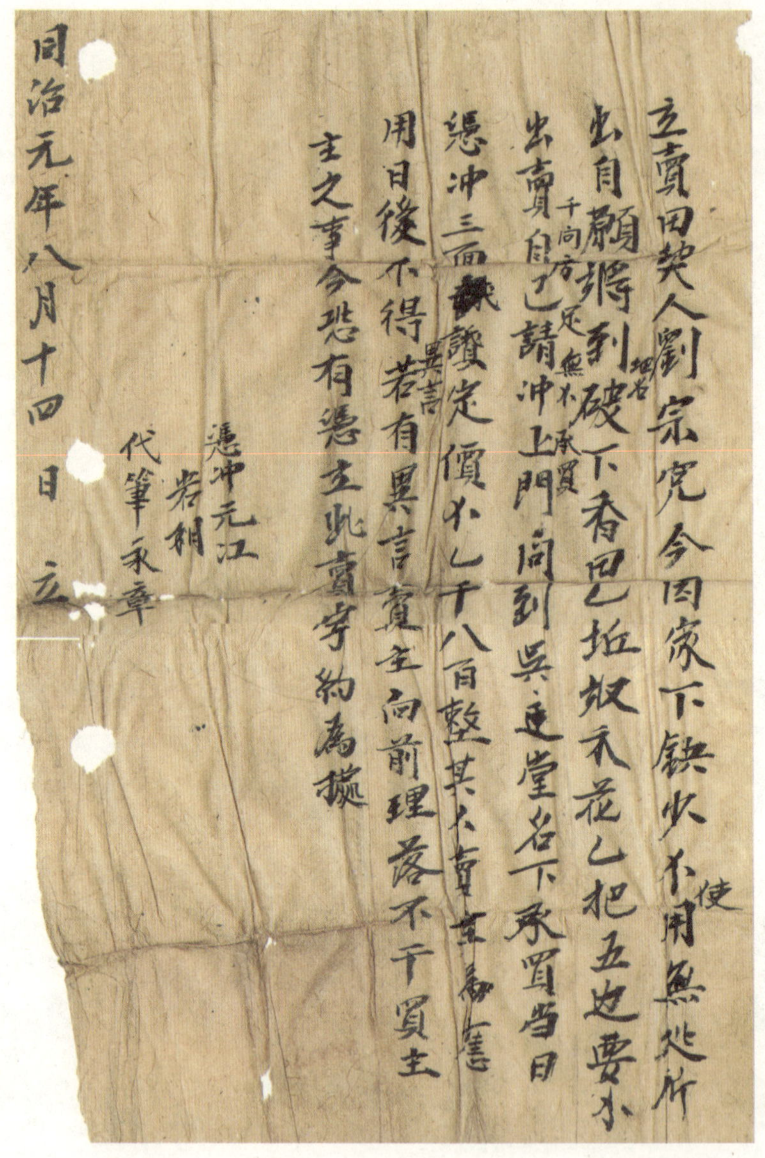

立卖田契人刘宗□，今因家下缺少钱使用，无处所出，自愿将到地名破下香田一丘，收禾花一把五边，要钱出卖。千（先）问房足（族）无钱承买，自己请冲（中）上门问到吴廷堂名下承买，当日凭冲（中）三面议定价钱一千八百整。其钱卖（买）主为应用，日后不得异言。若有异言，卖主向前理落，不干买主之事。今恐有（无）凭，立此卖字约为据。

凭冲（中）：元江、岩相

代笔：永章

同治元年八月十四日立

5. 刘成牛卖田契（同治二年二月初六日）

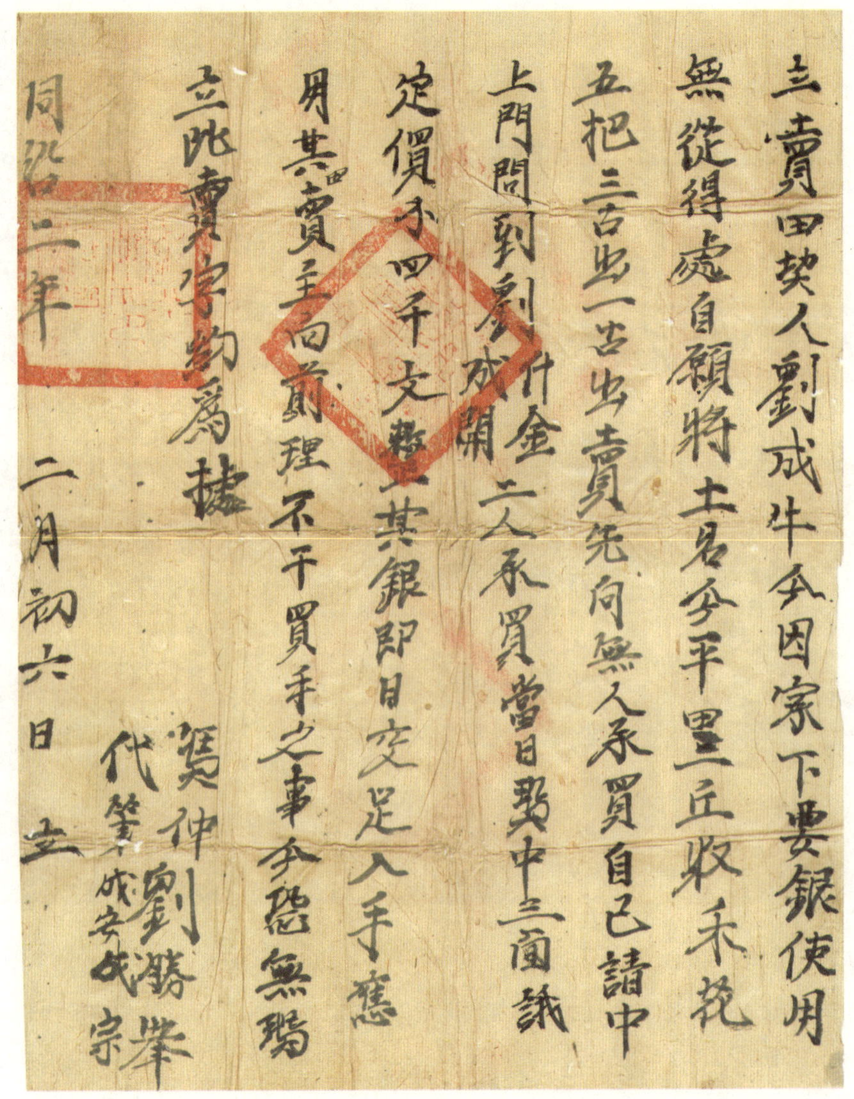

立卖田契人刘成牛，今因家下要银使用，无从得处（出），自愿将土名今平田三丘，收禾花五把，三古（股）出一古（股）出卖。先问［房族］无人承买，自己请中上门问到刘什金、刘成开二人承买，当日凭中三面议定价钱四千文整。其银即日交足入手应用，其田卖主向前理［落］，不干买手之事。今恐无凭，立此卖字约为据。

凭仲（中）：刘胜举

代笔：成安、成宗

同治二年二月初六日立

6. 刘开沿、刘开堂、刘开厚兄弟卖地主杉木字（同治四年三月初七日）

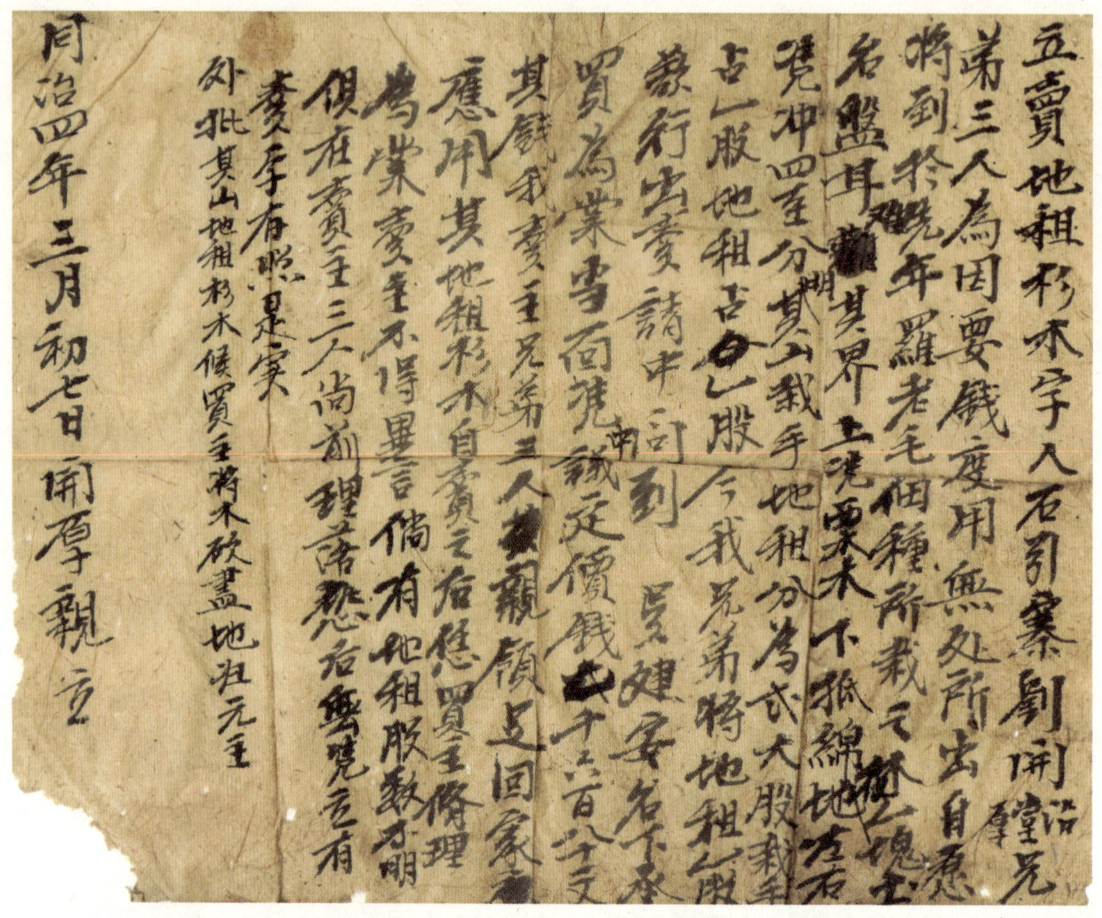

立卖地租（主）杉木字人石引寨刘开沿、刘开堂、刘开厚兄弟三人，为因要钱度用，无处所出，自愿将到于先年罗老毛佃种所栽之林一块，土名盘耳难，其界上凭栗木，下抵绵（棉）林地，左右凭冲，四至分明。其山栽手地租（主）分为贰大股，栽手占一股，地租（主）占一股。今我兄弟将地租（主）一股欲行出卖。请中问到吴建安名下承买为业，当面凭中议定价钱一千六百八十文。其钱我卖主兄弟三人亲领足回家应用。其地租（主）杉木自卖之后，恁（凭）买主修理为业，卖主不得异言。倘有地租（主）股数不明，俱在卖主三人尚（上）前理落。恐后无凭，立有卖字存照是实。

外批：其山地租（主）杉木候买主将木砍尽，地归元（原）主。

同治四年三月初七日开厚亲立

7. 刘寅弟卖田契（民国十四年四月十二日）

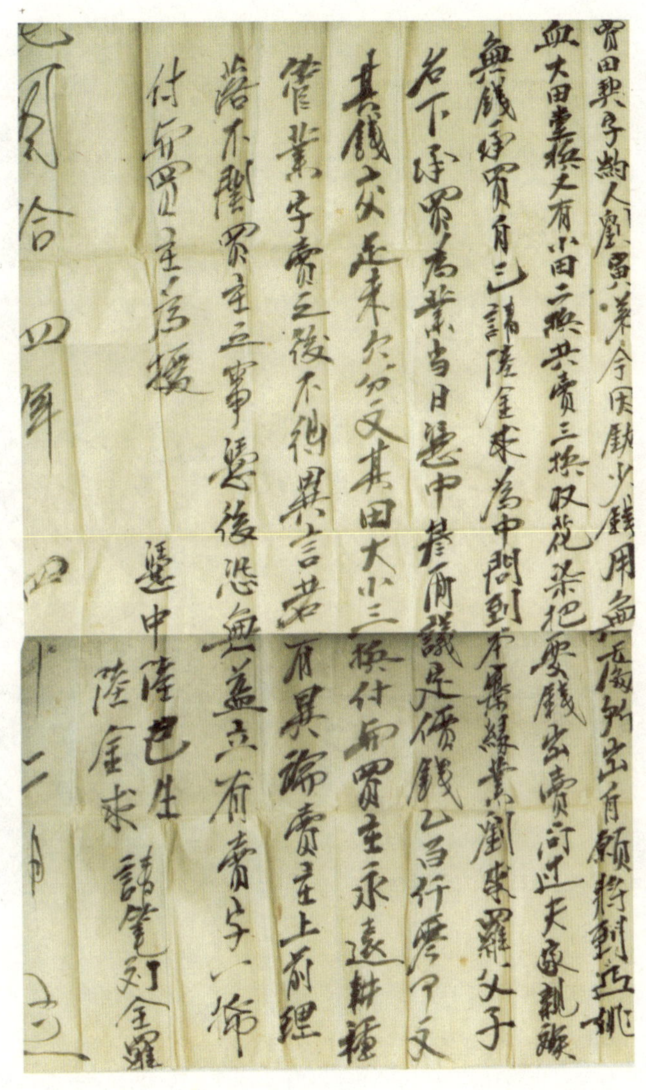

[立] 卖田契字约人刘寅弟，今因缺少钱用，无处所出，自愿将到凸姚血大田壹丘，又有小田二丘，共卖三丘，收花柒把，要钱出卖。问过夫家亲族无钱承买，自己请陆金求为中，问到本寨□业刘求罗父子名下承买为业，当日凭中叁面议定价钱一百仟零百文。其钱交足，未欠分文，其田大小三丘付与买主永远耕种管业。字（自）卖之后，不得异言。若有异论，卖主上前理落，不关买主之事。凭后恐无（恐后无凭），盖立有卖字一纸付与买主为据。

凭中：陆己生、陆金求

请笔：刘金罗

民国拾四年四月十二日立

8. 陆承庆卖杉木地土字（同治五年七月二十六日）

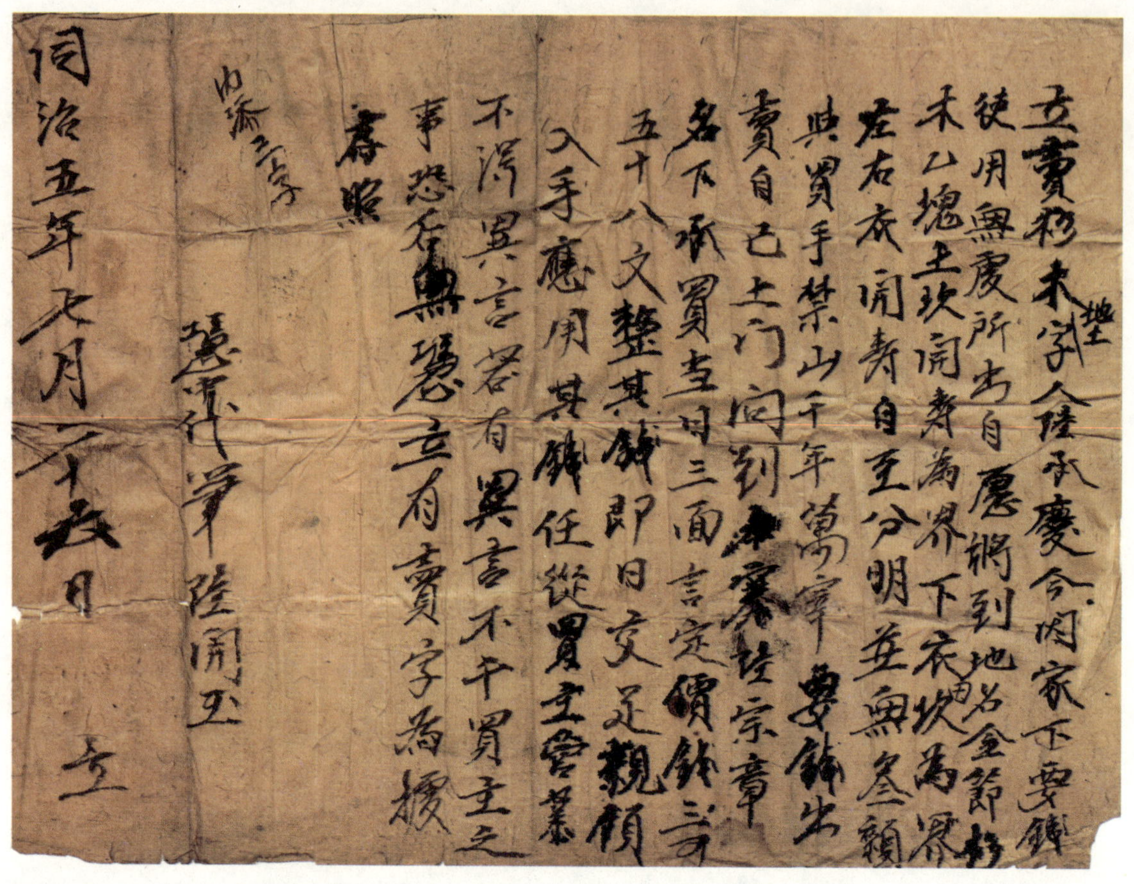

立卖杉木地土字人陆承庆，今因家下要钱使用，无处所出，自愿将到地名金节杉木一块，上坎（抵）开寿为界，下衣（依）田坎为界，左右衣（依）开寿，自（四）至分明，并无叁（掺）杂，与买手禁山千年万宰（载），要钱出卖。自己上门问到本寨陆宗章名下承买，当日三面言定价钱三百五十八文整。其钱即日交足亲领入手应用，其钱（田）任从买主管业，不得异言。若有异言，不干买主之事。恐后无凭，立有卖字为据存照。

内添三字

凭中、代笔：陆开玉

同治五年七月二十六日立

9. 陆建勋卖田契（同治十八年正月二十日）

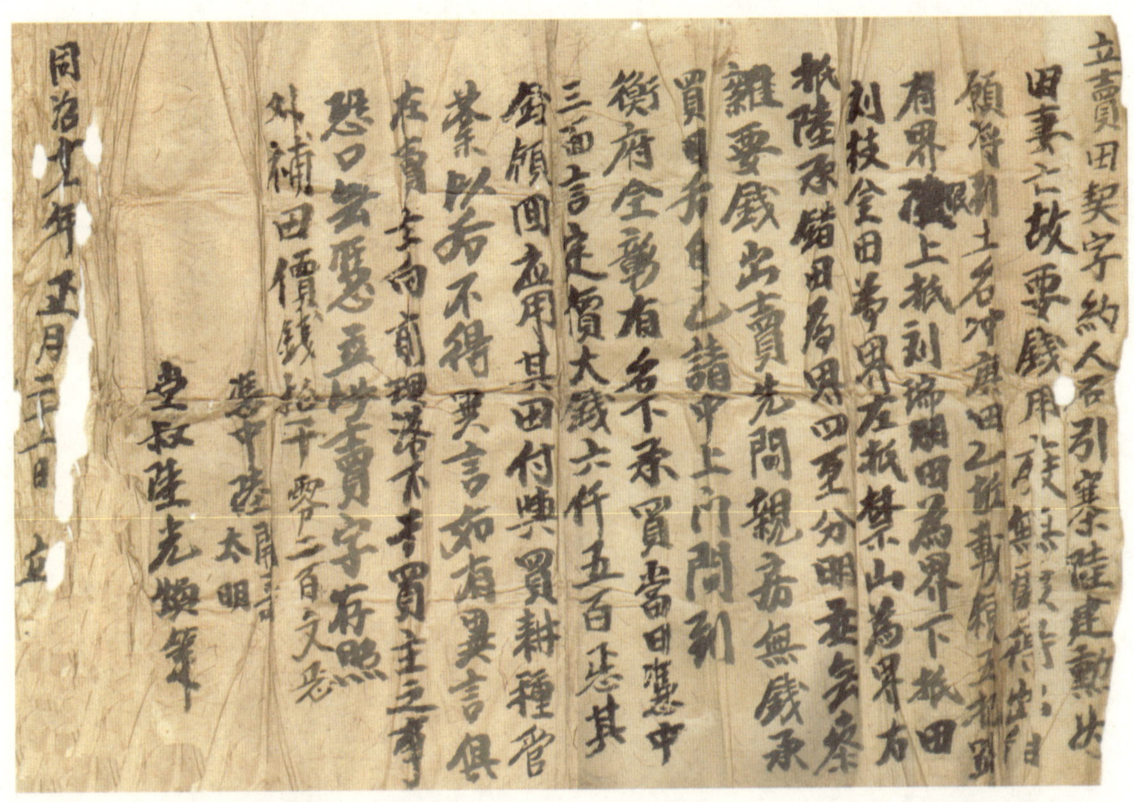

立卖田契字约人石引寨陆建勋，为因妻亡故，要钱用度，无处得出，自愿将到土名冲庚田一丘，载粮五把，路有界限，上抵刘瑞朋田为界，下抵田刘枝金田为界，左抵禁山为界，右抵陆承错田为界，四至分明，并无叁（掺）杂，要钱出卖。先问亲房无钱承买，日后自己请中上门问到衡府全彰有名下承买，当日凭中三面言定价大钱六仟伍百整。其钱领回应用，其田付与买［主］耕种管业，以后不得异言。如有异言，俱在卖主向前理落，不干买主之事。恐口无凭，立此卖字存照。

外补田价钱拾千零二百文整

凭中：陆开寿、陆太明

堂叔陆光焕笔

同治十八年正月二十一日立

10. 陆天什卖田契（同治七年十月十九日）

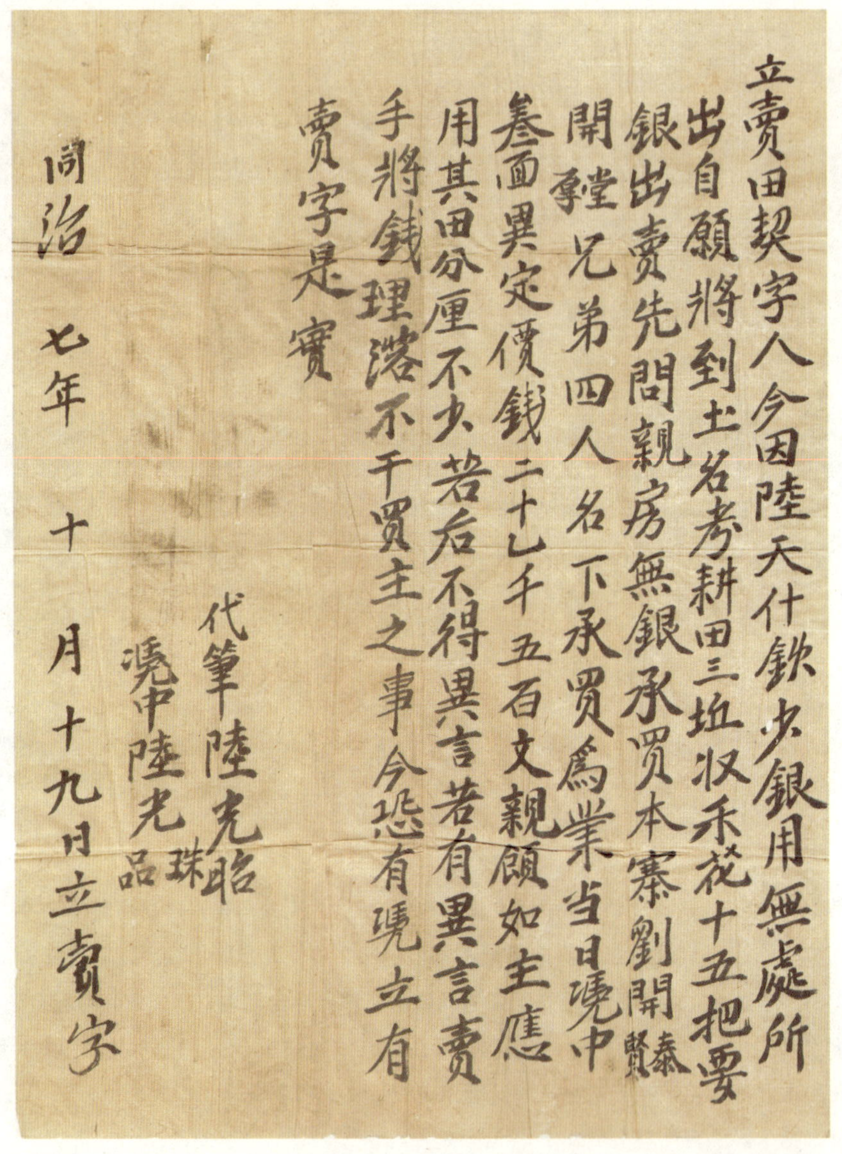

立賣田契字人今因陸天什欽少銀用無處所
出自願將到土名考耕田三坵收禾花十五把要
銀出賣先問親房無銀承買本寨劉開賢泰
開厚堂兄弟四人名下承買爲業當日憑中
叁面異定價錢二十一千五百文親領如主應
用其田分厘不少若后不得異言若有異言賣
手將錢理落不干買主之事今恐有憑立有
賣字是實

代筆陸光昭
憑中陸光珠 品

同治七年十月十九日立賣字

立卖田契字人，今因陆天什缺少银用，无处所出，自愿将到土名考耕田三丘，收禾花十五把，要银出卖。先问亲房无银承买，本寨刘开泰、刘开贤、刘开堂、刘开厚兄弟四人名下承买为业，当日凭中叁面异（议）定价钱二十一千五百文。亲领如（入）主（手）应用，其田分厘不少，若后不得异言。若有异言，卖手将钱理落，不干买主之事。今恐有（无）凭，立有卖字是实。

代笔：陆光昭

凭中：陆光珠、陆光品

同治七年十月十九日立卖字

11. 陆天什卖田契（同治七年十一月十九日）

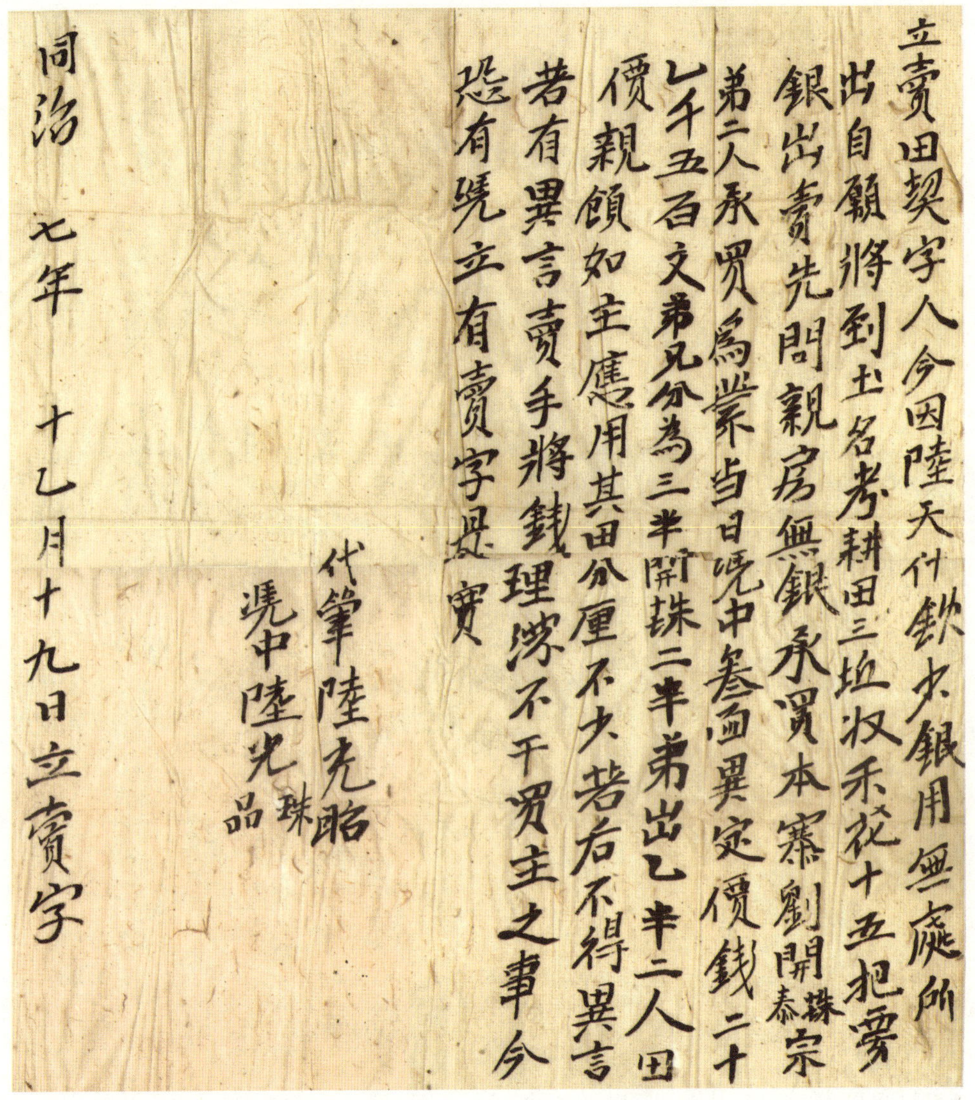

立卖田契字人，今因陆天什缺少银用，无处所出，自愿将到土名考耕田三丘，收禾花十五把，要银出卖。先问亲房无银承买，本寨刘开珠、刘开泰宗（兄）弟二人承买为业，当日凭中叁面异（议）定价钱二十一千五百文。弟兄分为三半，开珠二半，弟出一半，二人田价亲领如（入）主（手）应用，其田（钱）分厘不少，若后不得异言。若有异言，卖手将钱理落，不干买主之事。今恐有（无）凭，立有卖字是实。

代笔：陆光昭

凭中：陆光珠、陆光品

同治七年十一月十九日立卖字

12. 陆天什卖田契（同治七年十一月十九日）

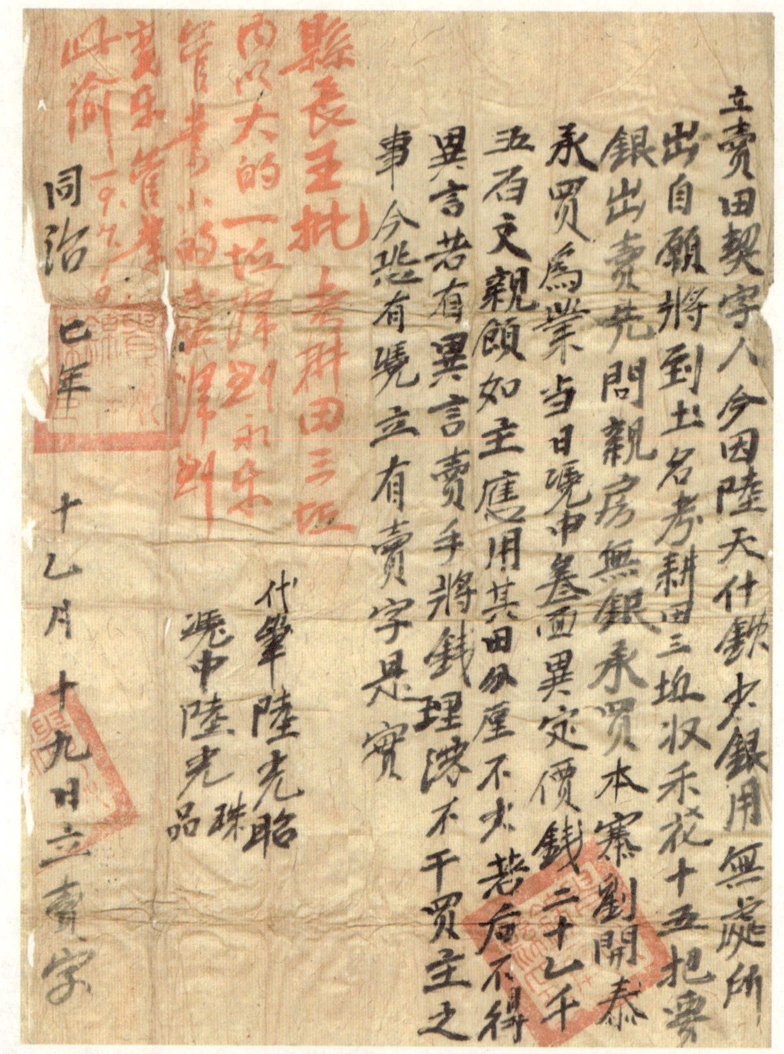

立卖田契字人，今因陆天什缺少银用，无处所出，自愿将到土名考耕田三丘，收禾花十五把，要银出卖。先问亲房无银承买，本寨刘开泰承买为业，当日凭中叁面异（议）定价钱二十一千五百文。亲领如（入）主（手）应用，其田（钱）分厘不少，若后不得异言。若有异言，卖手将钱理落，不干买主之事。今恐有（无）凭，立有卖字是实。

县长王批：考耕田三丘，内以大的一丘归刘永乐管业，小的二丘归刘宽乐管业。此谕。

代笔：陆光昭

凭中：陆光珠、陆光品

同治七年十一月十九日立卖字

13. 龙林旺卖田契（同治七年十二月十四日）

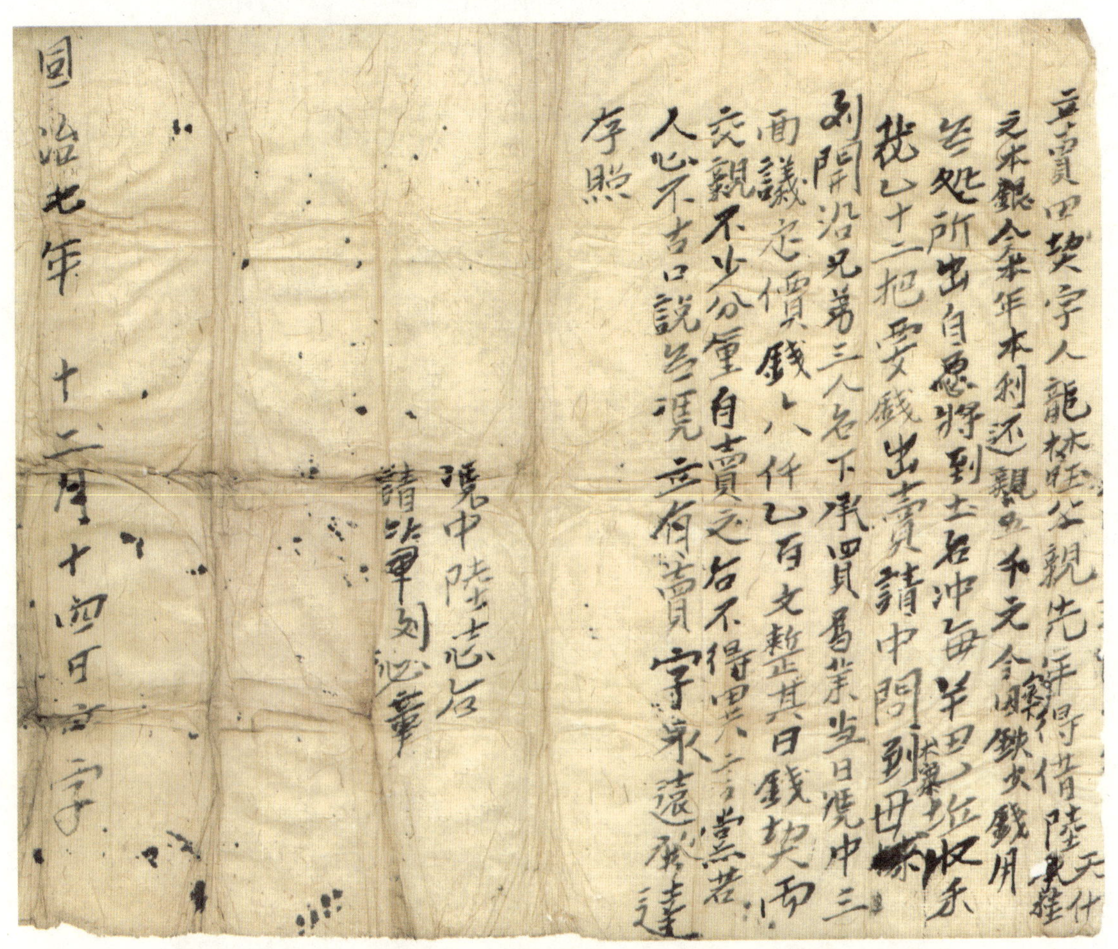

立卖田契字人龙林旺，父亲先年得借陆天什、陆承桂之本银，今本年本利还亲（清）五千文，今因家下缺少钱用，无处所出，自愿将到土名冲每半田一丘，收禾花一十二把，要钱出卖。请中问到本寨母□刘开沿兄弟三人名下承买为业，当日凭中三面议定价钱六仟一百文整。其日钱契两交亲（清），不少分厘，自卖之后，不得异言。党（倘）若人心不古，口说无凭，立有卖字永远发达存照。

凭中：陆志仓

请笔：刘必章

同治七年十二月十四日立字

14. 刘应堂卖地字（同治八年八月初八日）

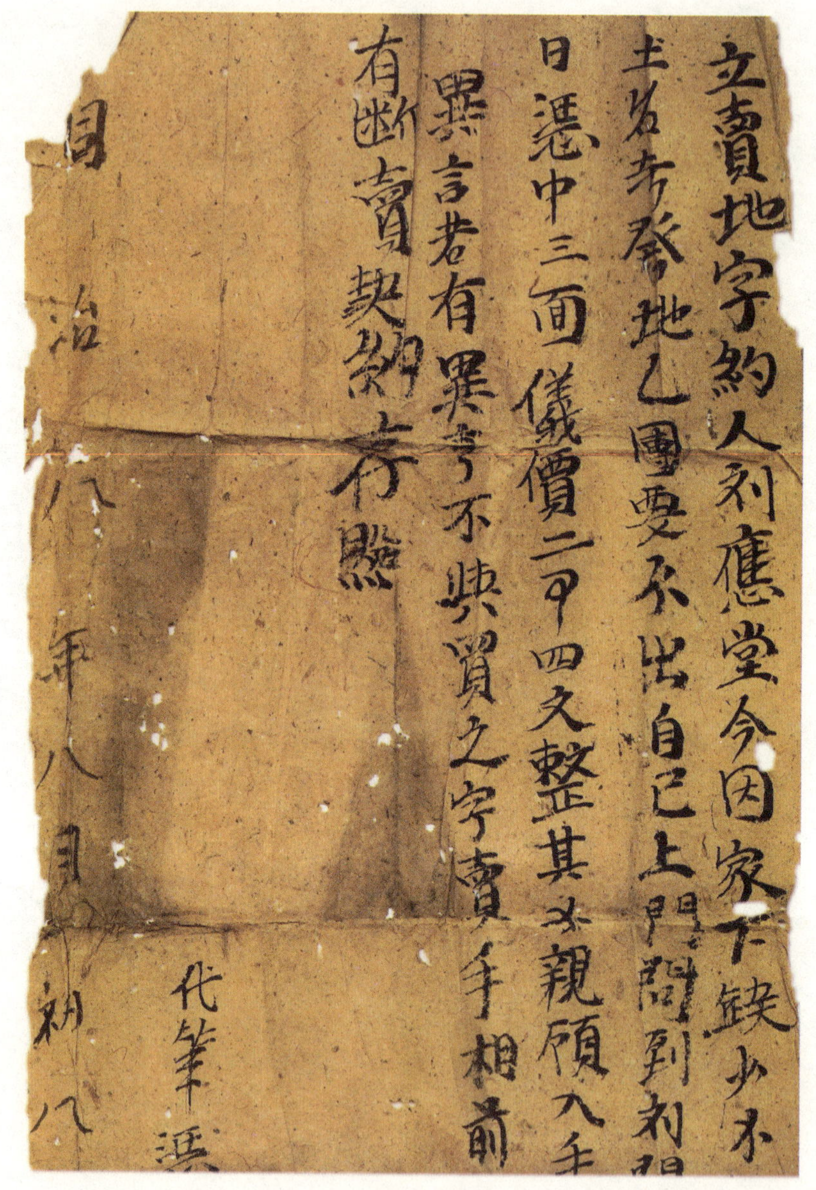

立卖地字约人刘应堂，今因家下缺少钱……土名考发地一团，要钱出［卖］。自己上门问到刘［门］……日凭中三面仪（议）价二百四文整。其钱亲领入手……异言。若有异言，不与（干）买［主］之字（事），卖手相（向）前……有断卖契约存照。

代笔：凭

同治八年八月初八［日］

15. 刘荣□卖地基字（同治八年十一月初四日）

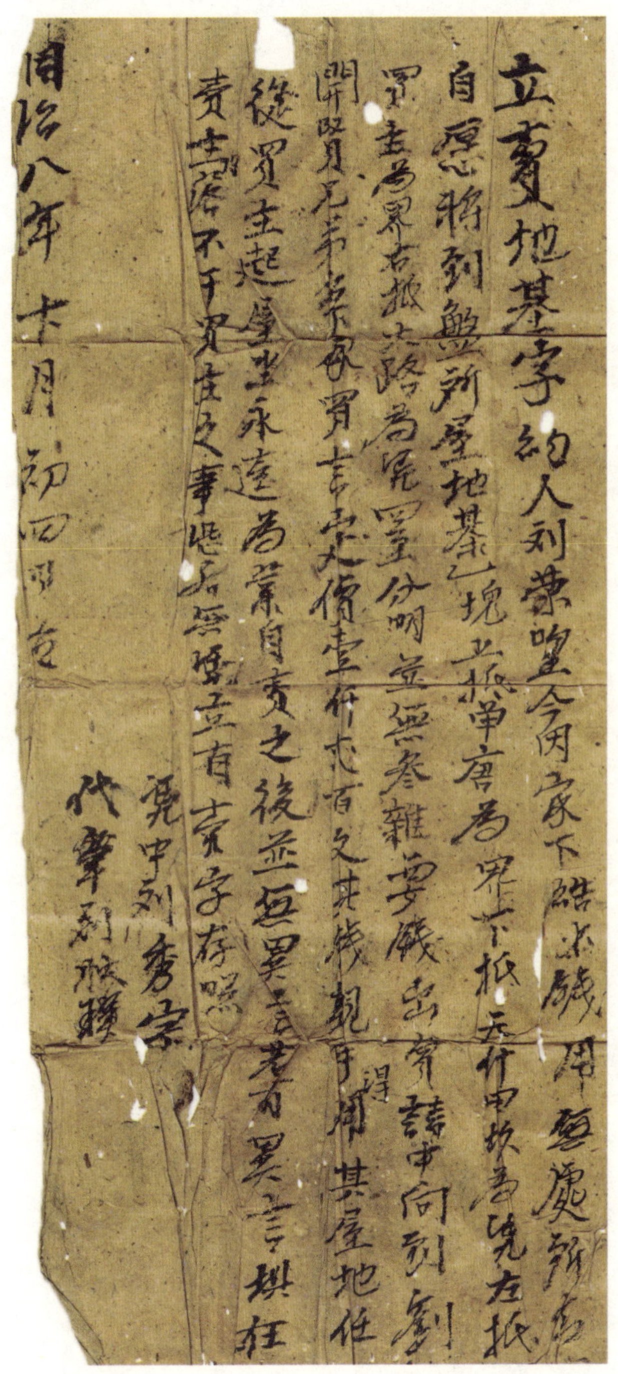

立卖地基字约人刘荣□，今因家下缺少钱用，无处所出，自愿将到盘所屋地基一块，上抵单唐为界，下抵天什田坎为凭，左抵买主为界，右抵大路为凭，四至分明，并无叁（掺）杂，要钱出卖。请中问到刘开贤兄弟名下承买，言定价壹仟贰百文。其钱亲手得用，其屋地任从买主起屋坐永远为业。自卖之后，并无异言。若有异言，俱在卖主理落，不干买主之事。恐后无凭，立有卖字存照。

凭中：刘秀字

代笔：刘怀璞

同治八年十月初四日立

16. 陆显法、陆显荣卖田契（同治九年三月二十六日）

立卖田契字人石引寨陆显法、陆显荣，今因家下缺少钱用，无处所出，自愿将到先年得买土名步赖田一丘，小堂余在内，收禾花六把，要钱出卖。先问旁叔（房族）无银承买，自己请中上门问到平鳌寨姜东凤名下承买为业，当日凭中三面议定价银文（纹）银七两贰钱整。其银即日行契交足，卖主领回应用，其田付与买主耕重（种）管业。自卖知（之）后，不得异言。若有异言，倘有别存，居（俱）在卖手梢（上）前理落，不关买主之事。恐后无凭，立有卖田契为断据，永远存照。

石引寨引荣块田地名步赖

上抵全顺什为界，下抵鸡（溪）为界，左抵鸡（溪）边刘开堂为界，右抵陆宗龙为界。

凭中：陆世厚

亲笔：陆引荣

得买引法、引荣弟兄田契。什引得买陆引荣步赖田一丘，鱼塘一口，共契一张。

光绪十九年准卖与刘开贤、开后、开堂弟兄管业，照契补价存照。凭中：陆世泰、杨志年。现有新契一张。

正收得银陆两八钱正，上坟欠钱贰千四佰文，未补。

同治九年三月贰十六日立有断契

17. 杨氏玉梅、陆友兰、陆友月母子卖田契（同治九年二月十一日）

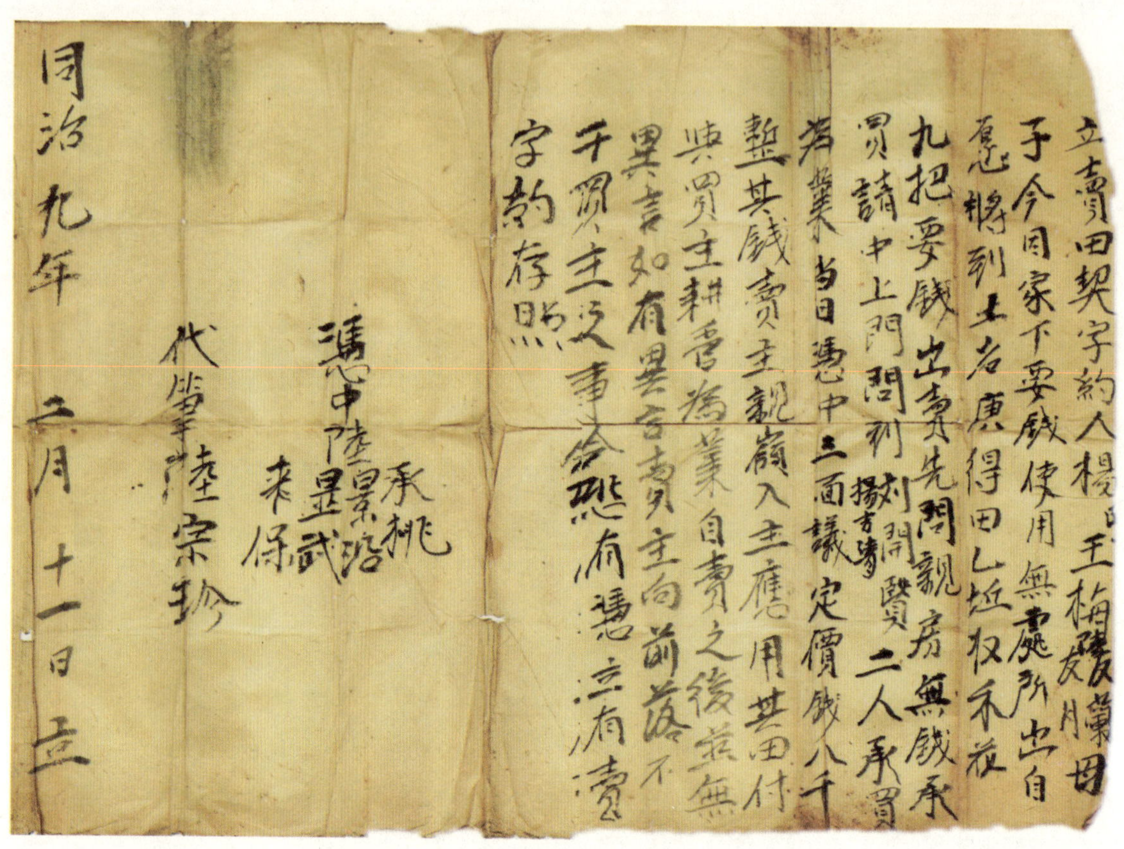

立卖田契字约人杨氏玉梅、陆友兰、陆友月母子，今因家下要钱使用，无处所出，自愿将到土名庚得田一丘，收禾花九把，要钱出卖。先问亲房无钱承买，请中上门问到刘开贤、杨吉清二人承买为业，当日凭中三面议定价钱八千整。其钱卖主亲岭（领）入主应用，其田付与买主耕管为业。自卖之后，并无异言。如有异言，卖主向前［理］落，不干买主之事。今恐有（无）凭，立有卖字约存照。

凭中：陆承桃、陆景沿、陆显武、陆来保

代笔：陆宗珍

同治九年二月十一日立

18. 龙建合、龙清开、龙乔明卖田契（同治十一年三月二十一日）

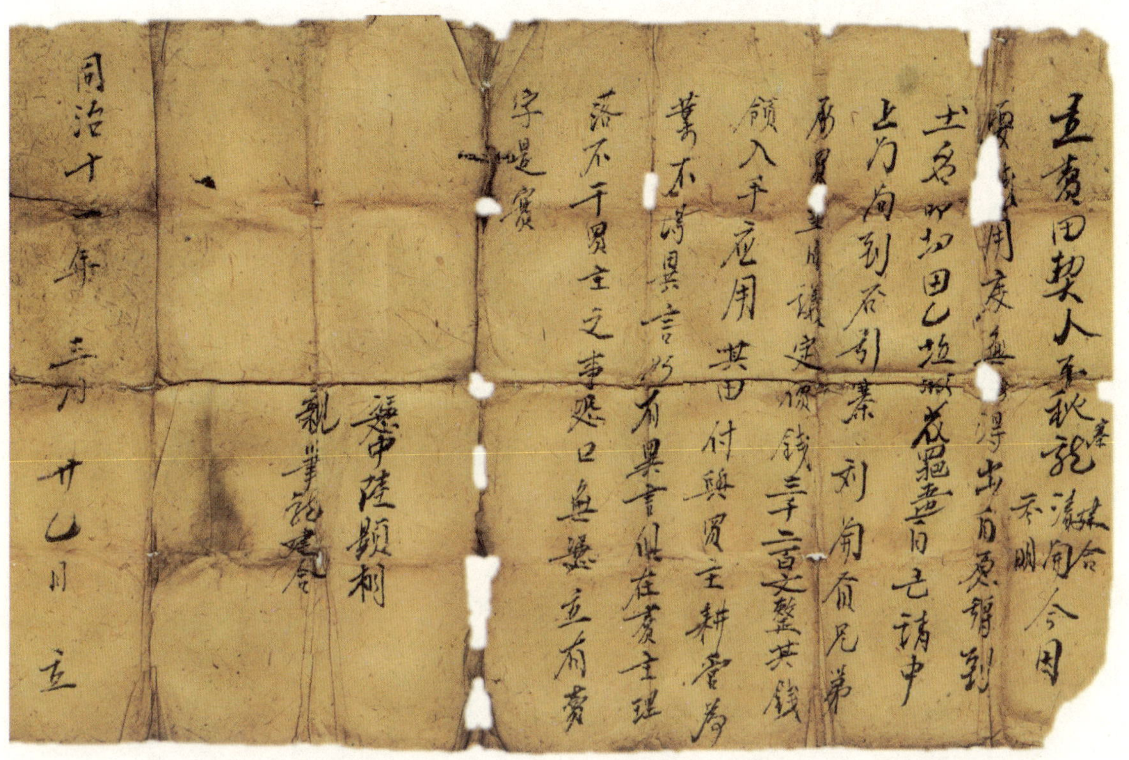

立卖田契人平秋寨龙建合、龙清开、龙乔明，今因要钱用度，无处得出，自愿将到土名叩切田一丘，收花四把五边，自己请中上门问到石引寨刘开贤兄弟承买，当日议定价钱三千二百文整。其钱领入手应用，其田付与买主耕管为业，不得异言。如有异言，俱在卖主理落，不干买主之事。恐口无凭，立有卖字是实。

凭中：陆显相

亲笔：龙建合

同治十一年三月廿一日立

19. 刘开贤、刘开堂、刘开厚卖屋地基契（光绪二年六月十六日）

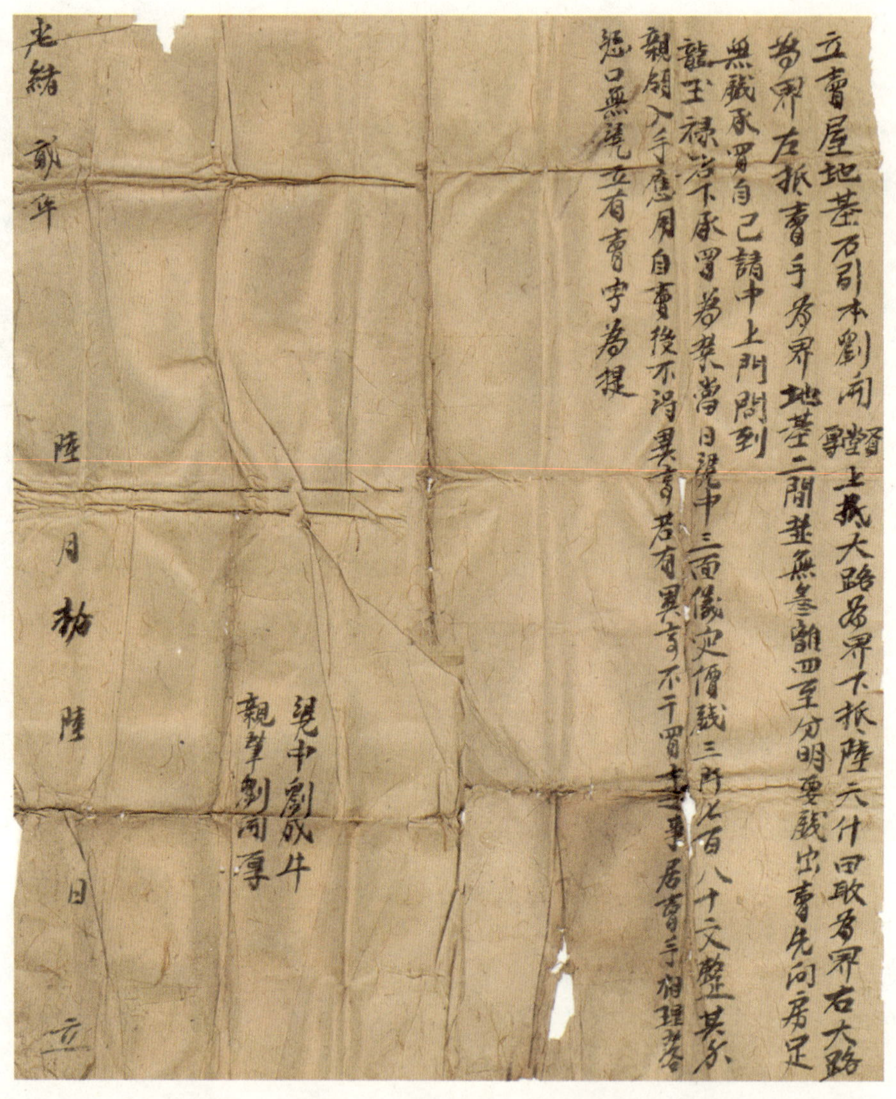

立卖屋地基石引本［寨］刘开贤、刘开堂、刘开厚，上抵大路为界，下抵陆天什田敢（坎）为界，右［抵］大路为界，左抵卖手为界，地基二间，并无叁（掺）杂，四至分明，要钱出卖。先问房足（族）无钱承买，自己请中上门问到龙玉禄名下承买为业，当日凭中三面仪（议）定价钱三阡（千）七百八十文整。其钱亲领入手应用，自卖［之］后，不得异言。若有异言，不干买主之事，居（俱）［在］卖手相（向）［前］理落。恐口无凭，立有卖字为提（据）。

凭中：刘成牛

亲笔：刘开厚

光绪贰年陆月拾陆日立

20. 刘门杨氏弟兰、刘发标、刘发现母子卖田契（光绪六年十一月十六日）

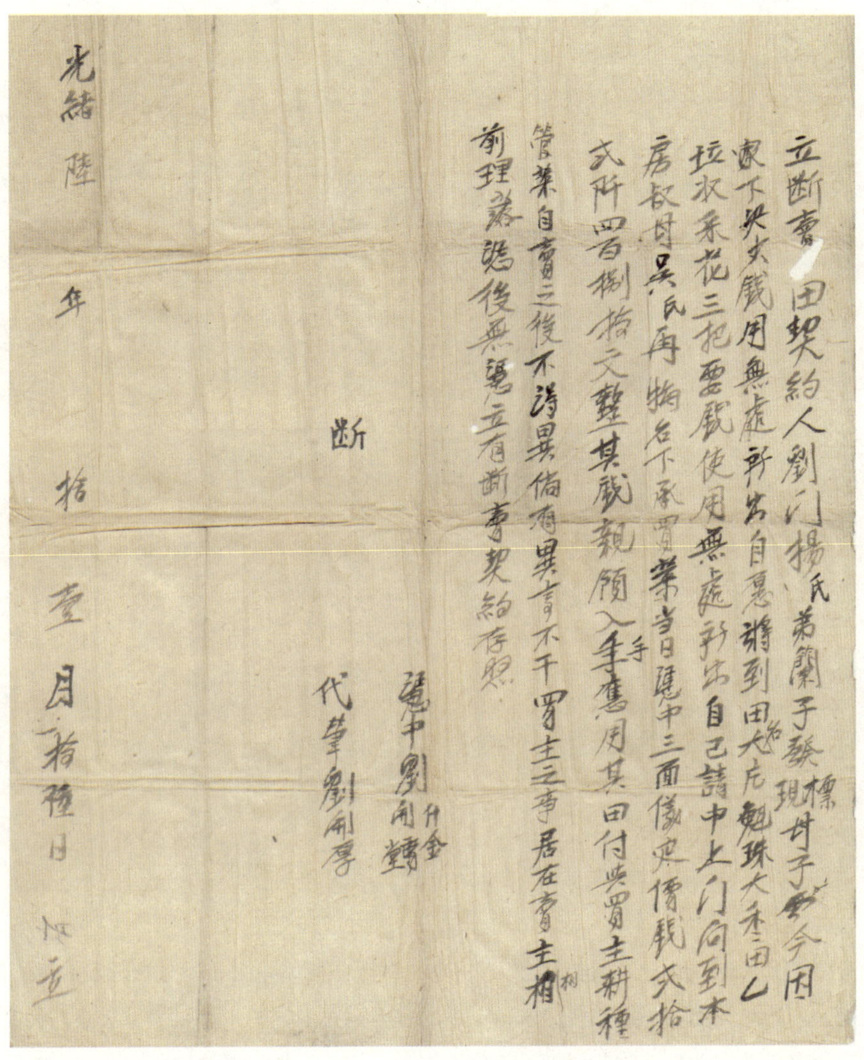

立断卖田契约人刘门杨氏弟兰、子发标、发现母子，今因家下缺少钱用，无处所出，自愿将到田名大片魁珠大禾田一丘，收禾花三把，要钱使用，无处所出。自己请中上门问到本房叔母吴氏再梅名下承买［为］业，当日凭中三面仪（议）定价钱贰拾贰阡（千）四百捌拾文整。其钱亲领入手应用，其田付与买主耕种管业。自卖之后，不得异［言］。倘有异言，不干买主之事，居（俱）在卖主相（向）前理落。恐后无凭，立有断卖契约存照。

断

凭中：刘什金、刘开贤、刘开堂

代笔：刘开厚

光绪陆年拾壹月拾陆日立

21. 吴富隆卖田契（光绪七年十二月二十三日）

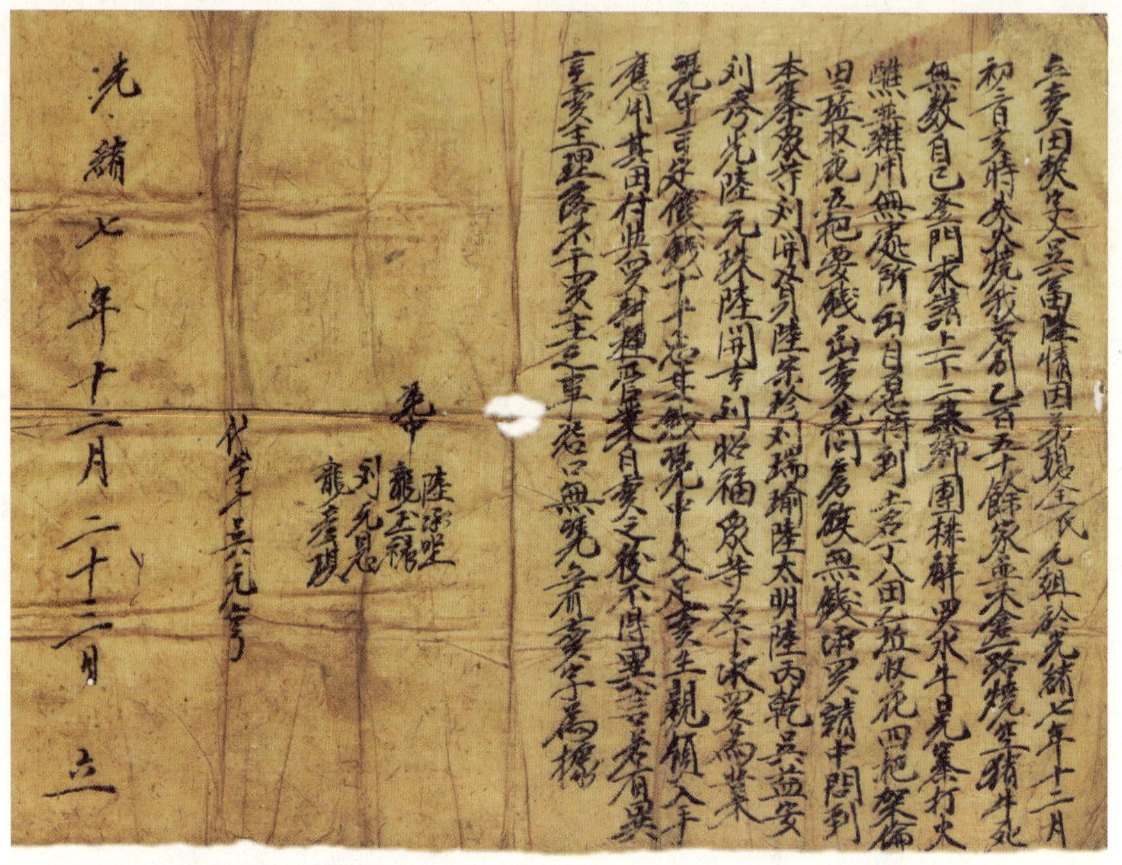

立卖田契字人吴富隆，情因弟媳全氏元姐于光绪七年十二月初三日亥时失火烧我石引一百五十余家，并禾仓一路烧空，猪牛死无数，自己登门求请上下二寨乡团排解，买水牛晃寨打火醮，并杂用，无处所出，自愿将到土名丁八田一丘，收花四把，架伦田二丘，收花五把，要钱出卖。先问房族无钱承买，请中问到本寨众等刘开贤、陆宗珍、刘瑞瑜、陆太明、陆丙乾、吴益安、刘秀光、陆元珠、陆开吉、刘昭福众等名下承买为业，凭中言定价钱十千整。其钱凭中交足，卖主亲领入手应用，其田付与买［主］耕种管业。自卖之后，不得异言。若有异言，卖主理落，不干买主之事。恐口无凭，立有卖字为据。

凭中：陆承坐、龙玉禄、刘元恩、龙彦琪

代笔：吴元亨

光绪七年十二月二十三日立

22. 吴业□卖田契（光绪七年十二月）

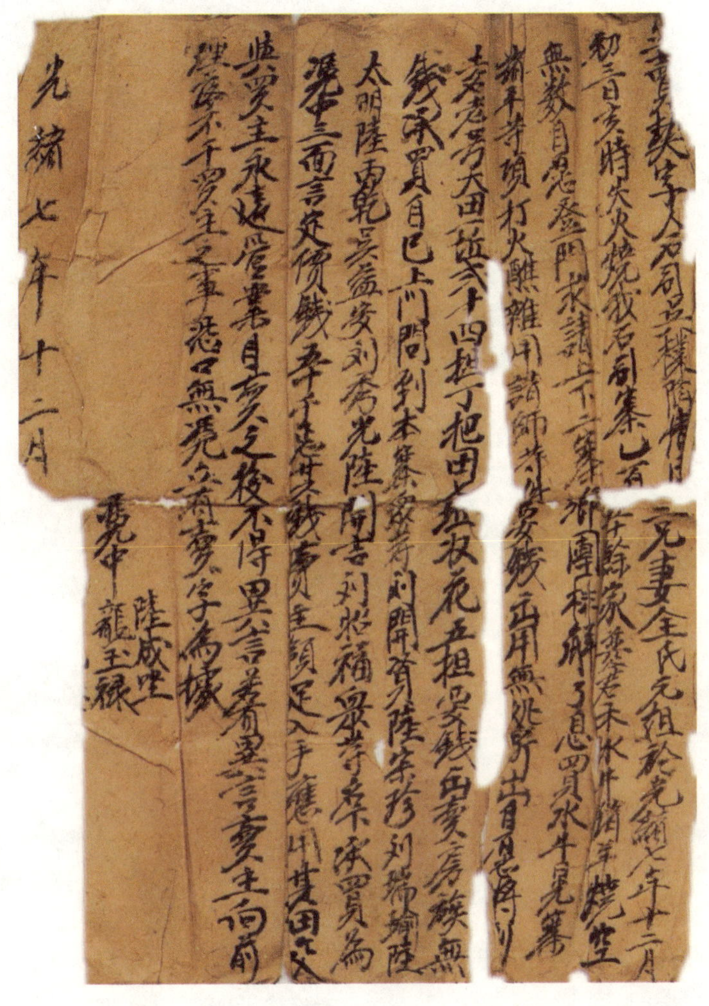

立卖契字人石引吴业□，情因二兄妻全氏元姐于光绪七年十二月初三日亥时失火烧我石引寨一百［五］十余家，并仓禾水牛猪羊烧空无数，自愿登门求请上下二寨乡团排解了息，买水牛晃寨，猪羊等项打火醮，杂用请师等件，要钱出用，无处所出，自愿将到土名老号大田一丘，贰十四担，丁把田七丘，收花五担，要钱出卖。房族无钱承买，自己上门问到本寨众等刘开贤、陆宗珍、刘瑞瑜、陆太明、陆丙乾、吴益安、刘秀光、陆开吉、刘昭福众等名下承买为［业］，凭中三面言定价钱五十千整。其钱卖主领足入手应用，其田交与买主永远管业。自卖之后，不得异言。若有异言，卖主向前理落，不干买主之事。恐口无凭，立有卖字为据。

凭中：陆成坐、龙玉禄……

光绪七年十二月……

23.陆开□、刘开贤、刘承安等断卖田契（光绪八年二月十一日）

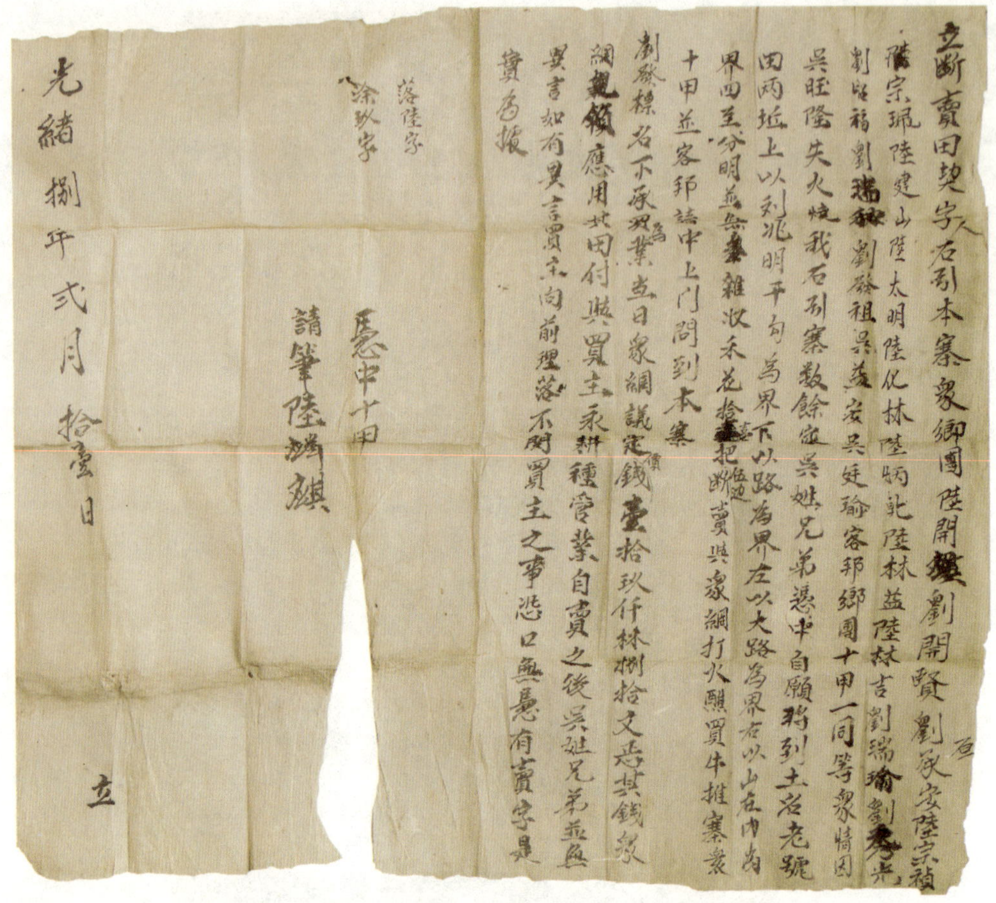

立断卖田契字人石引本寨众乡团陆开□、刘开贤、刘承安、陆宗祯、陆宗珮、陆建山、陆太明、陆化林、陆炳乾、陆林益、陆林吉、刘瑞瑜、刘秀光、刘昭福、刘瑞□、刘发祖、吴益安、吴廷瑜客邦乡团十甲一同等众，情因吴旺隆失火烧我石引寨数［百］余家，吴姓兄弟凭中自愿将到土名老号田两丘，上以刘兆明干勾（沟）为界，下以路为界，左以大路为界，右以山在内为界，四至分明，并无叁（掺）杂，收禾花拾壹把五边，断卖与众网（商）打火醮，买牛推寨。众十甲并客邦请中上门问到本寨刘发标名下承买为业，当日众网（商）议定价钱壹拾玖仟林（零）捌拾文整。其钱众网（商）亲领应用，其田付与买主永耕种管业。自卖之后，吴姓兄弟并无异言。如有异言，买（卖）主向前理落，不关买主之事。恐口无凭，有卖字是实为据。

落陆字，涂玖字

凭中：十甲

请笔：陆麟麒

光绪捌年贰月拾壹日立

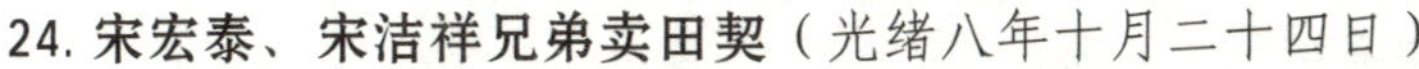

24. 宋宏泰、宋洁祥兄弟卖田契（光绪八年十月二十四日）

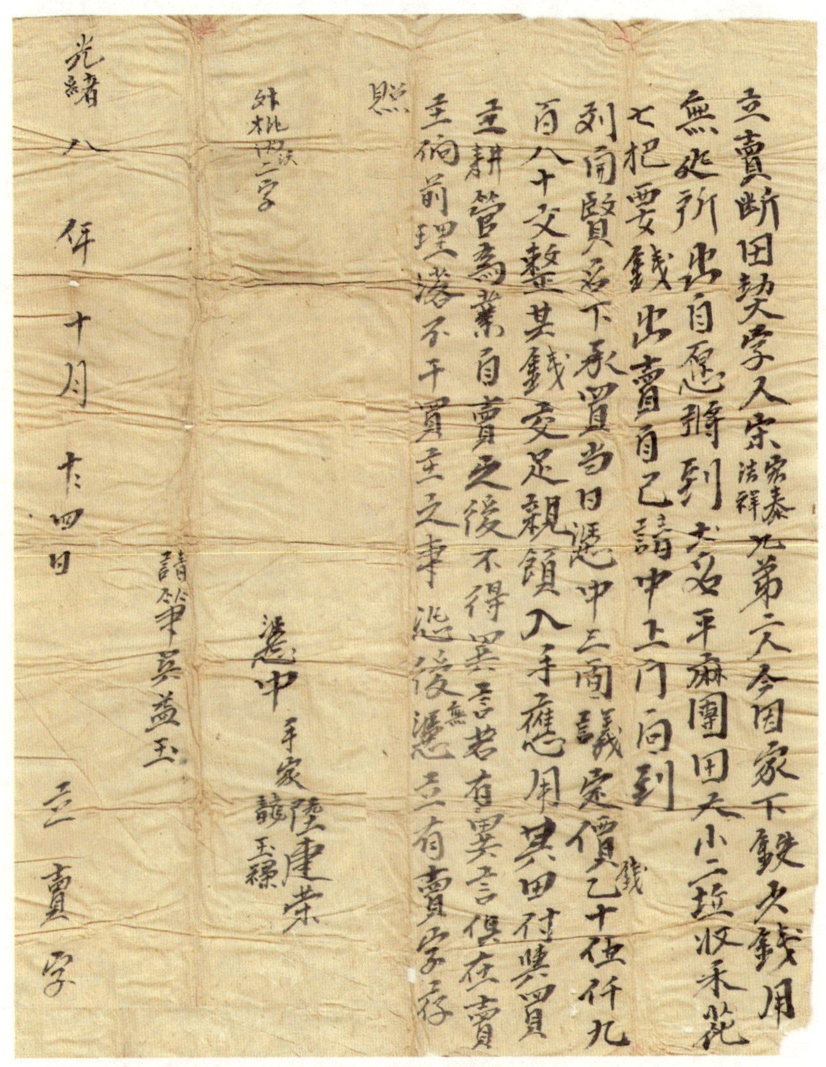

立卖断田契字人宋宏泰、宋洁祥兄弟二人，今因家下缺少钱用，无处所出，自愿将到土名平麻团田大小二丘，收禾花七把，要钱出卖。自己请中上门问到刘开贤名下承买，当日凭中三面议定价钱一十伍仟九百八十文整。其钱交足亲领入手应用，其田付与买主耕管为业。自卖之后，不得异言。若有异言，俱在卖主向前理落，不干买主之事。恐后无凭，立有卖字存照。

外批：内添二字

凭中：手家陆建荣、龙玉禄

请笔：吴益玉

光绪八年十月二十四日立卖字

25. **全继顺、全继连、全继明兄弟卖田契**（光绪八年十月二十六日）

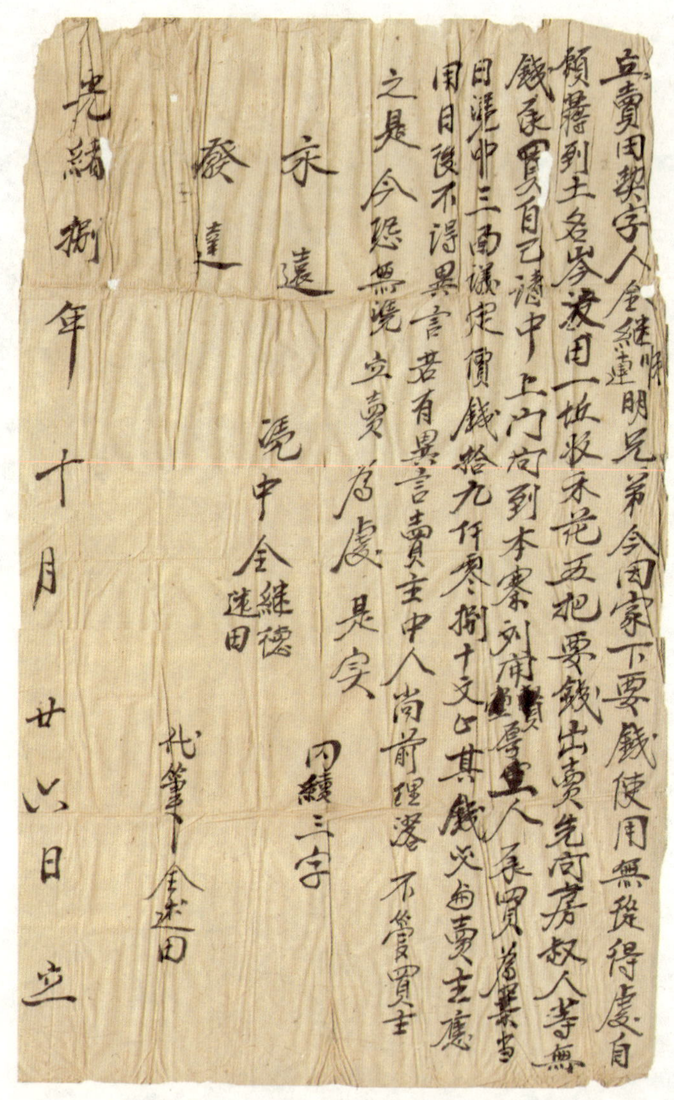

立卖田契字人全继顺、全继连、全继明兄弟，今因家下要钱使用，无从得处，自愿将到土名岑大田一丘，收禾花五把，要钱出卖。先问房叔人等无钱承买，自己请中上门问到本寨刘开厚一人承买为业，当日凭中三面议定价钱拾九仟零捌十文正。其钱交与卖主应用，日后不得异言。若有异言，卖主中人尚（上）前理落，不管（关）买主之是（事）。今恐无凭，立卖为据是实，内续三字。

永远发达

凭中：全继德、全述田

代笔：全述田

光绪捌年十月廿六日立

26. 刘开堂、刘开厚兄弟断卖田契（光绪十一年三月十六日）

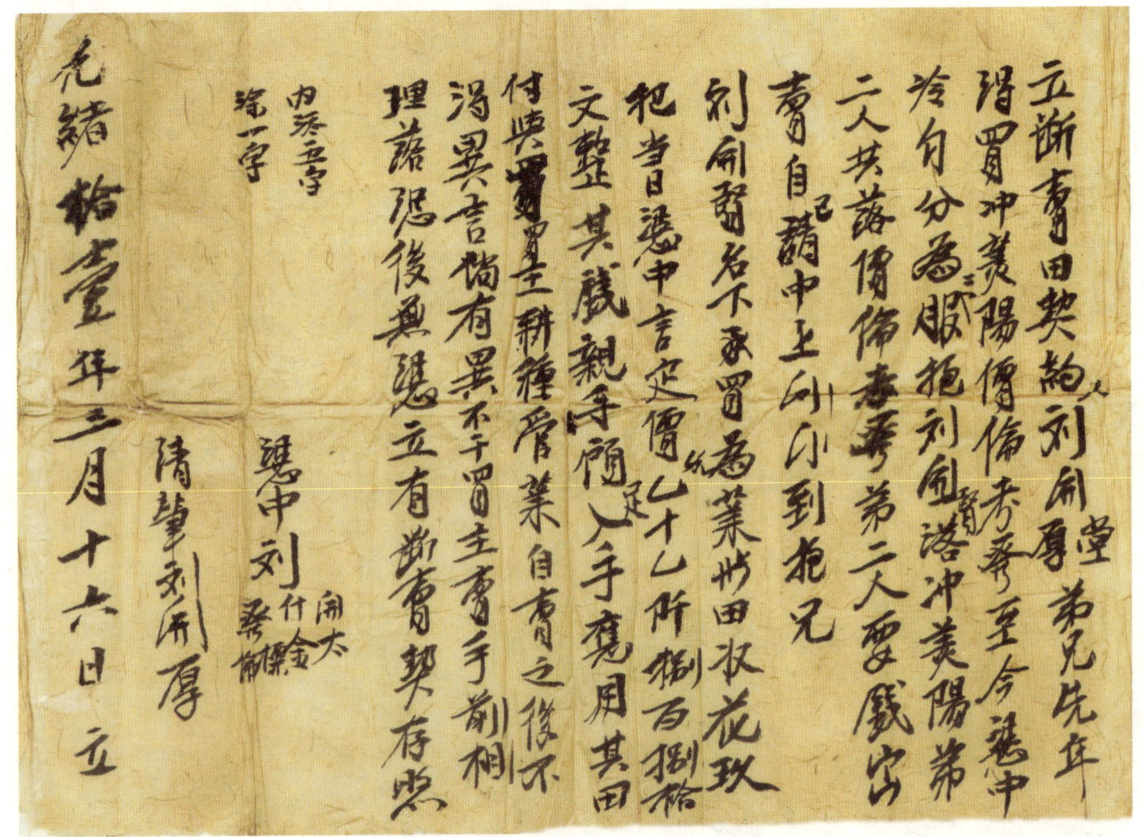

立断卖田契约人刘开堂、刘开厚弟兄，先年得买冲美阳、价伦考发，至今凭中冷匀分为三服（股），抱（胞）刘开贤落冲美阳，弟二人共落价伦考发，弟二人要钱出卖。自己请中上门问到抱（胞）兄刘开贤名下承买为业，此田收花玖把，当日凭中言定价钱一十一阡（千）捌百捌拾文整。其钱亲手领足入手应用，其田付与买主耕种管业。自卖之后，不得异言。倘有异［言］，不干买主［之事］，卖手相（向）前理落。恐后无凭，立有断卖契存照。

内添五字，涂一字

凭中：刘开太、刘什金、刘发标、刘发伦

请笔：刘开厚

光绪拾壹年三月十六日立

27. 刘开泰卖田契（光绪十三年八月初五日）

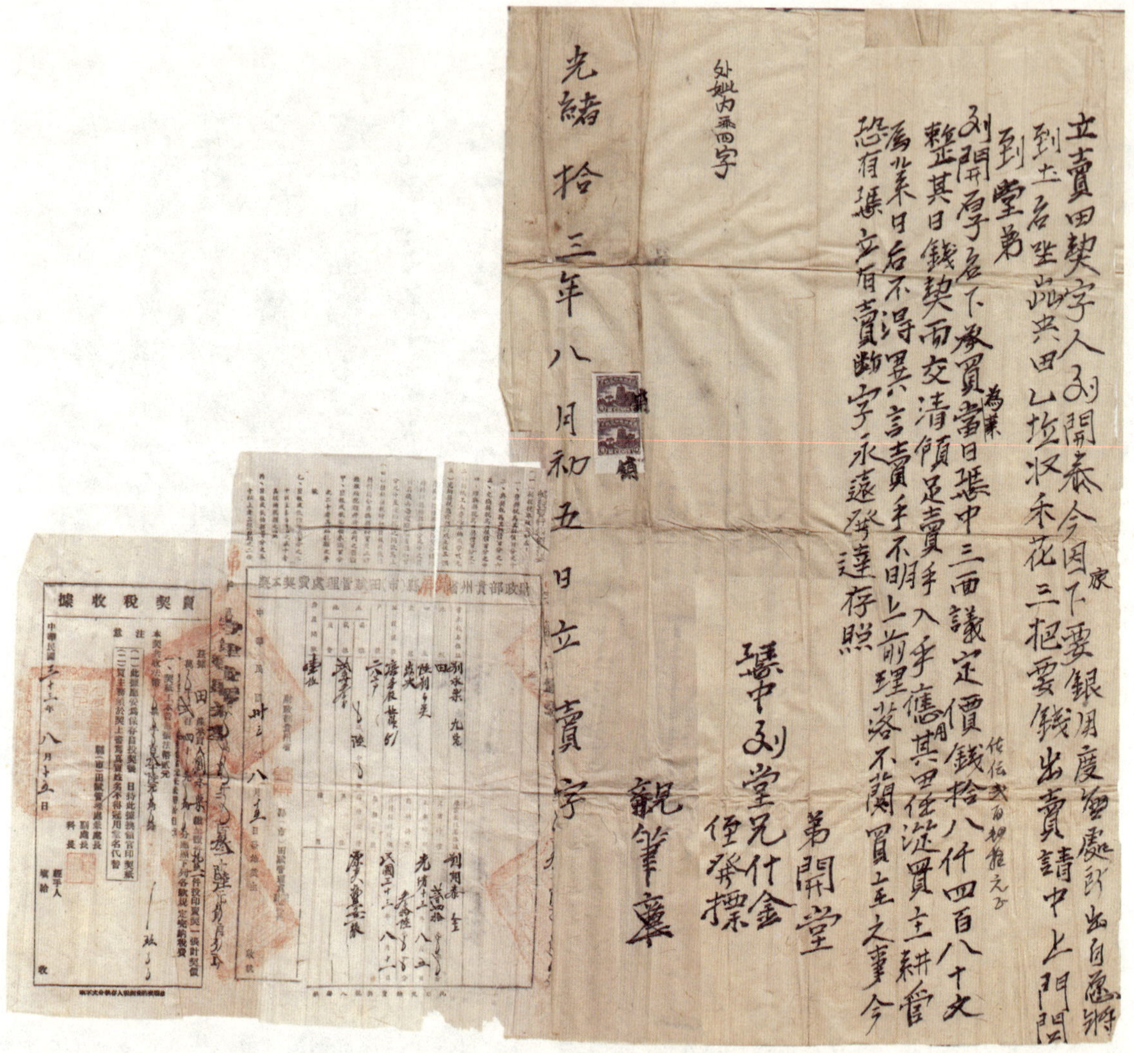

立卖田契字人刘开泰，今因家下要银用度，无处所出，自愿将到土名坐凼央（秧）田一丘，收禾花三把，要钱出卖。请中上门问到堂弟刘开厚名下承买为业，当日凭中三面议定价钱估伝（价）贰百肆拾元正，拾八仟四百八十文整。其（当）日钱契两交清领足，卖手入手应用，其田任从买主耕管为业，日后不得异言。卖手不明，上前理落，不关买主之事。今恐有凭，立有卖断字永远发达存照。

外批：内添四字

凭中：堂弟刘开堂、堂兄刘什金、堂侄刘发标

亲笔

光绪拾三年八月初五日立卖字

28. 刘什金卖屋地字（光绪十三年九月二十八日）

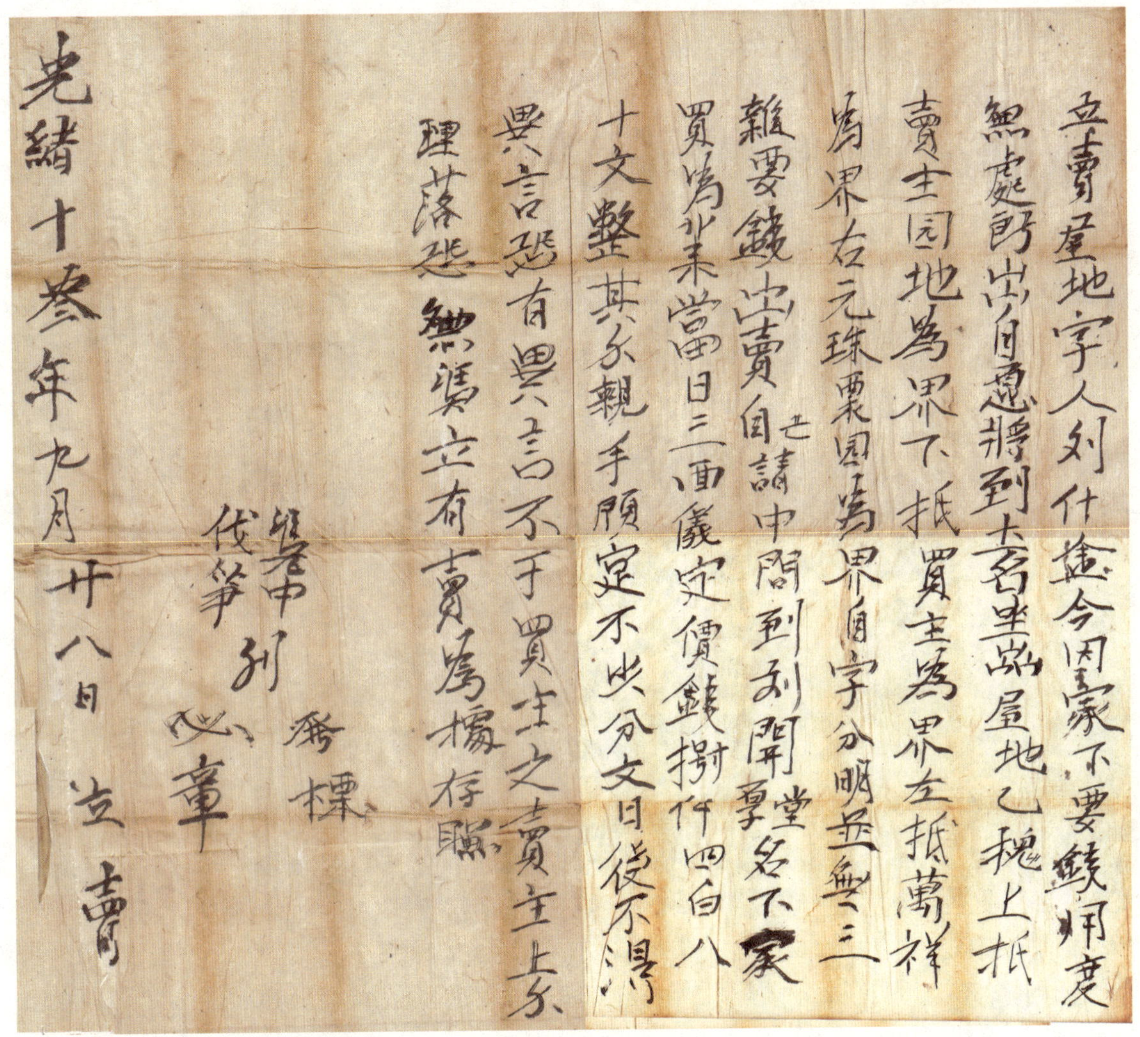

立卖屋地字人刘什金，今因家下要钱用度，无处所出，自愿将到土名坐岀屋地一块，上抵卖主园地为界，下抵买主为界，左抵万祥为界，右［抵］元珠栗园为界，自字（四至）分明，并无三（掺）杂，要钱出卖。自己请中问到刘开堂、刘开厚名下承买为业，当日三面仪（议）定价钱捌仟四百八十文整。其钱亲手领足，不少分文，日后不得异言。恐有异言，不干买主之［事］，卖主上钱（前）理落。恐［后］无凭，立有卖［字］为据存照。

凭中：刘发标

代笔：刘必章

光绪十叁年九月廿八日立卖

29. 刘秀化卖禁山地土字（光绪十四年五月十二日）

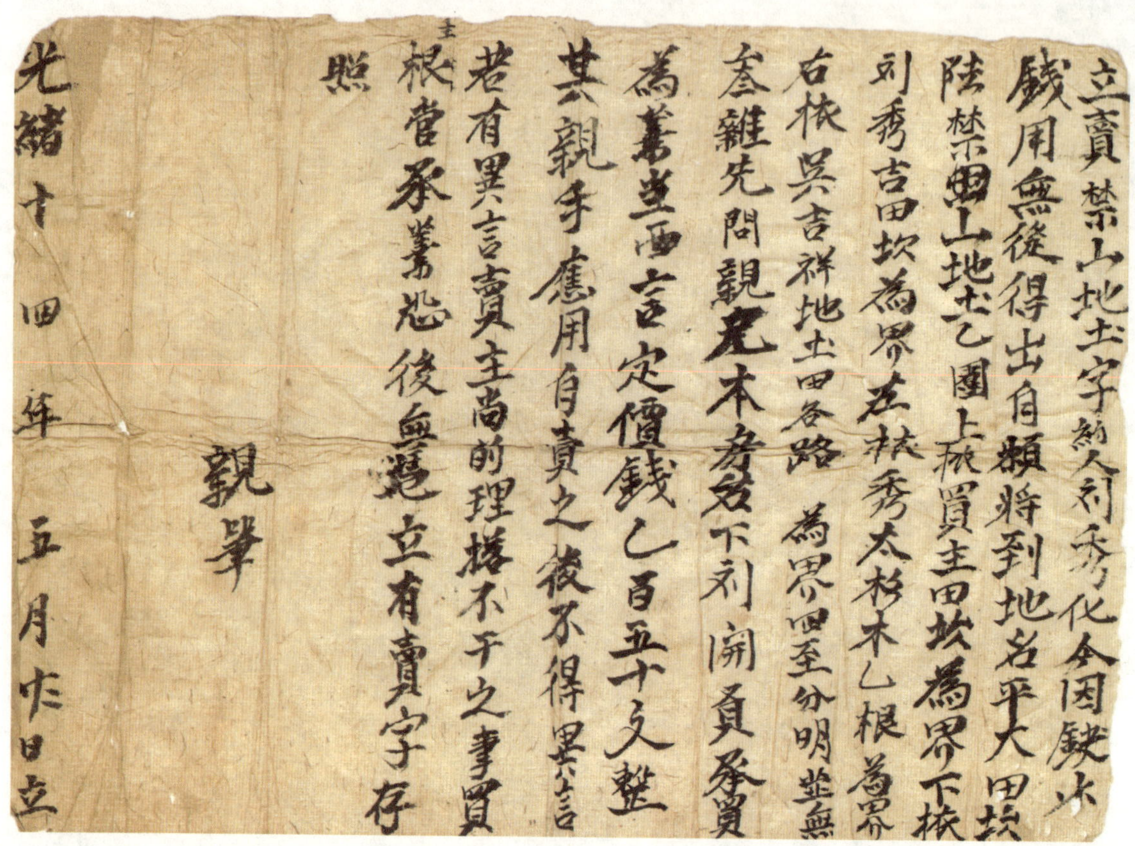

立卖禁山地土字约人刘秀化，今因缺少钱用，无从得出，自愿将到地名平大田坎陆禁山地土一团，上抵买主田坎为界，下抵刘秀吉田坎为界，左抵秀太杉木一根为界，右抵吴吉祥地土田各（角）路为界，四至分明，并无叁（掺）杂。先问亲兄本房名下刘开贤承买为业，当面言定价钱一百五十文整。其［钱］亲手［领足］应用，自卖之后，不得异言。若有异言，卖主尚（上）前理落，不干［买主］之事，买主根（耕）管承业。恐后无凭，立有卖字存照。

亲笔

光绪十四年五月十二日立

30. 陆景泗、陆清康父子断卖田契（光绪十四年十二月十六日）

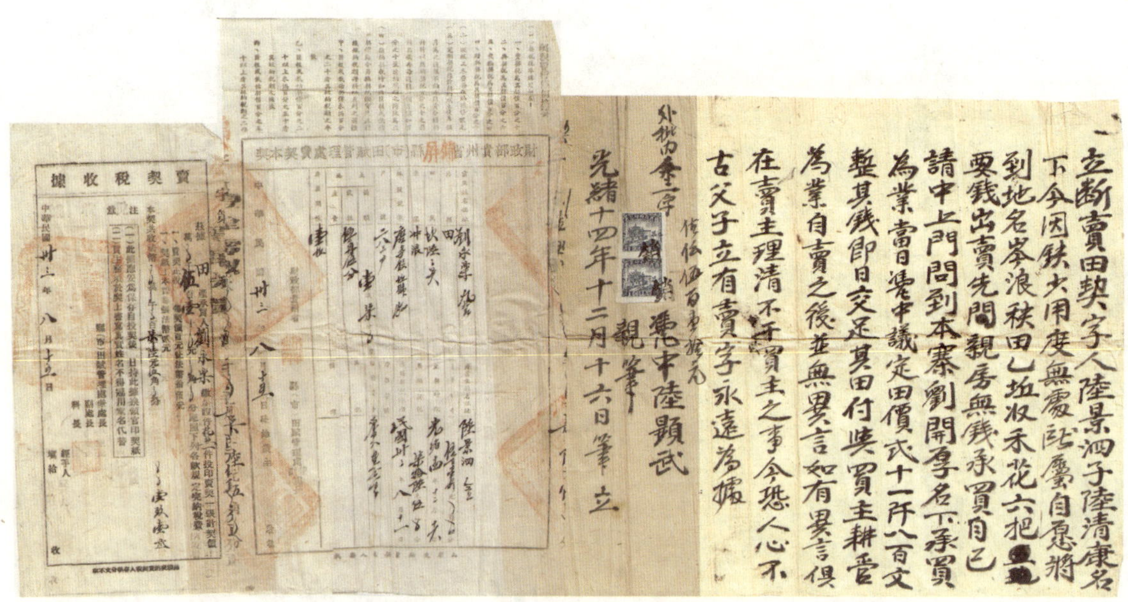

立断卖田契字人陆景泗、子陆清康名下，今因缺少用度，无处所属（出），自愿将到地名岑浪秧田一丘，收禾花六把，要钱出卖。先问亲房无钱承买，自己请中上门问到本寨刘开厚名下承买为业，当日凭中议定田价贰十一阡（千）八百文整。其钱即日交足，其田付与买主耕管为业。自卖之后，并无异言。如有异言，俱在卖主理清，不干买主之事。今恐人心不古，父子立有卖字永远为据。

估伝（价）伍百壹拾元

外批：内添三字

凭中：陆显武

亲笔

光绪十四年十二月十六日笔立

31. 吴汉禄卖田契（光绪十五年二月初六日）

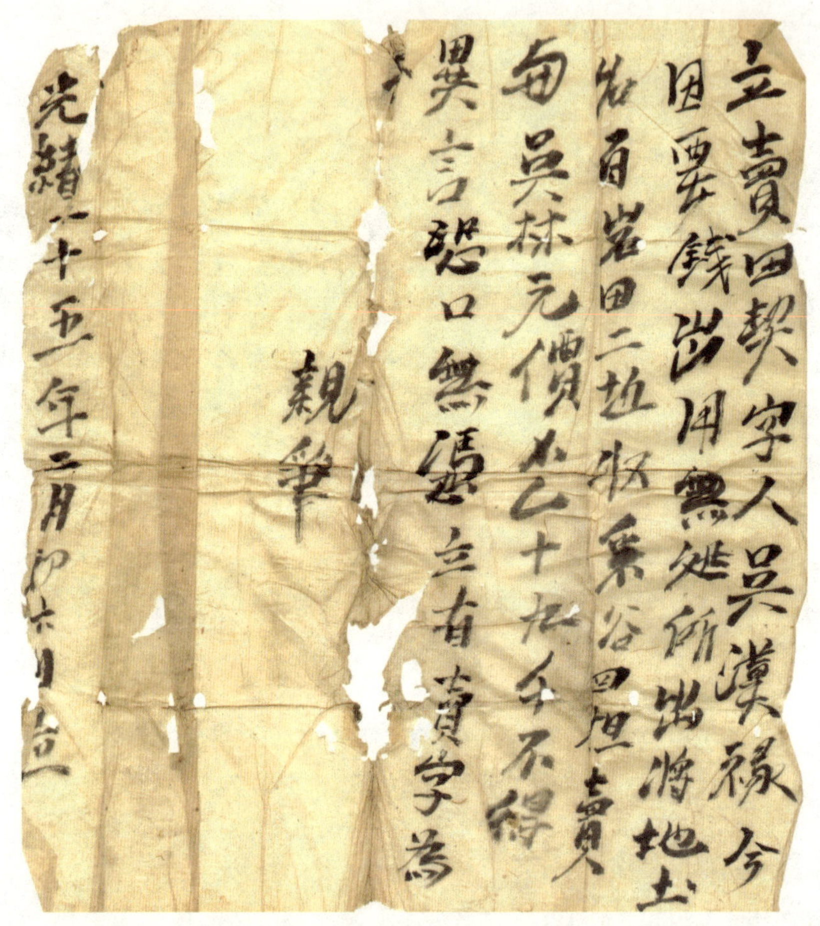

立卖田契字人吴汉禄，今因要钱出用。无处所出，将地土名百岩田二丘，收禾谷四担，卖与吴林元，价钱一十九千。不得异言。恐口无凭，立有卖字为据。

亲笔

光绪一十五年二月初六日立

32. 刘兆全断卖地土杉木字（光绪十六年九月十一日）

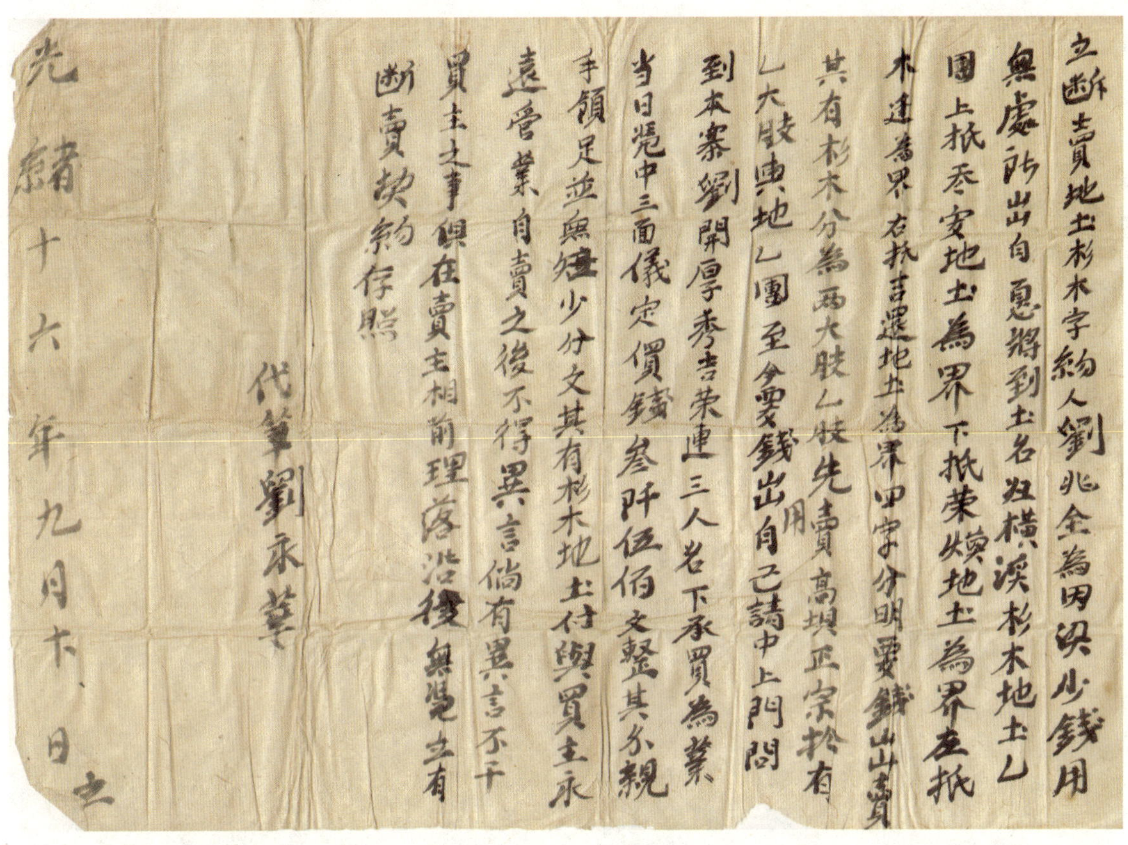
立斷賣地土杉木字約人劉兆全為因缺少錢用
無處所出自愿將到土名歸橫溪杉木地土乙
團上抵天安地土為界下抵榮煥地土為界左抵
木逢為界右抵吉還地土為界四字分明要錢出賣
共有杉木分為兩大肢乙肢先賣高壩正宗於有
乙大肢與地乙團至今要錢出用自己請中上門問
到本寨劉開厚秀吉榮連三人名下承買為業
當日凭中三面儀定價錢叁阡伍佰文整其錢親
手領足並無短少分文其有杉木地土付與買主永
遠管業自賣之後不得異言倘有異言不干
買主之事俱在賣主相前理落恐後無凭立有
斷賣契約存照
代筆劉永華
光緒十六年九月十一日立

立断卖地土杉木字约人刘兆全，为因缺少钱用，无处所出，自愿将到土名归横溪杉木地土一团，上抵天安地土为界，下抵荣焕地土为界，左抵木逢（棚）为界，右抵吉还地土为界，四字（至）分明，要钱出卖。共有杉木分为两大肢（股），一肢（股）先卖高坝正宗，于（余）有一大肢（股）与地一团，至今要钱出用。自己请中上门问到本寨刘开厚、秀吉、荣连三人名下承买为业，当日凭中三面仪（议）定价钱叁阡（千）伍佰文整。其钱亲手领足，并无短少分文，其有杉木地土付与买主永远管业。自卖之后，不得异言。倘有异言，不干买主之事，俱在卖主相（向）前理落。恐后无凭，立有断卖契约存照。

代笔：刘永华

光绪十六年九月十一日立

33. 刘玉和断售田契（光绪十八年三月二十八日）

立断售田契字約人刘玉和情因先年冲梅田乙坵收花捌把四方香
田乙坵合共二坵自己逵本钱賭聘将田断賣与平秋龍宏壽成富本寨
陸林秋時後堂兄刘開賢知到与伊賭聘之事親自失刀登门与伊
将開蒙中劝解将田二坵契約振然退与弟兄三人永遠耕管務民
迯外丢下母親年老無人照應驗其堂叔共祖同宗兄弟田中禾花
付与叔母陸氏貴蘭養命姓命永遠不准發賣日父田中分厘不使至
今反目之易恩以仇報反将失刀殺傷發元於有同治捌年現倫本族
刘秀太禍物自身立有戒約存在房長之手至今白日失刀将来通房与
地方陸顯福吳玉隆徐維梅陸榮沛刘天仁木要務民翻送官罰今蒙
地方鄉團排解今我自愿覆理於有四方香田先年断与本房刘開太难
以退回今有冲梅田乙坵通過房刘發倫刘秉榮刘開太承牛地方鄉團
陸显福榮沛徐維梅吳玉隆刘天仁永遠售与刘開賢耕管為業其有田中
禾花日后另外討踃親事振然送与玉合養身是其中等日後不得翻
悔重犯倘若內外私行重犯佳愿從通房地方送官究治三罪並一不許異言若
有異言自愿立有售田戒約一紙存照

憑中 陸顯福 吳玉隆 徐維梅 刘天仁

請筆 陸榮沛

光緒拾捌年三月二十八日 立

立断售田契字约人刘玉和，情因先年冲梅田一丘，收花捌把，四方香田一丘，合共二丘，自己遼钱赌博，将田断卖与平秋龙成富、龙宏寿、本寨陆林税等。后堂兄刘开贤、刘开堂、刘开厚知到（道）与伊赌博之事，亲自失（持）刀登门与伊将闹。蒙中劝解将田二丘契约依然退与弟兄三人永远耕管。系民逃外，丢下母亲年老无人照应，验（念）其堂叔共祖同宗兄弟，田中禾花付与叔母陆氏贵兰养合（活）姓（性）命，永远不准发卖。日父（后）田中分厘不使，至今反目之易，恩以仇报，反将失（持）刀杀伤发元于有同治捌年。现偷本族刘秀太祸（货）物，自身立有戒约存在房长之手。至今白日失（持）刀将杀。通房与地方陆显福、吴玉隆、徐维梅、陆荣沛、刘天仁本要将民捆送官罚。今蒙地方乡团排解，今我自愿覆（服）理，于有四方香田先年断与本房刘开太，难以退回。今有冲梅田一丘，凭通房刘发伦、刘承荣、刘开太、承牛地方乡团陆显福、陆荣沛、徐维梅、吴玉隆、刘天仁永远售与刘开贤耕管为业。其有田中禾花，日后另外讨得，亲事依然送与玉合养身。凭其中等日后不得翻悔重犯。倘若内外私行重犯，恁从通房地方送官究治，三罪归一，不得异言。若有异言，自愿立有售田戒约一纸存照。

凭中：吴玉隆、陆显福、徐维梅、刘天仁

请笔：陆荣沛

光绪拾捌年三月二十八日立

34. 陆来保兄弟等断卖田字（光绪十九年正月二十八日）

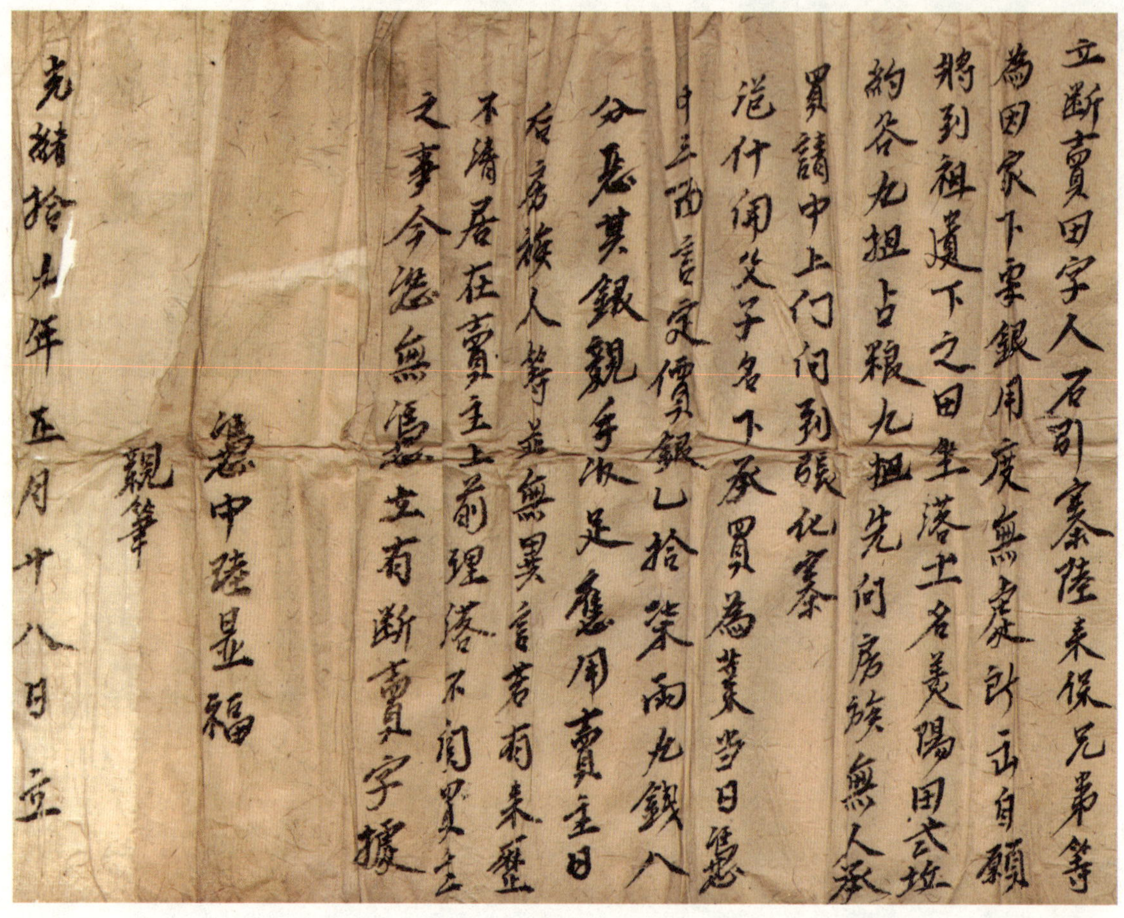

立断卖田字人石引寨陆来保兄弟等，为因家下要银用度，无处所出，自愿将到祖遗下之田［出卖］。坐落土名美阳田二丘，约谷九担，占粮九把，先问房族无人承买，请中上门问到张化寨范什开父子名下承买为业，当日凭中三面言定价银一拾柒两九钱八分整。其银亲手收足应用，卖主日后房族人等并无异言。若有来历不清，居（俱）在卖主上前理落，不关买主之事。今恐无凭，立有断卖字据。

凭中：陆显福

亲笔

光绪拾九年正月廿八日立

35. 刘忠明卖棉花地字（光绪十九年八月二十八日）

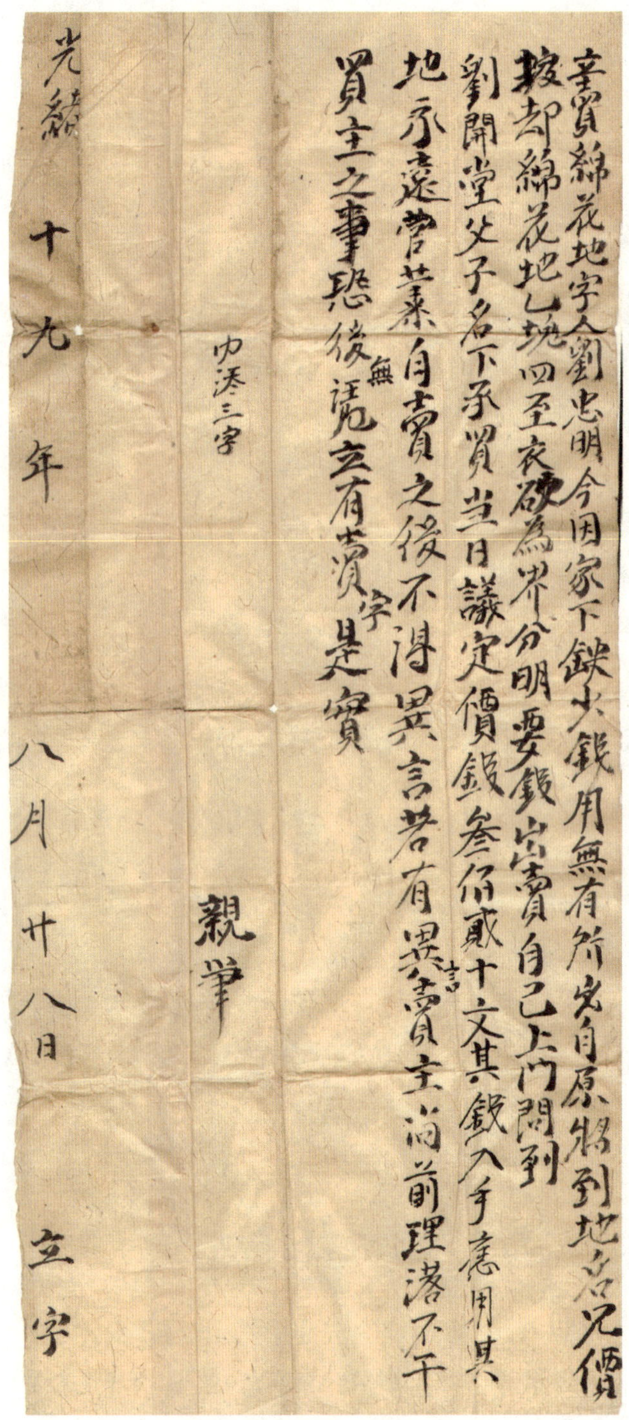

立卖棉花地字人刘忠明，今因家下缺少钱用，无有所出，自愿将到地名兄价坡却（脚）棉花地一块，四至衣（依）砍（坎）为界分明，要钱出卖。自己上门问到刘开堂父子名下承买，当日议定价钱叁佰贰十文。其钱入手应用，其地永远管业。自卖之后，不得异言。若有异言，卖主尚（上）前理落，不干买主之事。恐后无凭，立有卖字是实。

内添三字

亲笔

光绪十九年八月廿八日立字

36. 姜作武、姜作桢、姜洪春叔侄卖田字（光绪十九年十月十二日）

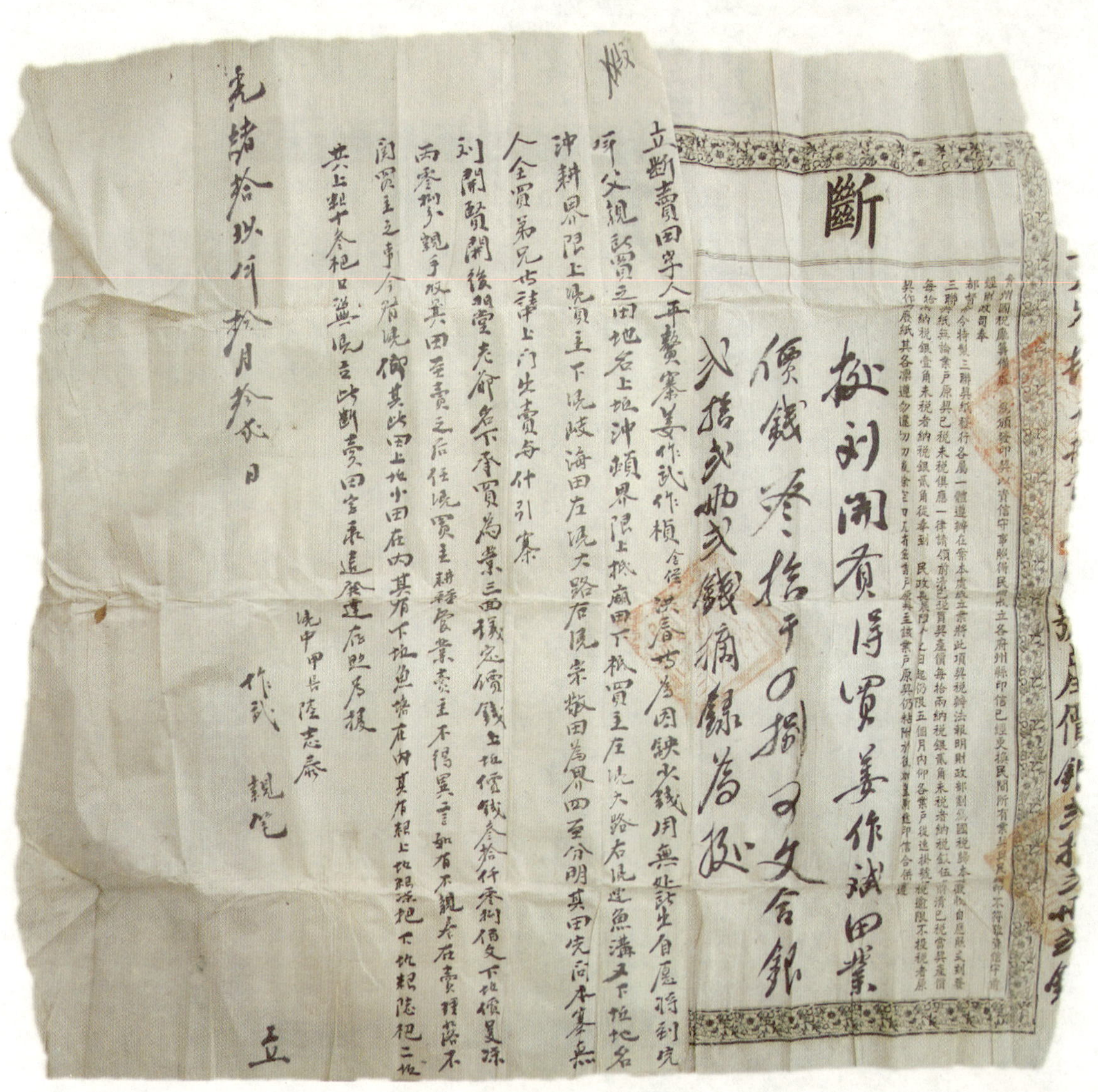

立斷賣田字人平鰲寨姜作武、作楨、仝侄洪春弍名，因缺少錢用，無处計生，自愿將到坑坪父親所買之田，地名上坝冲頭，界限上抵廟田，下抵買主，左憑大路，右憑過魚溝；又下坝地名冲耕，界限上憑買主，下憑岐海田，左憑大路，右憑宗嶽田為界，四至分明。其田先問本寨無人承買，弟兄出請上門先賣與什引寨劉開賢、開後、相堂老爺名下承買為業。三面議定價錢，上坝價錢叁拾仟零捌佰文，下坝價艮柒兩叁捌，親手收足。其田至賣之后，任憑買主耕種管業，賣主不得異言。如有不清，俱在賣主理落，不關買主之事。今欲有憑，其此田上坝小田在內，其有下坝魚塘在內，其有根上坝根柒把，下坝根陸把，二坝共上坝十叁把。口説無憑，立此斷賣田字永遠存照為據。

憑中甲長 陸志泰

作武 親筆

光緒拾玖年拾月拾弍日 立

斷

茲劉開賢得買姜作武田業

價錢叁拾〇捌千〇文合銀

弍拾弍兩弍錢摘録為據

贵州国税厅筹备处　为颁发印契以资信守事：照得民国成立，各府州县印信已经更换，民间所有业契与民国印不符，难资信守。前经财政司奉都督命令，特制三联契纸发行各属一体遵办在案。本处成立，业将此项契税办法报明财政部划为国税，归本处征收。自应照式刻发三联契纸，无论业户原契已税未税，俱应一律请领。前清已税买契，产价每十两纳税银贰角。未税者纳税银伍角。前清已税当契，产价每拾两纳税银壹角。未税者纳税银贰角。从奉到民政长展限令之日起仍限五个月内，仰各业户从速挂号投税，逾限不投税者，原契作为废纸。其各凛（禀）遵勿违，切切！后余空白处摘录业户原契，至该业户原契仍粘附于后，加盖骑缝印信，合并饬遵。

据刘开贤得买姜作斌田业，价钱叁拾千〇捌百文，合银贰十贰两贰钱，摘录为据。

立断卖田字人平鳌寨姜作武、作桢、舍侄洪春等，为因缺少钱用，无处所出，自愿将到先年父亲所买之田，地名上丘冲顿，界限上抵庙田，下抵买主，左凭大路，右凭连鱼沟；又下丘地名冲耕，界限上凭买主，下凭岐海田，左凭大路，右凭宗敬田为界，四至分明，其田先问本寨无人全买，弟兄等请中上门出卖与什（石）引寨刘开贤、开后、开堂老爷名下承买为业。三面议定价钱上丘价钱叁拾仟零捌佰文，下丘价银柒两零捌分。亲手收足，其田至（自）卖之后，任凭买主耕种管业，卖主不得异言。如有不亲（清），居（俱）在卖［主］理落，不关买主之事。今［欲］有凭，仰其此田上丘小田在内，其有下丘鱼塘在内，其有粮，上丘粮柒把，下丘粮陆把，二丘共上粮十叁杷（把）。口［说］无凭，立此断卖田字永远发达存照为据。

凭中：甲长陆志泰

［姜］作武亲笔

光绪拾玖年拾月拾贰日

37. 刘发现卖油山地土字（光绪二十年正月二十七日）

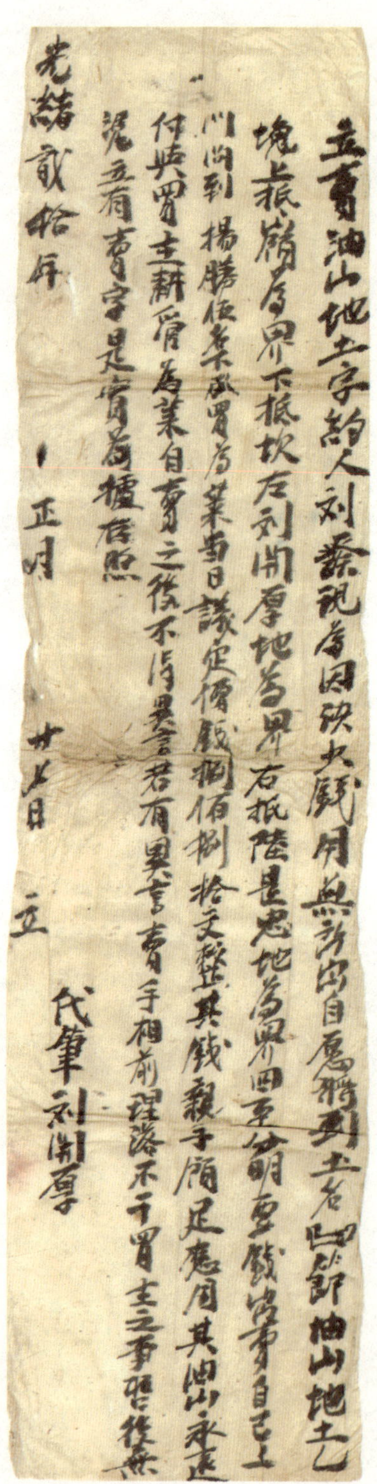

立卖油山地土字约人刘发现，为因缺少钱用，无所出，自愿将到土名凹节油山地土一块，上抵岭为界，下抵坎，左［抵］刘开厚地为界，右抵陆显忠地为界，四至分明，要钱出卖。自己上门问到杨胜伍名下承买为业，当日议定价钱捌佰捌拾文整。其钱亲手领足应用，其油山永远付与买主耕管为业。自卖之后，不得异言。若有异言，卖手相（向）前理落，不干买主之事。恐后无凭，立有卖字是实为据存照。

代笔：刘开厚

光绪贰拾年正月廿七日立

38. 刘瑞根父子卖柴山地土字（光绪二十一年前五月二十九日）

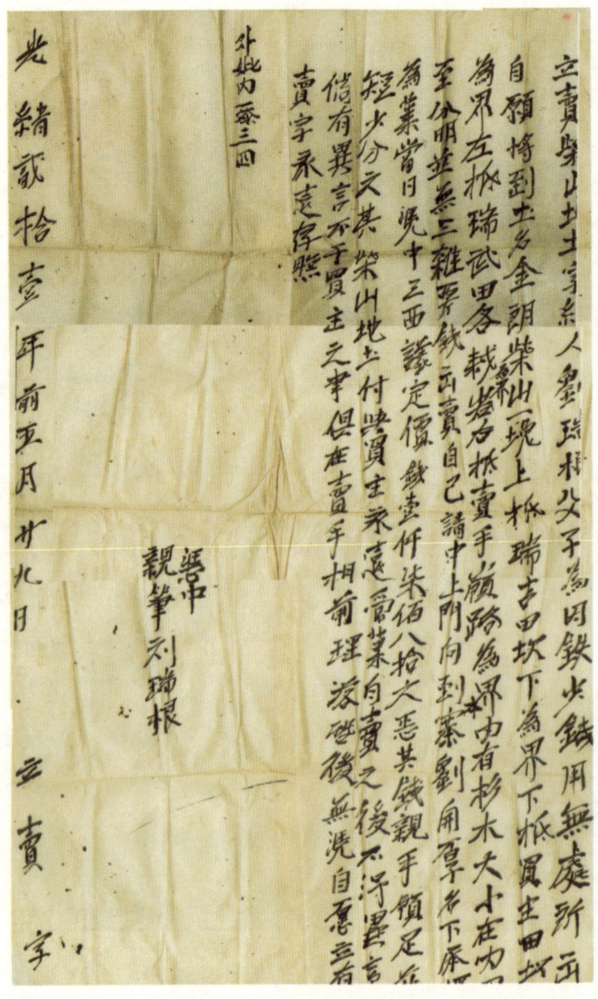

立卖柴山地土字约人刘瑞根父子，为因缺少钱用，无处所出，自愿将到土名金朗柴山一块，上抵瑞吉田坎下为界，下抵买主田坎为界，左抵瑞武田各（角）栽岩为界，右抵卖手岭路为界，内有杉木大小在内，四至分明，并无三（掺）杂，要钱出卖。自己请中上门问到本寨刘开厚名下承买为业，当日凭中三面议定价钱壹仟柒佰八拾文整。其钱亲手领足，并无短少分文，其柴山地土付与买主永远管业。自卖之后，不得异言。倘有异言，不干买主之事，俱在卖手相（向）前理落。恐后无凭，自愿立有卖字永远存照。

外批：内添三四（字）

凭中

亲笔：刘瑞根

光绪贰拾壹年前五月廿九日立卖字

39. 刘开全卖栗园地字（光绪二十一年七月十六日）

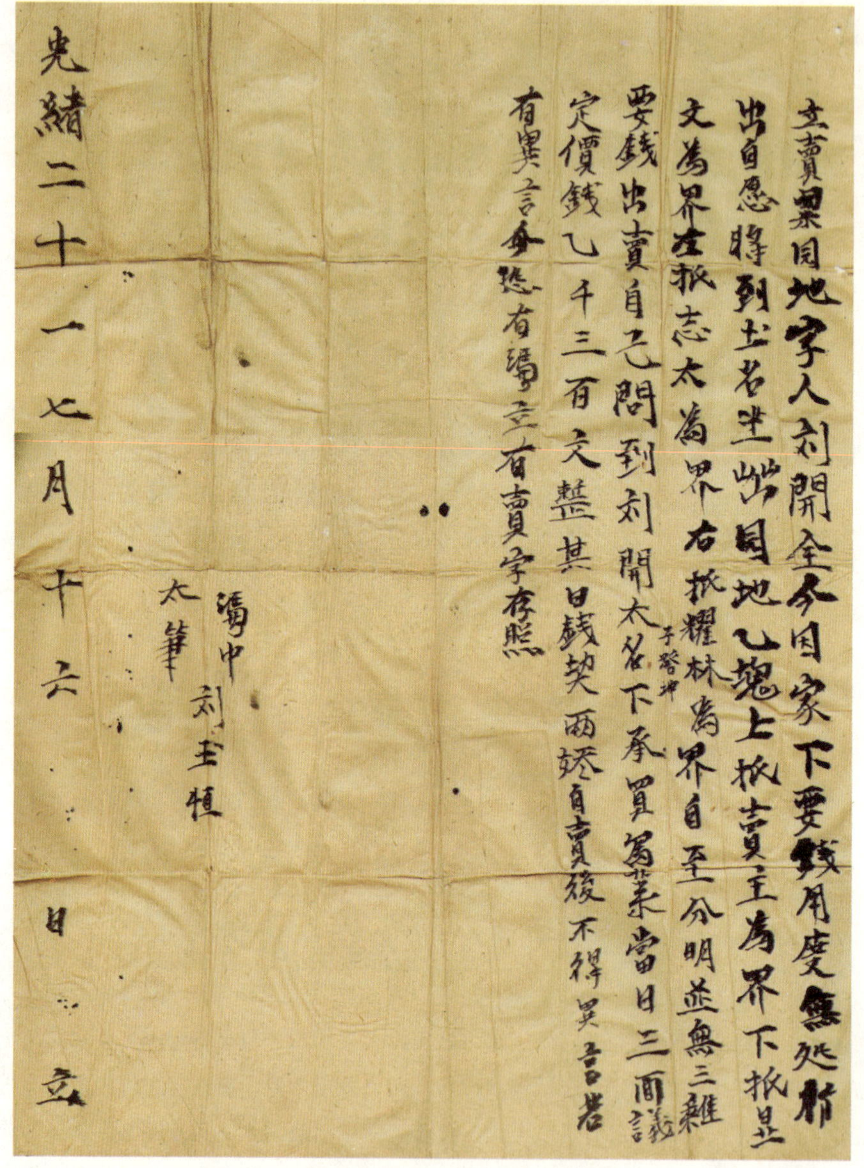

立卖粟园地字人刘开全，今因家下要钱用度，无处所出，自愿将到土名坐㘭园地一块，上抵卖主为界，下抵显文为界，左抵志太为界，右抵耀林为界，自（四）至分明，并无三（掺）杂，要钱出卖。自己问到刘开太、子发坤名下承买为业，当日三面议定价钱一千三百文整。其日钱契两娇（交），自卖［之］后，不得异言。若有异言，今恐有（无）凭，立有卖字存照。

凭中、太（代）笔：刘玉恒

光绪二十一［年］七月十六日立

40. 向成仁、向老乔父子卖田契（光绪二十二年七月初十日）

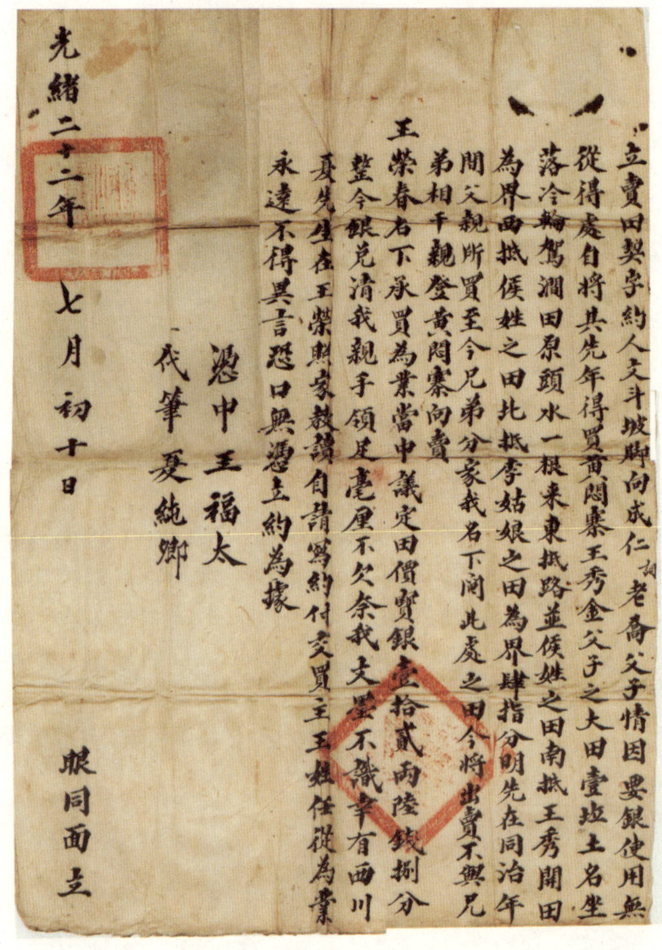

立卖田契字约人文斗坡脚向成仁、向[1]老乔父子，情因要银使用，无从得处，自将其先年得买黄闷寨王秀金父子之大田壹丘，土名坐落冷轮驾涧田原头水一根来，东抵路并侯姓之田，南抵王秀开田为界，西抵侯姓之田，北抵李姑娘之田为界，肆（四）指（至）分明，先在同治年间父亲所买，至今兄弟分家，我名下阄此处之田，今将出卖，不与兄弟相干。亲登黄闷寨向卖（买）［主］王荣春名下承买为业，当中议定田价宝银壹拾贰两陆钱捌分整。今银兑清，我亲手领足，毫厘不欠，奈我文墨不识，幸有西川夏先生在王荣照家教读，自请写约付交买主王姓，任从为业永远，不得异言。恐口无凭，立约为据。

凭中：王福太

代笔：夏纯卿

光绪二十二年七月初十日眼同面立

① 既然是父子，应该同姓，原图的“词”，估计是添加的向成仁的兄弟向成词。

41. 刘什金断卖田契（光绪二十三年六月二十一日）

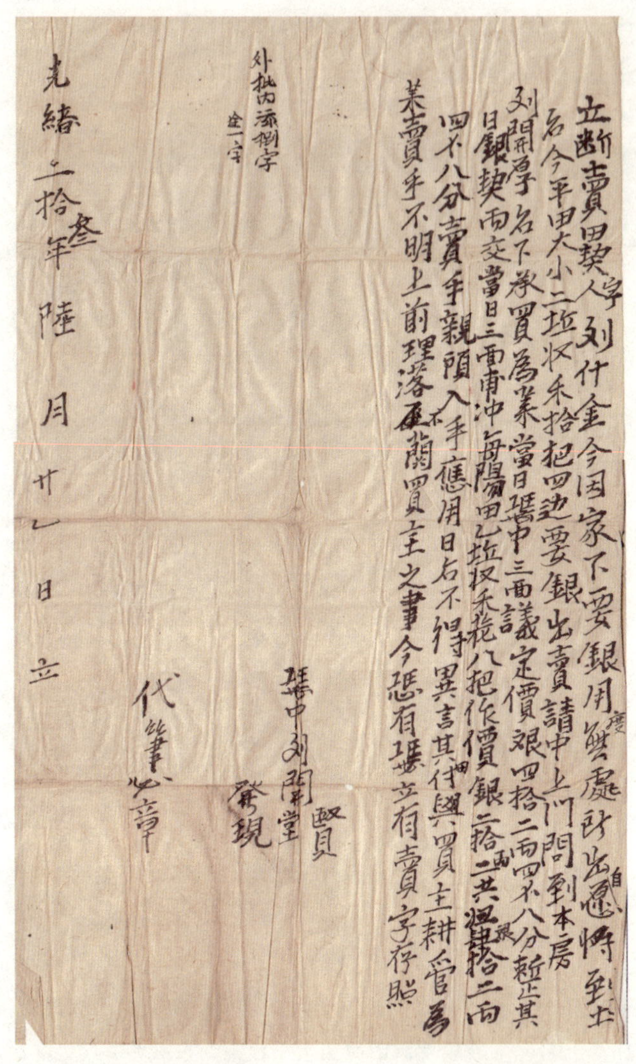

立断卖田契字人刘什金，今因家下要银用度，无处所出，自愿将到土名今平田大小二丘，收禾拾把四边，要银出卖。请中上门问到本房刘开厚名下承买为业，当日凭中三面议定价银四拾二两四钱八分整。其日银契两交，当日三面甫（补）冲每阳田一丘，收禾花八把，作价银二拾两，二共归银肆拾二两四钱八分。卖手亲领入手应用，日后不得异言，其田付与买主耕管为业。卖手不明上前理落，不关买主之事。今恐有（无）凭，立有卖字存照。

外批：内添捌字，涂一字

凭中：刘开贤、刘开堂、刘发现

代笔：必章

光绪二拾叁年陆月廿一日立

42. 刘开贤卖杉木字（光绪二十四年六月九日）

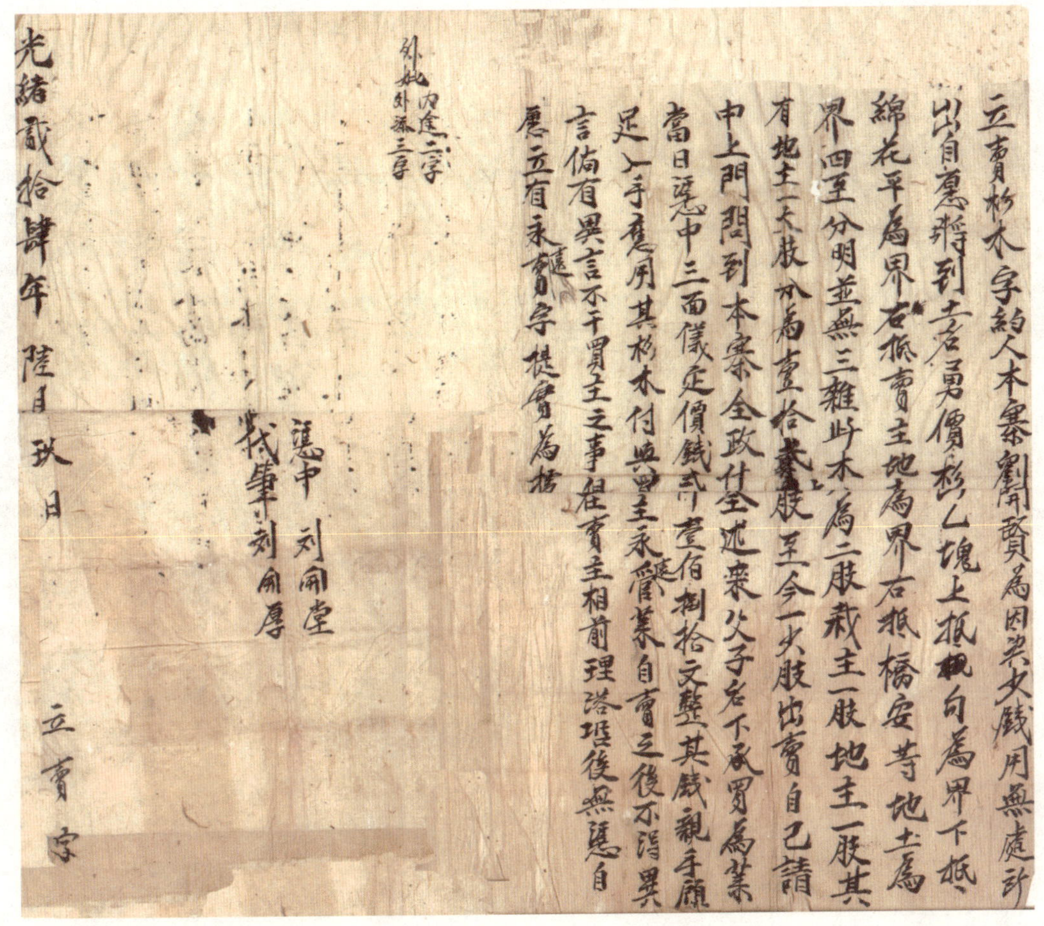

立卖杉木字约人本寨刘开贤，为因缺少钱用，无处所出，自愿将到土名勇价杉一块，上抵勾（沟）为界，下抵棉花平（坪）为界，左抵卖主为界，右抵桥安等地土为界，四至分明，并无三（掺）杂，此木为二肢（股），栽主一肢（股），地主一肢（股），其有地土一大股分为壹拾贰肢（股），至今一少肢（股）出卖。自己请中上门问到本寨全政什、全述来父子名下承买为业，当日凭中三面仪（议）定价钱贰千壹佰捌拾文整。其钱亲手领足入手应用，其杉木付与买主永远管业。自卖之后，不得异言。倘有异言，不干买主之事，俱在卖主相（向）前理落。恐后无凭，自愿立有永远卖字提（是）实为据。

外批：内途（涂）二字，外添三字

凭中：刘开堂

代笔：刘开厚

光绪贰拾肆年陆月玖日立卖字

43. 杨胜武、杨秀长父子断卖田契（光绪二十九年九月二十一日）

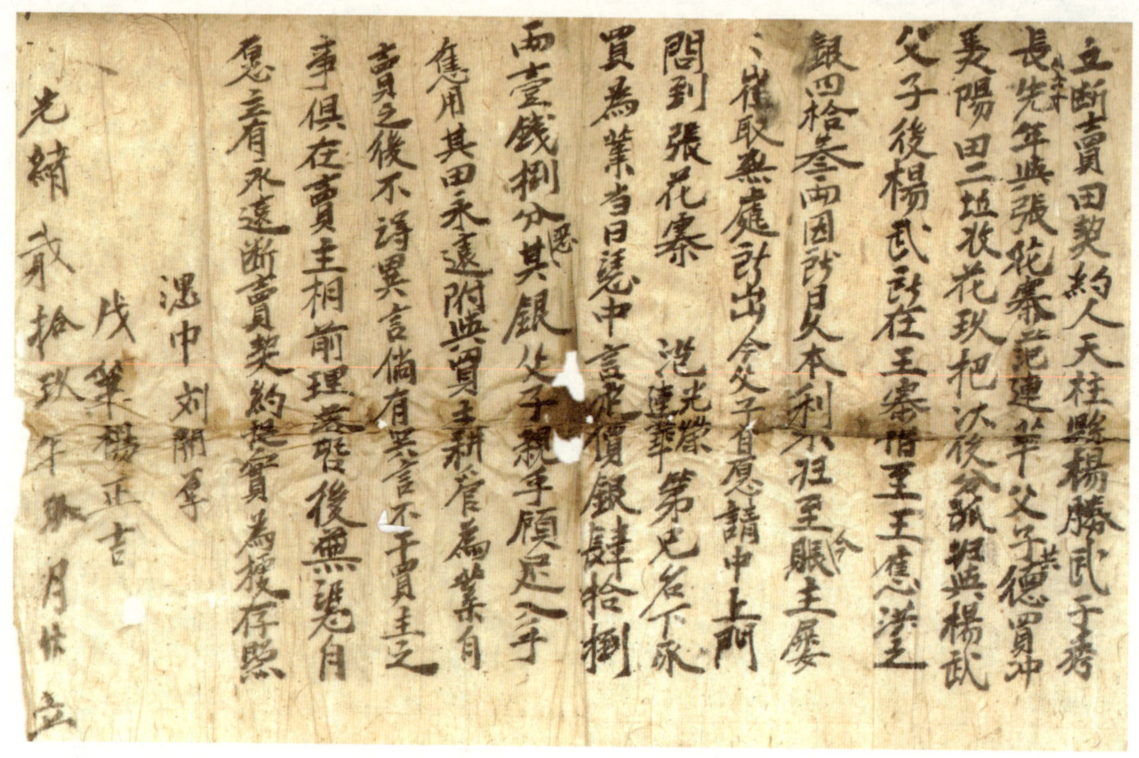

立断卖田契约人天柱县杨胜武、子秀长父子，先年与张花寨范连华父子共德（得）买冲美阳田二丘，收花玖把，以后分派，归与杨武父子，后杨武所在王寨借至王应洪之银四拾叁两，因所日久，本利不归，至今账主屡屡崔（催）取，无处所出。今父子自愿请中上门问到张花寨范光荣、范连华第（弟）兄名下承买为业，当日凭中言定价银肆拾捌两壹钱捌分整。其银父子亲手领足入手应用，其田永远附与买主耕管为业。自卖之后，不得异言。倘有异言，不干买主之事，俱在卖主相（向）前理落。恐后无凭，自愿立有永远断卖契约提（是）实为据存照。

凭中：刘开厚

代笔：杨正吉

光绪贰拾玖年玖月廿一［日］立

44. 刘发伦、刘发元、刘发旺卖田契（光绪二十九年十月十四日）

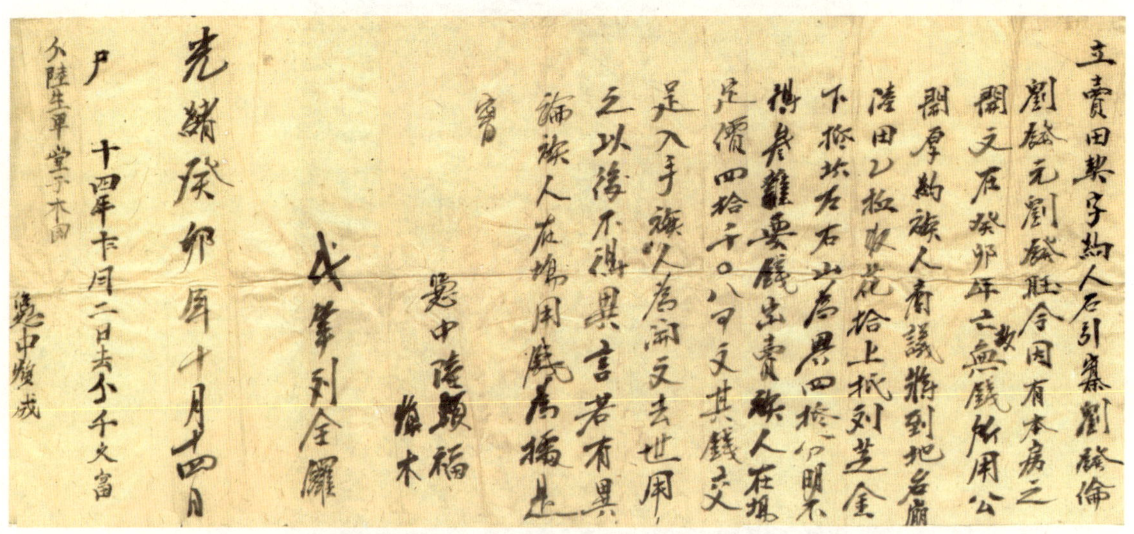

立卖田契字约人石引寨刘发伦、刘发元、刘发旺，今因有本房之开文在癸卯年亡故，无钱所用，公开厚约族人商议，将到地名崩陆田一丘，收花拾［把］，上抵刘芝金，下抵坎，［以］左右山为界，四抵分明，不得叁（掺）杂，要钱出卖。族人在场足价四拾千〇八百文。其钱交足入手，族人为开文去世用之，以后不得异言。若有异论，族人在场，用钱为据是实。

凭中：陆显福、陆焕木

代笔：刘全罗

光绪癸卯年十月十四日

尸（另）：十四年十二月二日去钱千文当钱陆生皐堂子木团

凭中：焕成

45. 汤德彬卖房屋地基字（光绪三十年六月二十二日）

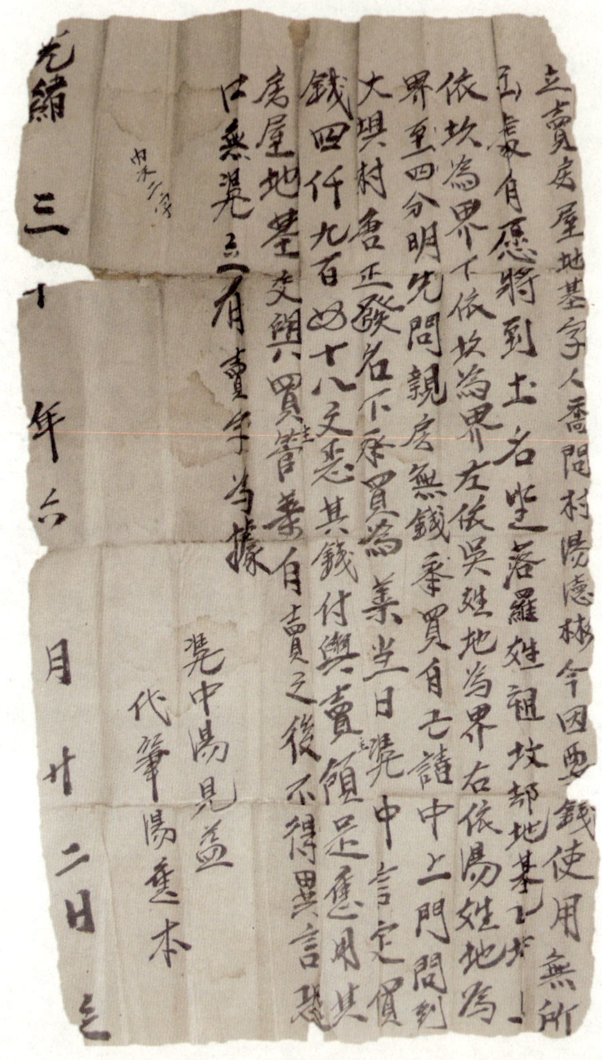

立卖房屋地基字人乔问村汤德彬，今因要钱使用，无所出处，自愿将到土名坐落罗姓祖坟却（脚）地基一块，上依坎为界，下依坎为界，左依吴姓地为界，右依汤姓地为界，至四（四至）分明，先问亲房无钱承买，自己请中上门问到大坝村唐正发名下承买为业，当日凭中言定价钱四仟九百四十八文整。其钱付与卖主领足应用，其房屋地基交与买主管业。自卖之后，不得异言。恐口无凭，立有卖字为据。

内添二字

凭中：汤见益

代笔：汤应本

光绪三十年六月廿二日立

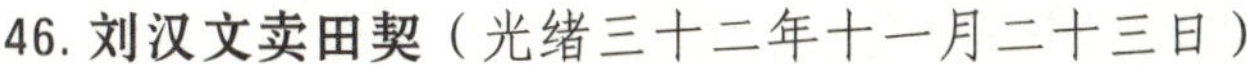

46. 刘汉文卖田契（光绪三十二年十一月二十三日）

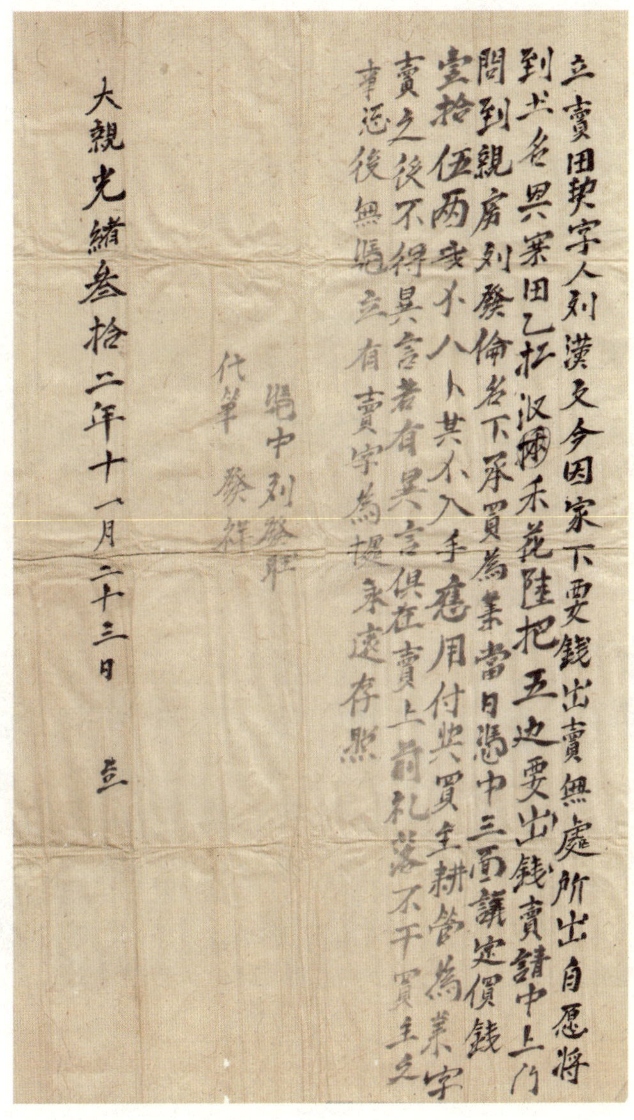

立卖田契字人刘汉文，今因家下要钱出卖。无处所出，自愿将到土名兴寨田一丘，收禾花陆把五边，要出钱（钱出）卖。请中上门问到亲房刘发伦名下承买为业，当日凭中三面议定价钱壹拾伍两二钱八分。其钱入手应用，[其田] 付与买主耕管为业。字（自）卖之后，不得异言。若有异言，俱在卖 [主] 上前礼（理）落，不干买主之事。恐后无凭，立有卖字为据永远存照。

凭中：刘发旺

代笔：发祥

大亲（清）光绪叁拾二年十一月二十三日立

47. 陆应祥断卖田契（光绪三十三年十二月初一日）

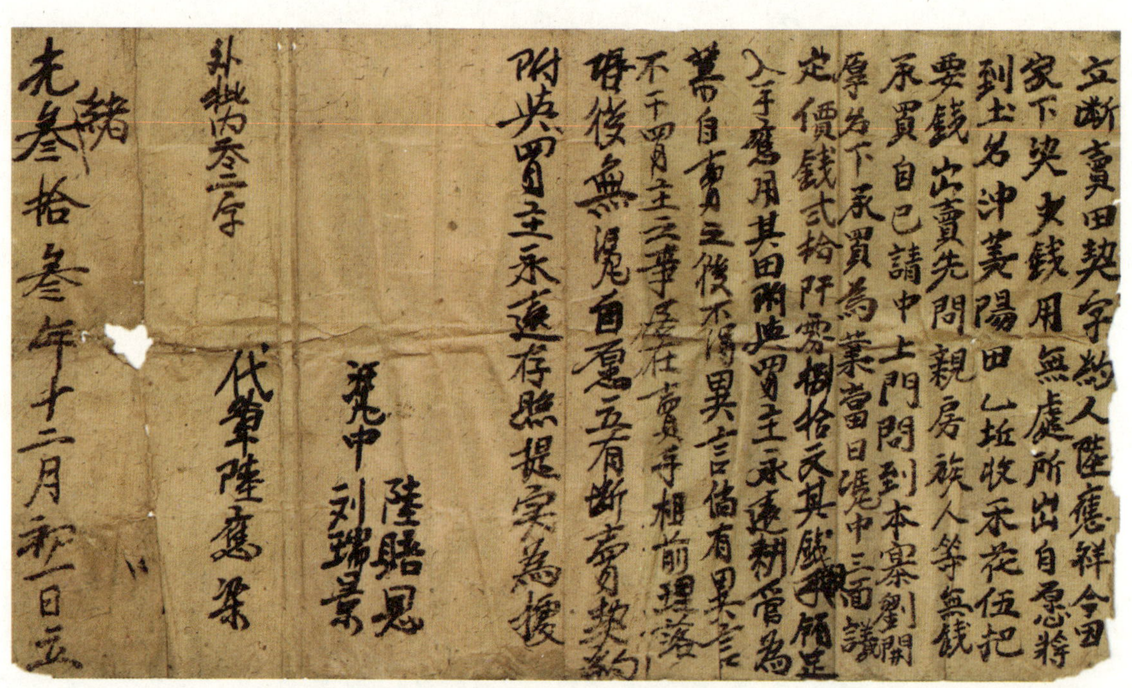

立断卖田契字约人陆应祥，今因家下缺少钱用，无处所出，自愿将到土名冲美阳田一丘，收禾花五把，要钱出卖。先问亲房族人等无钱承买，自己请中上门问到本寨刘开厚名下承买为业，当日凭中三面议定价钱贰拾阡（仟）零捌拾文。其钱领足入手应用，其田附（付）与买主永远耕管为业。自卖之后，不得异言。倘有异言，不干买主之事，居（俱）在卖手相（向）前理落。恐后无凭，自愿立有断卖契约附（付）与买主永远存照提（是）实为据。

外批：内添二字

凭中：陆赔恩、刘瑞景

代笔：陆应梁

光绪叁拾叁年十二月初一日立

48. 刘发元断卖田契（双契）（光绪三十四年九月二十一日）

立斷賣田契字約人本寨劉發元為因大伯亡故無處所出自愿將到
土名秀發田乙坵收禾花陸把上抵陸林蓋田坎為界下抵溪為界右抵油坎
脚為界左抵溪路為界四至分明要銀出賣先問親房無銀承買自己請
中上門問到本寨血表
吳佐元名下承買為業當日憑中二面議定價銀肆拾叁兩捌錢整其銀親
手領足入手應用其田附與買主永遠耕管為業自賣之後不得異言倘有異
言不干買主之事居在賣手相前理落從後無憑自愿立有斷賣契約附與買
買主永遠為據存照

外批添一字

憑中劉發坤輪

代筆劉開亨

光緒叁拾肆年　秋月廿一日　立

立斷賣田契約人劉發元為因大伯亡故只欠銀用無處所出自愿將到土名康
佑田乙坵收禾花捌把要銀出賣先問親房無銀承買自己請中上門問到本寨
吳佐元名下承買為業當日憑中二面議定價錢肆拾叁兩捌錢整其銀親手
領足入手應用其田附與買主永遠耕管為業自賣之後不得異言倘有異言
不干買主之事居在賣手相前理落從後無憑自愿立有斷賣契約附與買主
永遠提賣為據存照其田上抵路為界下抵坎為界右抵山為界右抵田坎下陸
為界其田四至分明並無三雜永遠為

外批添三字

憑中劉發坤輪

代筆劉開亨

光緒叁拾肆年　秋月　廿一日　立

立断卖田契字约人本寨刘发元，为因大伯亡故，无处所出，自愿将到土名考发田一丘，收禾花陆把，上抵陆林盖田坎为界，下抵溪为界，左抵油坎脚为界，右抵溪边为界，四至分明，要银出卖。先问亲房无银承买，自己请中上门问到本寨血表吴佑元名下承买为业，当日凭中三面议定价银肆拾贰两捌钱整。其银亲手领足入手应用，其田附（付）与买主永远耕管为业，自卖之后，不得异言。倘有异言，不干买主之事，居（俱）在卖手相（向）前理落。恐后无凭，自愿立有断卖契约附（付）与买主永远为据存照。

外批：内涂一字，外添一字

凭中：刘发旺、刘发轮、刘发坤

代笔：刘开厚

光绪叁拾肆年玖月廿一日立

立断卖田契字约人刘发元，为因大伯亡故，缺少银用，无处所出，自愿将到土名康偕田一丘，收禾花捌把，要银出卖。先问亲房无银承买，自己请中上门问到本寨吴佑元名下承买为业，当日凭中三面议定价银肆拾叁两捌钱整。其银亲手领足入手应用，其田附（付）与买主永远耕管为业。自卖之后，不得异言。倘有异言，不干买主之事，居（俱）在卖手相（向）前理落。恐后无凭，自愿立有断卖契约附（付）与买主永远提（是）实为据存照。其田上抵路为界，下抵坎为界，左抵山为界，右抵田坎下陆应恩山为界，其田四至分明，并无三（掺）杂，永远为［据］。

外批：内添三字

凭中：刘发旺、刘发轮、刘发坤

代笔：刘开厚

光绪叁拾肆年玖月廿一日立

49. 陆氏见音、刘林德婶侄断卖田契（宣统元年正月二十二日）

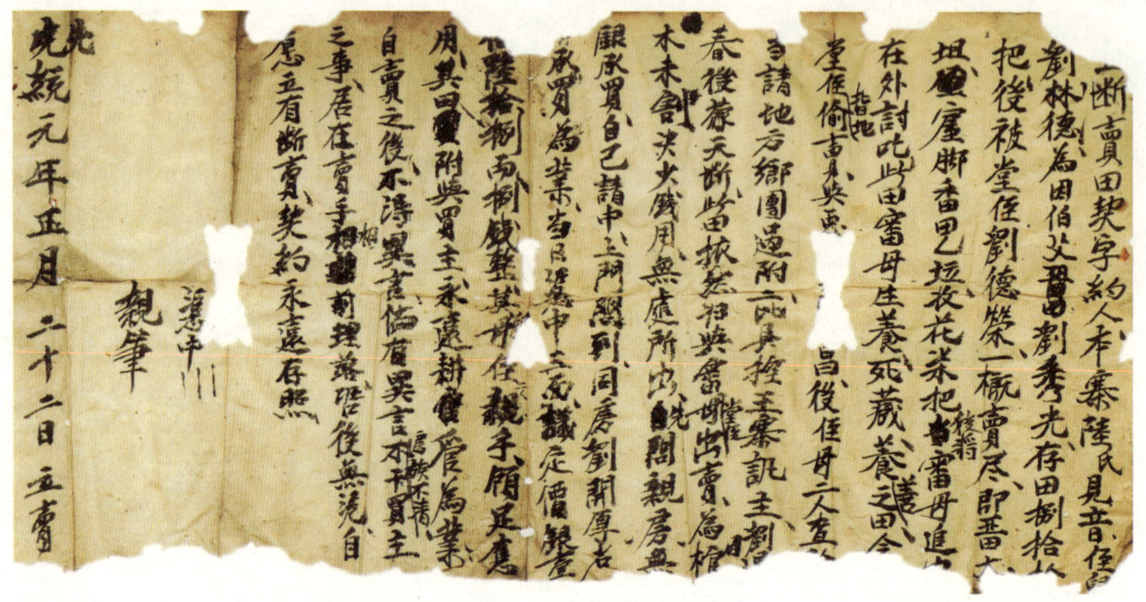

立断卖田契字约人本寨陆氏见音、侄儿刘林德，为因伯父刘秀光存田捌拾□把，后被堂侄刘德荣一概卖尽，即留大坦屋脚禾田一丘，收花柒把，后将审（婶）母追出在外讨吃。此田审（婶）母生养死藏（葬）养善（膳）之田，今［被］堂侄背地偷卖与恶［富陆有］昌。后侄母二人查除（出），当请地方乡团过附，二比具控王寨讯主刘遇春。后蒙天断，此田依然归与审（婶）母堂侄母出卖。为因棺木未割，缺少钱用，无处所出。先问亲房无银承买，自己请中上门问到同房刘开厚名下承买为业，当日凭中三面议定价银壹佰陆拾捌两捌钱整。其母侄亲手领足应用，其田附（付）与买主永远耕管为业。自卖之后，不得异言。倘有异言，房族不清，不干买主之事，居（俱）在卖手相（向）前理落。恐后无凭，自愿立有断卖契约永远存照。

凭中：……

亲笔

先（宣）统元年正月二十二日立卖

50. 刘德荣换田契（宣统元年十二月二十九日）

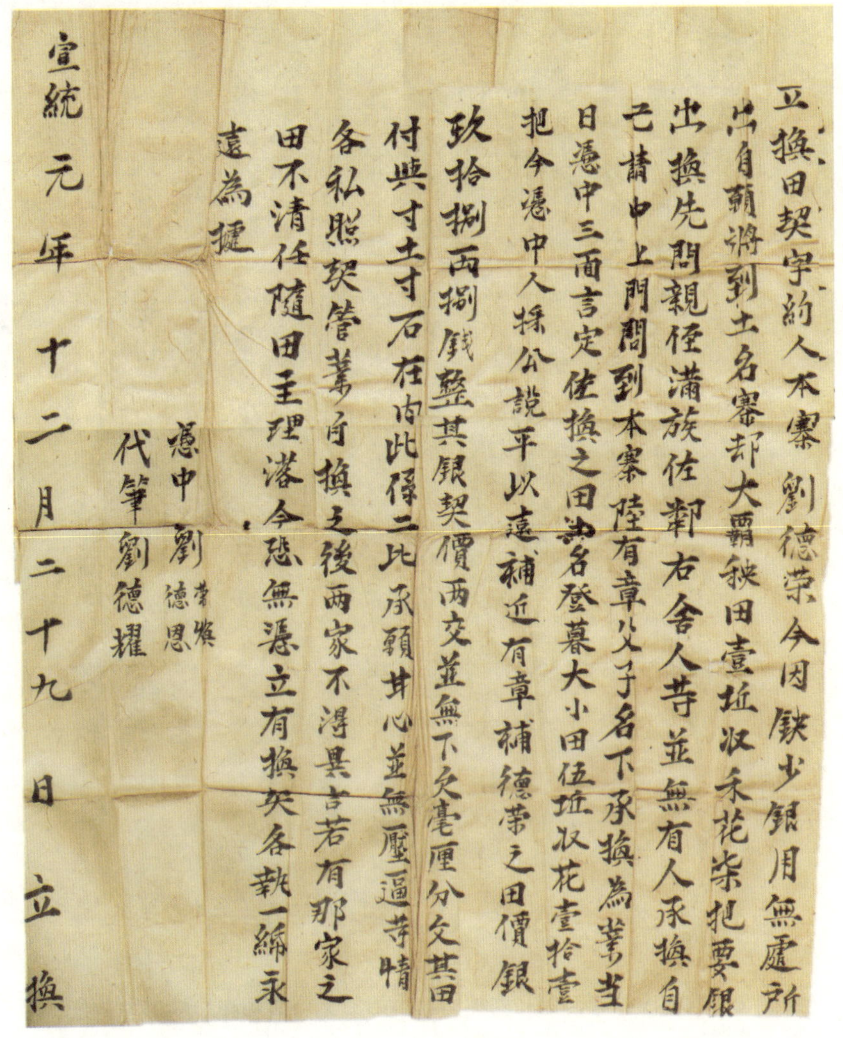

立换田契字约人本寨刘德荣，今因缺少银用，无处所出，自愿将到土名寨却（脚）大霸秧田壹丘，收禾花柒把，要银出换。先问亲侄满族佐（左）邻右舍人等，并无有人承换，自己请中上门问到本寨陆有章父子名下承换为业，当日凭中三面言定佐换之田，土名登暮大小田伍丘，收花壹拾壹把，今凭中人采公说平以远补近，有章补德荣之田价银玖拾捌两捌钱整。其银契价两交，并无下欠毫厘分文，其田付与寸土寸石在内，此系二比承愿甘心，并无压逼等情，各私照契管业。自换之后，两家不得异言。若有那（哪）家之田不清，任随田主理落。今恐无凭，立有换契，各执一纸，永远为据。

凭中：刘荣焕、刘德恩

代笔：刘德耀

宣统元年十二月二十九日立换

51.陆氏见音、刘林德婶侄断卖田契（宣统二年正月二十二日）

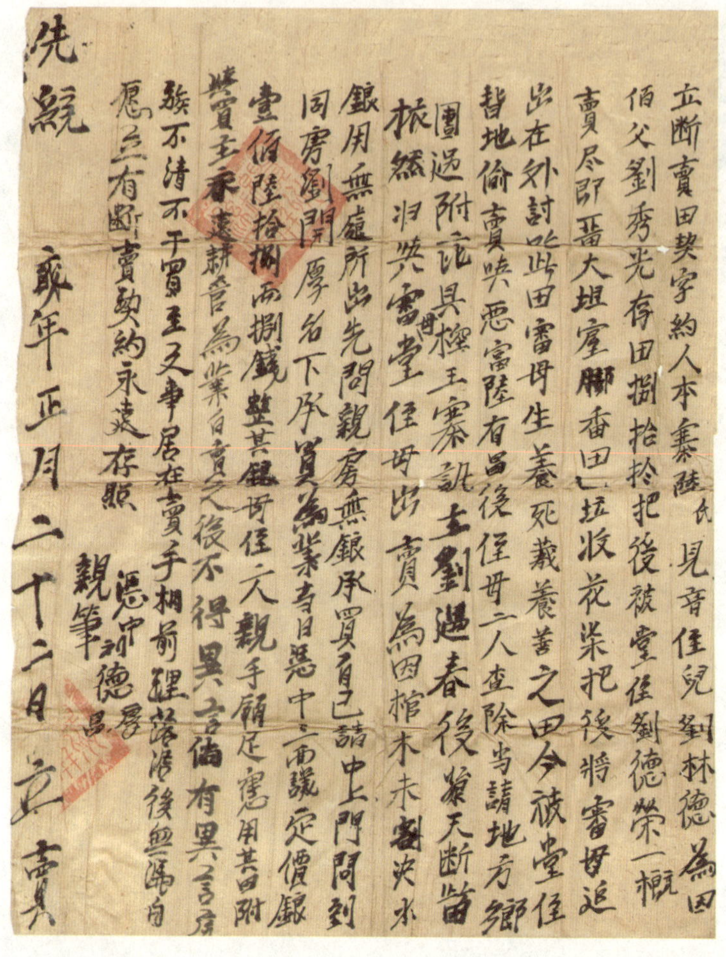

立断卖田契字约人本寨陆氏见音、侄儿刘林德，为因伯父刘秀光存田捌拾于（余）把，后被堂侄刘德荣一概卖尽，即留大坦屋脚禾田一丘，收花柒把，后将审（婶）母追出在外讨吃，此田审（婶）母生养死葬养善（膳）之田，今被堂侄背地偷卖与恶富陆有昌，后侄母二人查除（出），当请地方乡团过附，二比具控王寨讯主刘遇春，后蒙天断，此田依然归与审（婶）母堂侄母出卖。为因棺木未割，决（缺）少银用，无处所出，先问亲房无银承买，自己请中上门问到同房刘开厚名下承买为业，当日凭中三面议定价银壹佰陆拾捌两捌钱整。其银母侄二人亲手领足应用，其田附（付）与买主永远耕管为业。自卖之后，不得异言。倘有异言，房族不清，不干买主之事，居（俱）在卖手相（向）前理落。恐后无凭，自愿立有断卖契约永远存照。

凭中：刘德厚、刘德昌

亲笔

先（宣）统贰年正月二十二日立卖

52. 张永富等卖田契（民国元年十月初三日）

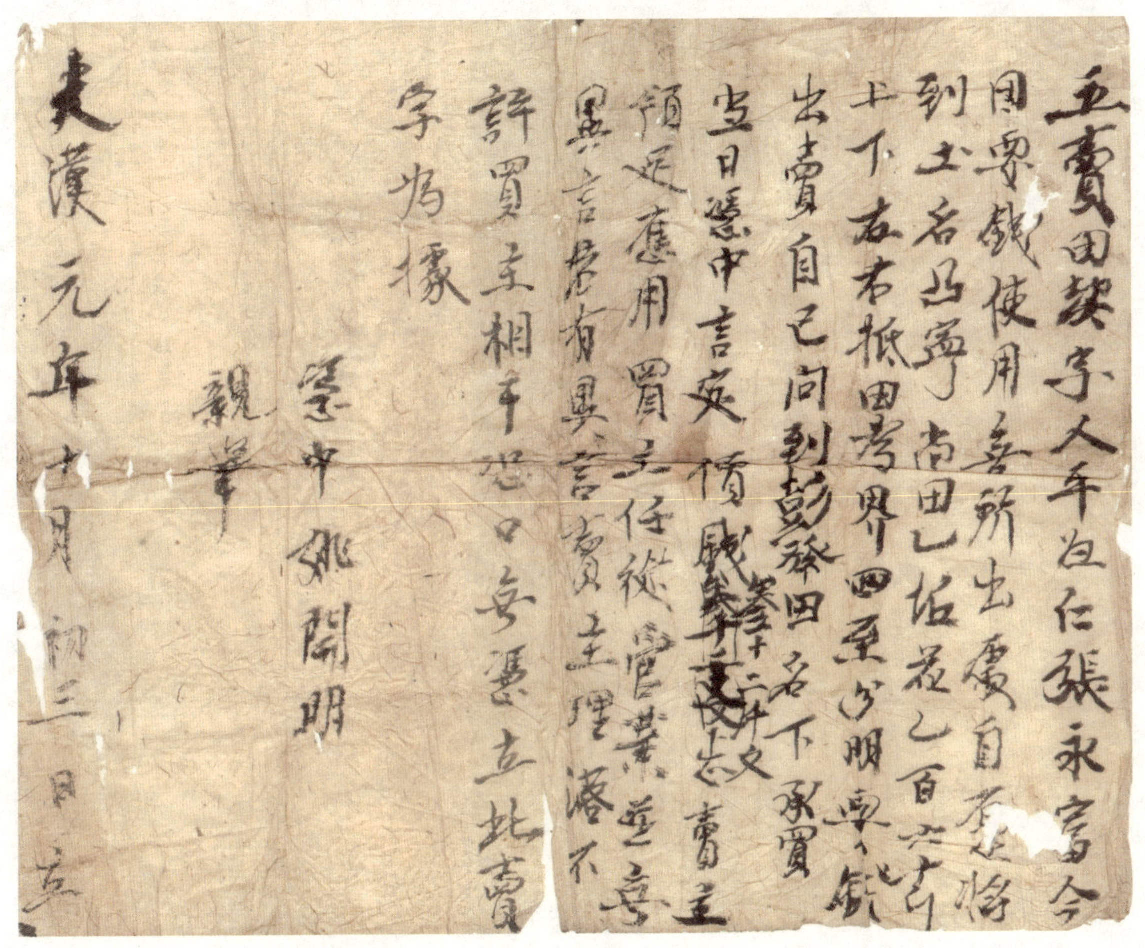

立卖田契字人平归仁（人）张永富，今因要钱使用，无所出处，自愿将到土名凸宁尚田一丘，花一百六十斤，上下左右抵田为界，四至分明，要钱出卖。自己问到彭发田名下承买，当日凭中言定价钱叁十二千文整。卖主领足应用，买主任从管业，并无异言。若有异言，卖主理落，不许（与）买主相干。恐口无凭，立此卖字为据。

凭中：姚开明

亲笔

大汉元年十月初三日立

53. 彭发田卖田契（民国二年四月二十八日）

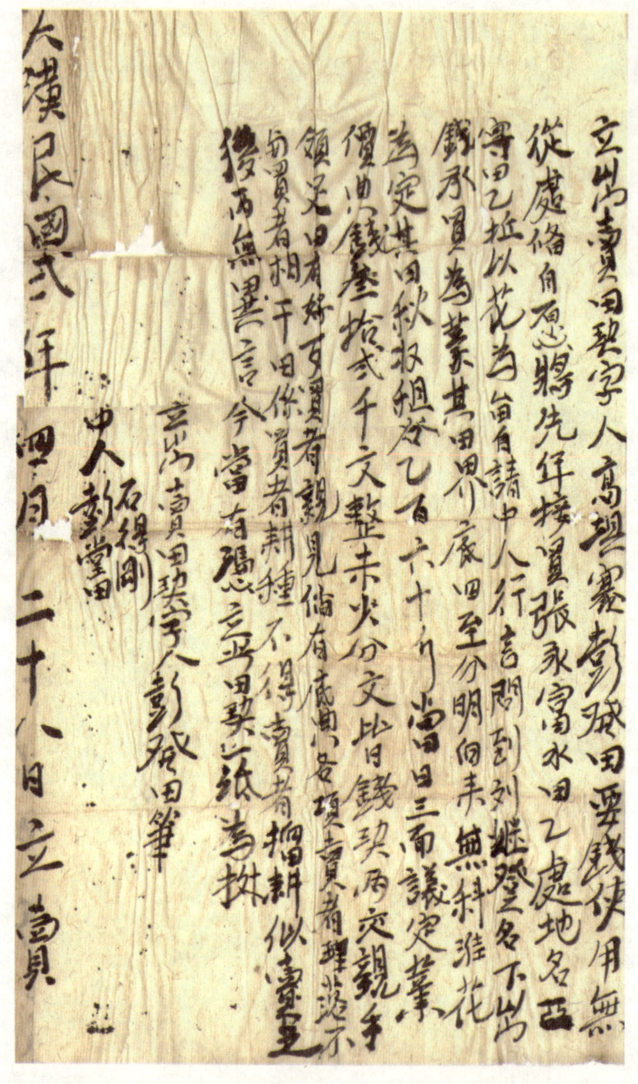

立出卖田契字人高坝寨彭发田要钱使用，无从［得］处（出），备自愿将先年接买张永富水田一处，地名亚□田一丘，以花为一田，自请中人行言问到刘继登名下出钱承买为业，其田界底四至分明，向来无科，准花为定，其田秋收租谷一百六十斤，当日三面议定业价典钱叁拾贰千文整，未少分文。此日钱契两交，亲手领足。田有好歹，买者亲见。倘有底典各项，卖者理落，不与买者相干。田系买者耕种，不得卖者留耕。似（自）卖之后，两无异言。今当有凭，立此田契一纸为据。

立出卖田契字人彭发田笔

中人：石得刚、彭堂田

大汉民国贰年四月二十八日立卖

54. 刘耀林卖田地字（民国二年五月二十四日）

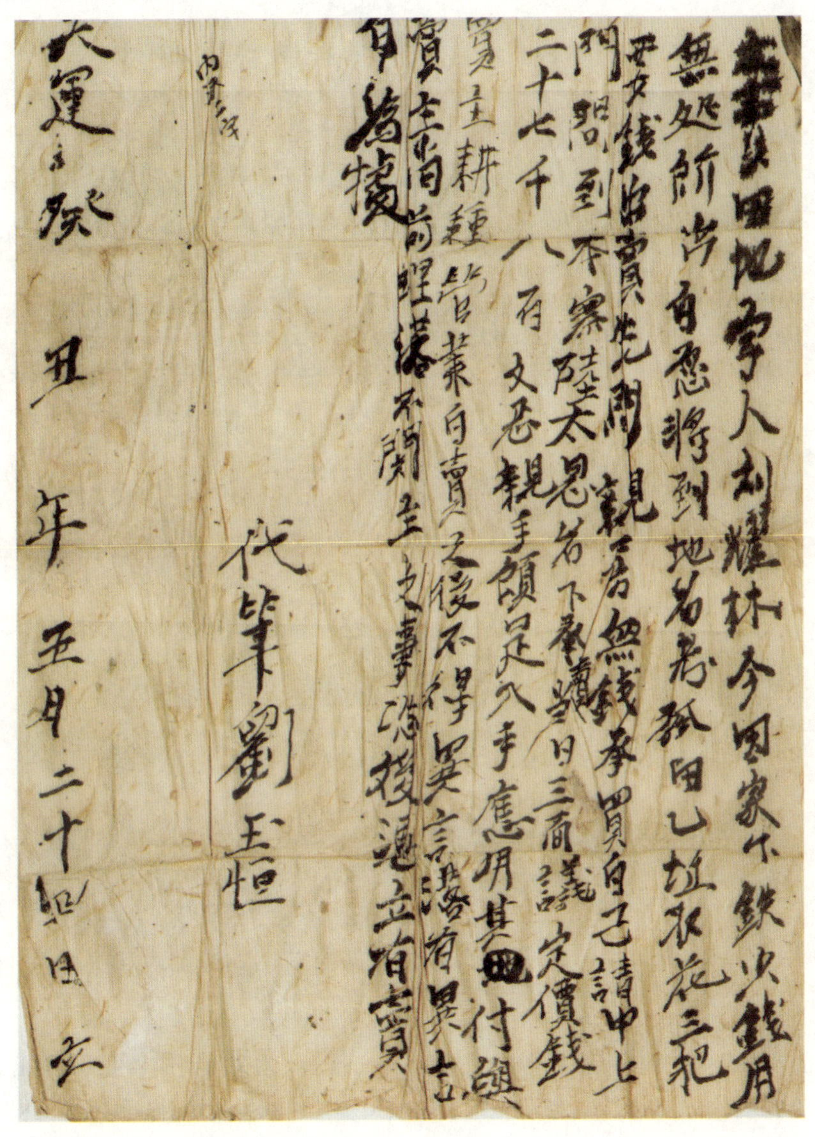

立卖田地字人刘耀林，今因家下缺少钱用，无处所出，自愿将到地名考发田一丘，收花三把，要钱出卖。先问亲房无钱承买，自己请中上门问到本寨陆太恩名下承卖（买），当日三面议定价钱二十七千八百文整。[其钱]亲手领足入手应用，其田付与买主耕种管业。自卖之后，不得异言。落（若）有异言，卖主尚（上）前理落，不关（买）主之事。恐后[无]凭，立有卖自（字）为据。

内添二字

代笔：刘玉恒

天运癸丑年五月二十四日立

55.刘玉和父子卖田契（民国二年二月十四日）

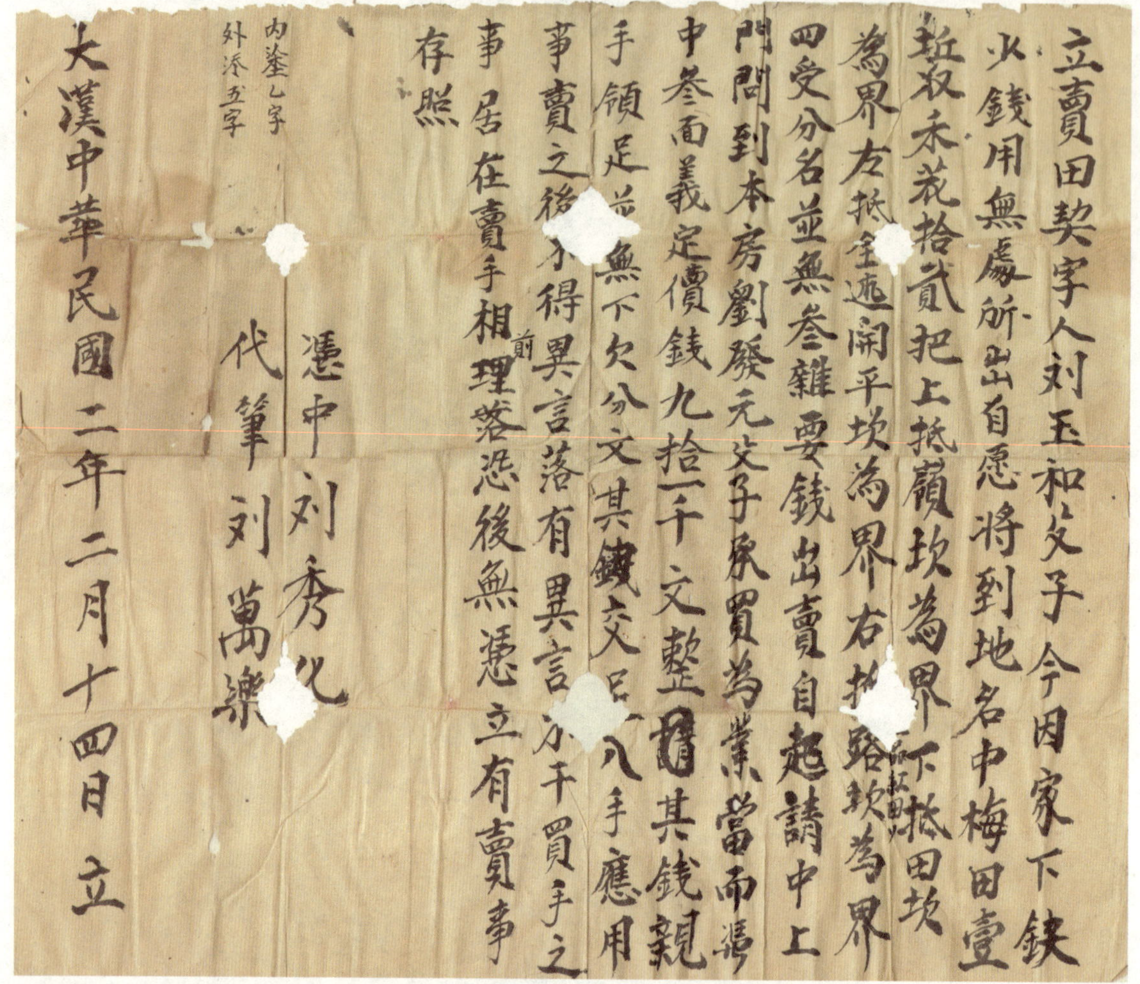

立卖田契字人刘玉和父子，今因家下缺少钱用，无处所出，自愿将到地名中梅田壹丘，收禾花拾贰把，上抵岭坎为界，下抵田坎为界，左抵全述开平坎为界，右抵□品红田路坎为界，四受（至）分名（明），并无叁（掺）杂，要钱出卖。自起请中上门问到本房刘发元父子承买为业，当面凭中叁面义（议）定价钱九拾一千文整。其钱亲手领足，并无下欠分文，其钱交足入手应用。事（自）卖之后，不得异言。落（若）有异言，不干买手之事，居（俱）在卖手相（向）前理落。恐后无凭，立有卖事存照。

内涂一字，外添五字

凭中：刘秀化

代笔：刘万乐

大汉中华民国二年二月十四日立

56. 刘求乐卖田契（民国三年三月二十一日）

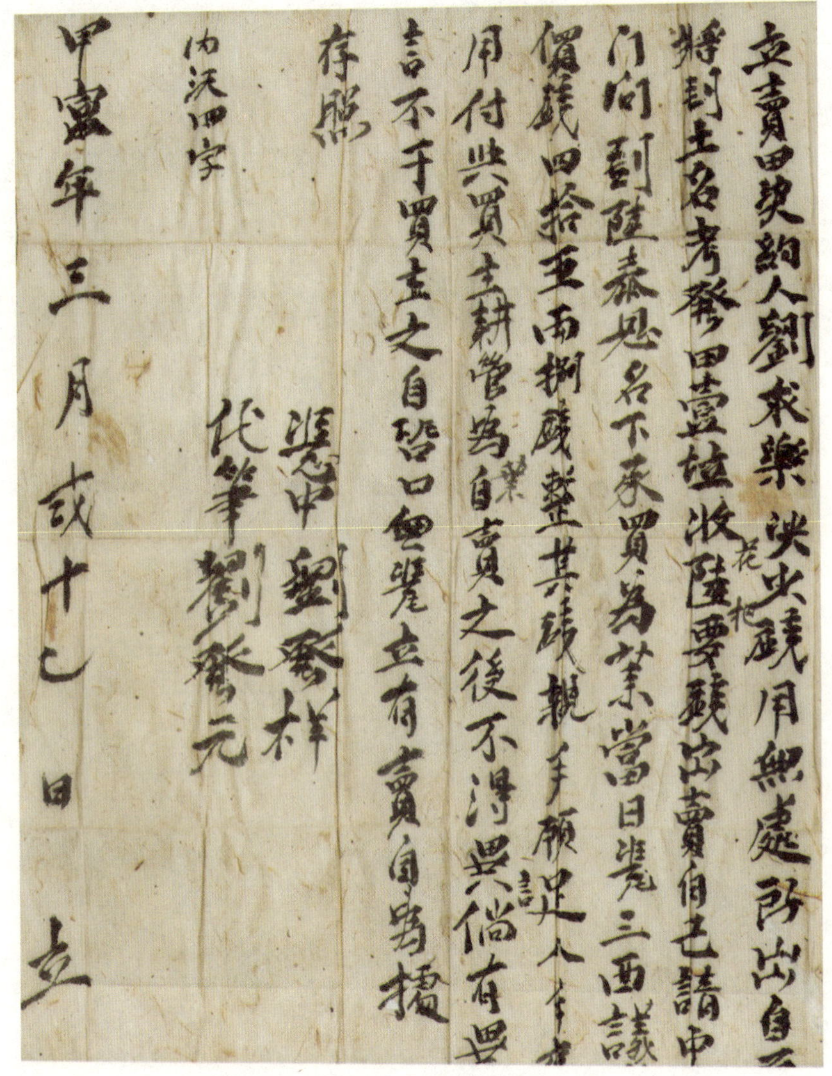

立卖田契约人刘求乐，缺少钱用，无处所出，自［愿］将到土名考发田壹丘，收花陆把，要钱出卖。自己请中［上］门问到陆泰恩名下承买为业，当日凭［中］三面议价钱四拾五两捌钱整。其钱亲手领足入手应用，［其田］付与买主耕管为业。自卖之后，不得异言。倘有异言，不干买主之自（事）。恐口无凭，立有卖自（字）为据存照。

内添四字

凭中：刘发祥

代笔：刘发元

甲寅年三月贰十一日立

57. 刘祥光卖田契（民国三年九月初四日）

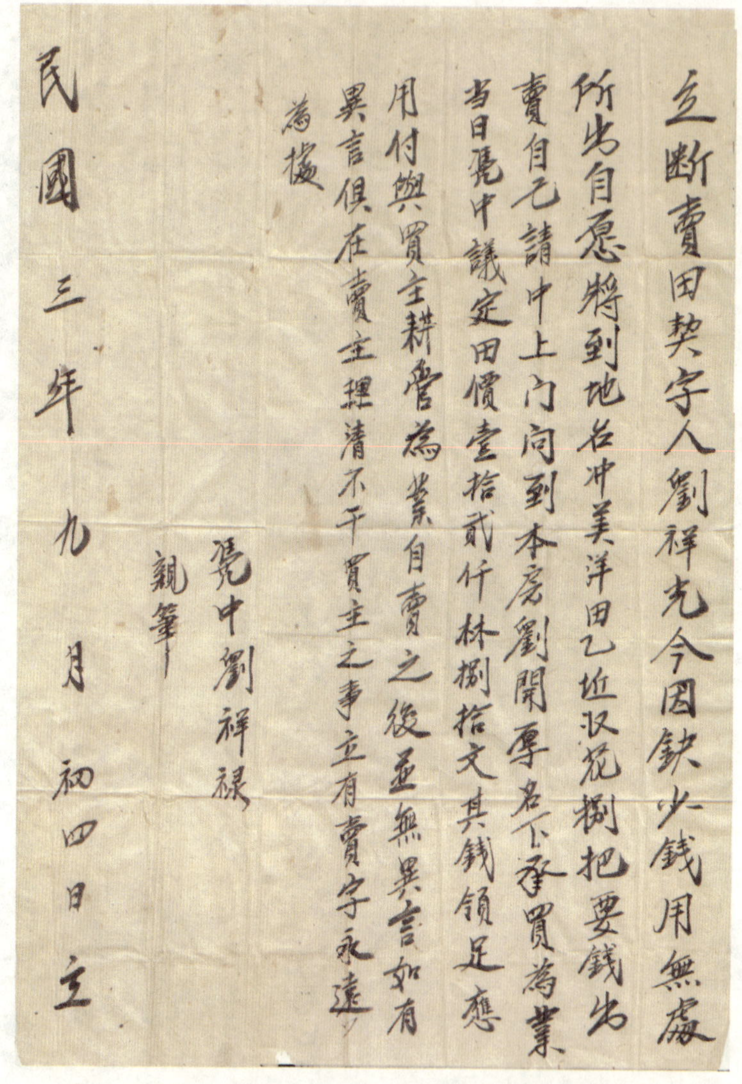
立斷賣田契字人劉祥光今因缺少錢用無處
所出自愿將到地名冲美洋田乙坵収花捌把要錢出
賣自己請中上门向到本房劉開厚名下承買為業
当日憑中議定田價壹拾貳仟林捌拾文其錢領足應
用付與買主耕管為業自賣之後並無異言如有
異言俱在賣主理清不干買主之事立有賣字永遠
為據
憑中劉祥祿
親筆
民國三年九月初四日立

立断卖田契字人刘祥光，今因缺少钱用，无处所出，自愿将到地名冲美洋田一丘，收花捌把，要钱出卖。自己请中上门问到本房刘开厚名下承买为业，当日凭中议定田价壹拾贰仟林（零）捌拾文。其钱领足应用，［其田］付与买主耕管为业。自卖之后，并无异言。如有异言，俱在卖主理清，不干买主之事。立有卖字永远为据。

凭中：刘祥禄

亲笔

民国三年九月初四日立

58. 刘毛元卖田契（民国四年二月初三日）

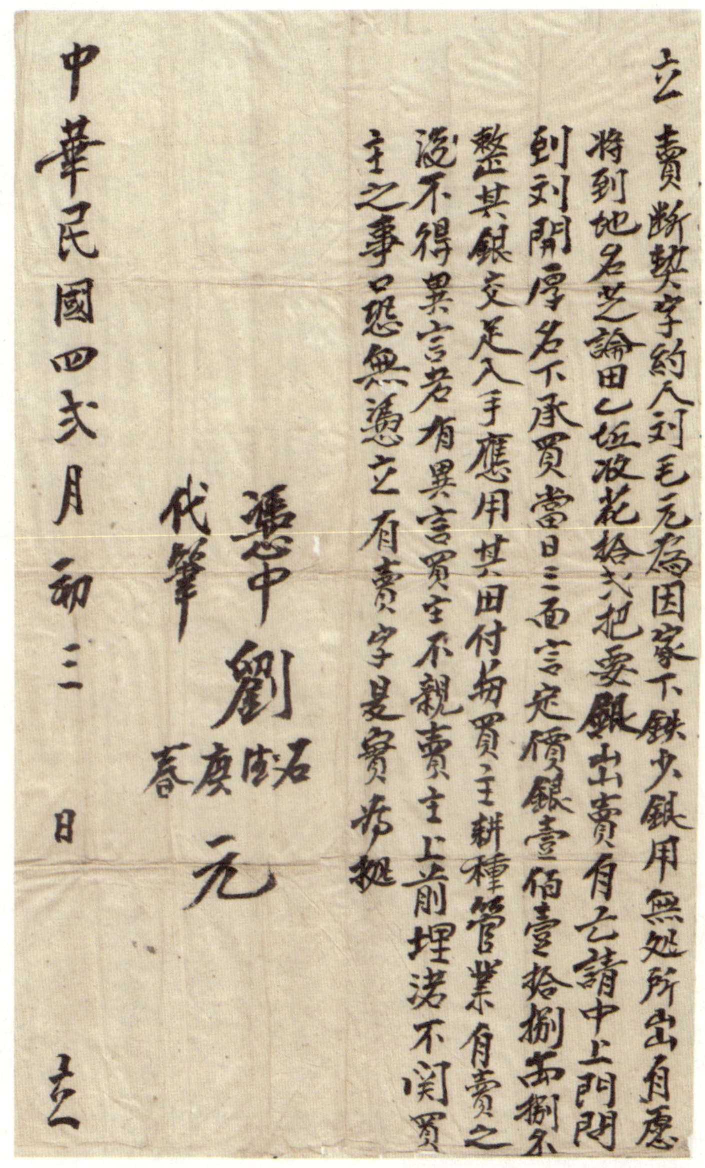

立卖断契字约人刘毛元，为因家下缺少银用，无处所出，自愿将到地名芝论田一丘，收花拾贰把，要银出卖。自己请中上门问到刘开厚名下承买，当日三面言定价银壹佰壹拾捌两捌钱整。其银交足入手应用，其田付与买主耕种管业。自卖之后，不得异言。买主不亲（清），卖主上前理落，不关买主之事。口恐（恐口）无凭，立有卖字是实为据。

凭中、代笔：刘石元、刘法元、刘庚元、刘春元

中华民国四［年］贰月初三日立

59. 刘毛元卖田契（民国四年二月初三日）

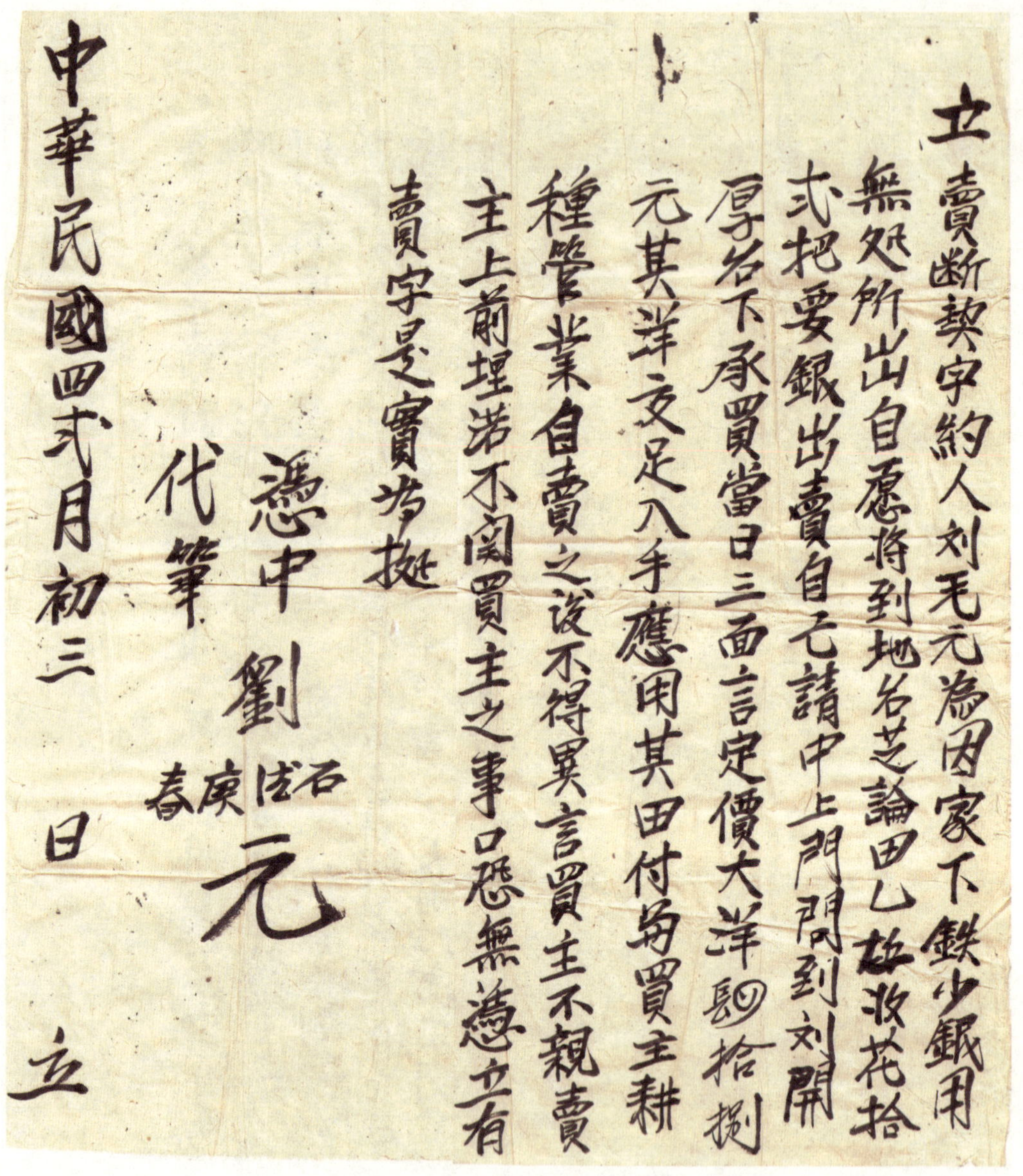
立賣斷契字約人刘毛元為因家下鈌少銀用
無処所出自愿將到地名芝論田乚坵收花拾
弍把要銀出賣自己請中上門問到刘開
厚名下承買當日三面言定價大洋肆拾捌
元其洋交足入手應用其田付與買主耕
種管業自賣之後不得異言買主不親賣
主上前埋落不関買主之事口恐無憑立有
賣字是實為據
憑中 代筆 劉石法庚春元
中華民國四弍月初三日 立

立卖断契字约人刘毛元，为因家下缺少银用，无处所出，自愿将到地名芝论田一丘，收花拾贰把，要银出卖。自己请中上门问到刘开厚名下承买，当日三面言定价大洋肆拾捌元。其洋交足入手应用。其田付与买主耕种管业。自卖之后，不得异言。买主不亲（清），卖主上前理落，不关买主之事。口恐（恐口）无凭，立有卖字是实为据。

凭中、代笔：刘石元、刘法元、刘庚元、刘春元

中华民国四［年］贰月初三日立

60. 陆应隆、陆应通兄弟卖田地字（民国五年二月十一日）

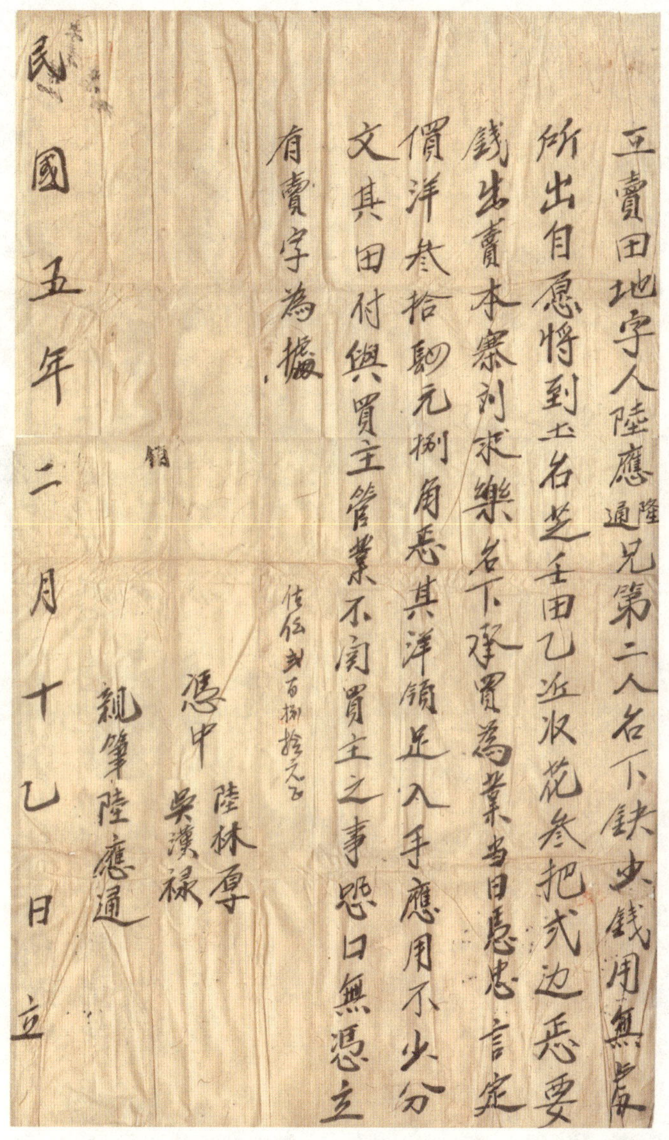

立卖田地字人陆应隆、陆应通兄第（弟）二人，名下缺少钱用，无处所出，自愿将到土名芝壬田一丘，收花叁把贰边整，要钱出卖。本寨刘求乐名下承买为业，当日凭忠（中）言定价洋叁拾肆元捌角整。其洋领足入手应用，不少分文，其田付与买主管业。不关买主之事。恐口无凭，立有卖字为据。

估伝（价）贰百捌拾元正

凭中：陆林厚、吴汉禄

亲笔：陆应通

民国五年二月十一日立

61. 陆应隆、陆应通兄弟卖田地字（民国五年二月十一日）

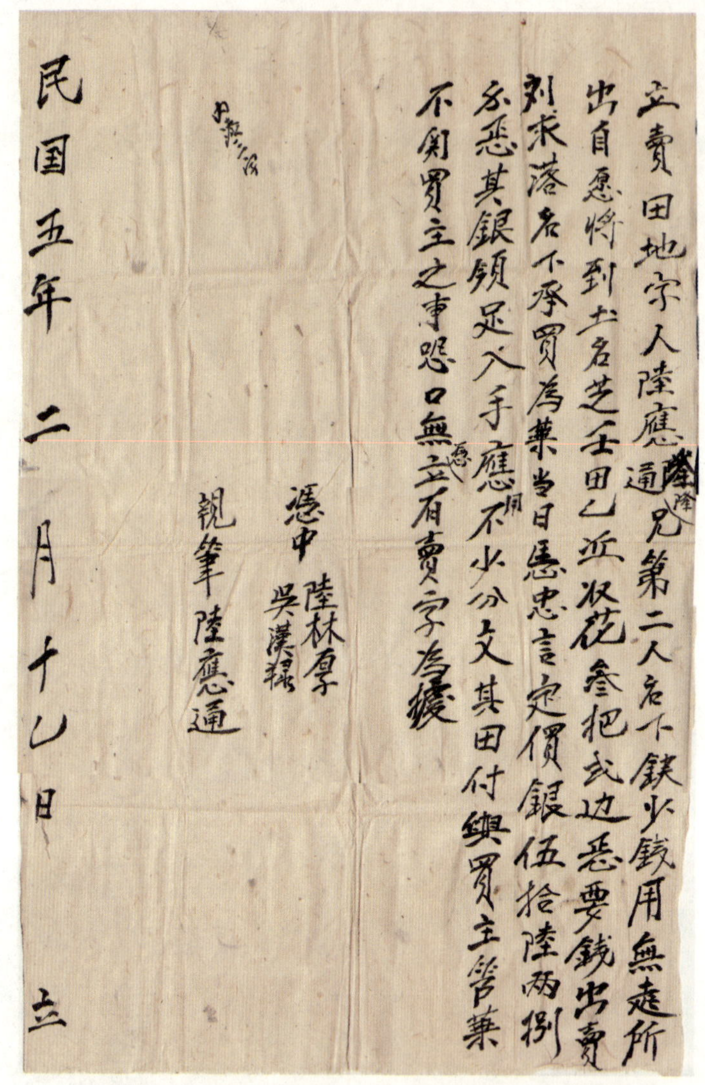

立卖田地字人陆应隆、陆应通兄第（弟）二人，名下缺少钱用，无处所出，自愿将到土名芝壬田一丘，收花叁把贰边整，要钱出卖。刘求落（乐）名下承买为业，当日凭忠（中）言定价银伍拾陆两捌钱整。其银领足入手应用，不少分文，其田付与买主管业。不关买主之事。恐口无凭，立有卖字为据。

内添三字

凭中：陆林厚、吴汉禄

亲笔：陆应通

民国五年二月十一日立

62. 刘氏鸡香断卖田契（民国五年八月初七日）

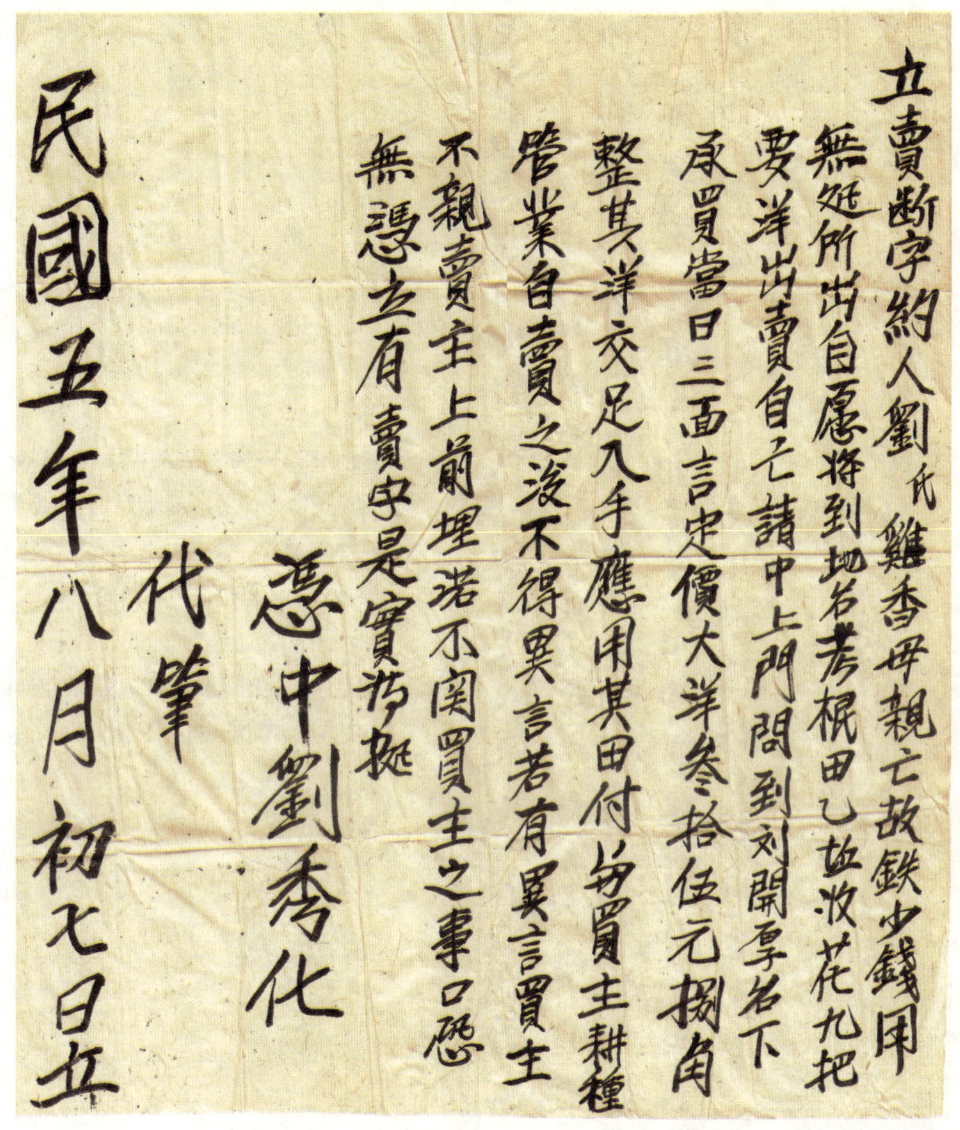

立卖断字约人刘氏鸡香母亲亡故，缺少钱用，无处所出，自愿将到地名考根田一丘，收花九把，要洋出卖。自己请中上门问到刘开厚名下承买，当日三面言定价大洋叁拾伍元捌角整。其洋交足入手应用，其田付与买主耕种管业。自卖之后，不得异言。若有异言，买主不亲（清），卖主上前埋渃（理落），不关买主之事。口恐（恐口）无凭，立有卖字是实为据。

凭中：刘秀化

代笔

民国五年八月初七日立

63. 刘长贵、刘长富卖田契（民国五年十二月二十二日）

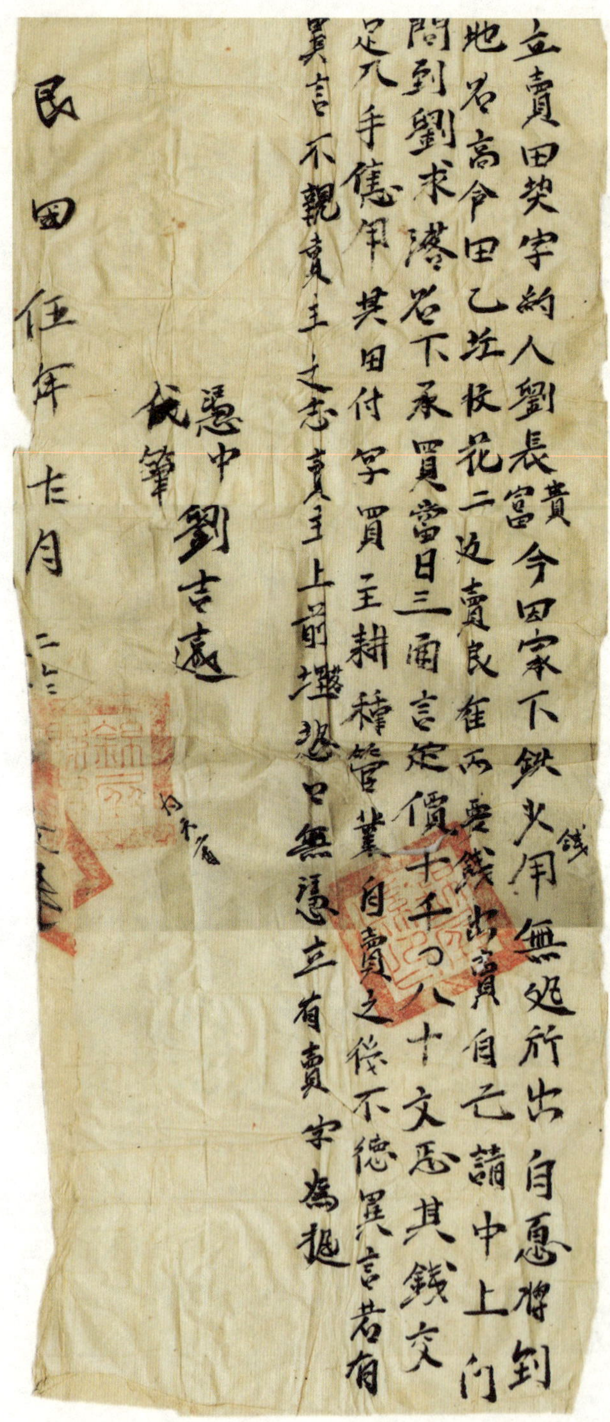

立卖田契字约人刘长贵、刘长富，今因家下缺少钱用，无处所出，自愿将到地名高令田一丘，收花二边，卖良（粮）在内，要钱出卖。自己请中上门问到刘求落名下承买，当日三面言定价十千〇八十文整。其钱交足入手应用，其田付与买主耕种管业。自卖之后，不德（得）异言。若有异言不亲（清），卖主之志（事），卖主上前埋（理）落。恐口无凭，立有卖字为据。

凭中、代笔：刘吉远

内天（添）二自（字）

民国伍年十二月二十二日

64. 刘发元卖田契（民国五年□月二十五日）

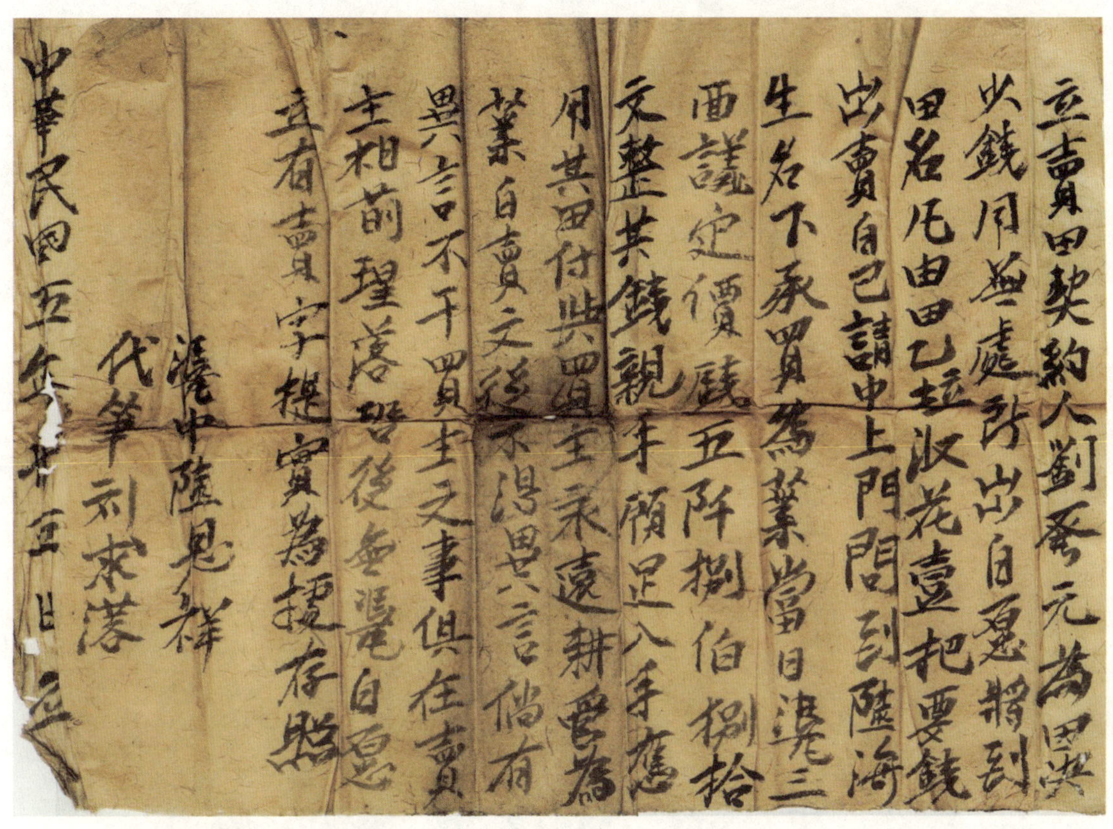

立卖田契约人刘发元，为因缺少钱用，无处所出，自愿将到田名凡由田一丘，收花壹把，要钱出卖。自己请中上门问到陆海生名下承买为业，当日凭三面议定价钱五阡（千）捌佰捌拾文整。其钱亲手领足入手应用，其田付与买主永远耕管为业。自卖之后，不得异言。倘有异言，不干买主之事，俱在卖主相（向）前理落。恐后无凭，自愿立有卖字提（是）实为据存照。

凭中：陆恩祥

代笔：刘求落

中华民国五年□月廿五日立

65. 刘祥德卖断契（民国六年十月十八日）

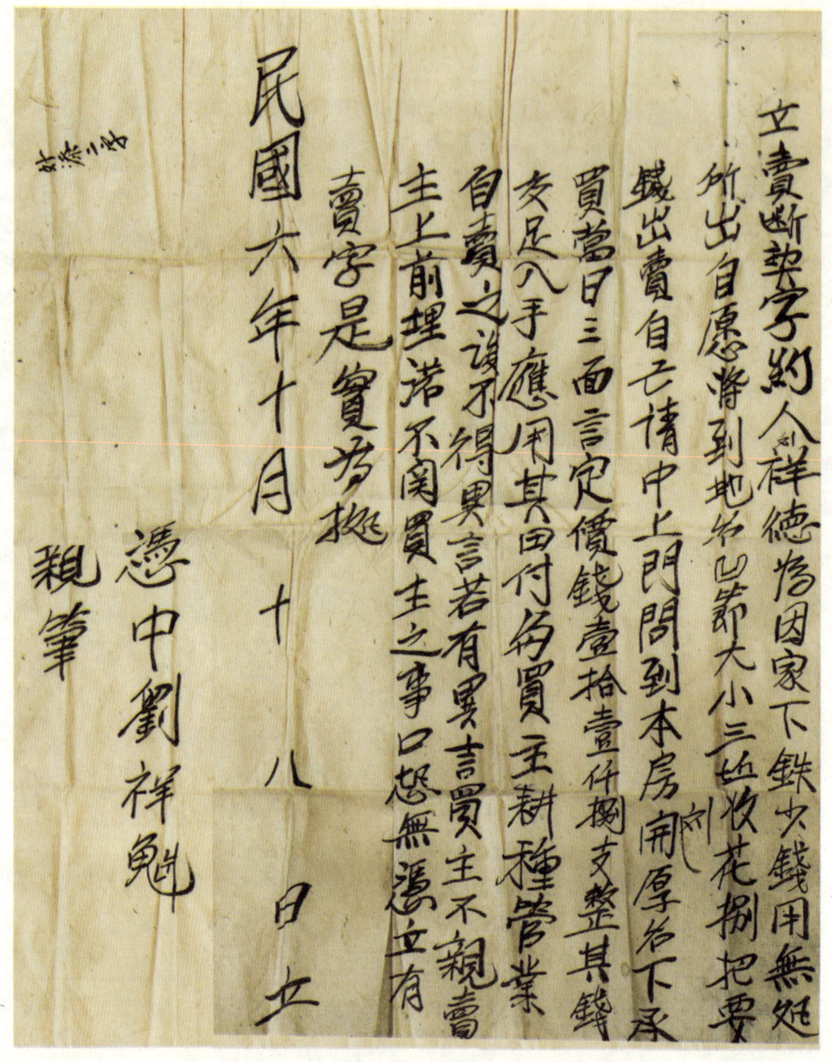

立卖断契字约人刘祥德，为因家下缺少钱用，无处所出，自愿将到地名凹节大小三丘，收花捌把，要钱出卖。自己请中上门问到本房刘开厚名下承买，当日三面言定价钱壹拾壹仟捌十文整。其钱交足入手应用，其田付与买主耕种管业。自卖之后，不得异言。若有异言，买主不亲（清），卖主上前埋（理）渃（落），不关买主之事。口恐（恐口）无凭，立有卖字是实为据。

民国六年十月十八日立

外添二字

凭中：刘祥魁

亲笔

66. 陆恩和卖田契（民国六年十二月十三日）

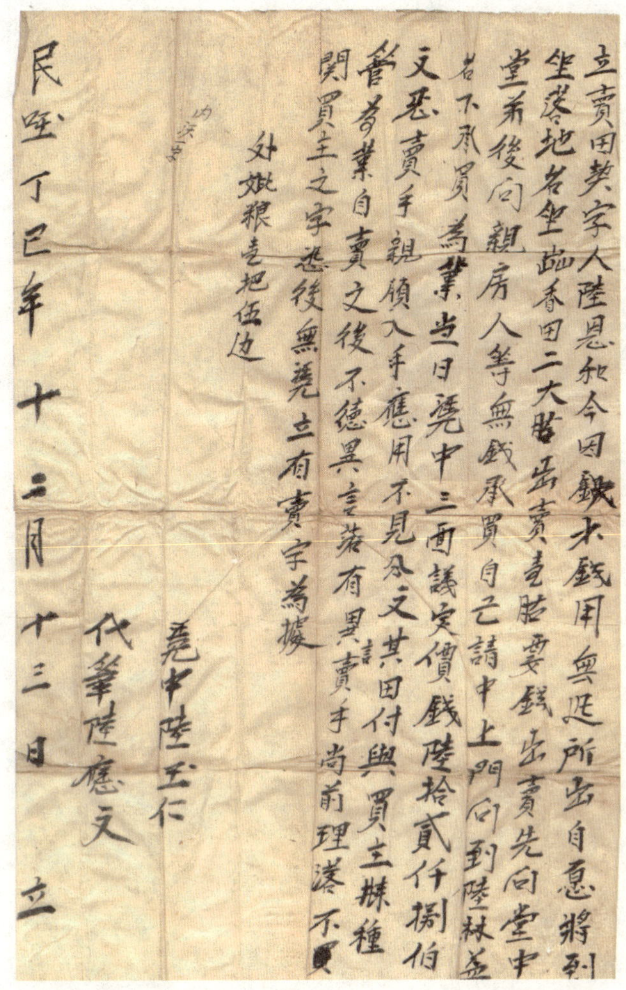

立卖田契字人陆恩和，今因缺少钱用，无处所出，自愿将到坐落地名坐岴香田二大股出卖一股，要钱出卖。先问堂中（兄）堂弟，后问亲房人等无钱承买，自己请中上门问到陆林益名下承买为业，当日凭中三面议定价钱陆拾贰仟捌佰文整。卖手亲领入手应用，不见（欠）分文，其田付与买主耕种管为业。自卖之后，不德（得）异言。若有异言，卖手尚（上）前理落，不关卖主之字（事）。恐后无凭，立有卖字为据。

外批：粮壹把伍边

内添一字

凭中：陆玉仁

代笔：陆应文

民国丁巳年十二月十三日立

67. 徐祥庚卖杉木约（民国八年十月二十七日）

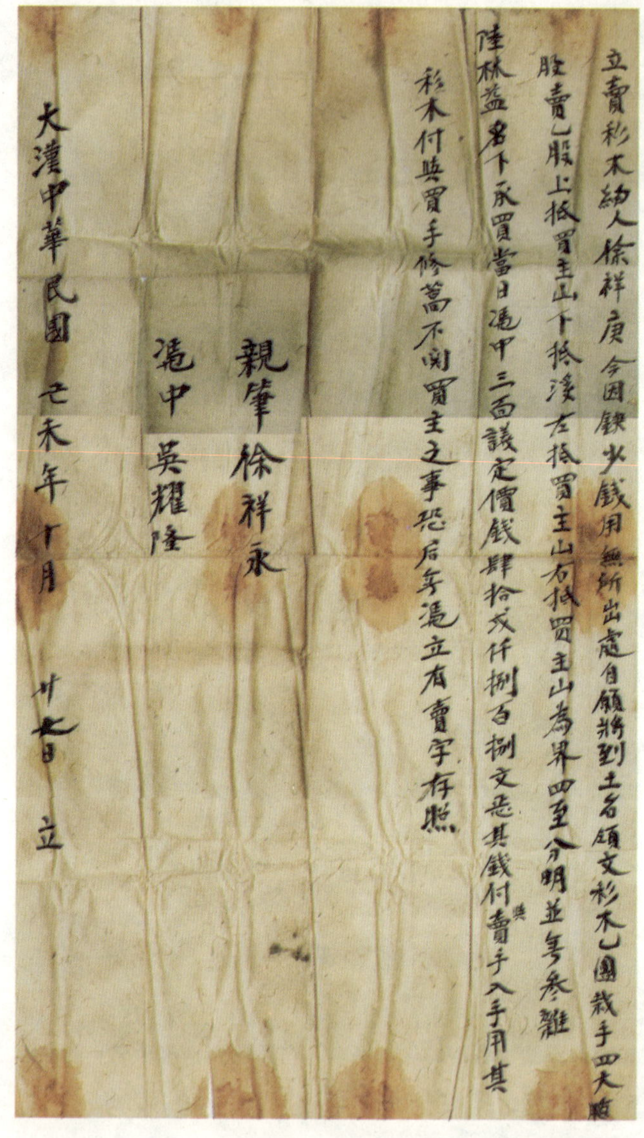

立卖杉木约人徐祥庚，今因缺少钱用，无所出处，自愿将到土名领文杉木一团，栽手四大股卖一股，上抵买主山，下抵溪，左抵买主山，右抵买主山为界，四至分明，并无叁（掺）杂，陆林益名下承买，当日凭中三面议定价钱肆拾贰仟捌百捌文整。其钱付与卖手入手用，其杉木付与买手修蓄。不关买主之事。恐后无凭，立有卖字存照。

亲笔：徐祥永

凭中：吴耀隆

大汉中华民国己未年十月廿七日立

68.刘发元卖地土字（民国八年十二月）

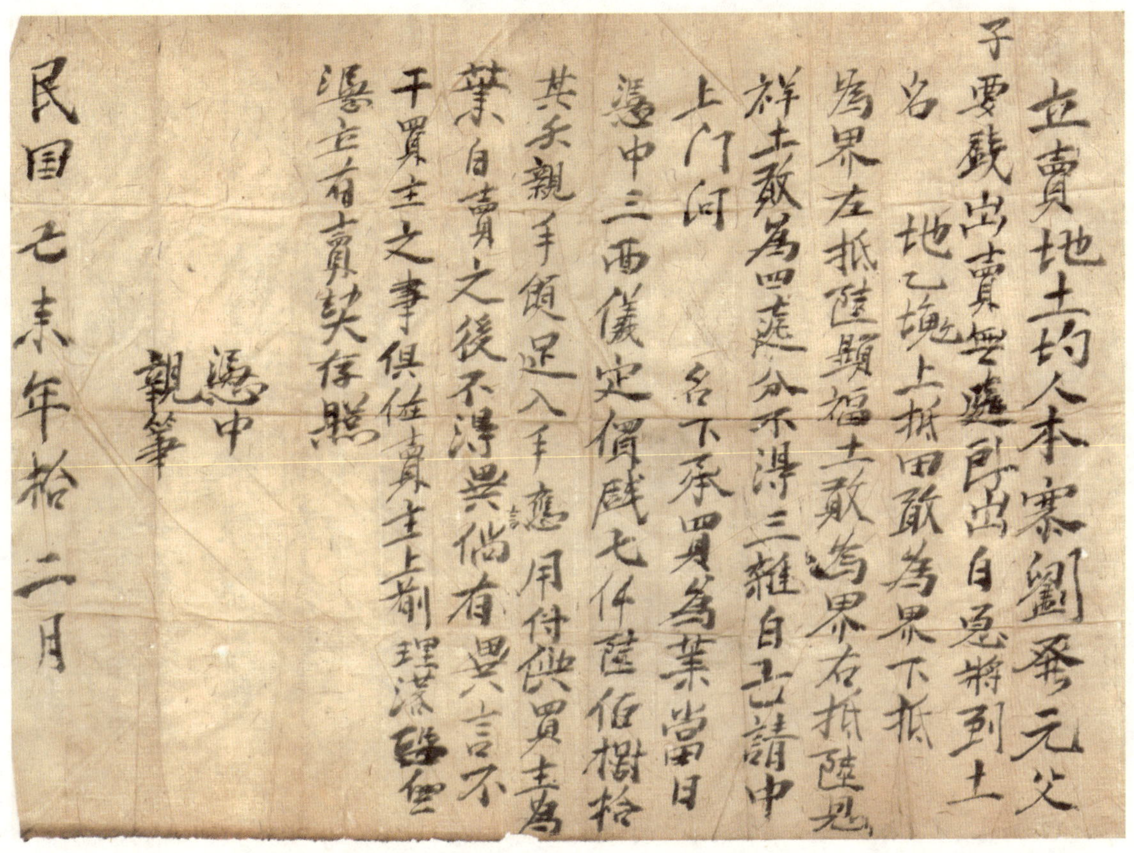

立卖地土约人本寨刘发元父子，要钱出卖，无处所出，自愿将到土名……地一块，上抵田敢（坎）为界，下抵……为界，左抵陆显福土敢（坎）为界，右抵陆恩祥土敢（坎）为[界]，四处分[明]，不得三（掺）杂，自己请中上门问……名下承买为业，当日凭中三面仪（议）定价钱七仟陆佰捌拾。其钱亲手领足入手应用，[其田]付与买主为业。自卖之后，不得异言。倘有异言，不干买主之事，俱在卖主上前理落。[恐口]无凭，立有卖契存照。

凭中

亲笔

民国己未年拾二月

69. 王彰荣讨地安坟字（民国十年三月十二日）

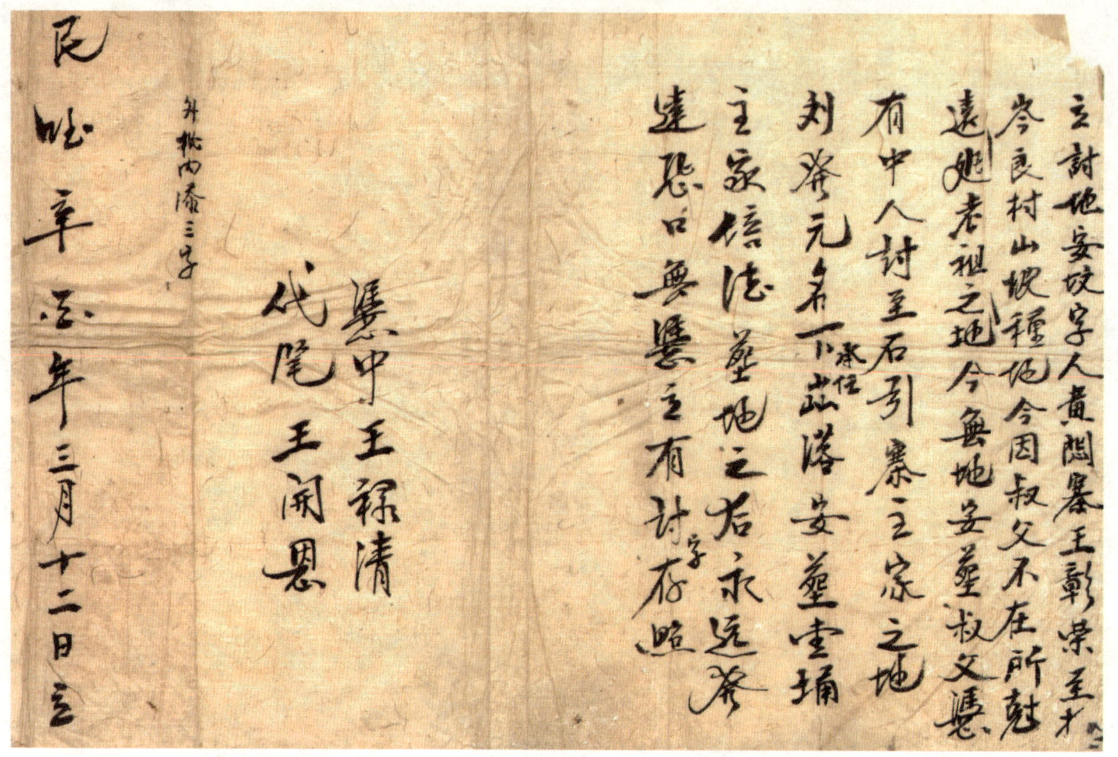

立讨地安坟字人黄闷寨王彰荣，至于岑良村山坡种地。今因叔父不在，所克（去）远处老祖之地。今无地安葬叔父，凭有中人讨至石引寨主家之地刘发元名下承任（认）岀落安葬壹埇。主家培德葬地之后，永远发达。恐口无凭，立有讨字存照。

凭中：王禄清

代笔：王开恩

外批：内添三字

民国辛酉年三月十二日立

70. 陆魁学卖屋地字（民国十年十二月初五日）

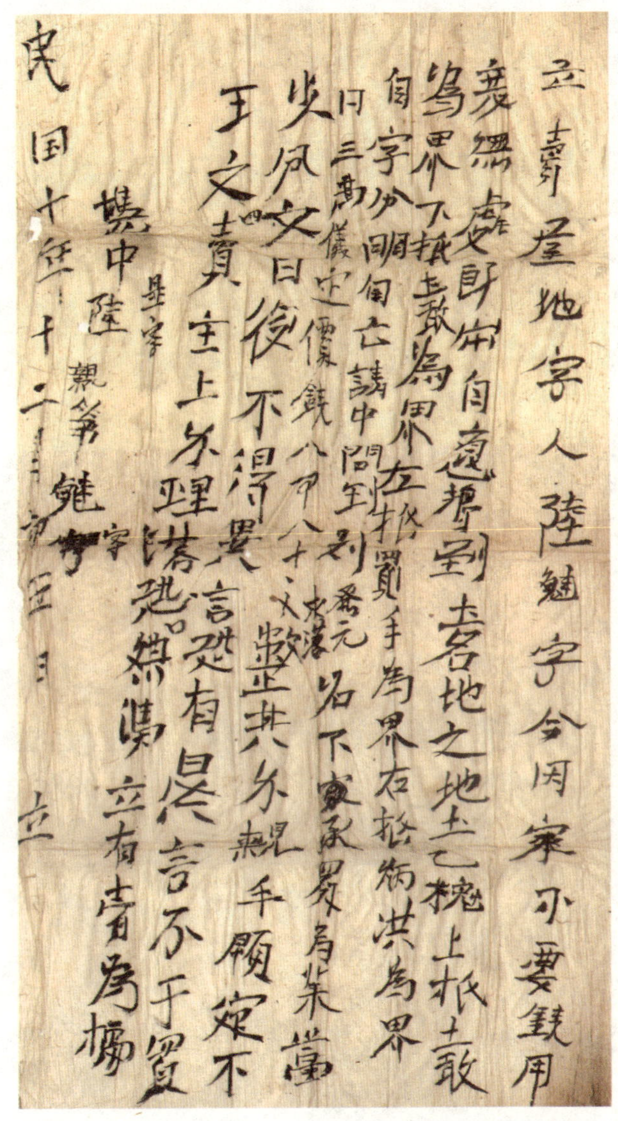

立卖屋地字人陆魁学，今因家下要钱用度，无处所出，自愿将到土名地之地土一槐（块），上抵土敢（坎）为界，下抵土敢（坎）为界，左抵买手为界，右抵炳洪为界，自（四）字（至）分明，自己请中问到刘发元、刘求落名下承买为业，当日三面仪（议）定价钱八百八十文整。其钱亲手领足，不少分文，日后不得异言。恐有异言，不干买主之四（事），卖主上钱（前）理落。恐口无凭，立有卖［字］为据。

凭中：陆显学

亲笔：魁学

民国十年十二月初五日立

71. 陆炳宏卖地园字（民国十年十二月十三日）

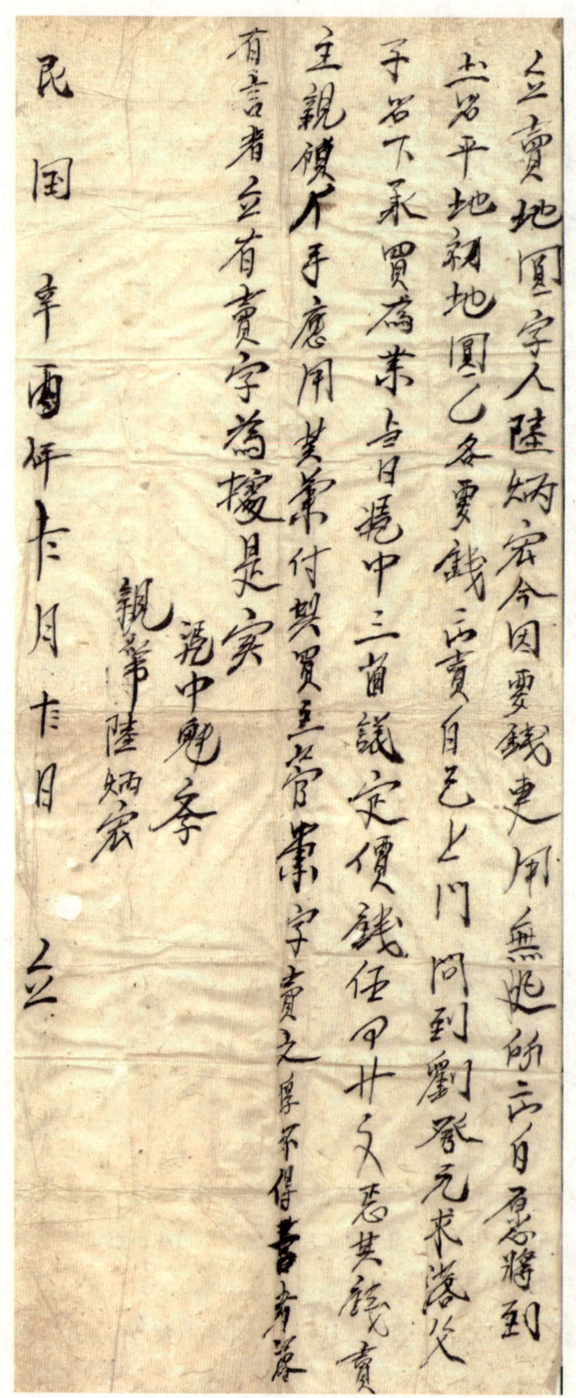

立买地圆（园）字人陆炳宏，今因要钱使用，无处所出，自愿将到土名平地初地圆（园）一各（角），要钱出卖。自己上门问到刘发元、求落父子名下承买为业，当日凭中三面议定价钱伍百廿文整。其钱卖主亲领入手应用，其业付与买主管业。字（自）卖之厚（后），不得异言。若有言者，立有卖字为据是实。

凭中：［陆］魁学

亲笔：陆炳宏

民国辛酉年十二月十三日立

72. 刘贤乐卖田契（民国十二年十二月二十九日）

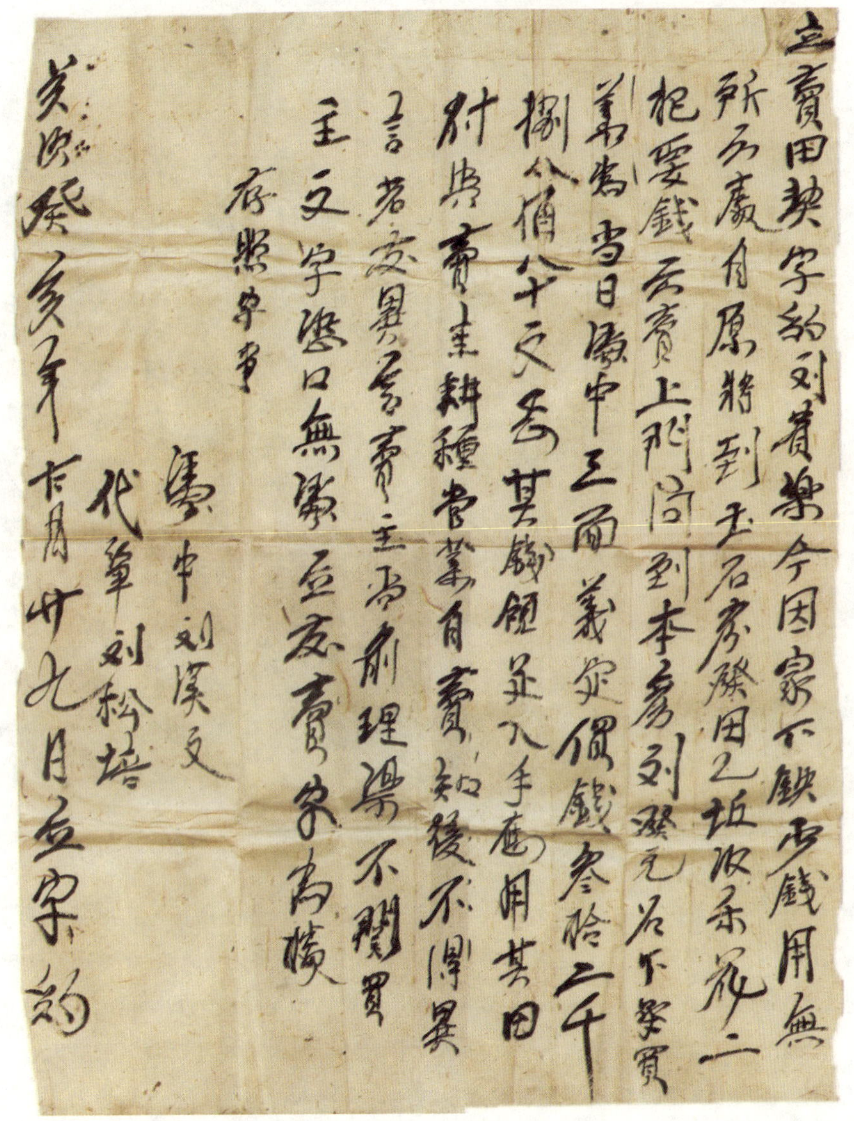

立卖田契字约刘贤乐，今因家下缺少钱用，无所出处，自原（愿）将到土名石考发田一丘，收禾花二把，要钱出卖。上门问到本房刘发元名下承买业为（为业），当日凭中三面义（议）定价钱叁拾二千（仟）捌佰八十文整。其钱领足入手应用，其田付与卖主耕种管业。自卖知（之）后，不得异言。若友（有）异言，卖主尚（上）前理乐（落），不关买主之字（事）。恐口无凭，立友（有）卖字为据存照是实。

凭中：刘汉文

代笔：刘松培

岁次癸亥年十二月廿九日立字约

73. 陆有祥父子卖杉木字（民国十三年五月初九日）

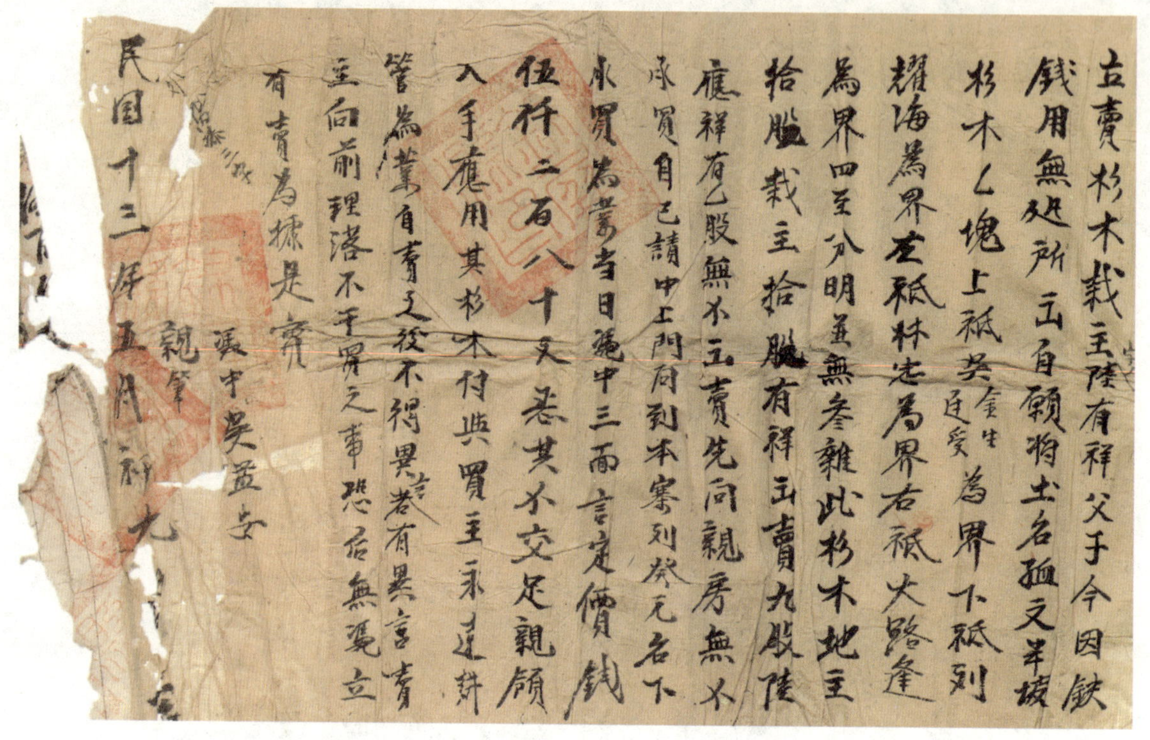

立卖杉木栽主字（字栽主）陆有祥父子，今因缺［少］钱用，无处所出，自愿将［到］土名孤文半坡杉木一块，上祇（抵）吴金生、吴迁受为界，下祇（抵）刘耀海为界，左祇（抵）林忠为界，右祇（抵）大路逢（棚）为界，四至分明，并无叁（掺）杂，此杉木地主拾股，栽主拾股，有祥出卖九股，陆应祥有一股，无钱出卖。先问亲房无钱承买，自己请中上门问到本寨刘发元名下承买为业，当日凭中三面言定价钱伍仟二百八十文整。其钱交足亲领入手应用，其杉木付与买主永远耕管为业。自卖之后，不得异言。若有异言，卖主向前理落，不干买［主］之事。恐后无凭，立有卖［字］为据是实。

外批：内添三字

凭中：吴孟安

亲笔

民国十三年五月初九

74. 陆泰恩卖田地字（民国十三年六月初六日）

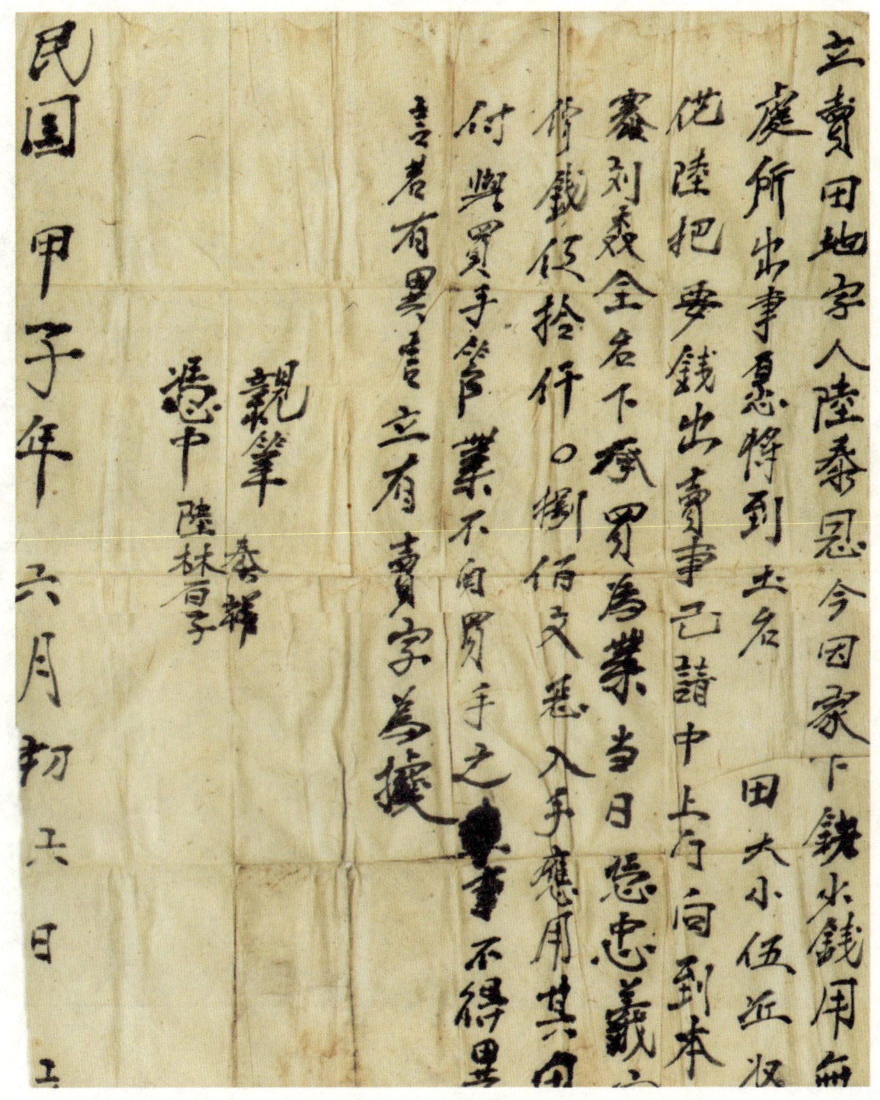

立卖田地字人陆泰恩，今因家下缺少钱用，无处所出，事（自）愿将到土名……田大小伍丘，收花陆把，要钱出卖。事（自）己请中上门问到本寨刘森全名下承买为业，当日凭忠（中）义（议）定价钱伍拾仟〇捌佰文整。[其钱亲领] 入手应用，其田付与买手管业。不关买手之事，不得异言。若有异言，立有卖字为据。

亲笔

凭中：陆泰祥、陆林厚

民国甲子年六月初六日立

75. 刘元生卖柴山字（民国十四年十月二十五日）

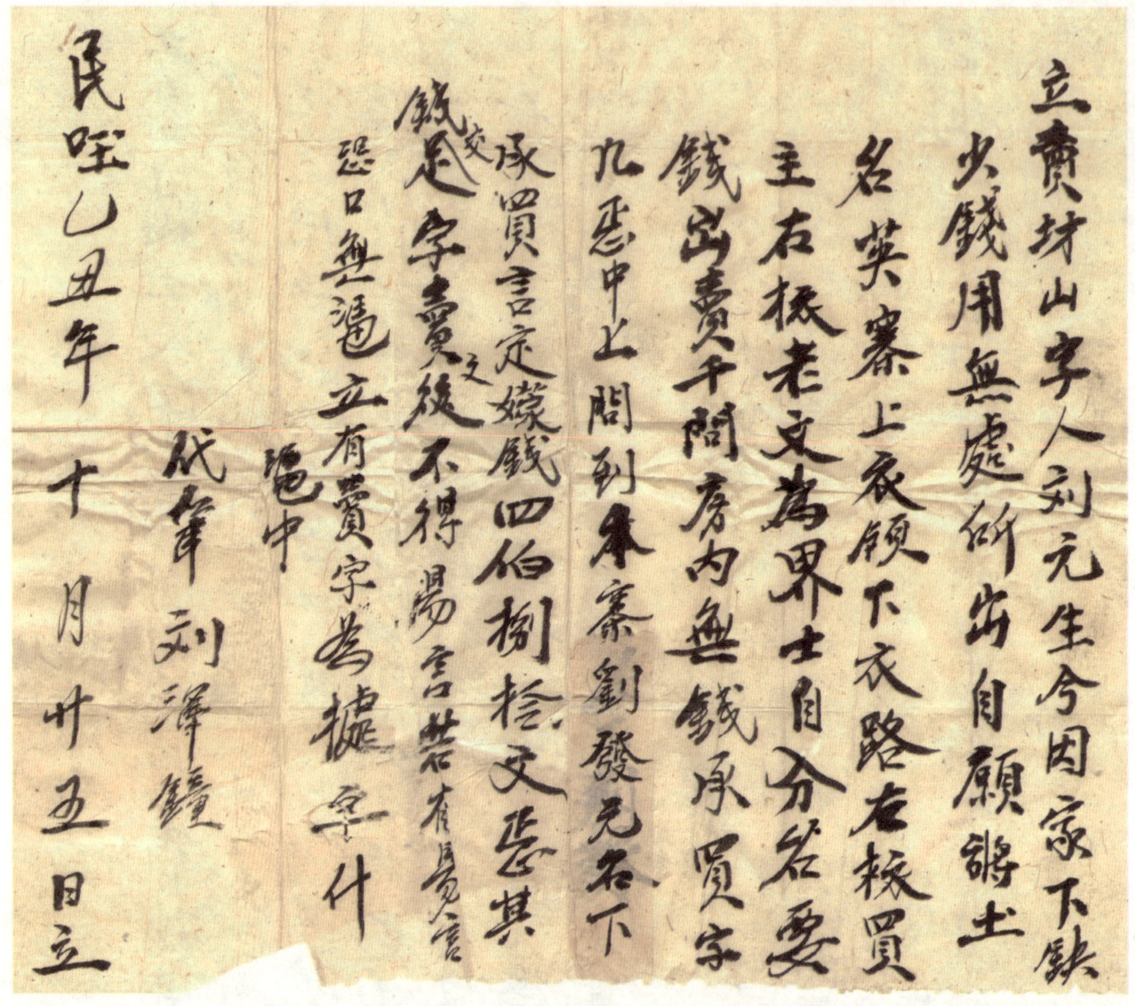

立卖材（柴）山字人刘元生，今因家下缺少钱用，无处所出，自愿将土名英寨，上衣（依）领（岭），下衣（依）路，左抵买主，右抵老文为界，士（四）自（至）分名（明），要钱出卖。千（先）问房内无钱承买，字（自）几（己）整（请）中上［门］问到本寨刘发元名下承买，言定嫁（价）钱四佰捌拾文整。其钱交足，字（自）卖之后，不得易（异）言。若有易（异）言，恐口无凭，立有卖字为据字什（是实）。

凭中

代笔：刘泽钟

民国乙丑年十月廿五日立

76. 刘全罗卖田契（民国十四年十二月二十一日）

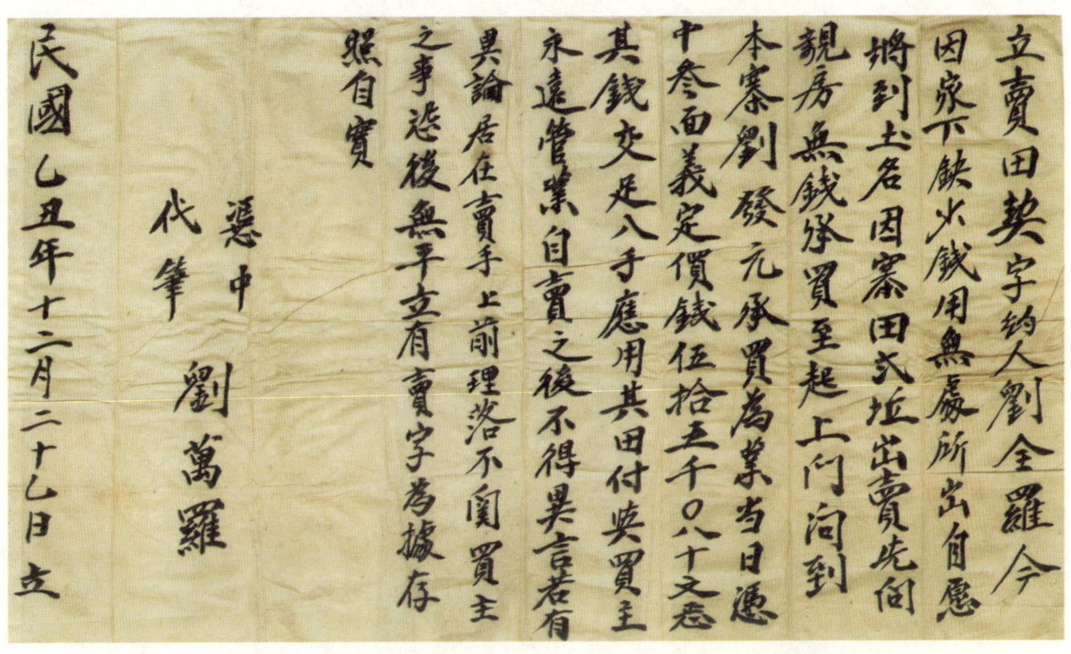

立賣田契字约人劉全羅今
因家下缺少錢用無處所出自愿
將到土名因寨田弍坵出賣先問
親房無錢承買至起上门问到
本寨劉發元承買為業当日憑
中叁面義定價錢伍拾五千〇八十文整
其錢交足入手應用其田付與買主
永遠管業自賣之後不得異言若有
異論居在賣手上前理落不関買主
之事恐後無平立有賣字為據存
照自實
憑中
代筆 劉萬羅
民國乙丑年十二月二十乙日立

立卖田契字约人刘全罗，今因家下缺少钱用，无处所出，自愿将到土名因寨田贰丘出卖，先问亲房无钱承买，至起（自己）上门问到本寨刘发元承买为业，当日凭中叁面义（议）定价钱伍拾五千〇八十文整。其钱交足入手应用，其田付与买主永远管业。自卖之后，不得异言。若有异论，居（俱）在卖手上前理落，不关买主之事。恐后无平（凭），立有卖字为据存照自（是）实。

凭中、代笔：刘万罗

民国乙丑年十二月二十一日立

77. 刘宽罗、寿罗、宁罗等卖田契（民国十五年十月十八日）

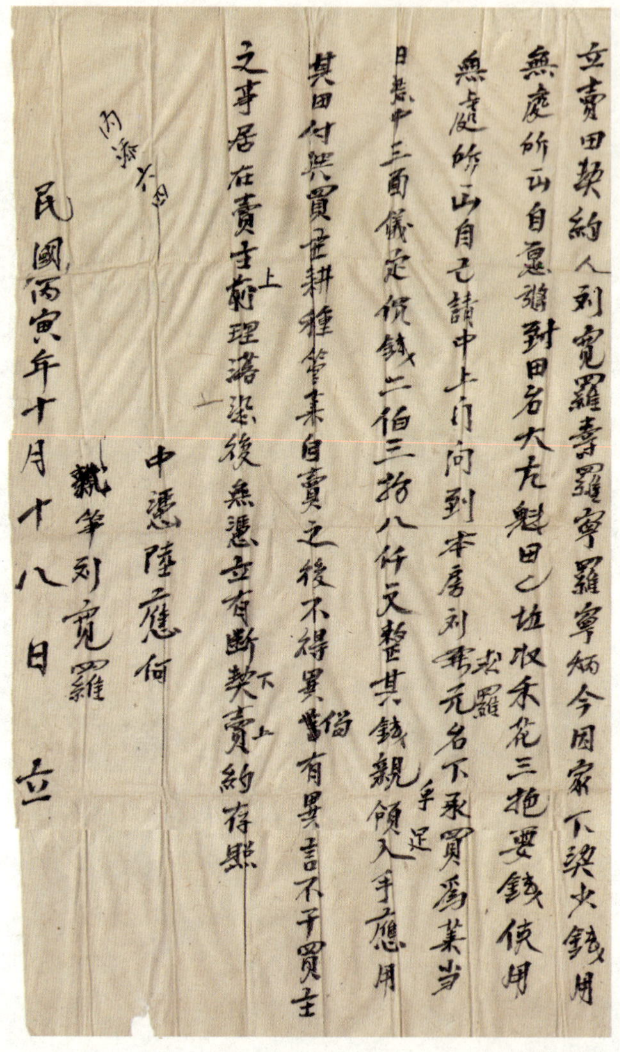

立卖田契约人刘宽罗、寿罗、宁罗、宁炳，今因家下契（缺）少钱用，无处所出，自愿将到田名大亢魁田一丘，收禾花三把，要钱使用，无处所出。自己请中上门问到本房刘求罗、刘发元名下承买为业，当日凭中三面仪（议）定价钱二佰三拾八仟文整。其钱亲领入手应用，其田付与买主耕种管业。自卖之后，不得异［言］。倘有异言，不干买主之事，居（俱）在卖主上前理落。恐后无凭，立有断卖契约存照。

内添六四（字）

凭中：陆应何

亲笔：刘宽罗

民国丙寅年十月十八日立

78. 吴林元卖阴地契（民国十七年二月十一日）

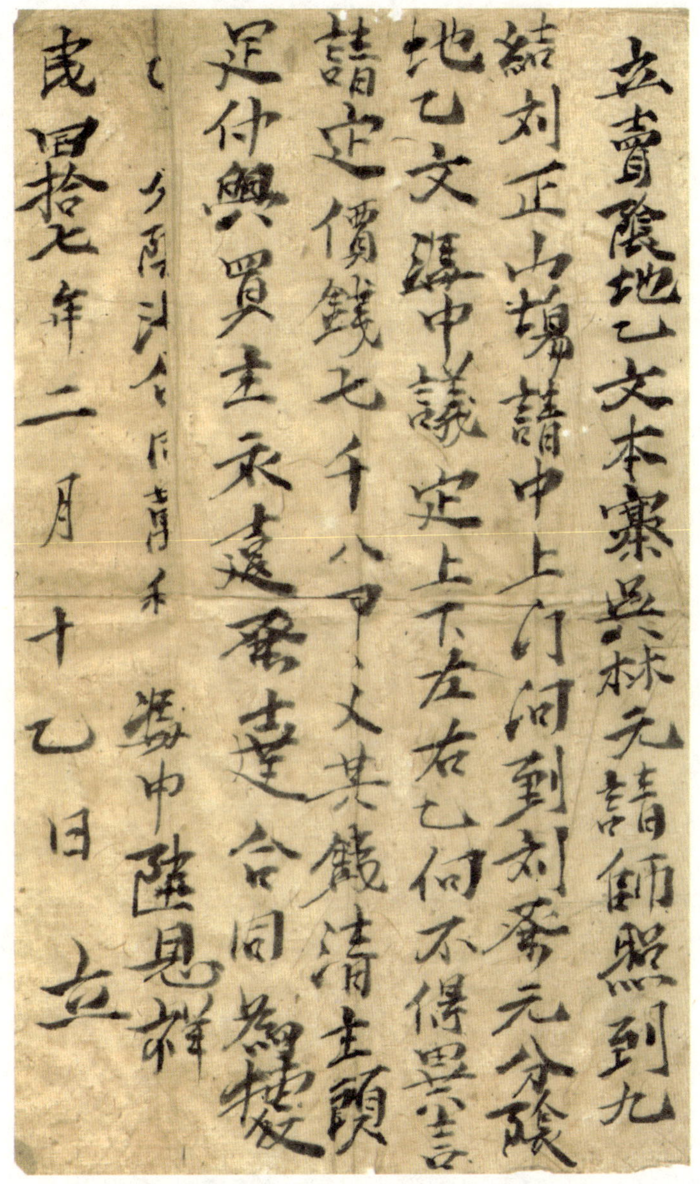

立卖阴地一文（穴），本寨吴林元请师照到九结刘正山场，请中上门问到刘发元分阴地一文（穴），凭中议定上下左右，一向不得异言，请定价钱七千八百文。其钱清（亲）主（手）领足，［其地］付与买主永远发达。合同为据。

【分阴地合同万利】

凭中：陆恩祥

民国拾七年二月十一日立

79. 吴林元卖阴地契（民国十七年二月十一日）

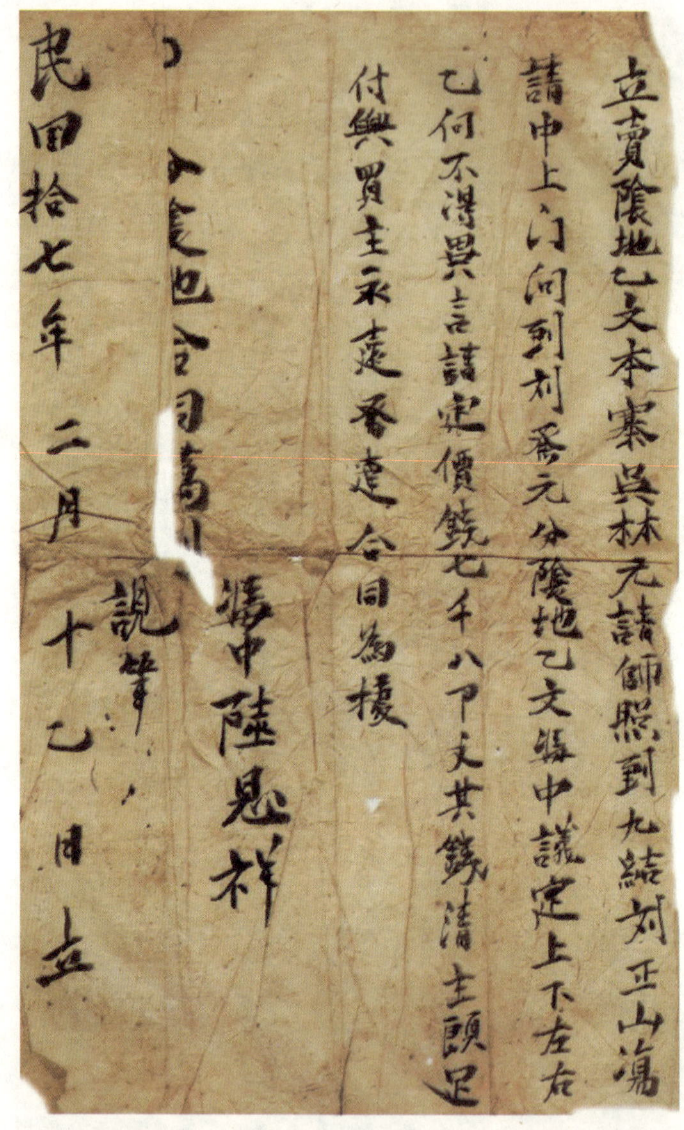

立賣陰地乙文本寨吳林元請師照到九結刘正山塲
請中上门問到刘發元分陰地乙文憑中議定上下左右
乙向不得異言請定價錢七千八百文其錢清主領足
付與買主永遠發達合同為據

憑中陸恩祥

分陰地合同萬利

親筆

民國拾七年二月十一日立

立卖阴地一文（穴），本寨吴林元请师照到九结刘正山场，请中上门问到刘发元分阴地一文（穴），凭中议定上下左右，一向不得异言，讲定价钱七千八百文。其钱清（亲）主（手）领足。[其地] 付与买主永远发达。合同为据。

【分阴地合同万利】

凭中：陆恩祥

亲笔

民国拾七年二月十一日立

80. **陆运森卖田地字**（民国十八年六月二十三日）

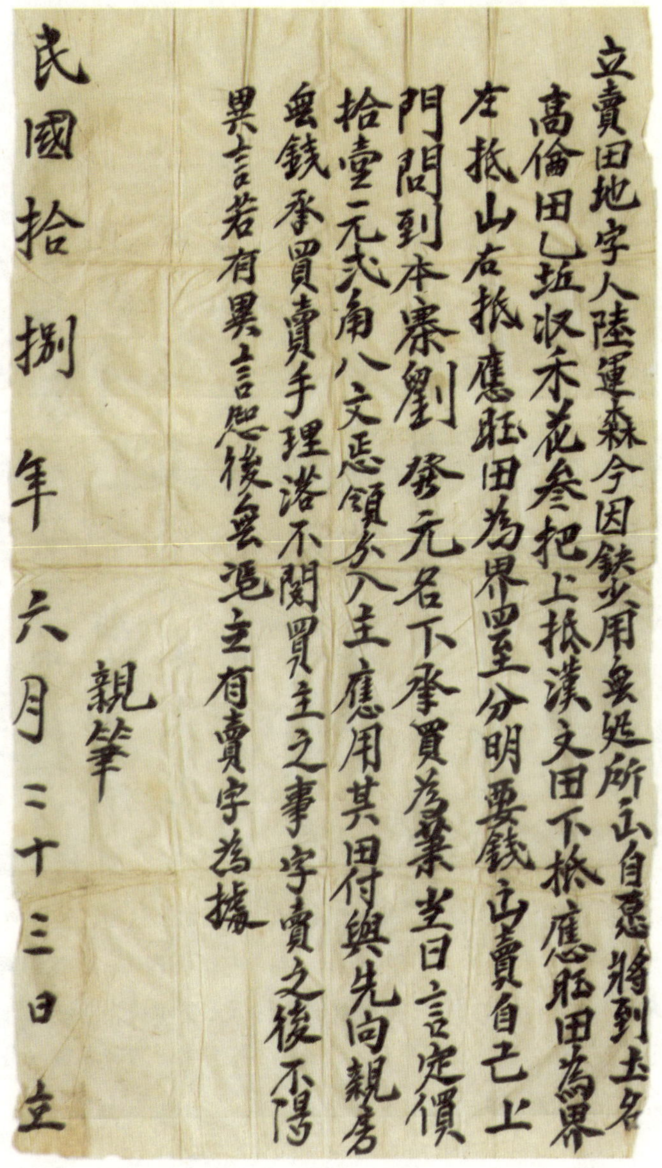

立賣田地字人陸運森今因缺少用無処所出自愿將到土名
高倫田乙坵收禾花叄把上抵漢文田下抵應旺田為界
左抵山右抵應旺田為界四至分明要錢出賣自己上
門問到本寨劉發元名下承買為業當日言定價
拾壹元弍角八文整領錢入主應用其田付與先向親房
無錢承買賣手理落不關買主之事字賣之後不得
異言若有異言恐後無憑立有賣字為據
親筆
民國拾捌年六月二十三日立

立卖田地字人陆运森，今因缺少［钱］用，无处所出，自愿将到土名高伦田一丘，收禾花叁把，上抵汉文田，下抵应旺田为界，左抵山，右抵应旺田为界，四至分明，要钱出卖。自己上门问到本寨刘发元名下承买为业，当日言定价拾壹元贰角八文整。领钱入主（手）应用，其田付与［买主］，先问亲房无钱承买，卖手理落，不关买主之事。字（自）卖之后，不得异言。若有异言，恐后无凭，立有卖字为据。

亲笔

民国拾捌年六月二十三日立

81. 吴文顺、吴先顺、吴伯顺等兄弟卖油山契（民国二十二年七月十六日）

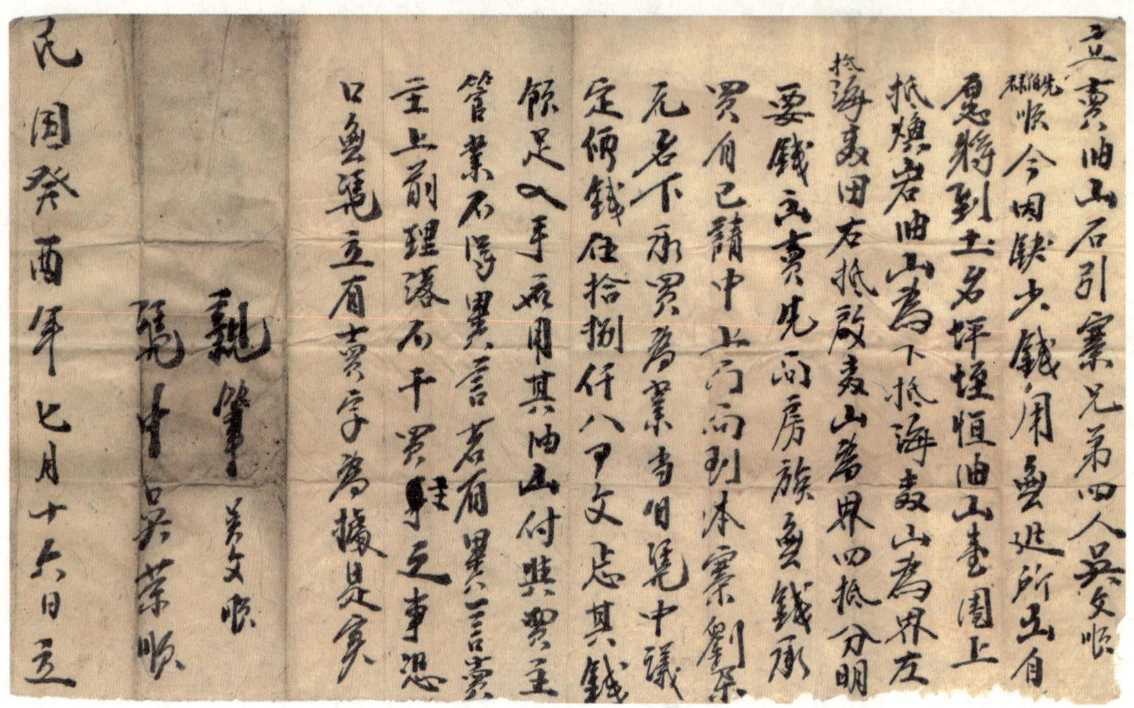

立卖油山石引寨兄弟四人吴文顺、先顺、伯顺、禄顺，今因缺少钱用，无处所出，自愿将到土名坪埡恒油山壹团，上抵焕岩油山为［界］，下抵海森山为界，左抵海森田，右抵启森山为界，四抵分明，要钱出卖。先问房族无钱承买，自己请中上门问到本寨刘朵元名下承买为业，当日凭中议定价钱伍拾捌仟八百文整。其钱领足入手应用，其油山付与买主管业，不得异言。若有异言，卖主上前理落，不干买主之事。恐口无凭，立有卖字为据是实。

亲笔：姜文顺

凭中：吴荣顺

民国癸酉年七月十六日立

82. 龙学仙换分荒坪契（民国三十一年五月初三日）

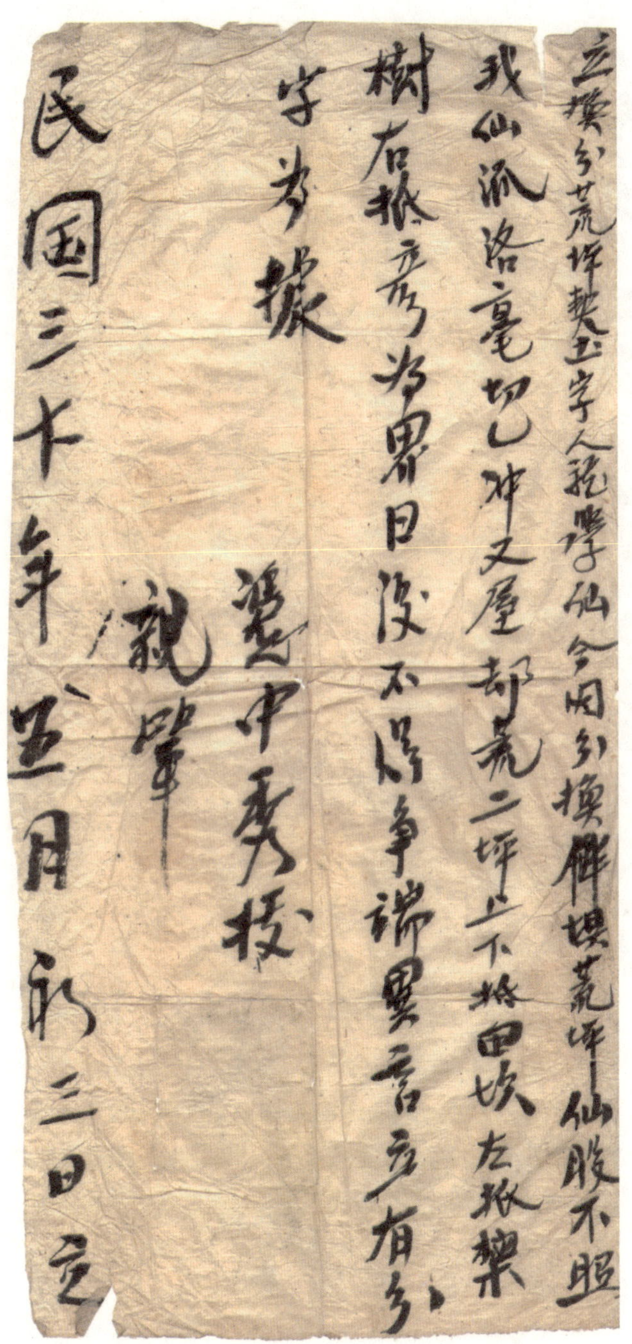

立换分荒坪契土字人龙学仙，今因分换□坝荒坪仙（三）股不照，我仙（三）派洛（落）毫切一冲，又屋却（脚）荒二坪，上下抵田坎，左抵□树，右抵彦（堰）为界。日后不得争端异言，立有分字为据。

凭中：秀拨

亲笔

民国三十一年五月初三日立

83. 杨氏贵鹅卖田契（三十四年三月二十八日）

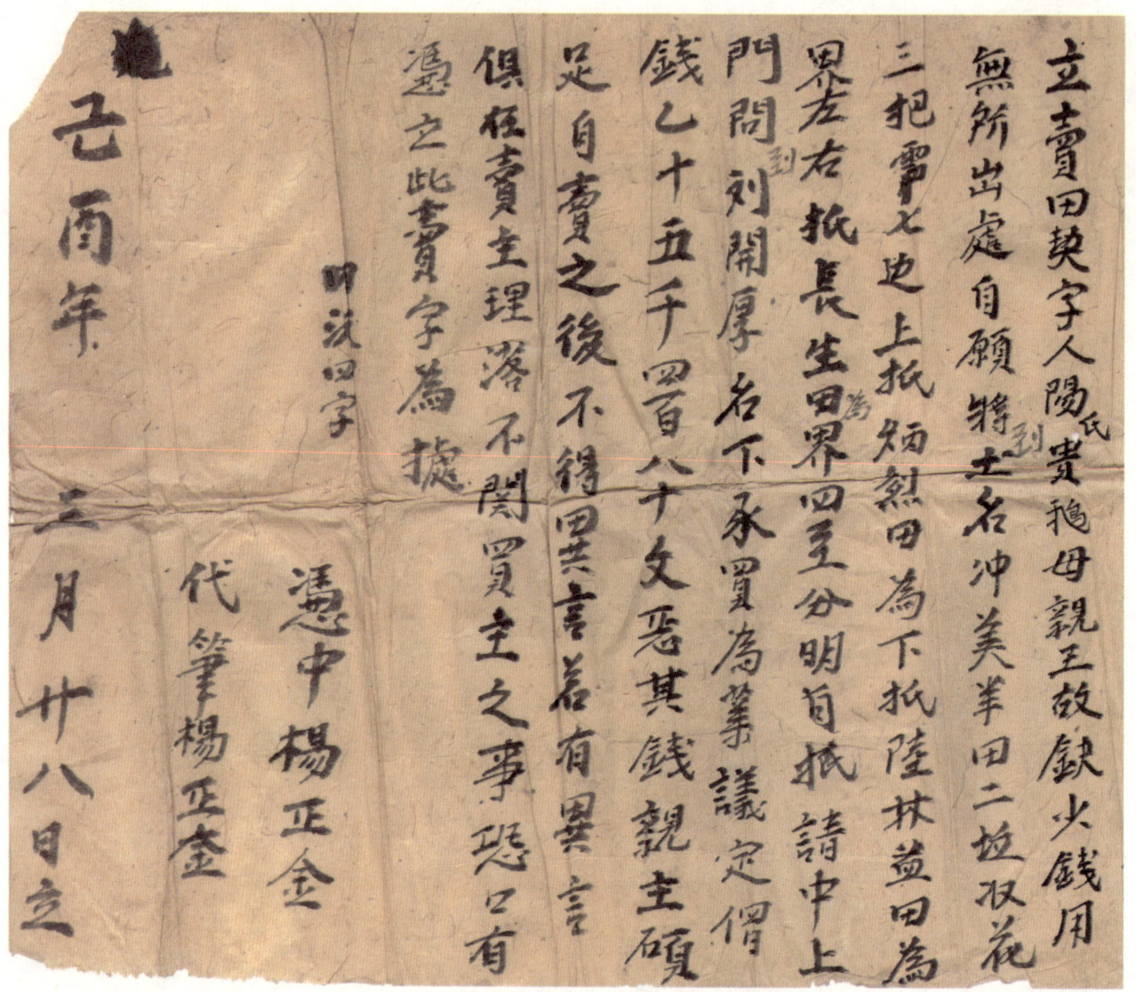

立卖田契字人杨氏贵鹅母亲王（亡）故，缺少钱用，无所出处，自愿将到土名冲美羊田二丘，收花三把零七边，上抵炳烈田为［界］，下抵陆林益田为界，左右抵长生田为界，四至分明，自抵（己）请中上门问到刘开厚名下承买为业，议定价钱一十五千四百八十文整。其钱亲主（手）硕（领）足，自卖之后，不得异言。若有异言，俱在卖主理落，不关买主之事。恐口有（无）凭，立此卖字为据。

内添四字

凭中：杨正金

代笔：杨正金

己酉年三月廿八日立

84. 陆炳祯卖田契（时间不详）

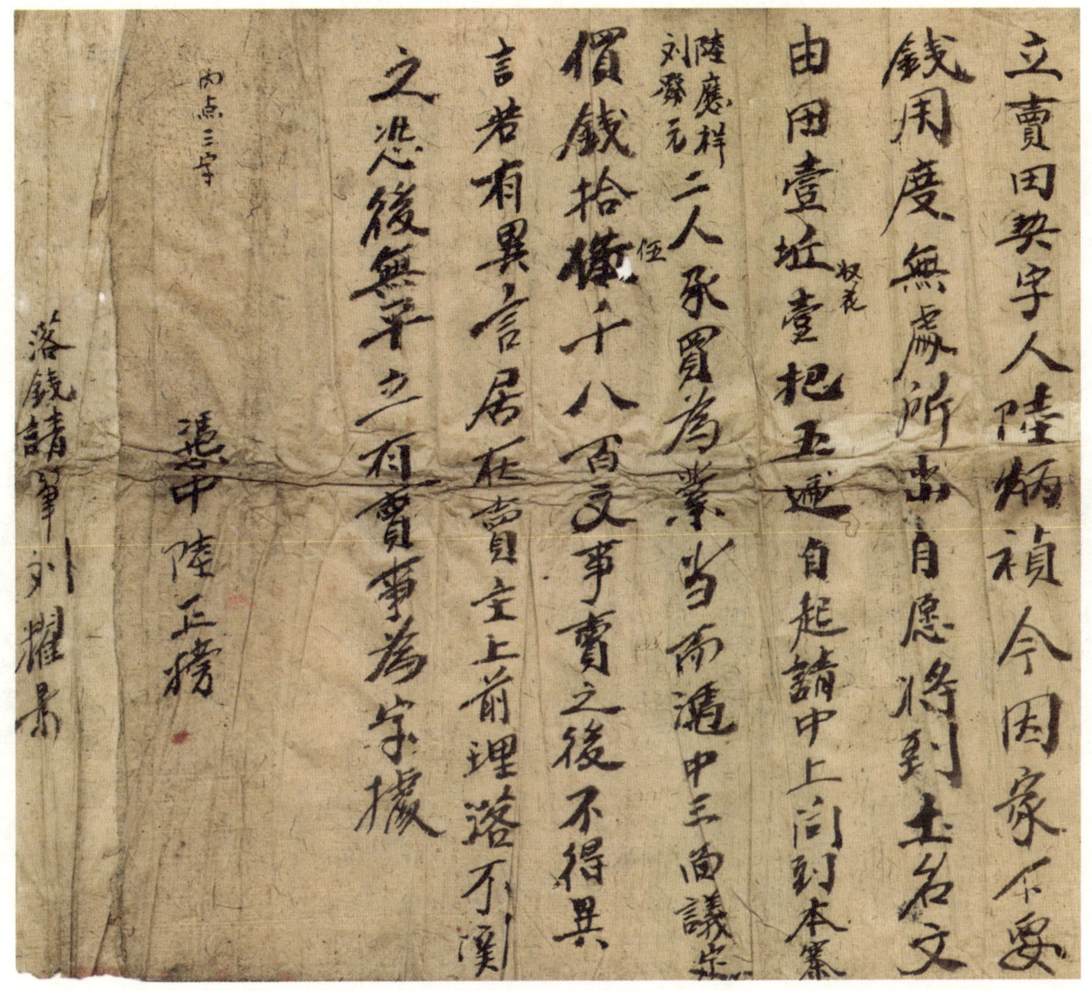

立卖田契字人陆炳祯，今因家下要钱用度，无处所出，自愿将到土名文由田壹丘，收花壹把五遍（边），自起（己）请中上问到本寨陆应祥、刘发元二人承买为业，当面凭中三面议定价钱拾伍千八百文。事（自）卖之后，不得异言。若有异言，居（俱）在卖主上前理落，不关［买主］之［事］。恐后无平（凭），立有卖事（字）为字据。

内点（添）三字

凭中：陆正榜

落钱请笔：刘耀景

85. 陆政榜、陆炳祯母子卖田契（时间不详）

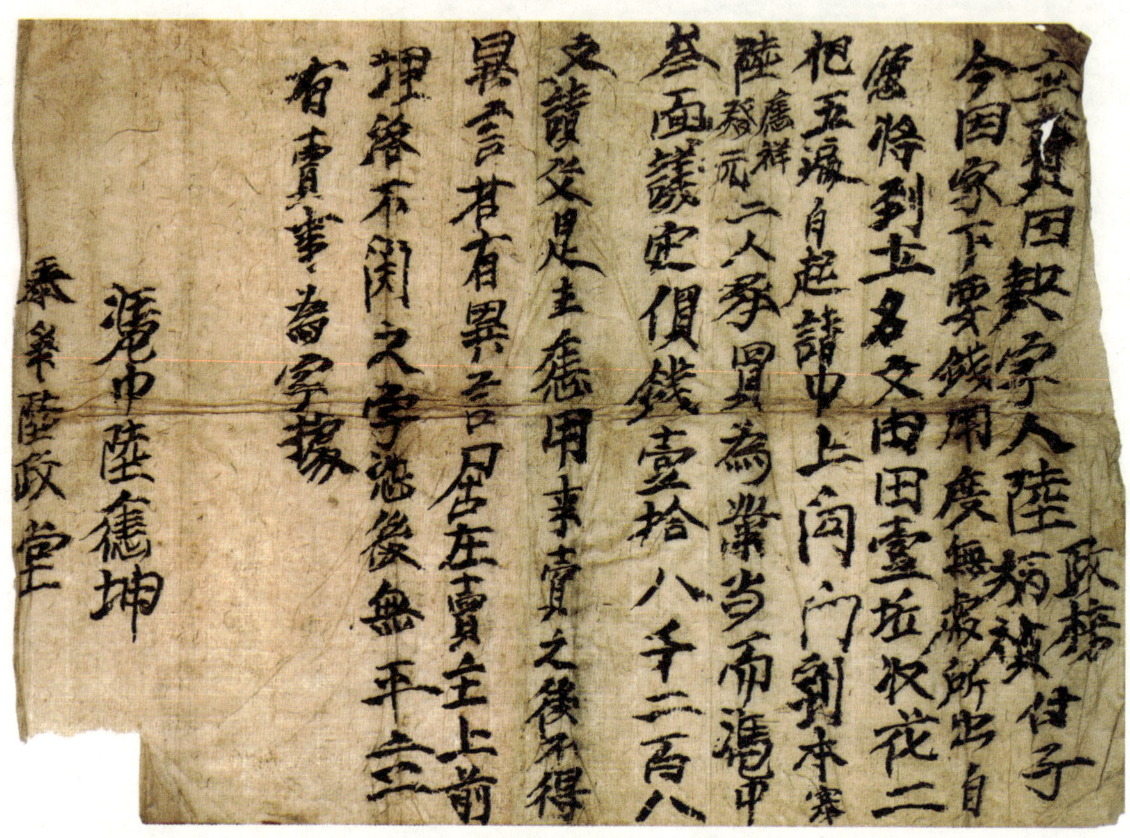

立卖田契字人陆政榜、陆炳祯母子，今因家下要钱用度，无处所出，自愿将到土名文由田壹丘，收花二把五遍（边），自起（己）请中上问门（门问）到本寨陆应祥、陆发元二人承买为业，当而（日）凭中叁面议定价钱壹拾八千二百八文。请交足［卖］主应用，事（自）卖之后，不得异言。若有异言，居（俱）在卖主上前理落，不关［买主］之字（事）。恐后无平（凭），立有卖事（字）为字据。

凭中：陆应坤

泰（代）笔：陆政堂

（二）租佃合约

1. 刘祥禄、刘祥光、刘祥德等招佃彭金元、彭金保、彭金鹏兄弟分合同（道光二十八年九月二十五日）

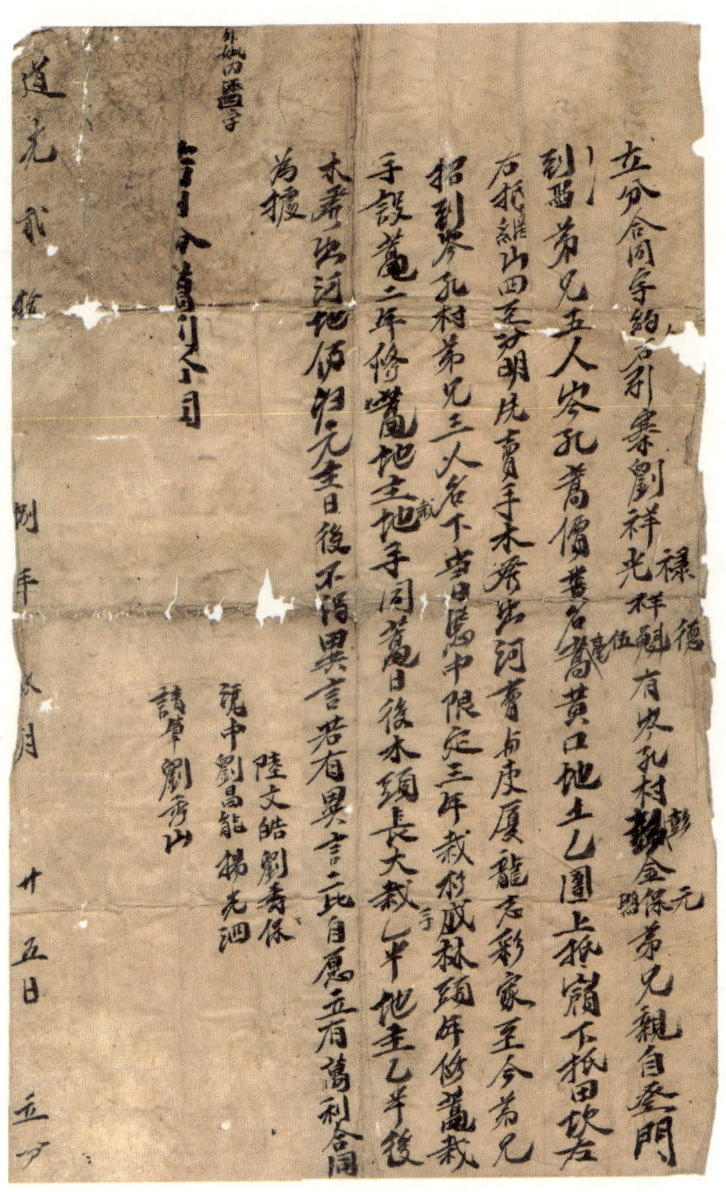

立分合同字约人石引寨刘祥禄、刘祥光、祥德、祥魁、祥伍，有岑孔村彭金元、彭金保、彭金鹏弟兄亲自登门到口弟兄五人，岑孔蒿价粪名蒿黄口地土一团，上抵岭，下抵田坎，左右抵纲山，四至分明，先卖手木发（伐）出河，卖与皮厦龙志彩家，至今弟兄招到岑孔村弟兄三人名下。当日凭中限定三年栽杉成林，头年修蒿，栽手设蒿。二年修蒿，地主栽地手同蒿。日后木头长大，栽手一半，地主一半。后木发出河，地仍归元（原）主，日后不得异言。若有异言，二比自愿立有万利合同为据。

外批：内添四字

凭中：陆文皓、刘寿保、刘昌龙、杨光泗

请笔：刘秀山

【□□分万利合同】

道光贰拾捌年玖月廿五日立分

2. 刘胜义、刘胜国、刘胜秀兄弟招佃罗曜礼、罗朝宗叔侄分合同（道光二十九年十月初八日）

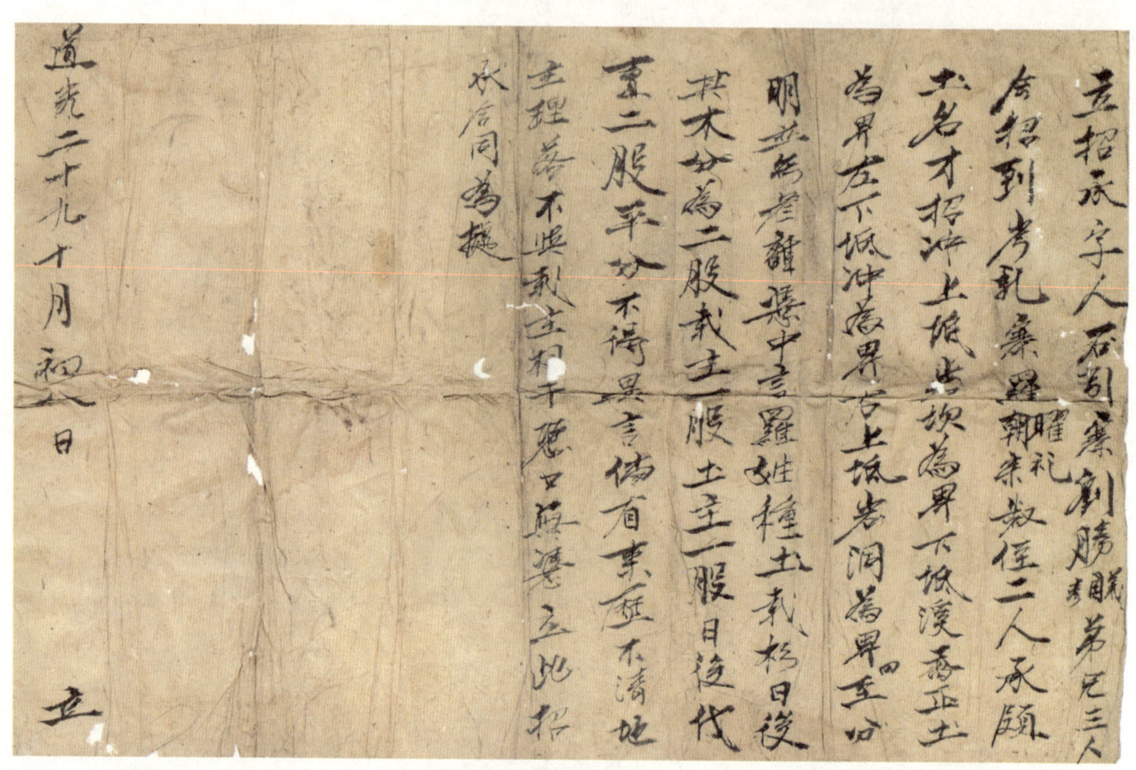

立招承字人石引寨刘胜义、刘胜国、刘胜秀弟兄三人，合招到岑孔寨罗曜礼、罗朝宗叔侄二人承领土名才招冲，上抵岩坎为界，下抵溪乔正土为界，左下抵冲为界，右上抵岩洞为界，四至分明，并无叁（掺）杂。凭中言罗姓种土栽杉，日后其木分为二股，栽主一股，土主一股。日后伐卖，二股平分，不得异言。倘有来历不清，地主理落，不与栽主相干。恐口无凭，立此招承合同为据。

道光二十九［年］十月初八日立

3. 刘开贤、刘开堂、刘开厚招佃杨再魁、杨富勇、彭财清分合同（同治元年二月初三日）

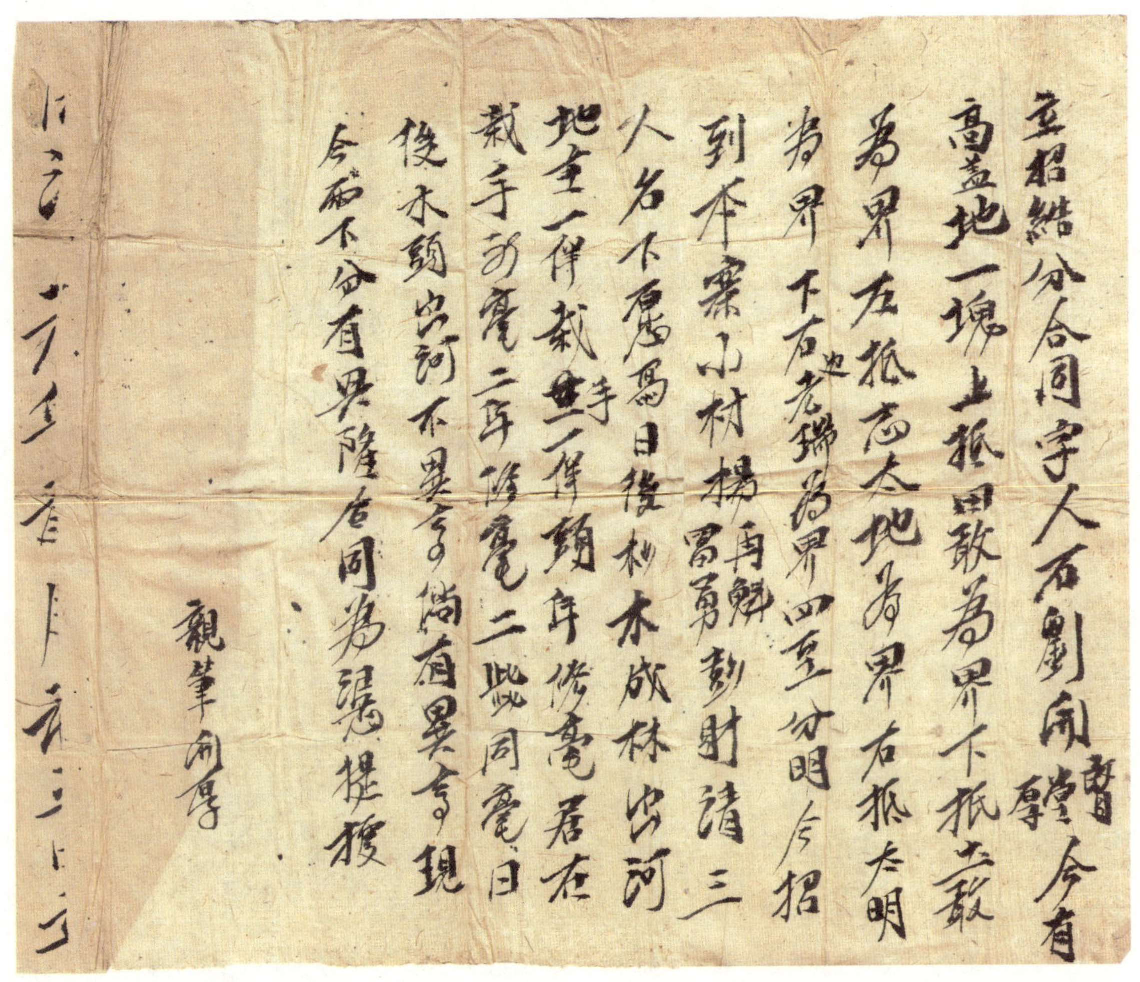

立招结分合同字人石［引］刘开贤、刘开堂、刘开厚，今有高盖地一块，上抵田敢（坎）为界，下抵土敢（坎）为界，左抵志太地为界，右抵太明为界，下右边［抵］老瑞为界，四至分明，今招到本寨小材杨再魁、杨富勇、彭财清三人名下愿写。日后杉木成林出河，地主一伴（半），栽手一伴（半）。头年修毫，居（俱）在栽手修毫。二年修毫，二此同毫。日后木头出河，不［得］异言。倘有异言，现今两下分有兴隆合同为凭提据。

亲笔：开厚

【同治元年二月初三日立】

4. 刘开贤、刘钟明、陆世太等招佃杨富勇、杨再魁、彭财清分合同（光绪二年七月二十六日）

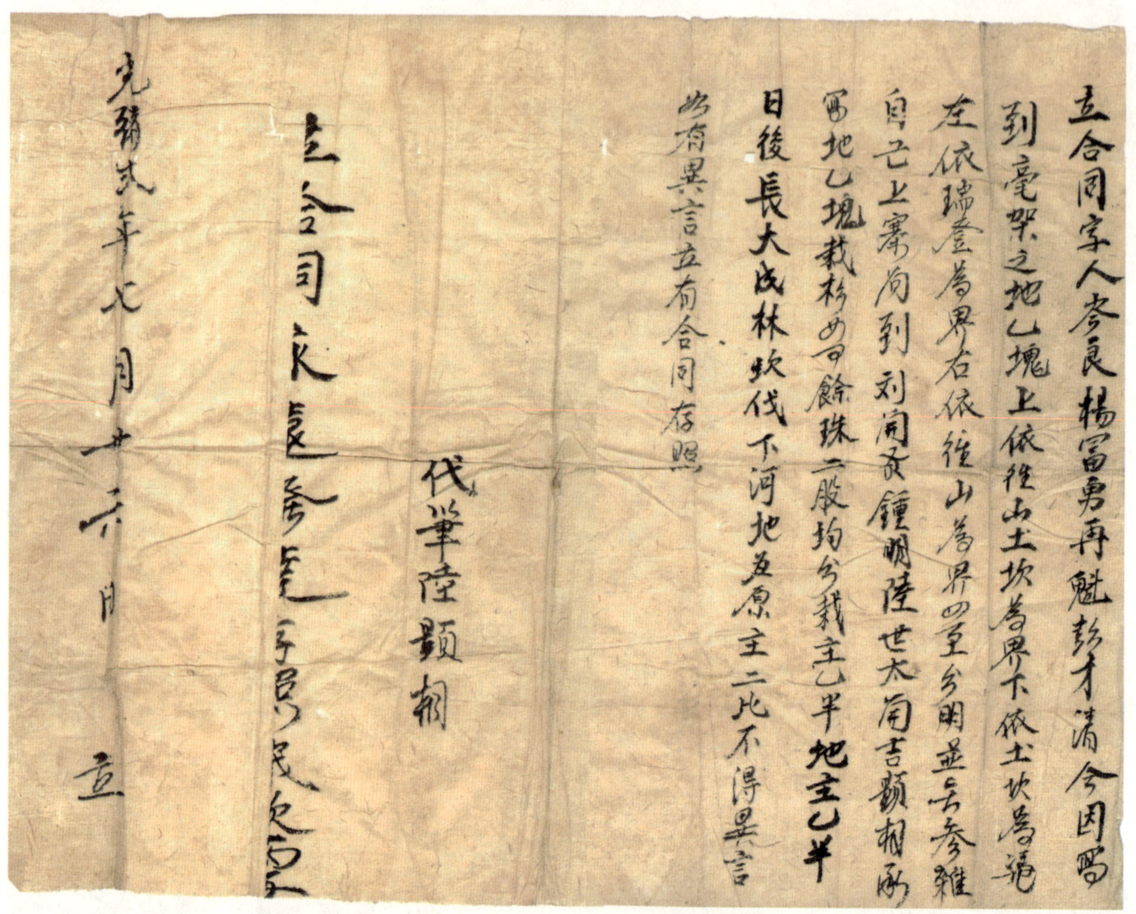

立［分］合同字人岑良杨富勇、再魁、彭才清，今因招到毫架之地一块，上依往山土坎为界，下依土坎为凭，左依瑞登为界，右依往山为界，四至分明，并无参（掺）杂，自己上寨问到刘开贤、钟明、陆世太、开吉、显相承写地一块，栽杉四百余珠（株）。二股均分，栽主一半，地主一半。日后长大成林，坎（砍）伐下河，地归原主，二比不得异言。如有异言，立有合同存照。

代笔：陆显相

【立合同永远发达存照□□□】

光绪贰年七月廿六日立

5. 刘开贤、刘开堂、刘开厚兄弟招佃杨某、黄某、谭某等分合同（光绪四年八月）

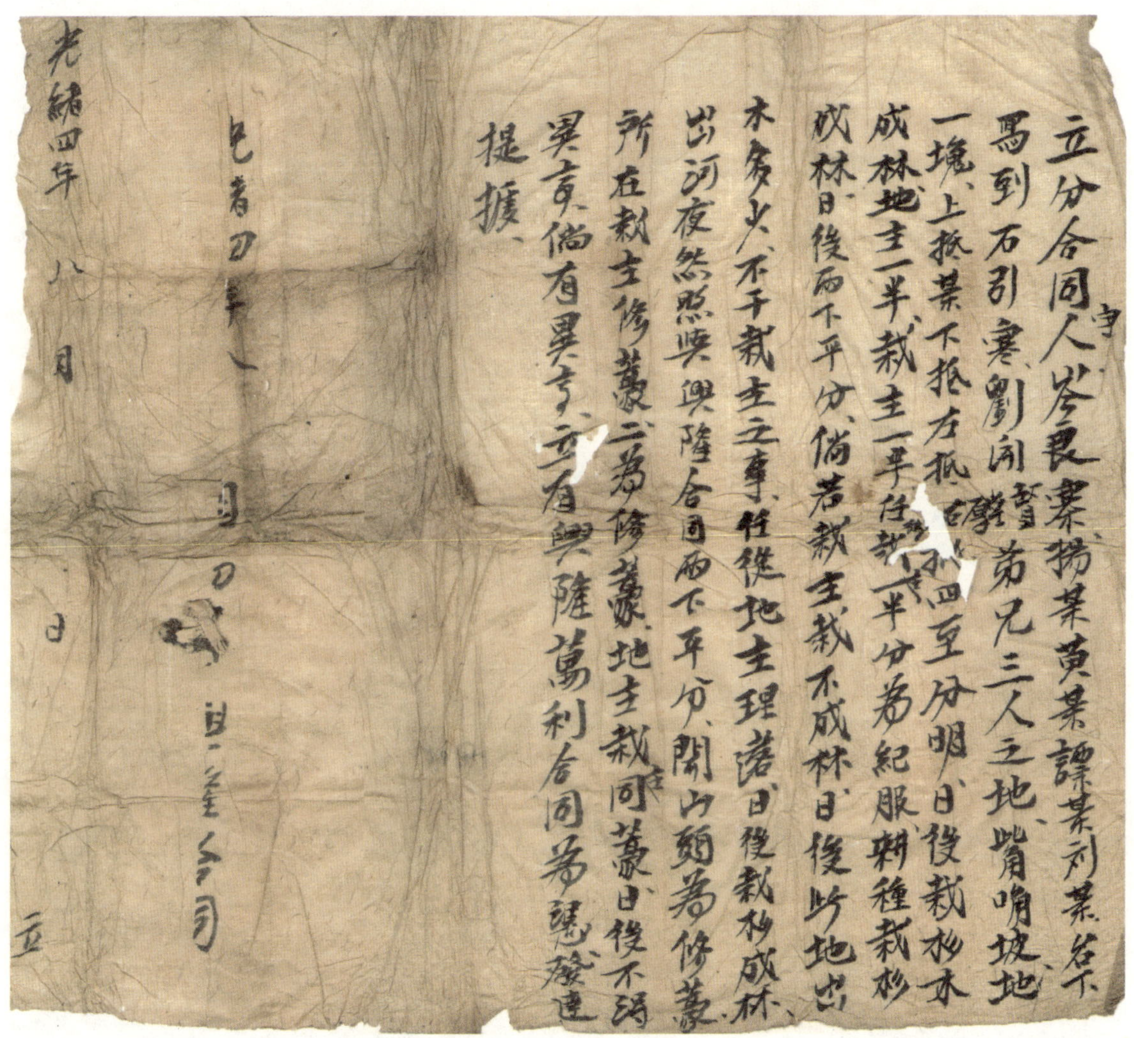

立分合同字人岑良寨杨某、黄某、谭某、刘某名下，写到石引寨刘开贤、刘开堂、刘开厚弟兄三人之地蛸喃坡地一块，上抵某，下抵，左抵，右抵，四至分明，日后栽杉木成林，地主一半，栽主一半。任从栽主一半分为纪服（几股）耕种，栽杉成林，日后两下平分。倘若栽主栽不成林，日后此地出木多少，不干栽主之事，任从地主理落。日后栽杉成林，出河夜（依）然照契兴隆合同两下平分。开山头为修蒿，所在栽主修蒿，二为修蒿，地主栽主同蒿，日后不得异言。倘有异言，立有兴隆万利合同为凭发达提据。

【光绪四年八月兴隆合同】

光绪四年八月□日立

6. 刘发元招佃黄秀安分合同（光绪五年二月三日）

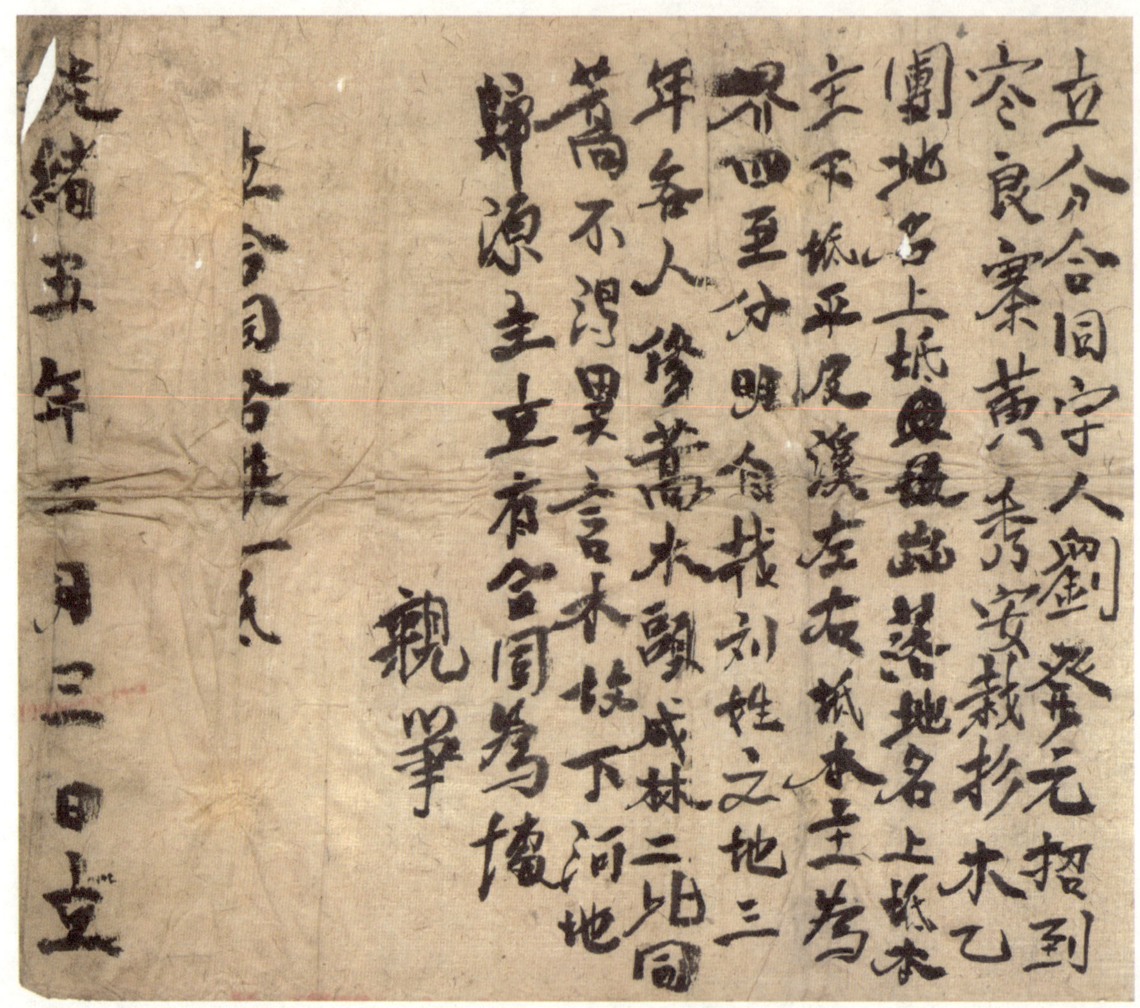

立分合同字人刘发元招到岑良寨黄秀安栽杉木一团，地名上抵岀落地名，上抵本主，下抵平及溪，左右抵本主为界，四至分明，自栽刘姓之地三年，各人修蒿，木头成林，二比同蒿，不得异言。木砍下河，地归源（原）主，立有合同为据。

亲笔

【立合同各执一纸】

光绪五年二月三日立

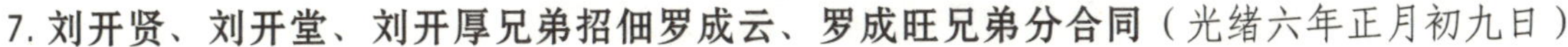

7. 刘开贤、刘开堂、刘开厚兄弟招佃罗成云、罗成旺兄弟分合同（光绪六年正月初九日）

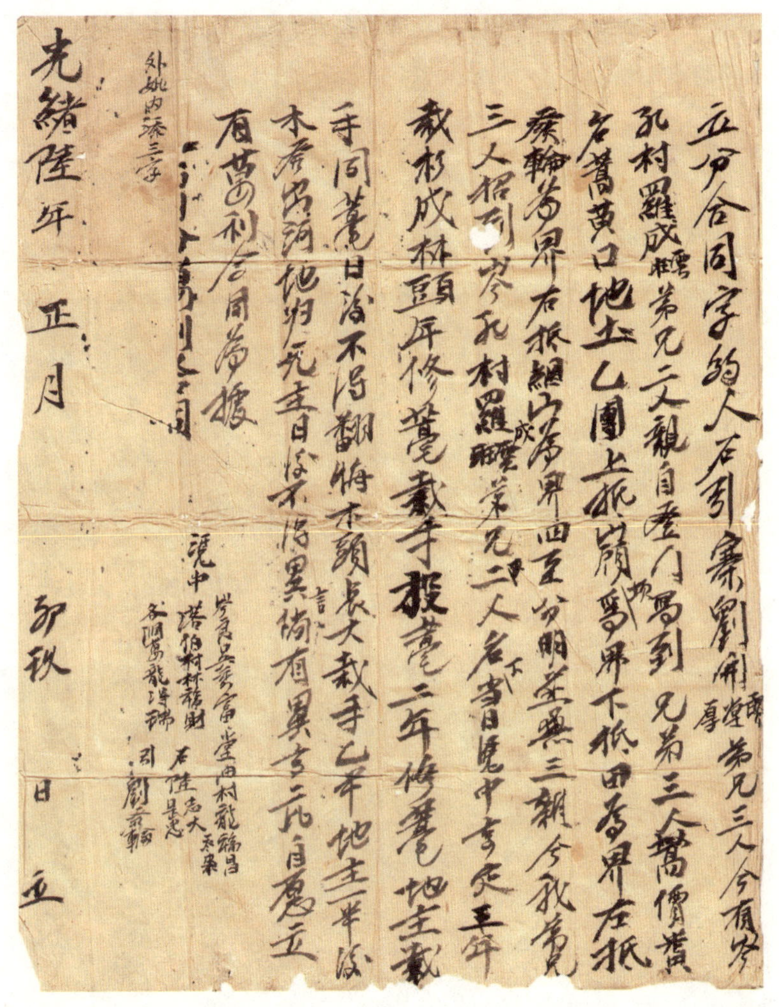

立分合同字约人石引寨刘开贤、刘开堂、刘开厚弟兄三人，今有岑孔村罗成云、罗成旺弟兄二人亲自登门，写到兄弟三人蒿价粪名蒿黄口地土一团，上抵岭坎为界，下抵田为界，左抵发轮为界，右抵纲山为界，四至分明，并无三（掺）杂。今我弟兄三人招到岑孔村罗成云、罗成旺弟兄二人名下，当日凭中言定三年栽杉成林。头年修蒿，栽手投蒿。二年修蒿，地主栽手同蒿。日后不得翻悔。木头长大，栽手一半，地主一半。后木发（伐）出河，地归元（原）主，日后不得异言。倘有异言，二比自愿立有万利合同为据。

外批：内添三字

凭中：岑良吴秀富，堂油村龙福昌，落伯村林福财，各洞万龙得瑞，石引寨陆志大、陆昰忠、刘发轮

【□□万利合同】

光绪陆年正月初玖日立

8. 刘开厚、刘开贤、陆景沿等招佃傅万顺分合同（光绪十年十二月二十四日）

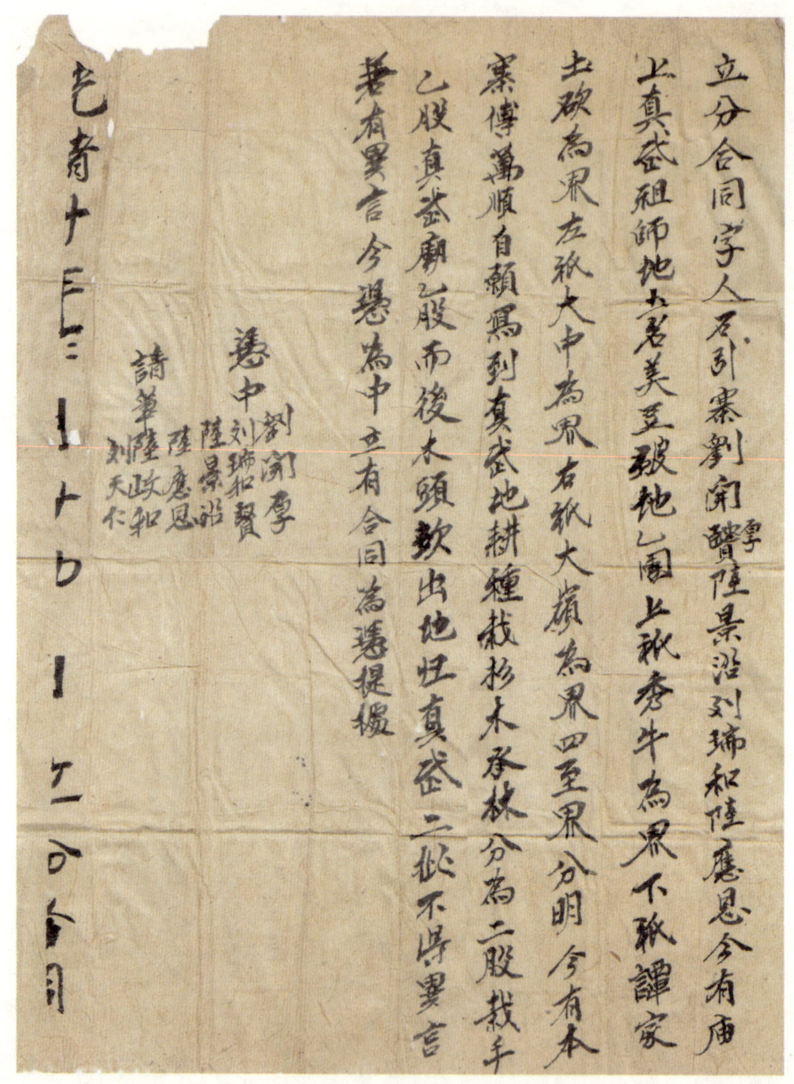

立分合同字人石引寨刘开厚、刘开贤、陆景沿、刘瑞和、陆应恩，今有庙上真武祖师地，土名美豆坡地一团，上祇（抵）秀牛为界，下祇（抵）谭家土砍（坎）为界，左祇（抵）大中为界，右祇（抵）大岭为界，四至界分明。今有本寨傅万顺自愿写到真武地耕种，栽杉木承（成）林，分为二股，栽手一股，真武庙一股，而后木头砍出，地归真武，二批（比）不得异言。若有异言，今凭为中立有合同为凭提据。

凭中：刘开厚、刘开贤、刘瑞和、陆景沿、陆应恩

请笔：陆政和、刘天仁

【光绪十年十二月廿四日立分合同】

9. 陆世泰、刘忠发招佃罗耀富分合同（光绪十八年四月初二日）

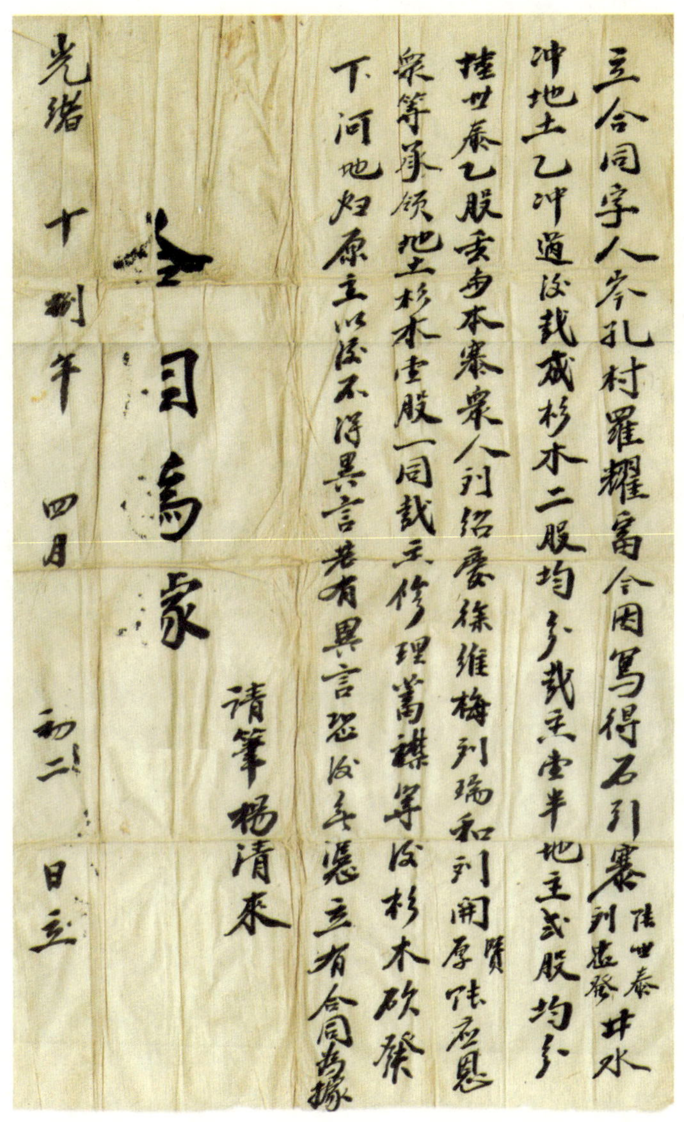

立合同字人岑孔村罗耀富，今因写得（到）石引寨陆世泰、刘忠发井水冲地土一冲，过后栽成杉木，二股均分，栽主壹半，地主贰股均分，陆世泰一股丢与本寨众人刘绍庆、徐维梅、刘瑞和、刘开贤、开厚、陆应恩众等承领地土杉木壹股，一同栽主修理蒿褋，等后杉木砍发（伐）下河，地归原主，以后不得异言。若有异言，恐后无凭，立有合同为据。

请笔：杨清来

【合同为据】

光绪十捌年四月初二日立

10. 刘开贤、刘开堂、刘开厚兄弟招佃陈文喜、陈全清、陈全魁父子分合同（光绪二十八年十二月二十日）

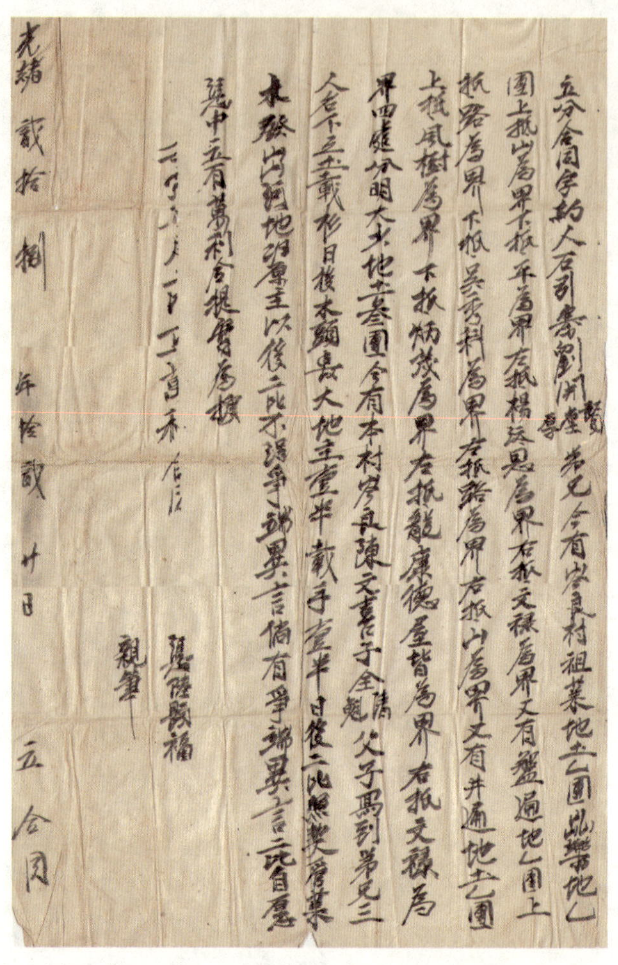

立分合同字约人石引寨刘开贤、刘开堂、刘开厚弟兄，今有岑良村祖业地土一团，岀乐地一团，上抵山为界，下抵平（坪）为界，左抵杨添恩为界，右抵文禄为界，又有盘遍地一团，上抵路为界，下抵吴秀科为界，左抵路为界，右抵山为界，又有井遍地土一团，上抵风树为界，下抵炳茂为界，左抵龙康德屋背为界，右抵文禄为界，四处分明。大少（小）地土叁团。今有本村岑良陈文喜，子全清、全魁父子写到弟兄三人名下之土载（栽）杉，日后木头长大，地主壹半，栽手壹半。日后二比照契管业。木发（伐）出河，地归原主。以后二比不得争端异言。倘有争端异言，二比自愿凭中立有万利合［同］提（是）实为据。

【……万利合同】

凭［中］：陆显福

亲笔

光绪贰拾捌年拾贰［月］廿日立合同

11. 刘开贤、刘开堂、刘开厚兄弟招佃陈文喜、陈全清、陈全魁父子分合同（光绪二十八年十二月二十日）

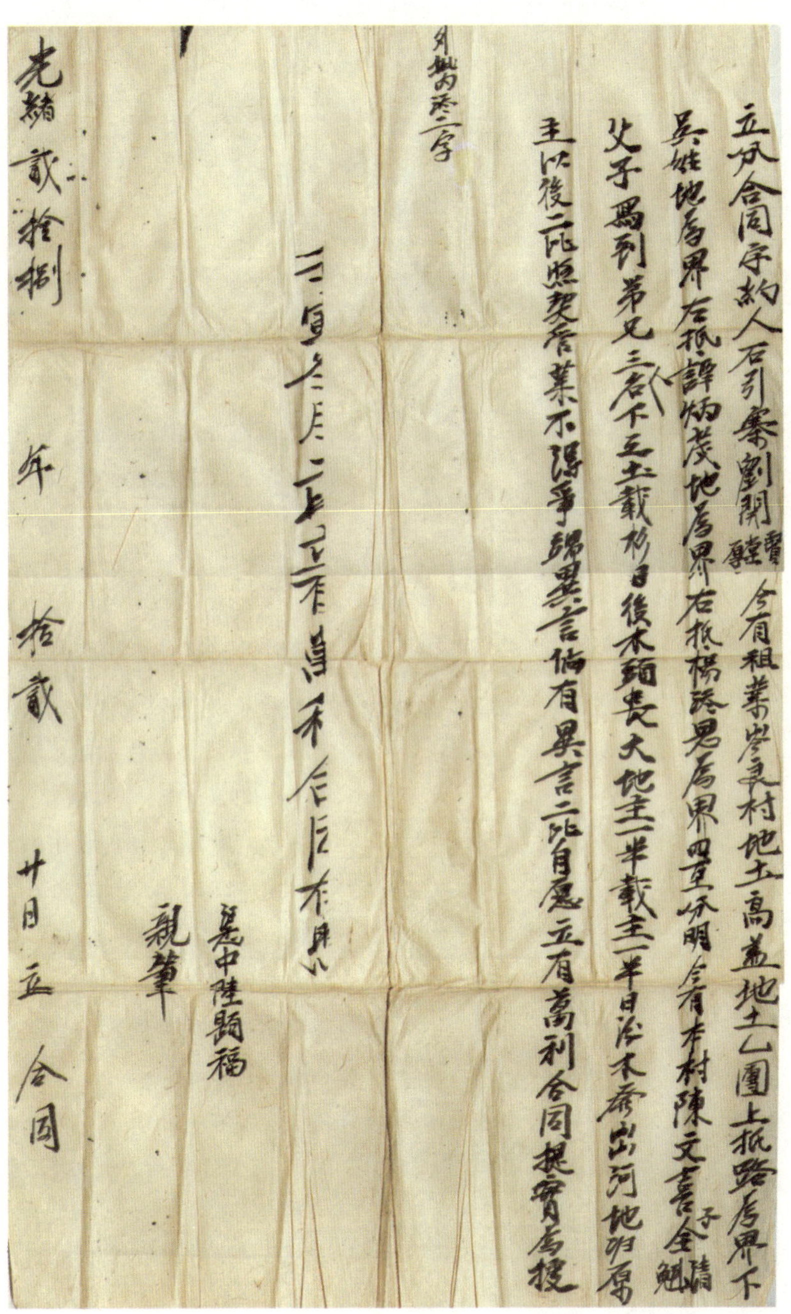

立分合同字约人石引寨刘开贤、刘开堂、刘开厚，今有祖业岑良村地土高盖地土一团，上抵路为界，下［抵］吴姓地为界，左抵谭炳茂地为界，右抵杨添恩为界，四至分明。今有本村陈文喜，子全清、全魁父子写到弟兄三人名下之土载（栽）杉。日后木头长大，地主一半，载（栽）主一半。日后木发（伐）出河，地归原主。以后二比照契管业，不得争端异言。倘有异言，二比自愿立有万利合同提（是）实为据。

外批：内添二字

【壬寅冬月二比立有万利合同存照】

凭中：陆显福

亲笔

光绪贰拾捌年拾贰［月］廿日立合同

12. 刘开贤、刘开堂、刘开厚兄弟招佃陈全德、陈全寿、陈全乾兄弟分合同（光绪二十九年十月初六日）

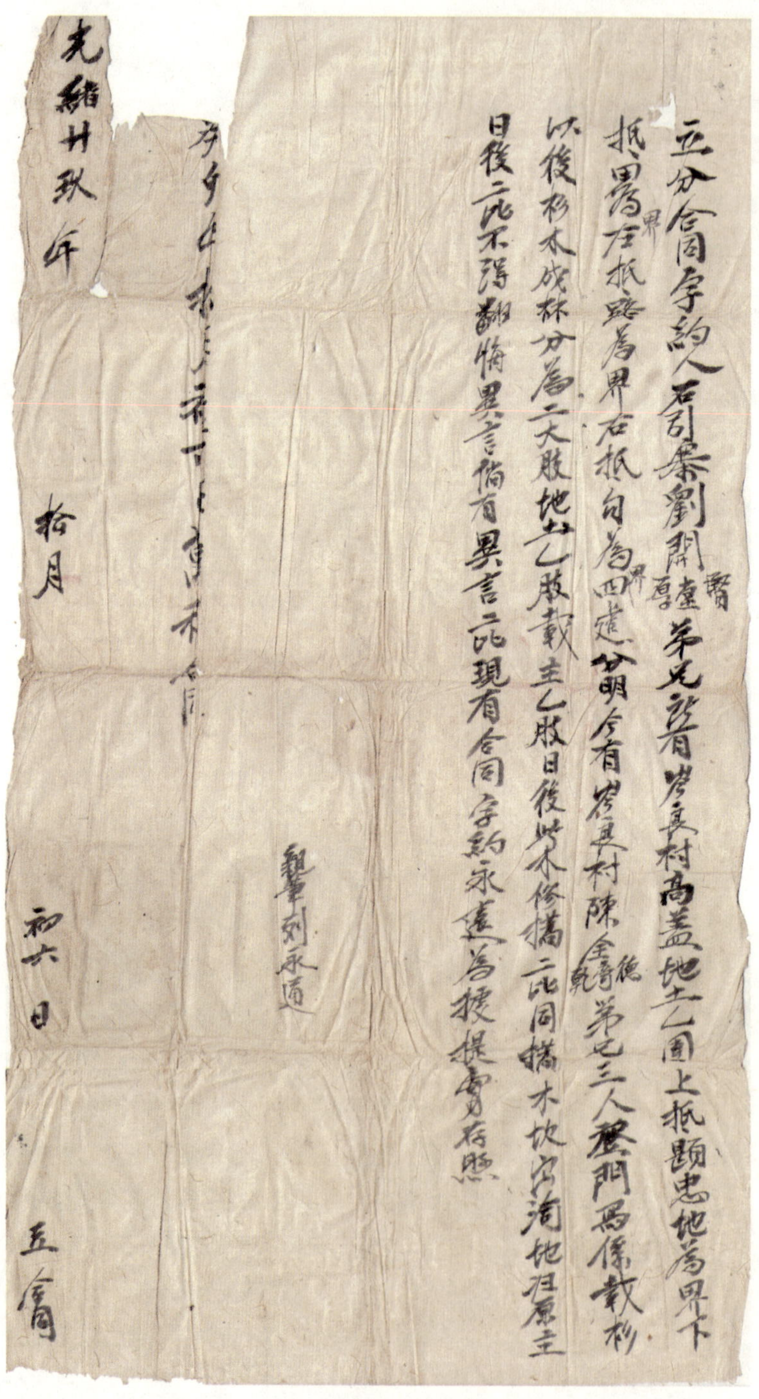

立分合同字约人石引寨刘开贤、刘开堂、刘开厚弟兄所有岑良村高盖地土一团，上抵显忠地为界，下抵田为界，左抵路为界，右抵勾（沟）为界，四处分明。今有岑良村陈全德、陈全寿、陈全乾弟兄三人登门写系载（栽）杉。以后杉木成林，分为二大肢（股），地主一肢（股），载（栽）主一肢（股），日后此木修薅，二比同薅，木坎（砍）出河，地归原主。日后二比不得翻悔异言。倘有异言，二比现有合同字约永远为据，提（是）实存照。

亲笔：刘永道

【癸卯年拾月初六日万利合同】

光绪廿玖年拾月初六日立合同

13. 刘开贤、刘开唐、刘开厚兄弟招佃陈德、陈寿、陈乾兄弟分合同（光绪二十九年十月初六日）

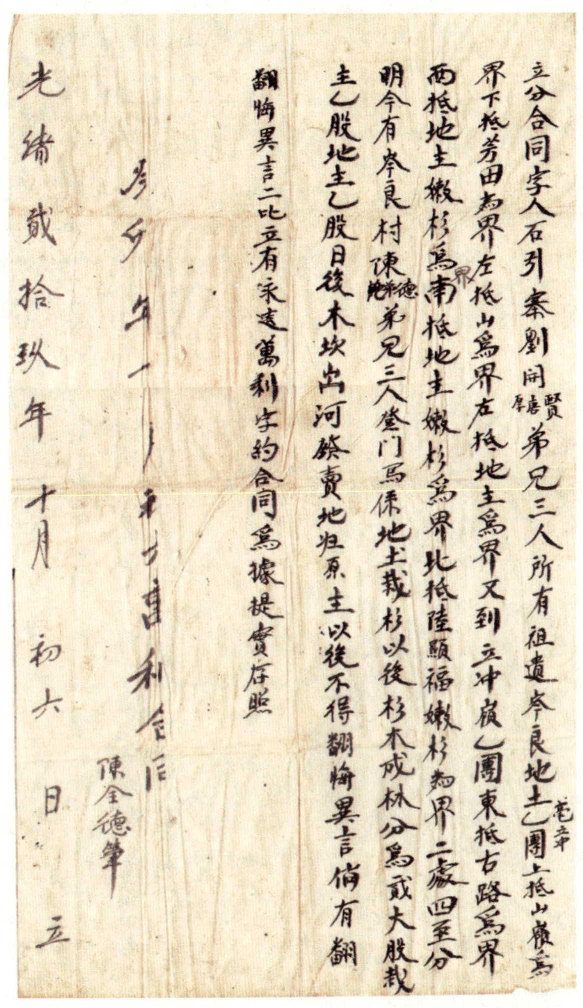

立分合同字人石引寨刘开贤、刘开唐、刘开厚弟兄三人所有祖遗岑良地土毫立冲一团，上抵山岭为界，下抵芳（荒）田为界，左抵山为界，右抵地主为界；又到立冲岭一团，东抵古路为界，西抵地主嫩杉为界，南抵地主嫩杉为界，北抵陆显福嫩杉为界，二处四至分明。今有岑良村陈德、陈弟、陈乾弟兄三人登门写系地土栽杉。以后杉木成林，分为贰大股，栽主一股，地主一股。日后木坎（砍）出河发卖，地归原主。以后不得翻悔异言。倘有翻悔异言，二比立有永远万利字约合同为据，提（是）实存照。

【癸卯年一月初六万利合同】

陈全德笔

光绪贰拾玖年十月初六日立

14. 刘开贤、刘开堂、刘开厚兄弟招佃罗耀坤分合同（光绪三十一年七月二十一日）

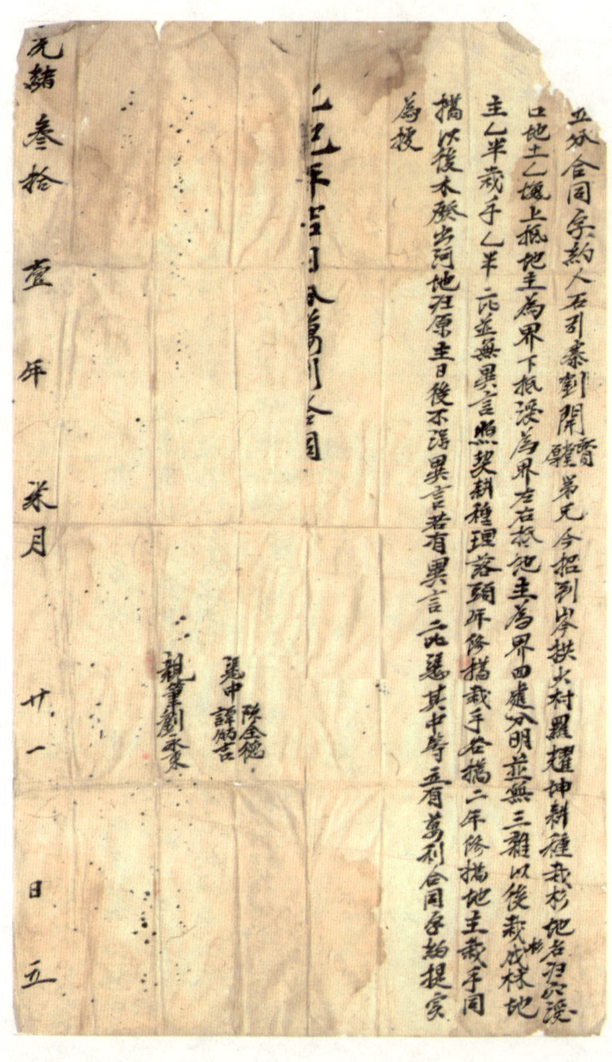

立分合同字约人石引寨刘开贤、刘开堂、刘开厚弟兄，今招到岑拱少村罗耀坤耕种栽杉，地名归穴溪口地土一块，上抵地主为界，下抵溪为界，左右抵地主为界，四处分明，并无三（掺）杂。以后栽杉成林，地主一半，栽手一半。二比并无异言，照契耕种理落。头年修蒿，栽手各蒿。二年修蒿，地主栽手同蒿。以后木发（伐）出河，地归原主，日后不得异言。若有异言，二比凭其中等立有万利合同存约提（是）实为据。

【乙巳年吉日分万利合同】

凭中：陈全德、谭炳吉

亲笔：刘永东

光绪叁拾壹年柒月廿一日立

15. 刘开贤、刘开堂、刘开厚兄弟招佃谭炳吉分合同（光绪三十一年七月二十一日）

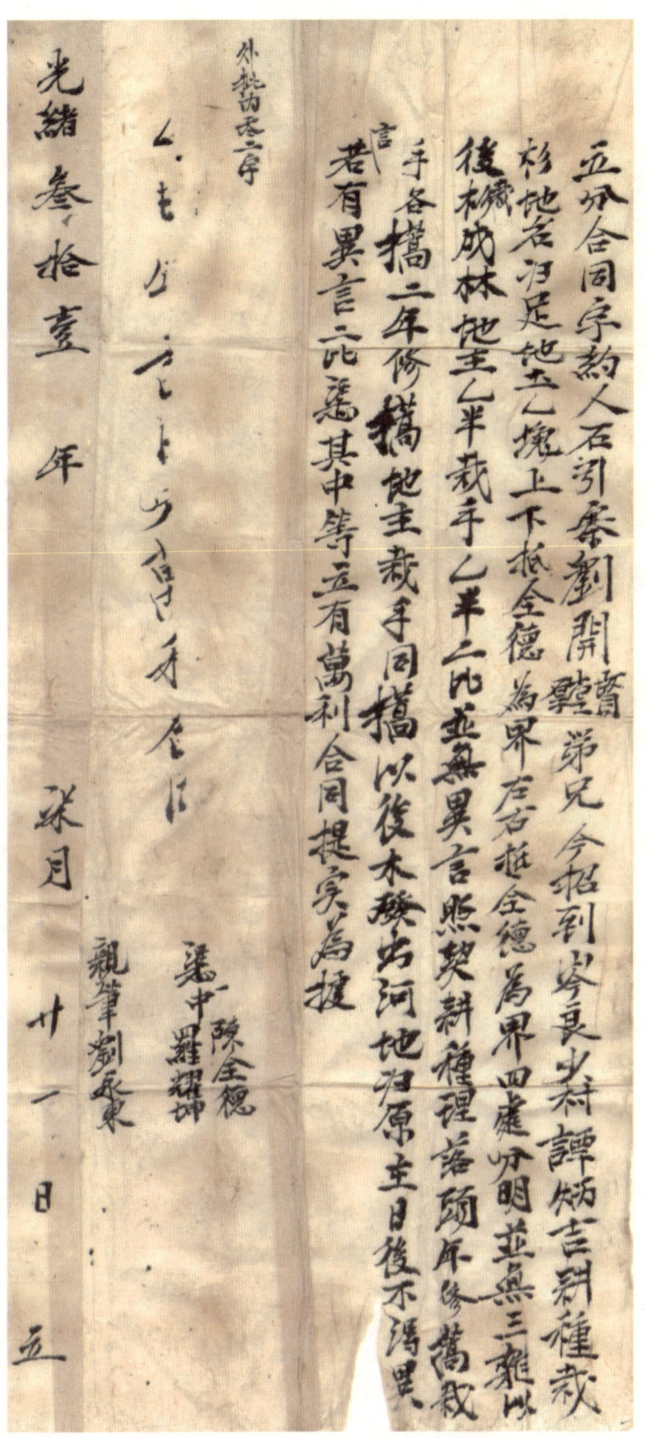

立分合同字约人石引寨刘开贤、刘开堂、刘开厚弟兄，今招到岑良少村谭炳吉耕种栽杉，地名归足地土一块，上下抵全德为界，左右抵全德为界，四处分明，并无三（掺）杂。以后栽杉成林，地主一半，栽手一半，二比并无异言，照契耕种理落。头年修蒿，栽手各蒿。二年修蒿，地主栽手同蒿。以后木发（伐）出河，地归原主。日后不得异言。若有异言，二比凭其中等立有万利合同提（是）实为据。

外批：内添二字

【乙巳年吉日分万利合同】

凭中：陈全德、罗耀坤

亲笔：刘永东

光绪叁拾壹年柒月廿一日立

16. 刘开堂、刘开厚招佃谭炳茂父子分合同（宣统元年三月初六日）

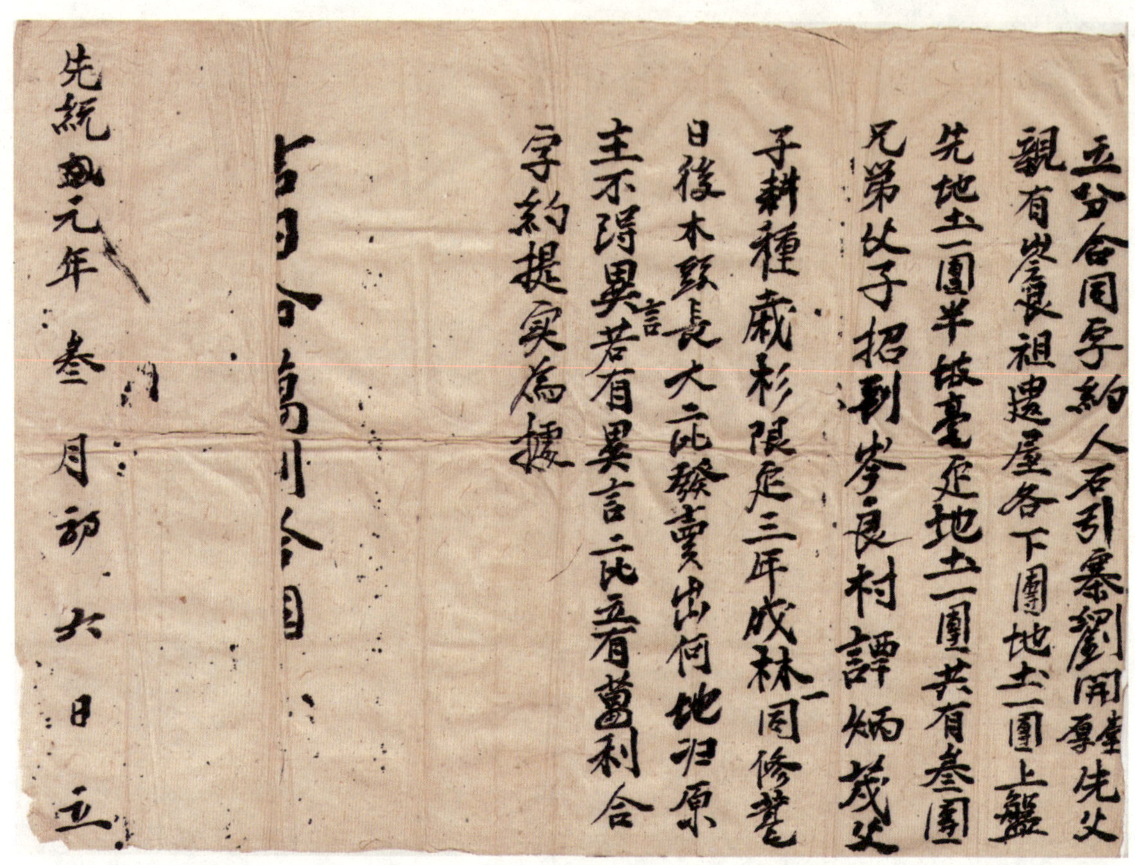

立合同字约人石引寨刘开堂、刘开厚先父亲有岑良祖遗屋各（角）下团地土一团，上盘先地土一团，半坡毫定地土一团，共有叁团，兄弟父子招到岑良村谭炳茂父子耕种栽杉，限定三年成林，一同修蒿。日后木头长大，二比发（伐）卖出何（河），地归原主，不得异言。若有异言，二比立有万利合字约提（是）实为据。

【吉日分万利合同】

先（宣）统元年叁月初六日立

17. 刘开贤、刘开堂、刘开厚、刘发元父子招佃黄秀祥、黄秀安、黄秀林兄弟分合同（民国二年七月十五日）

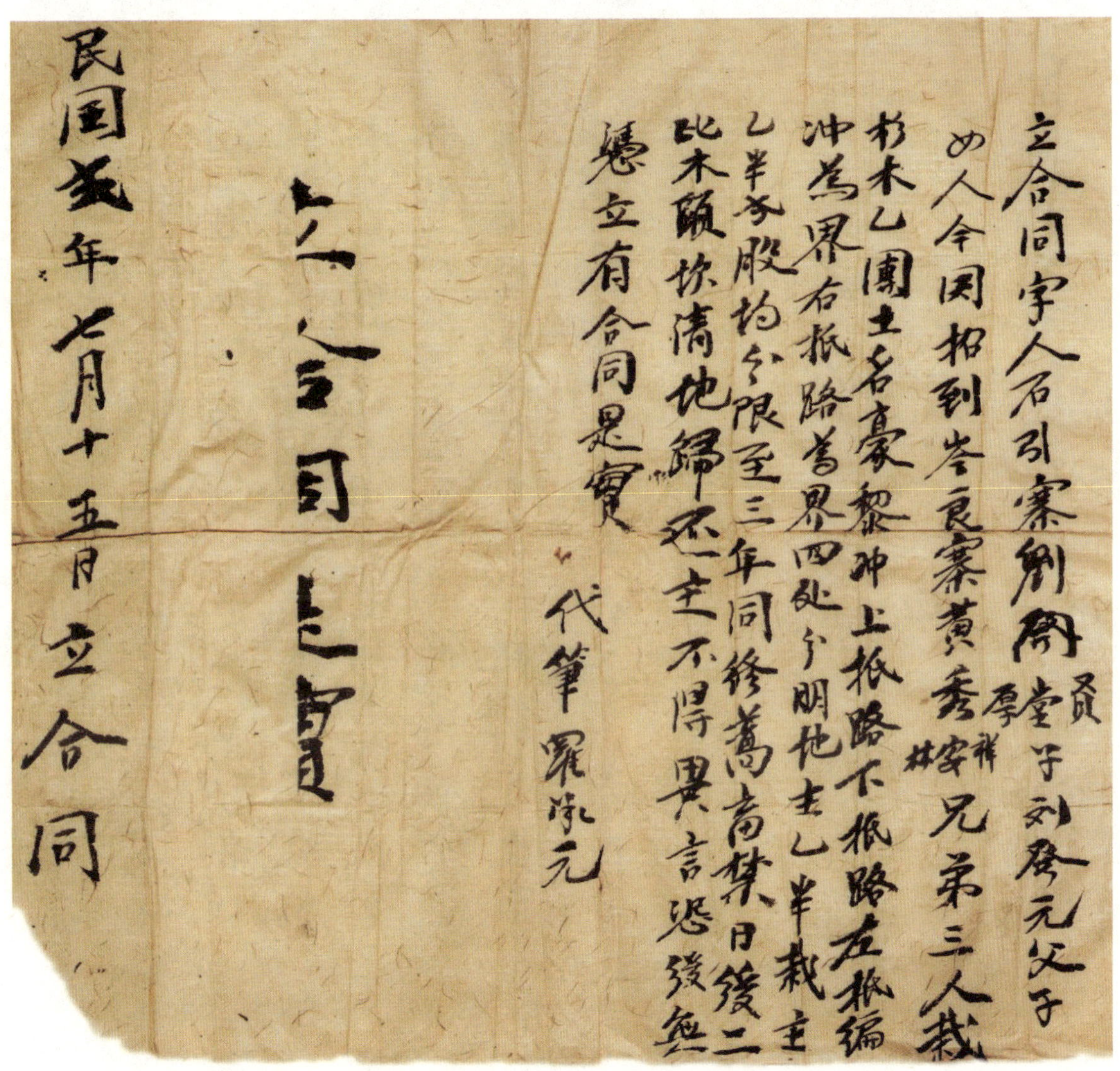

立合同字人石引寨刘开贤、刘开堂、刘开厚、子刘发元父子四人，今因招到岑良寨黄秀祥、黄秀安、黄秀林兄弟三人栽杉木一团，土名豪黎冲，上抵路，下抵路，左抵编冲为界，右抵路为界，四处分明。地主一半，栽主一半，贰股均分，限至三年同修蒿畜（蓄）禁。日后二比木头坎（砍）清，地归还（原）主，不得异言。恐后无凭，立有合同是实。

代笔：罗承元

【立合同是实】

民国贰年七月十五日立合同

18. 刘开贤、刘开堂、刘开厚、刘发元父子招佃黄秀祥分合同（民国二年七月十五日）

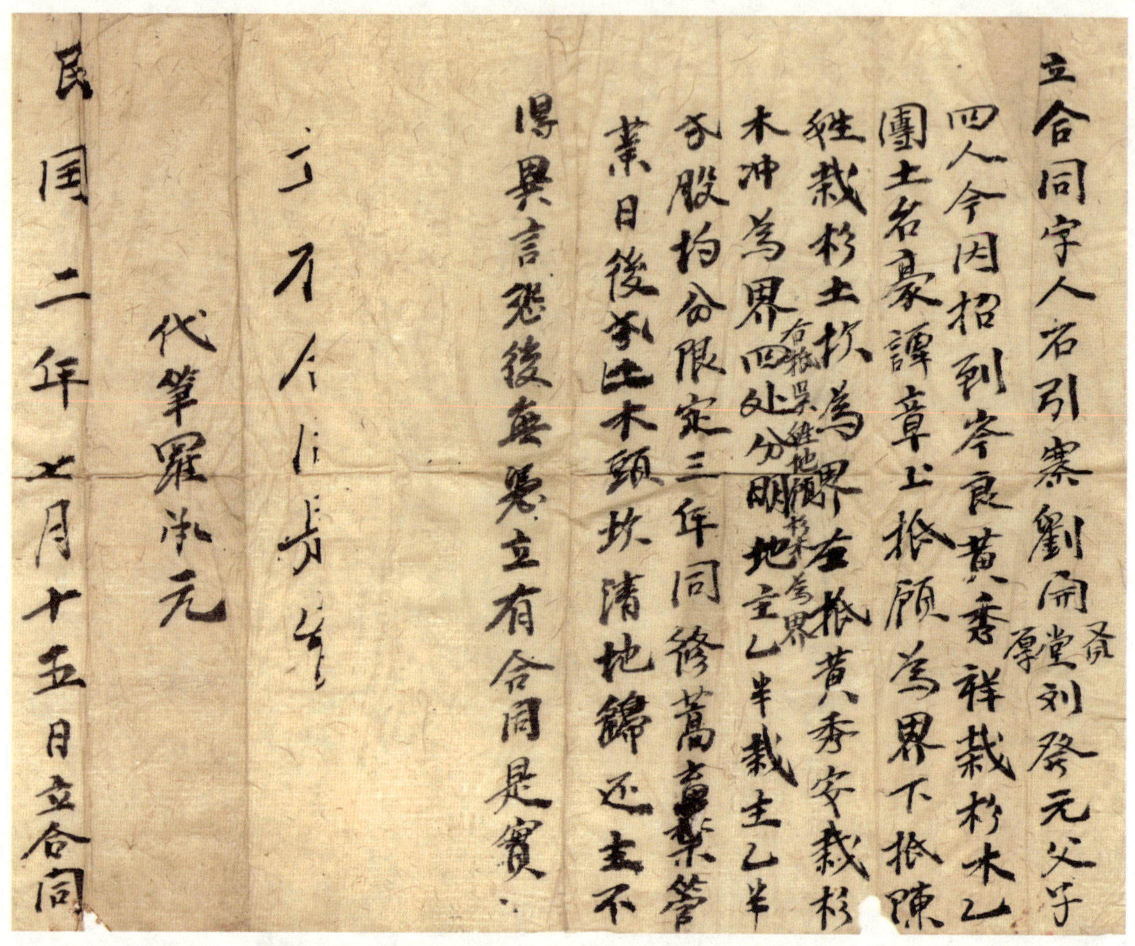

立合同字人石引寨刘开贤、刘开堂、刘开厚、刘发元父子四人，今因招到岑良黄秀祥栽杉木一团，土名豪谭章，上抵领（岭）为界，下抵陈姓栽杉土坎为界，左抵黄秀安栽杉木冲为界，右抵吴姓地领（岭）杉木为界，四处分明。地主一半，栽主一半，二股均分。限定三年同修蒿畜（蓄）禁管业。日后二比木头坎（砍）清，地归还（原）主，不得异言。恐后无凭，立有合同是实。

【立有合同是实】

代笔：罗承元

民国二年七月十五日立合同

19. 刘开贤、刘开堂、刘开厚等父子招佃黄秀祥立分合同（民国二年七月十五日）

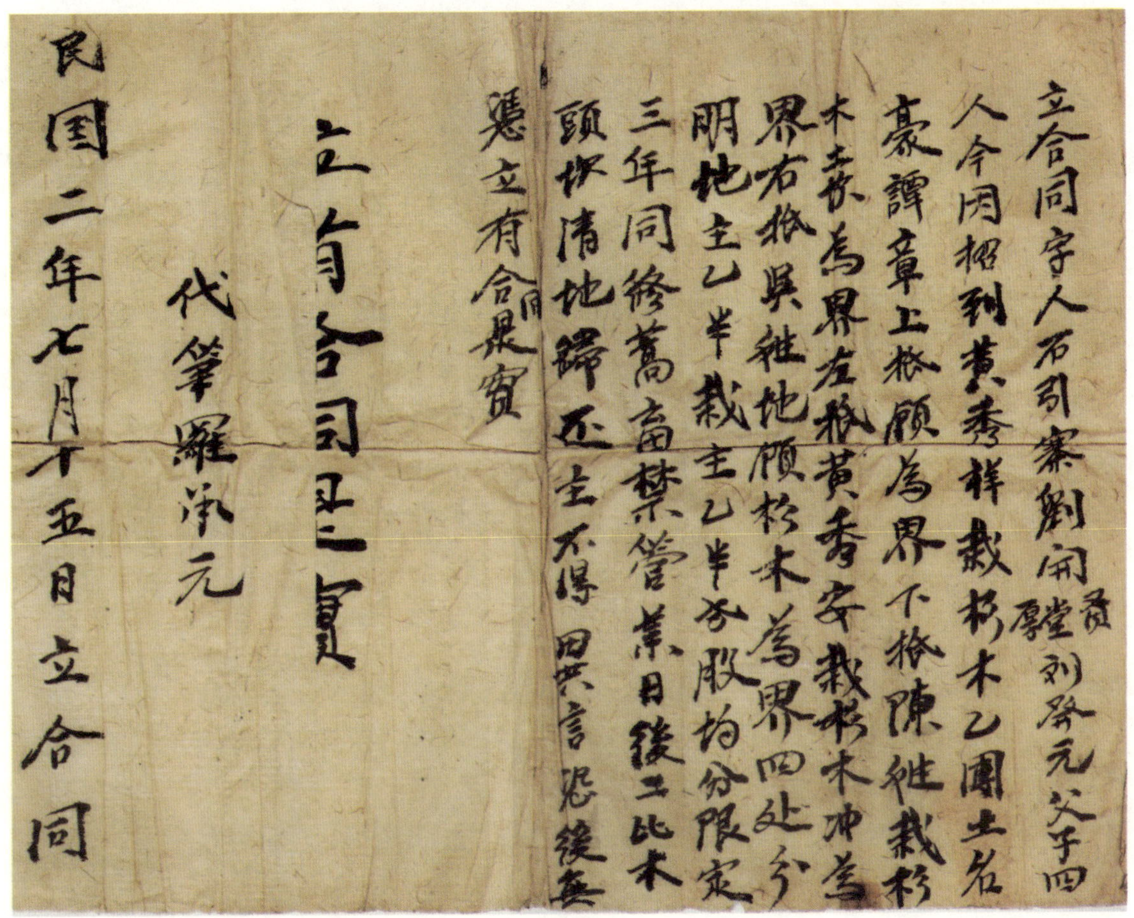

立合同字人石引寨刘开贤、刘开堂、刘开厚、刘发元父子四人，今因招到黄秀祥栽杉木一团，土名豪谭章，上抵岭为界，下抵陈姓栽杉木土坎为界，左抵黄秀安栽杉木冲为界，右抵吴姓地岭杉木为界。四处分明。地主一半，栽主一半，二股均分，限定三年同修薅蓄禁管业。日后二比木头坎（砍）清，地归还主，不得异言。恐后无凭，立有合同是实。

【立有合同是实】

代笔：罗承元

民国二年七月十五日立合同

20. 刘发元、刘求乐父子招佃黄秀安分合同（民国四年八月初八日）

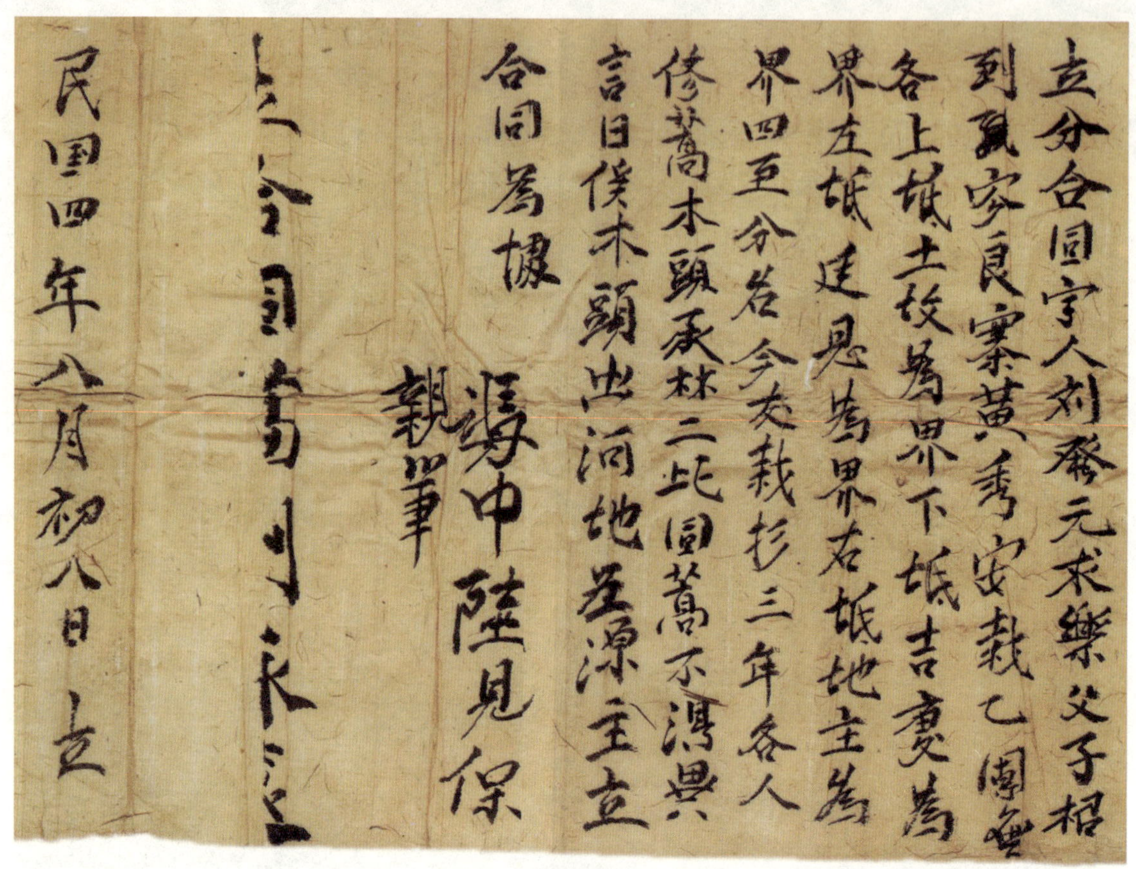

立分合同字人刘发元、求乐父子，招到岑良寨黄秀安栽一团［土名］无各，上抵土坟为界，下抵吉庆为界，左抵廷恩为界，右抵地主为界，四至分名（明）。今□栽杉三年，各人修蒿。木头承（成）林，二比同蒿。不得异言。日后木头出河，地归源（原）主。立合同为据。

凭中：陆见保

亲笔

【立合同万利永远】

民国四年八月初八日立

21. 吴汉禄、吴万祥父子招佃刘瑞锦、吴旺隆分合同（民国四年十一月二十一日）

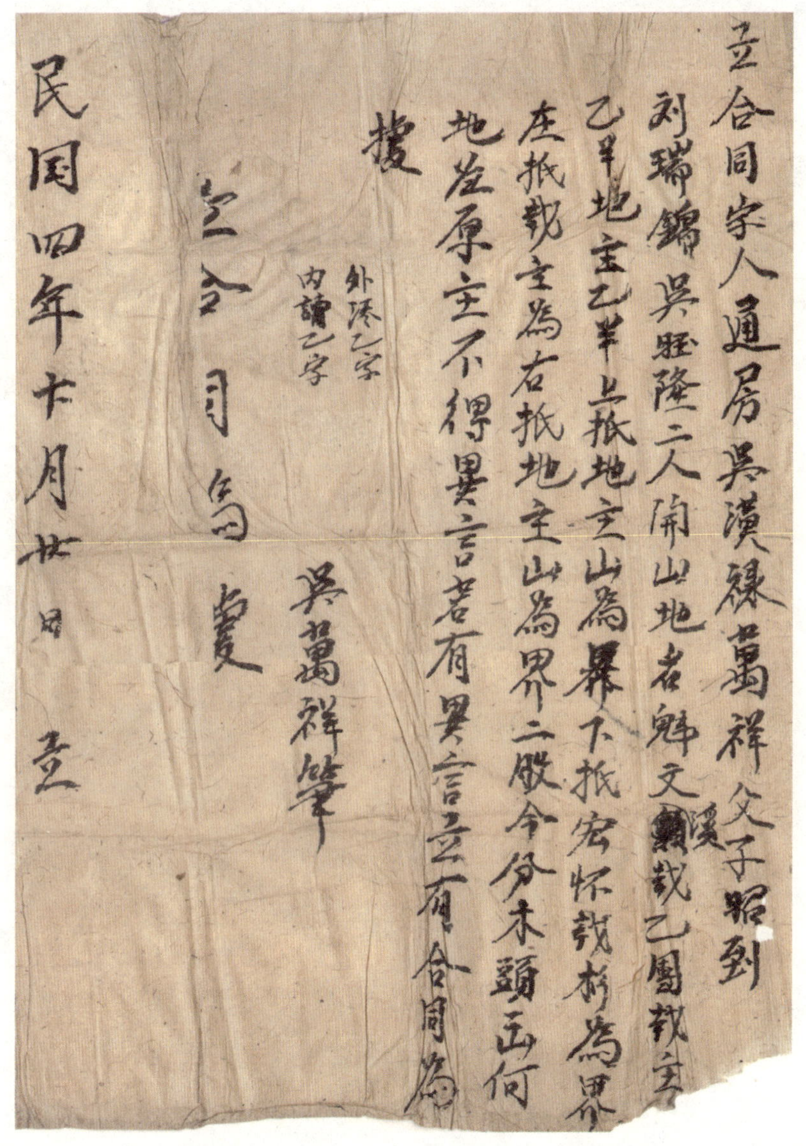

立合同字人通房吴汉禄、万祥父子招到刘瑞锦、吴旺隆二人开山，地名魁文溪栽一团，栽主一半，地主一半。上抵地主山为界，下抵宏怀栽杉为界，左抵栽主为［界］，右抵地主山为界。二股今（均）分。木头出何（河），地归原主，不得异言。若有异言，立有合同为据。

外添一字，内读（涂）一字

吴万祥笔

【立合同为据】

民国四年十一月廿一日立

22. 刘发元招佃黄秀祥分合同（民国五年八月二十八日）

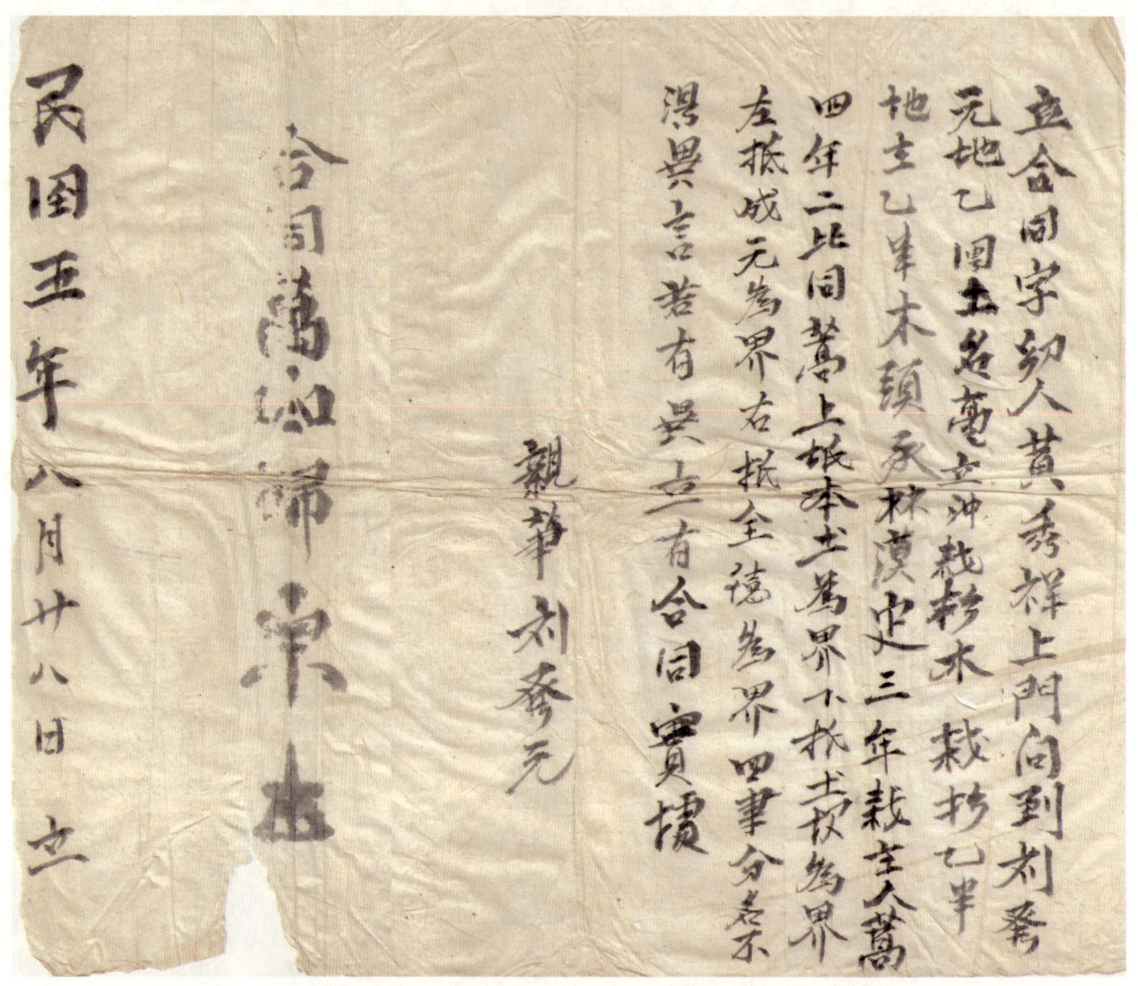

立合同字约人黄秀祥，上门问到刘发元地一团，土名毫立冲栽杉木。栽杉（主）一半，地主一半。木头承（成）林，汉（限）定三年栽主人修蒿，四年二比同蒿。上抵本土为界，下抵土坎为界，左抵成元为界，右抵全德为界。四至分名（明），不得异言。若有异言，立有合同实据。

亲笔：刘发元

【合同万利归宗】

民国五年八月廿八日立

23. 刘发元、刘求乐父子招佃罗成云、罗成旺兄弟分合同（民国六年八月初五日）

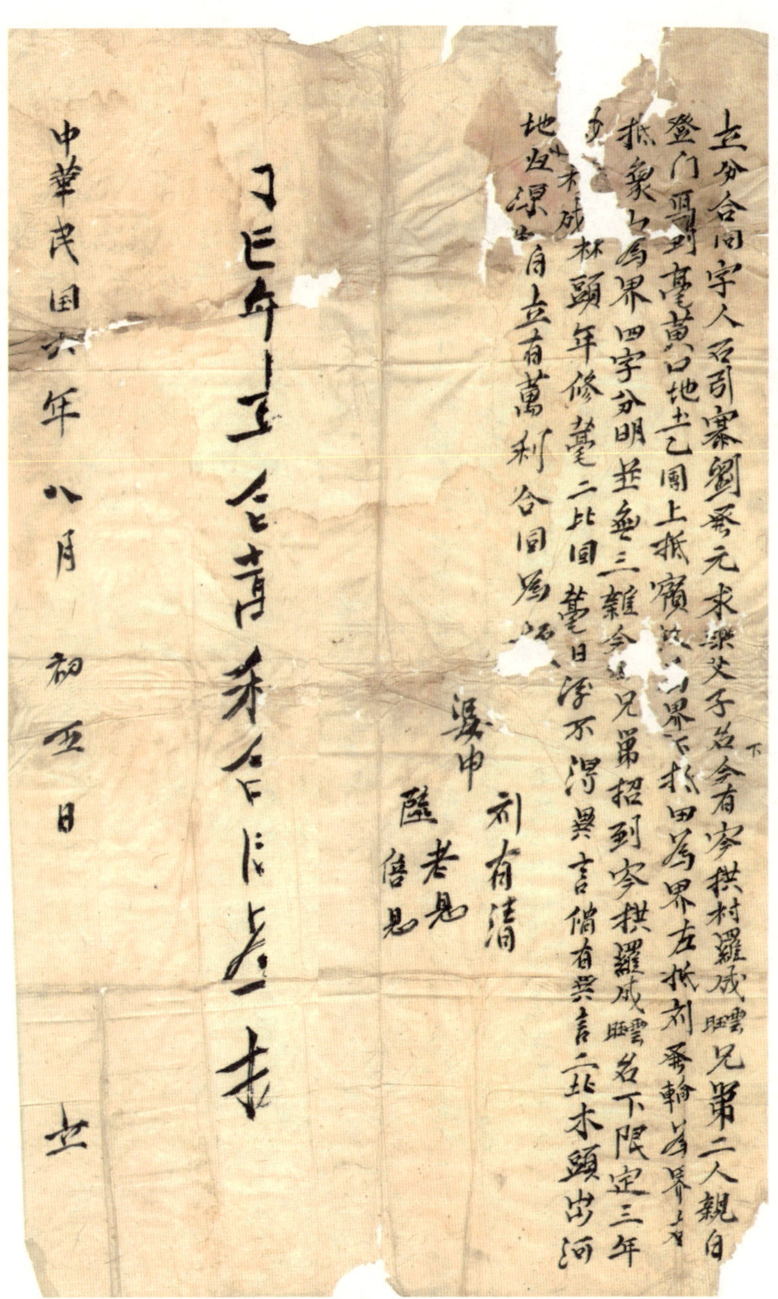

立分合同字人石引寨刘发元、求乐父子名下，今有岑拱村罗成云、罗成旺兄弟二人亲自登门写到亳黄口地土一团，上抵岭坎为界，下抵田为界，左抵刘发轮为界，右抵象山为界，四字（至）分明，并无三（掺）杂。今□兄弟招到岑拱罗成云、罗成旺名下，限定三年栽杉成林。头年修蒿，二比同蒿，日后不得异言。倘有异言，二比木头出河，地归源（原）主。自立有万利合同为据。

凭中：刘有清、陆老恩、陆倍恩

【丁巳年立合万利合同为据】

中华民国六年八月初五日立

24. 刘发元、刘求乐招佃罗成云、罗成旺兄弟立分合同（民国六年八月初五日）

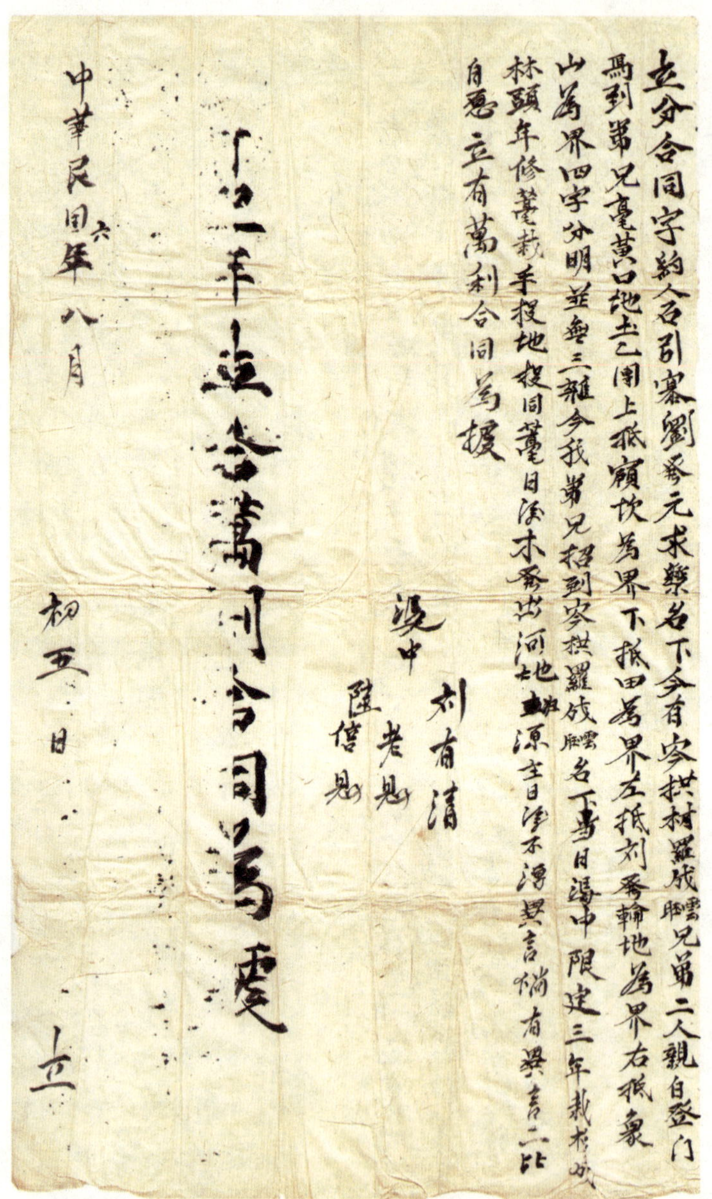

立分合同字人石引寨刘发元、求乐父子名下，今有岑拱村罗成云、罗成旺兄弟二人亲自登门问到弟兄毫黄口地土一团，上抵岭坎为界，下抵田为界，左抵刘发轮地为界，右抵象山为界。四字（至）分明，并无三（掺）杂。今我兄弟招到岑拱罗成云、罗成旺名下，当日凭中限定三年栽杉成林，头年修薅，栽手投地。投同薅。日后木发出河，地归源（原）主。日后不得异言。倘有异言，二比自愿立有万利合同为据。

凭中：刘有清、陆老恩、陆倍恩

【丁巳年立合万利合同为据】

中华民国六年八月初五日立

25. 刘发元、刘求乐父子招佃黄秀祥分合同（民国五年八月二十八日）

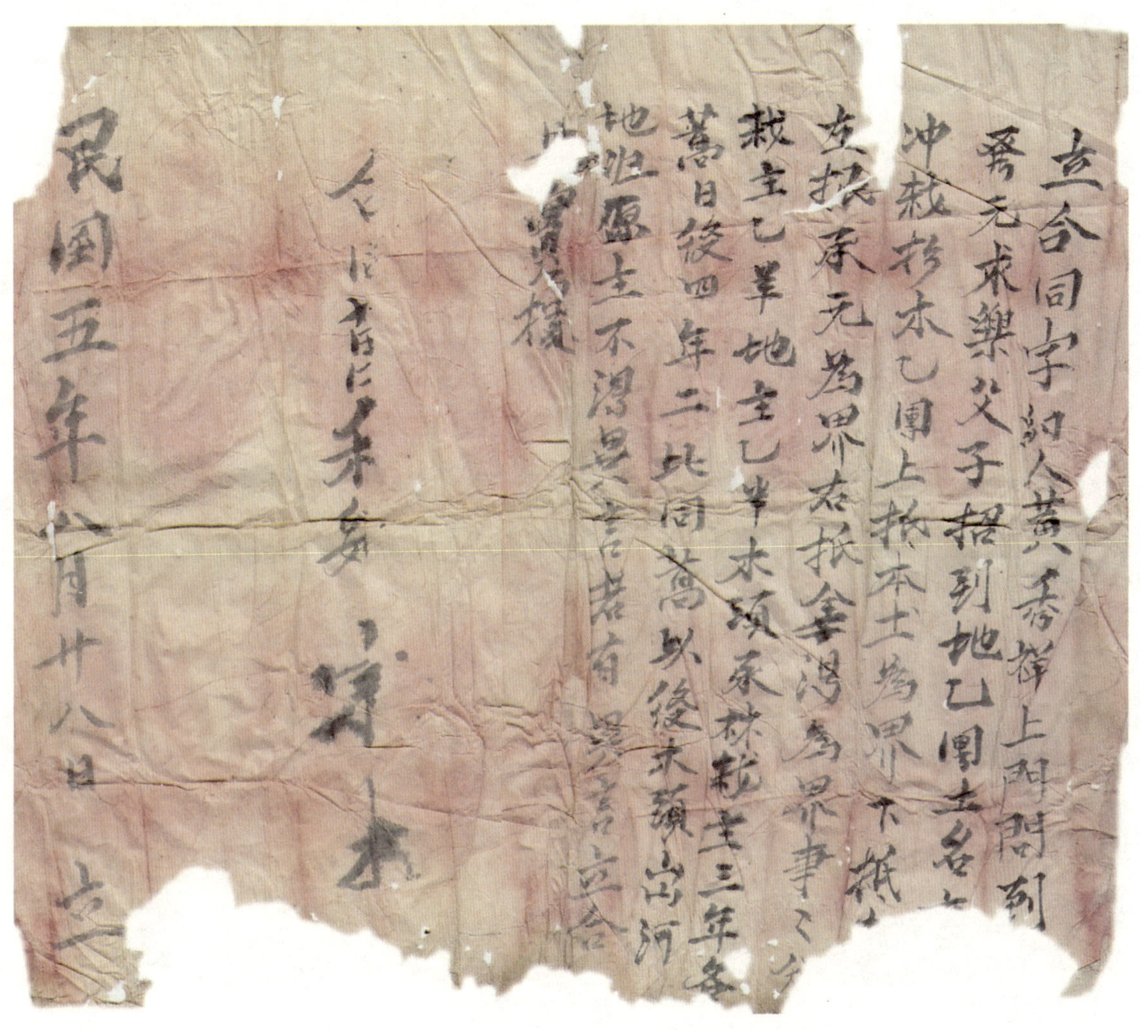

立合同字约人黄秀祥，上门问到［刘］发元、求乐父子，招到地一团土名□□冲栽杉木一团，上抵本土为界，下抵□□，左抵承元为界，右抵全得（德）为界，事事（四至）分［明］。栽主一半，地主一半。木头承（成）林，栽主三年各蒿，日后四年二比同蒿。以后木头出河，地归原主，不得异言。若有异言，立合同是实为据。

【合同万利□□】

民国五年八月廿八日立

26. 刘发元、刘求落父子招佃刘耀明分合同（民国十年二月初六日）

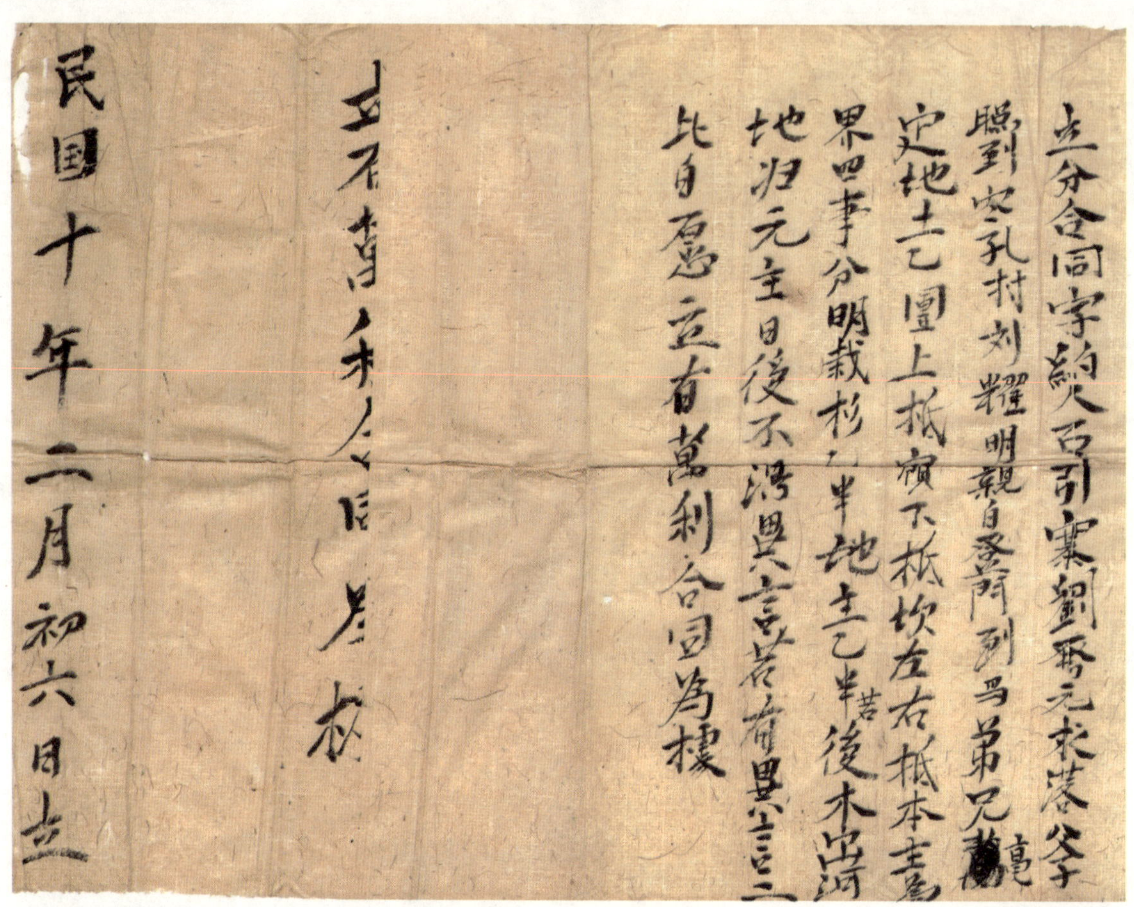

立分合同字约人石引寨刘发元、求落父子，照（招）到岑孔村刘耀明亲自登门到写（写到）弟兄毫定地土一团，上抵岭，下抵坎，左右抵本主为界，四事（至）分明。栽杉一半，地主一半。若后木出河，地归元（原）主，日后不得异言。若有异言，二比自愿立有万利合同为据。

【立有万利合同为据】

民国十年二月初六日立

27. 刘发元、刘求落父子招佃罗开炳分合同（民国……年十月二十一日）

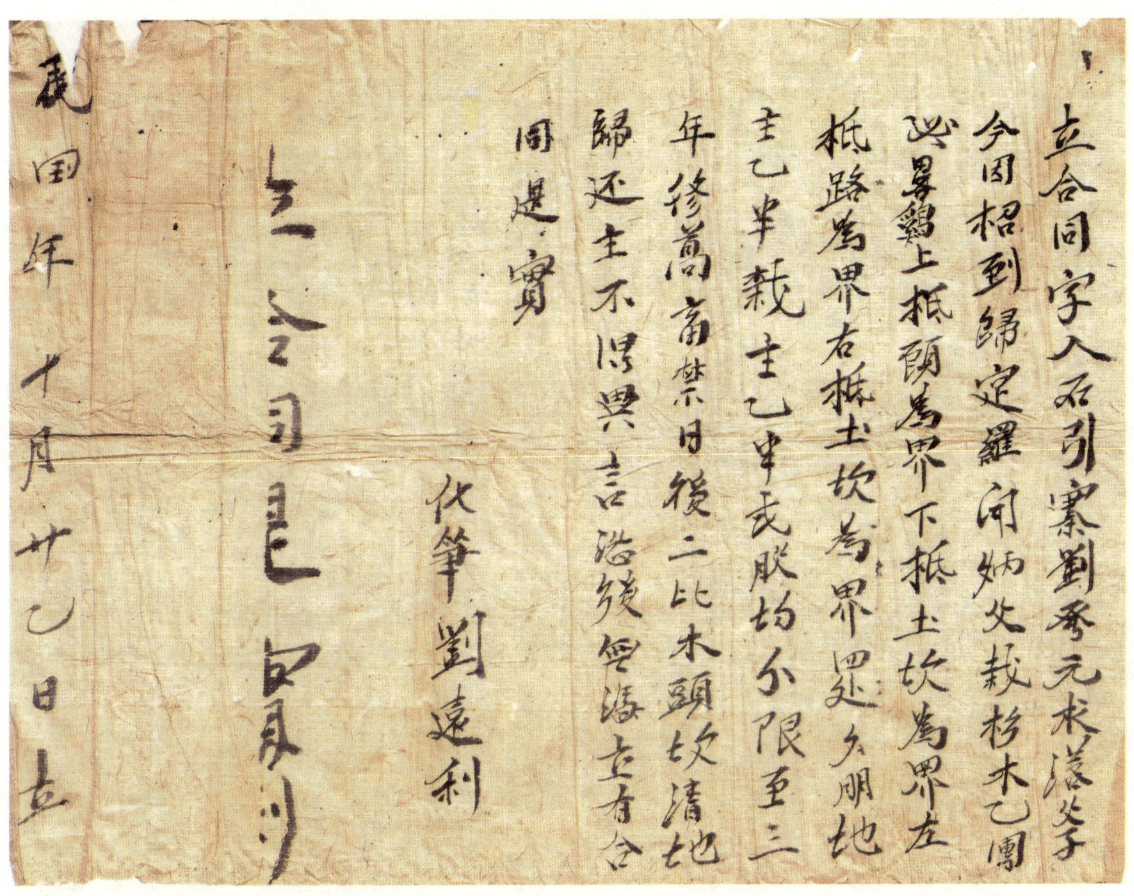

立合同字人石引寨刘发元、求落父子，今因招到归定罗开炳父栽杉木一团，［土名］必略鸡，上抵领（岭）为界，下抵土坎为界，左抵路为界，右抵土坎为界，四处分明。地主一半，栽主一半。贰股均分，限至三年修蒿畜（蓄）禁。日后二比木头坎（砍）清，地归还（原）主，不得异言。恐后无凭，立有合同是实。

代笔：刘远利

【立合同是实】

民国……年十月廿一日立

28. 刘发元、刘求落父子招佃罗开炳父子分合同（民国十年十月二十四日）

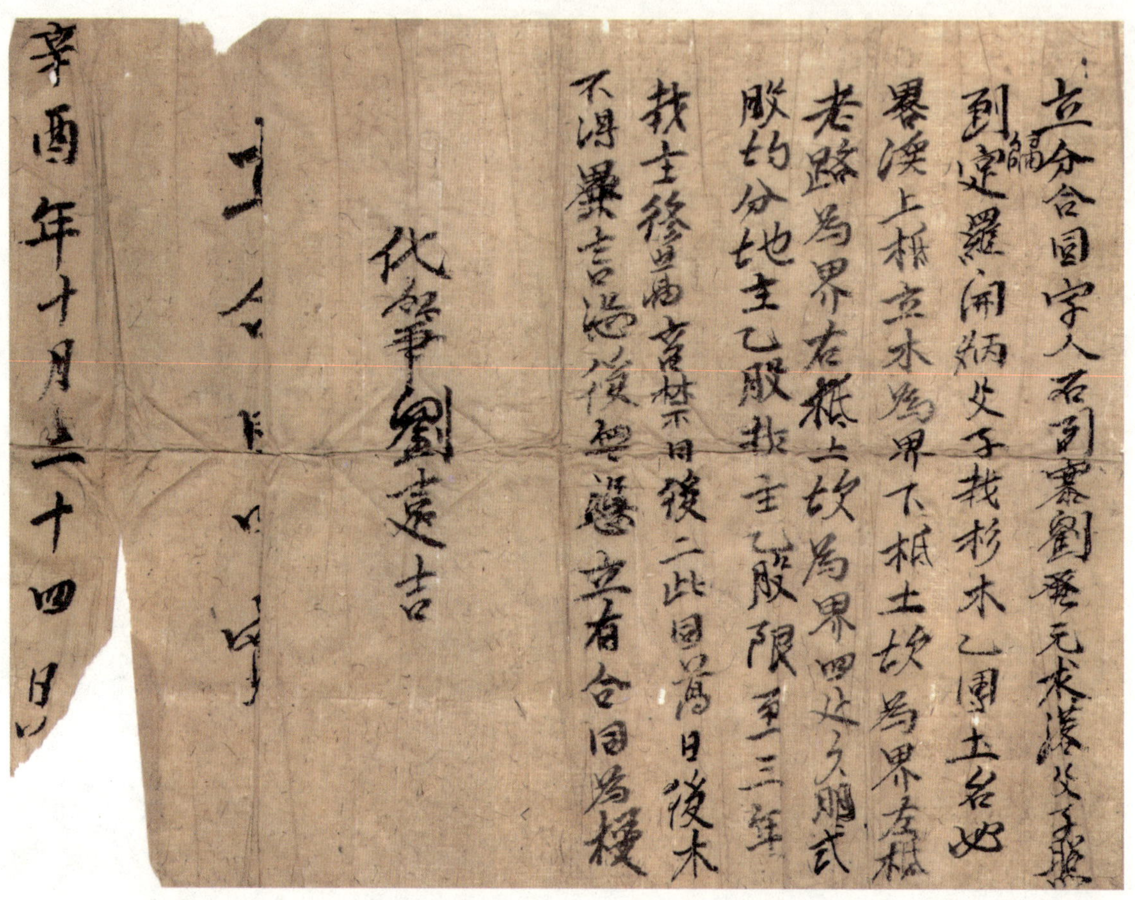

立分合同字人石引寨刘发元、求落父子，照（招）到归定罗开炳父子栽杉木一团，土名必略溪，上抵立木为界，下抵土坎为界，左抵老路为界，右抵土坎为界，四处分明。贰股均分，地主一股，栽主一股。限至三年，栽主修蒿畜（蓄）禁。日后二比同蒿。日后木［伐下河，地归原主］，不得异言。恐后无凭，立有合同为据。

代笔：刘远吉

【立合同是实】

［民国］辛酉年十月二十四日立

29. 刘发元、刘求乐父子招佃黄秀安立分合同（时间不详）

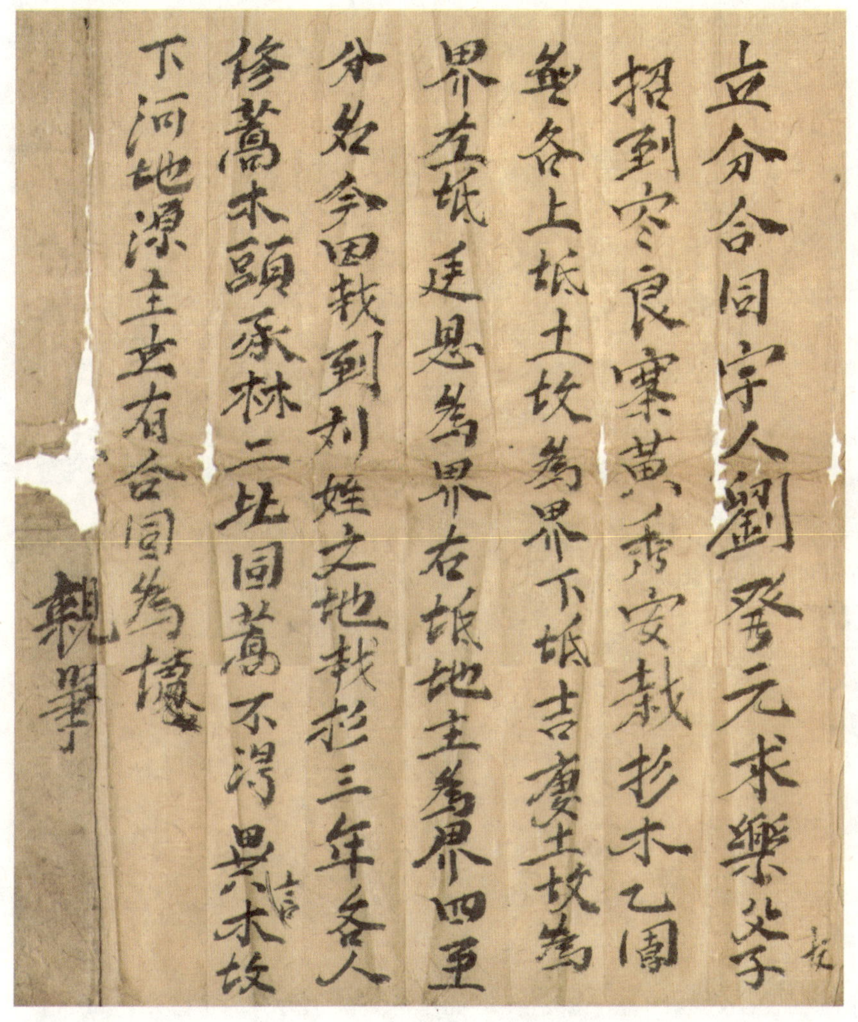

立分合同字人刘发元、求乐父子，招到岑良寨黄秀安栽杉木一团无各，上抵土坟为界，下抵吉庆土坟为界，左抵延恩为界，右抵地主为界。四至分明。今因栽到刘姓之地，栽杉三年，各人修薅。木头承（成）林，二比同薅。不得异言。木砍下河，地［归］源（原）主，立有合同为据．

亲笔

30. 刘开厚、刘发轮、罗成元等招佃全洪璋分合同（时间不详）

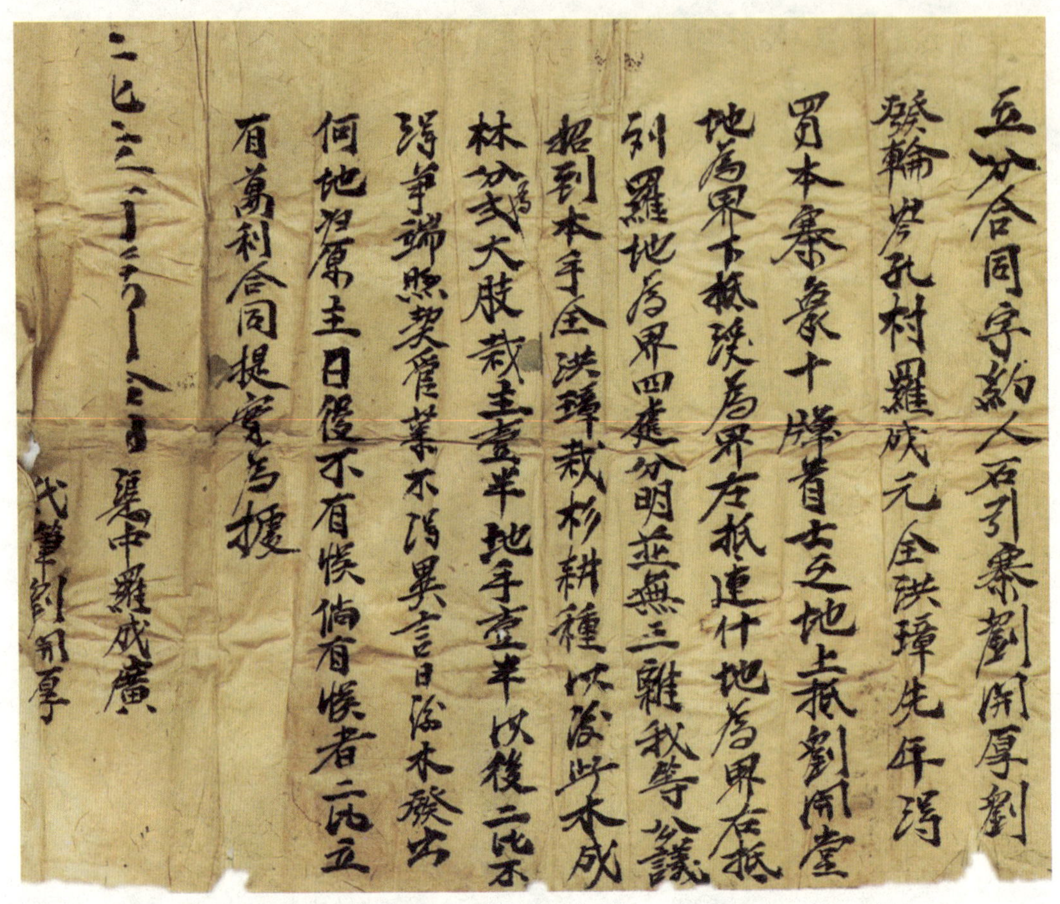

立分合同字约人石引寨刘开厚、刘发轮、岑孔村罗成元，全洪璋先年得买本寨象十牌首士之地，上抵刘开堂地为界，下抵溪为界，左抵连什地为界，右抵刘罗地为界，四处分明，并无三（掺）杂。我等公议招到本手全洪璋栽杉耕种。以后此木成林，分为贰大肢（股），栽主壹半，地手（主）壹半。以后二比不得争端，照契管业，不得异言。日后木发出何（河），地归原主，日后不［得］有误。倘有误者，二比立有万利合同提（是）实为据。

【二比立有万利合同】

凭中：罗成广

代笔：刘开厚

31. 刘发伦、刘发旺、刘发标等招佃陆来保兄弟分合同（光绪十一年□月二十九日）

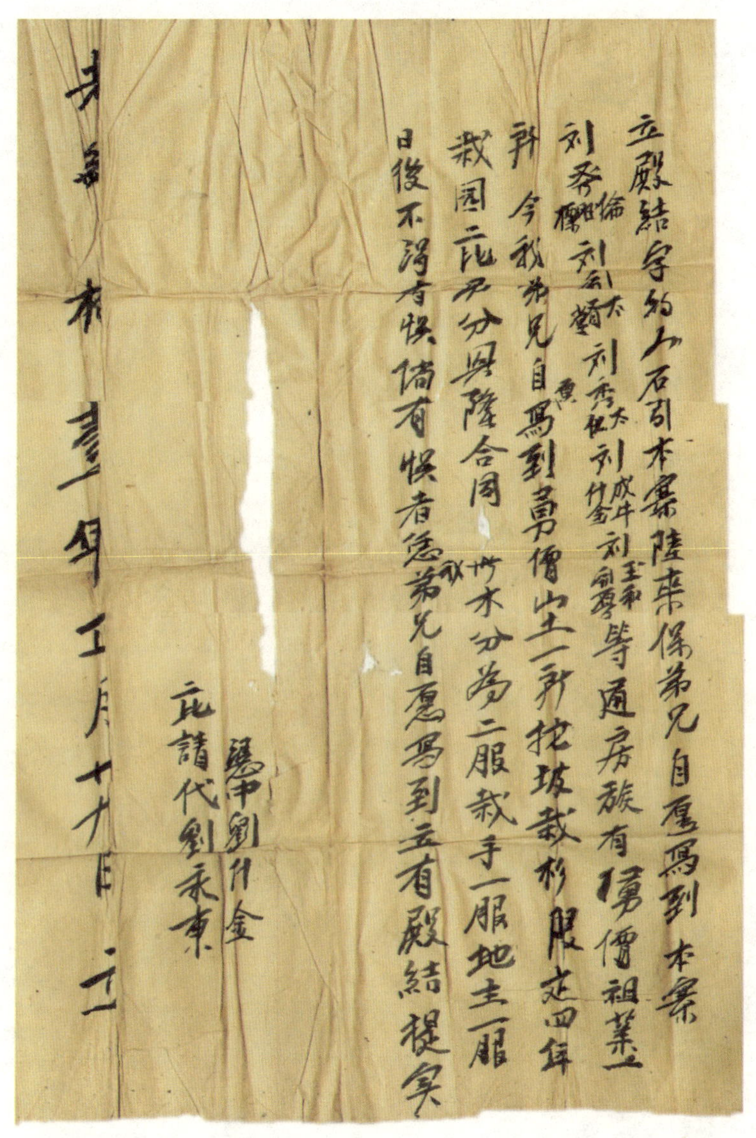

立殿（佃）结字约人石引本寨陆来保弟兄，自愿写到本寨刘发伦、刘发旺、刘发标、刘开太、刘开贤、刘开堂、刘秀太、刘秀仪、刘成牛、刘什金、刘玉和、刘开厚等，通房族有勇价祖业一所，今我弟兄自愿写到勇价山土一所，挖坡栽杉，限定四年栽园，二比均分，兴隆合同。此木分为二服（股），栽手一服（股），地主一服（股），日后不得有误。倘有误者，恁我弟兄自愿写到，立有殿（佃）结提（是）实。

凭中：刘什金

二比请代：刘永东

光绪拾壹年□月廿九日立

32. 刘开贤、刘开堂、刘开厚兄弟招佃罗开品分合同（时间不详）

立有招契字人石引寨刘开贤、刘开堂、刘开厚兄第（弟）三人，照（招）到魁足罗开品表地溪，一共魁兴罗正栽杉耕种为界，地土上抵领（岭），下抵土坎为界，左抵土地坎为界，右抵大路为界，事四（四至）分名（明），并无三（掺）杂。栽杉三年，栽主修蒿。栽蒿四年，贰比同蒿。分为四股，栽主二股，地主二［股］，均分。日后木头出合（河），地归元（原）主，日后不得异言。恐后无凭，立有招契事实为据。

33. 刘开厚父子招佃龙老牛分合同（时间不详）

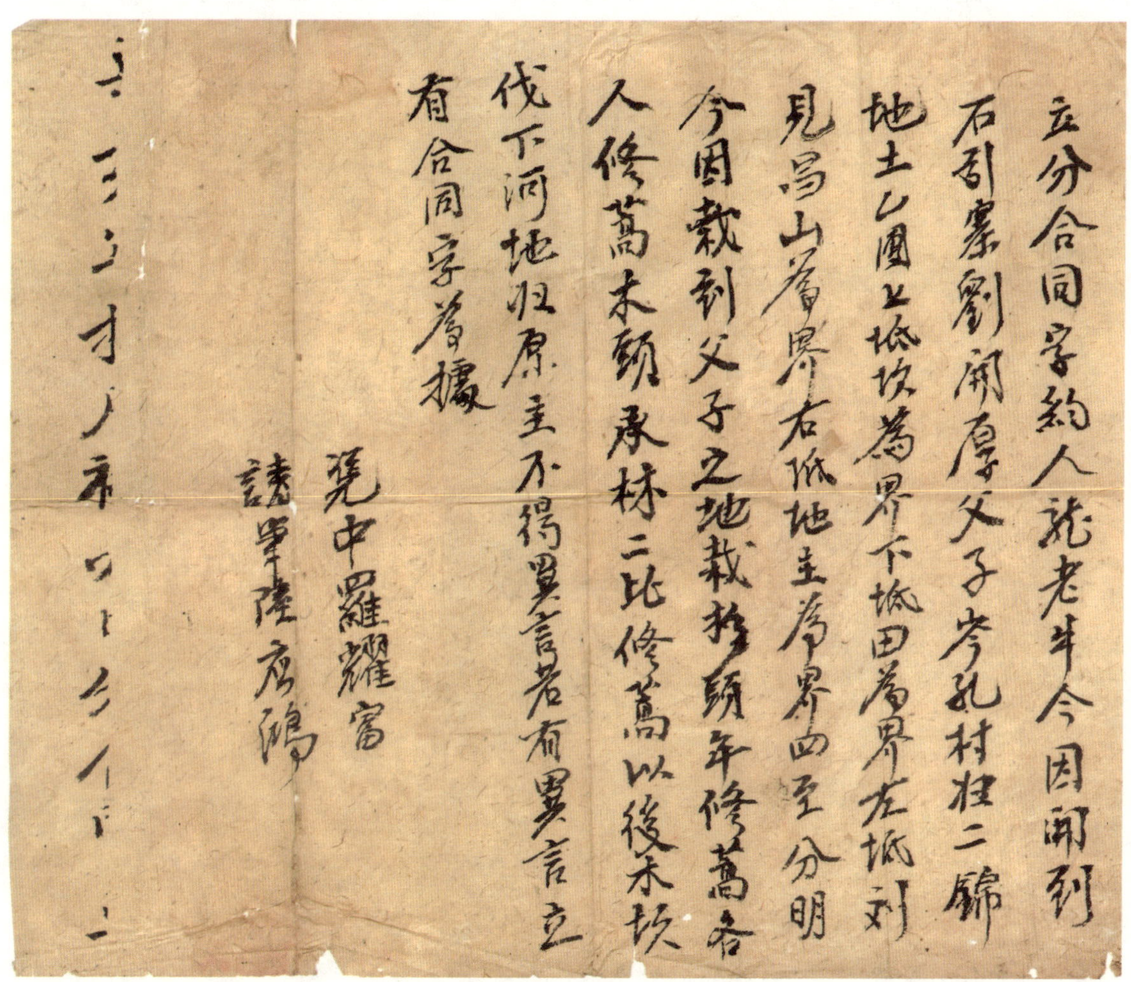

立分合同字约人龙老牛，今因开到石引寨刘开厚父子岑孔村归二锦地土一团，上抵坎为界，下抵田为界，左抵刘见昌山为界，右抵地主为界，四至分明。今因栽到父子之地栽杉，头年修蒿，各人修蒿。木头承（成）林，二比修蒿。以后木坎（砍）伐下河，地归原主，不得异言。若有异言，立有合同字为据。

凭中：罗耀富

请笔：陆应鸿

【□贰年拾月初□日分合同】

（三）典当借贷

1. 陆丙福借当字（同治二年十二月二十八日）

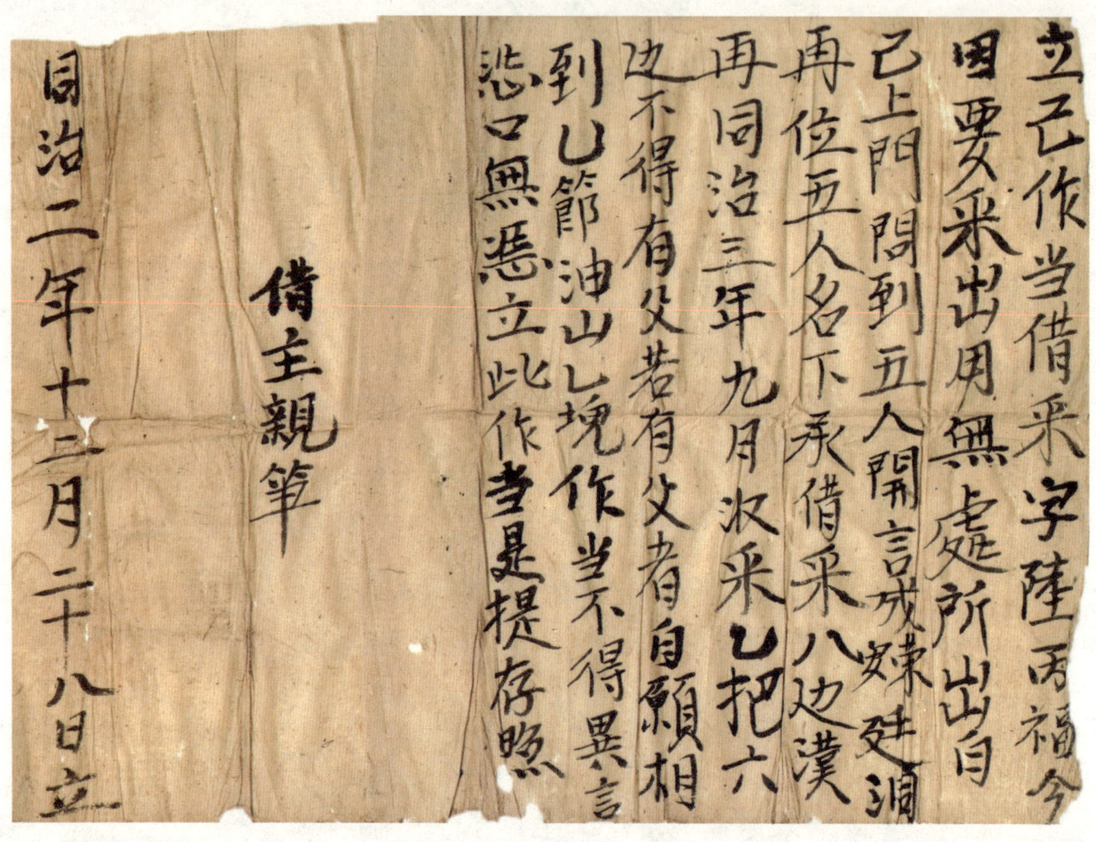

立已作当借采（禾）字陆丙福，今因田要采（禾）出用，无处所出，自己上门问到五人开言、成荣、成安、廷洞、再位五人名下，承借采（禾）八边。汉（限）再（在）同治三年九月收采（禾）一把六边。不得有父（负），若有父（负）者，自愿相到一节油山一块作当，不得异言。恐口无凭，立此作当是提（实）存照。

借主亲笔

同治二年十二月二十八日立

2. 刘开堂、刘开延、刘开厚兄弟抵当字（同治九年五月初一日）

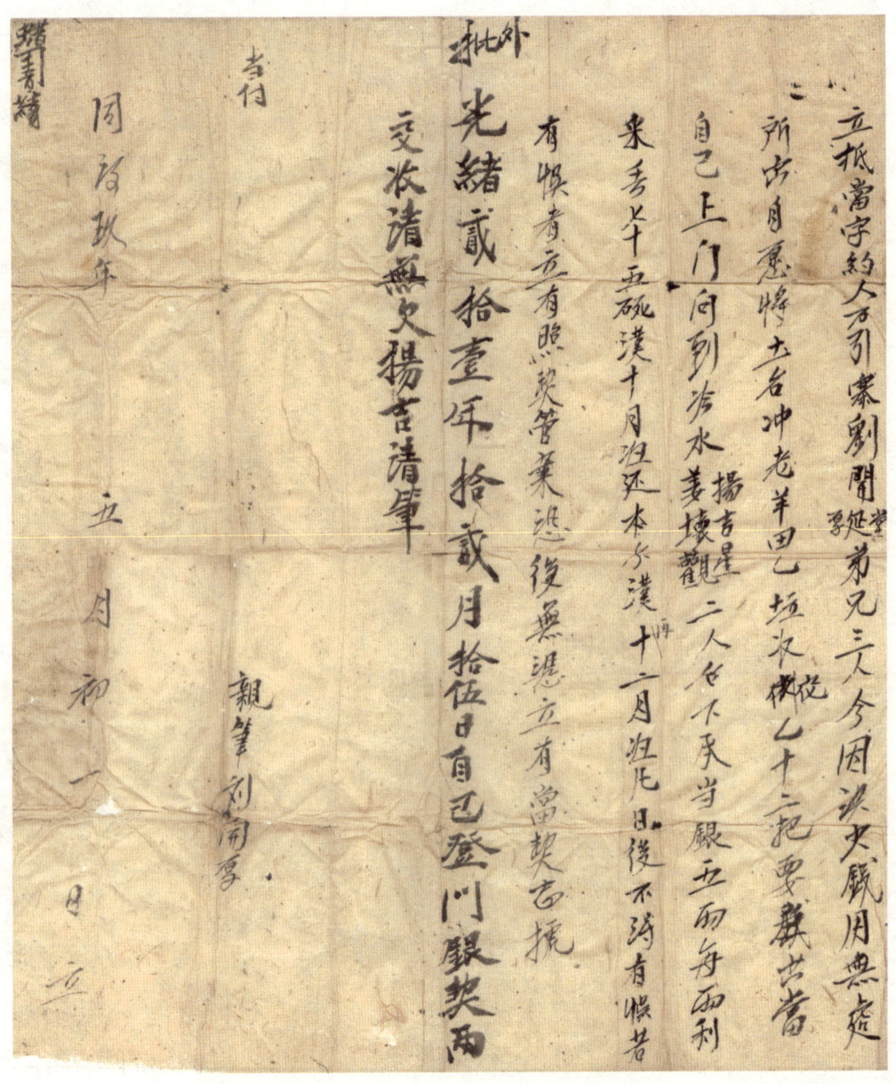

立抵挡字约人石引寨刘开堂、刘开延、刘开厚弟兄三人，今因缺少钱用，无处所出，自愿将土名冲老羊田一丘，收花一十二把，要钱出当。自己上门问到冷水杨言星、姜坏观二人名下承当银五两，每两利采丢七十五碗，汉（限）十月归还，本钱汉（限）再（在）十二月归凡（还），日后不得有误。若有误者，立有照契管业。恐后无凭，立有当契志（字）据。

外批：光绪贰拾壹年拾贰月拾伍日自己登门，银契两交，收清无欠。杨言清笔。

当付

亲笔：刘开厚

同治玖年五月初一日立

3. 吴廷于、刘什金借条（光绪三年六月初一日）

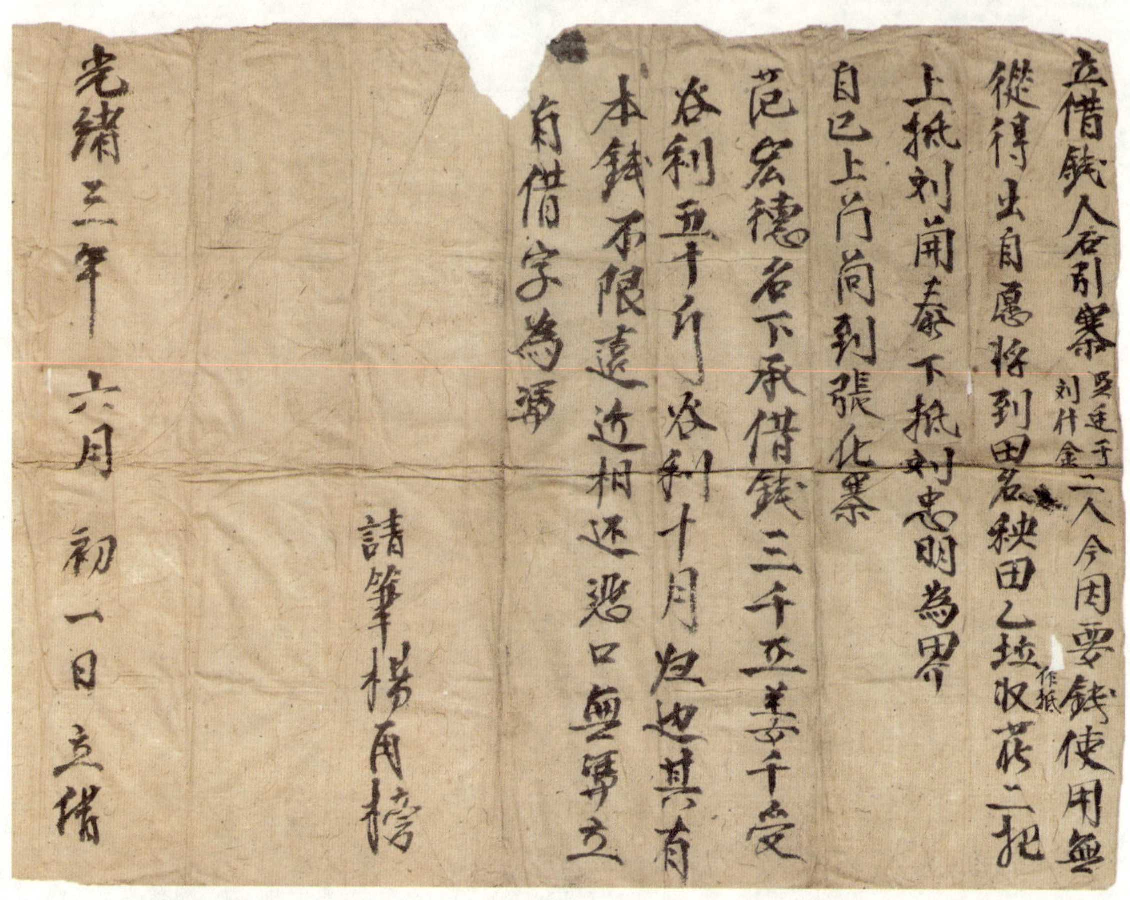

立借钱人石引寨吴迁于、刘什金二人，今因要钱使用，无从得出，自愿将到田名秧田一丘作抵，收花二把，上抵刘开泰，下抵刘忠明为界。自己上门问到张化寨范宏德名下承借钱三千正。姜（每）千受谷利五十斤，谷利十月归边（还）。其有本钱，不限远近相还。恐口无凭，立有借字为凭。

请笔：杨再榜

光绪三年六月初一日立借

4. 杨秀胜父子收字（光绪六年十一月初三日）

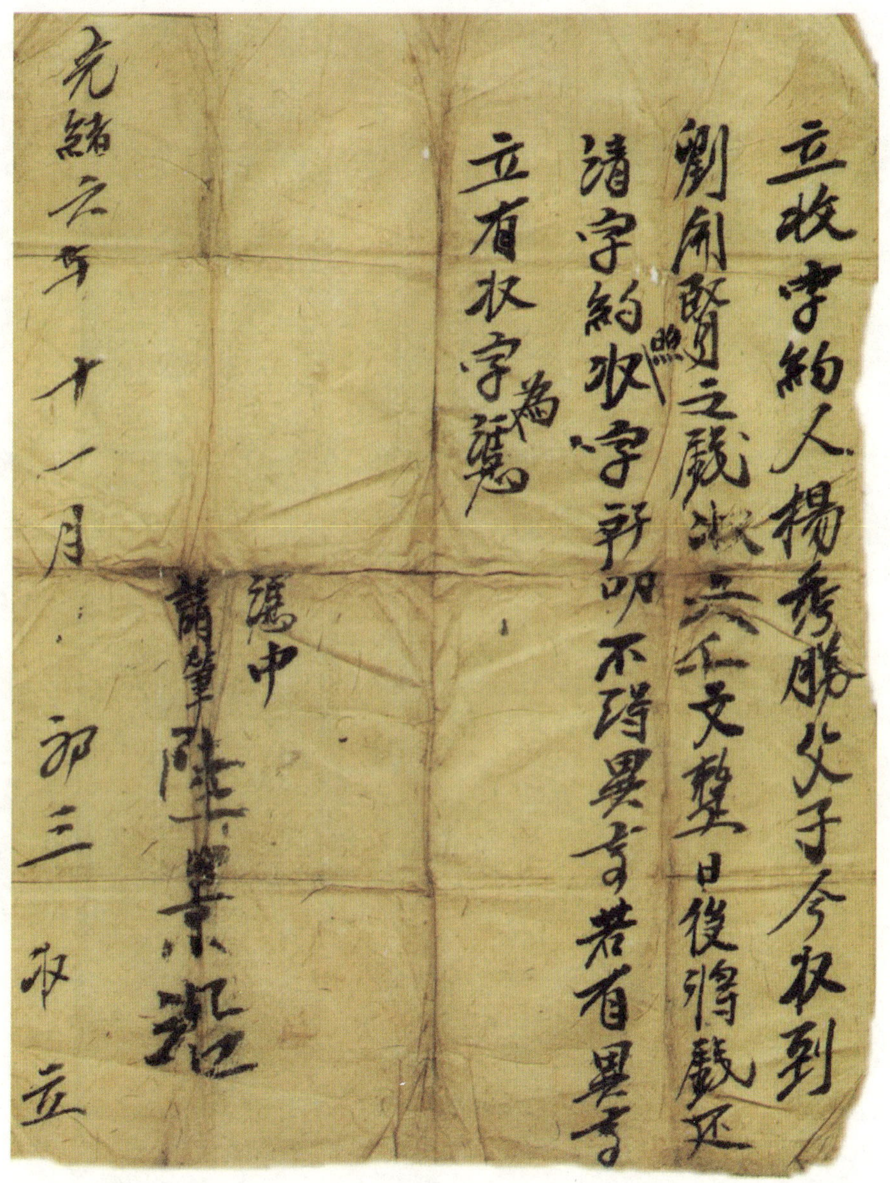

立收字约人杨秀胜父子，今收到刘开贤之钱，收六千文整。日后将钱还清，字约照收字所叨，不得异言。若有异言，立有收字为凭。

凭中

请笔：陆景沿

光绪六年十一月初三收立

5. 刘秀化典田契（光绪十年七月二十三日）

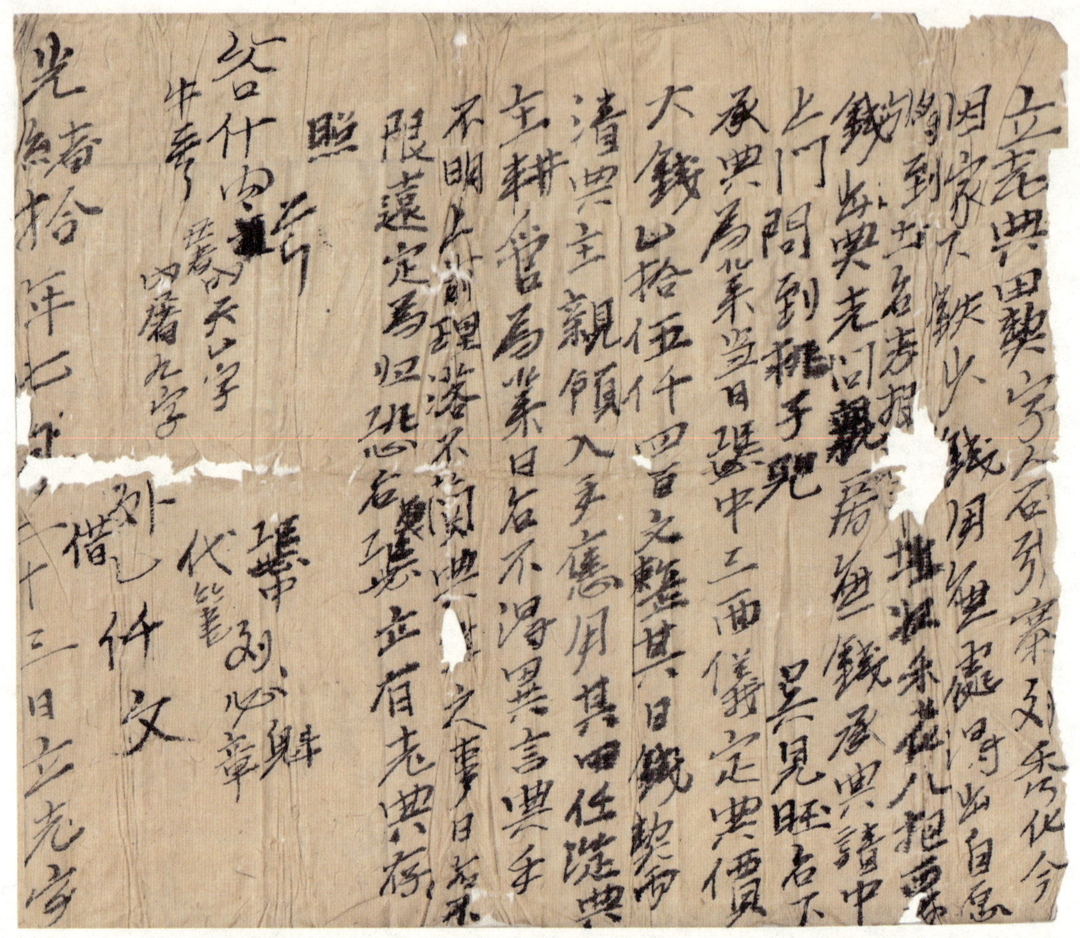

立老典田契字人石引寨刘秀化，今因家下缺少钱用，无处得出，自愿将到土名考报［田一］丘，收禾花八把，要钱出典。先问亲房无钱承典，请中上门问到桃子咒[①]吴见旺名下承典为业，当日凭中三面仪（议）定典价大钱一拾伍仟四百文整。其日钱契两清，典主亲领入手应用，其田任从典主耕管为业，日后不得异言。典手不明，上前理落，不关典主之事。日后不限远定（近）为归。恐后无凭，立有老典存照。

谷什、肉二斤　牛口

内天（添）一字，内屠（涂）九字

凭中、代笔：刘必魁、刘必章

外借一仟文

光绪拾年七月二十三日立老字

---

① 桃子咒，石引村与桃子坳村相邻，此处“咒”应为“坳”。

6. 刘开贤抵当字（光绪十四年四月初八日）

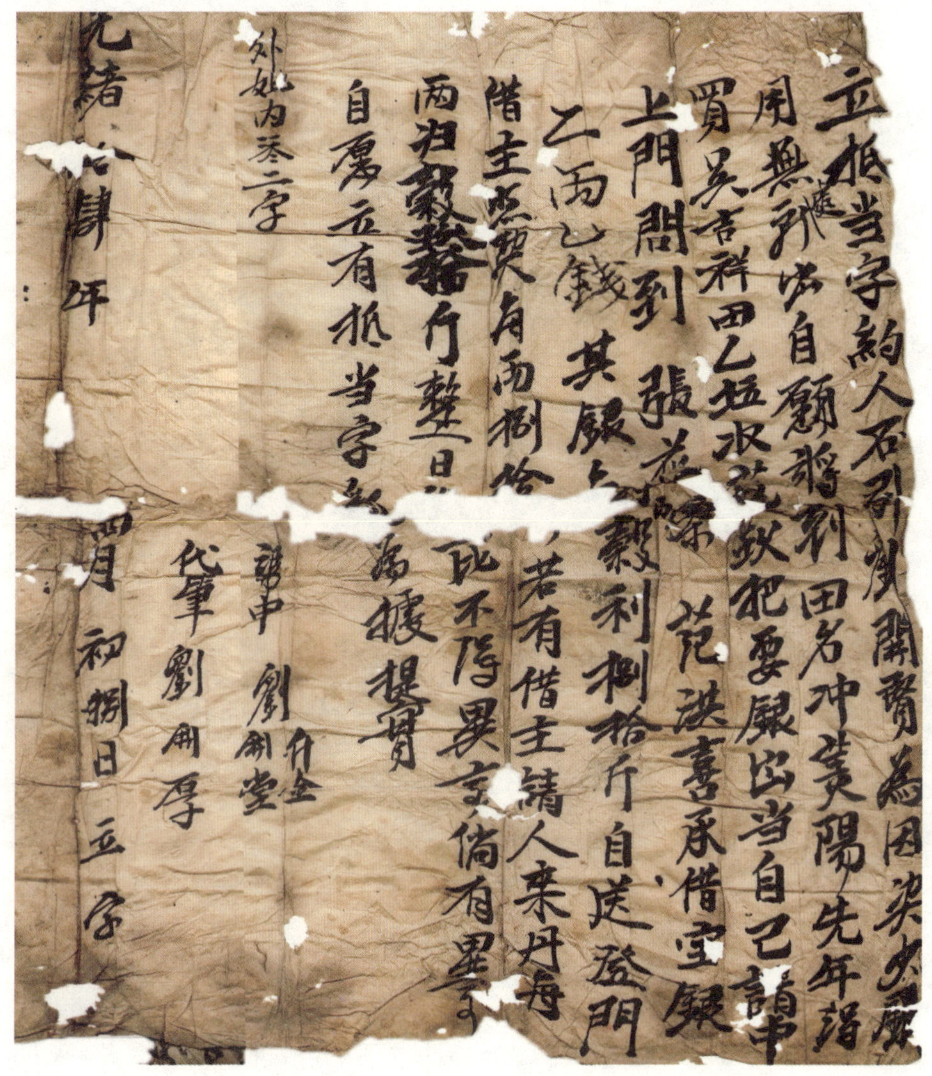

立抵当字约人石引刘开贤，为因缺少钱用，无处所出，自愿将到田名冲美阳先年得买吴吉祥田一丘，收花玖把，要银出当。自己请中上门问到张花（化）寨范洪喜承借宝银一两一钱，其银［每两］谷利捌拾斤，自送登门，借主照契每两捌拾［斤］。若有借主请人来丹（担），每两归谷玖拾斤整，日［后二］比不得异言。倘有异言，自愿立有抵当字约为据是实。

外批：内添二字

凭中：刘什金、刘开堂

代笔：刘开厚

光绪拾肆年四月初捌日立字

7. 刘秀化典田契（光绪十四年七月十九日）

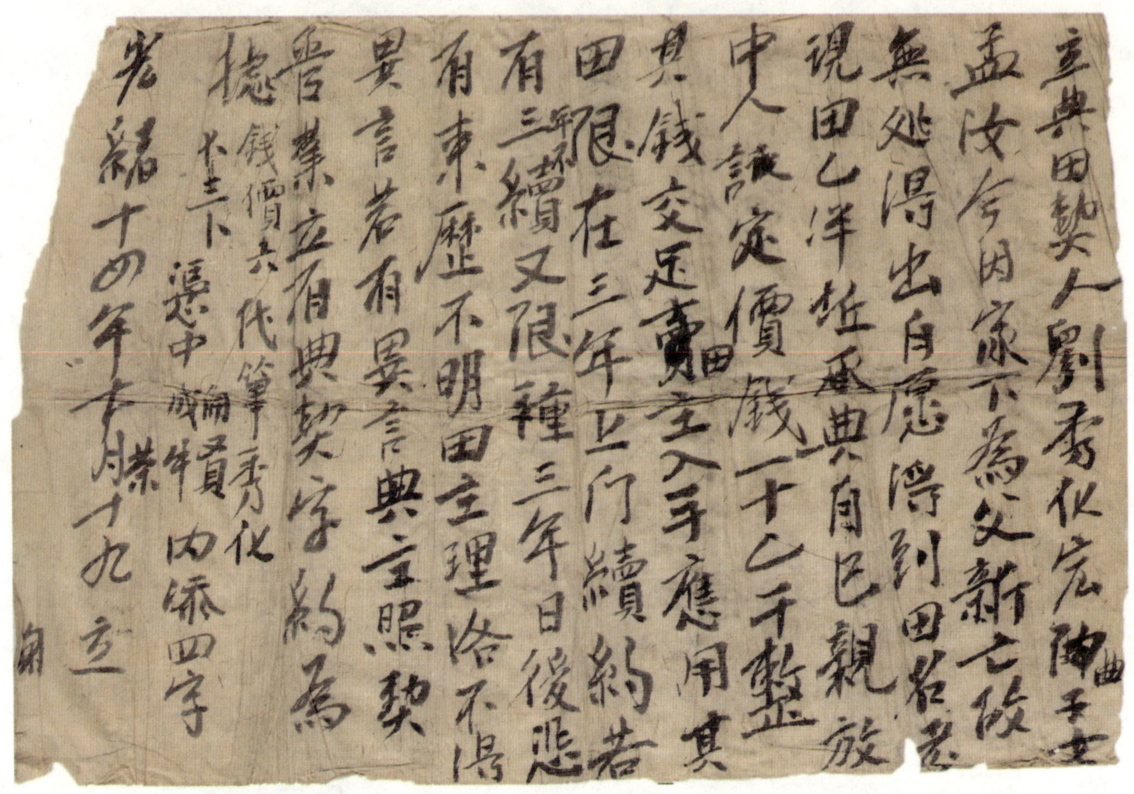

立典田契人刘秀化、宏曲子女孟汝，今因家下为父新亡故，无处得出，自愿将到田名考现田一半丘承典，自巳（己）亲放中人议定价钱一十一千整。其钱交足田主入手应用，其田限在三年上门续约。若有三年不续，又限种三年。日后恐有来历不明，田主理洛（落），不得异言。若有异言，典主照契管业，立有典契字约为据。钱价六钱三分。

代笔：秀化

凭中：开贤、成牛、成荣

内添四字

光绪十四年七月十九［日］立

8.刘永钦借钱字（光绪十八年正月二十五日）

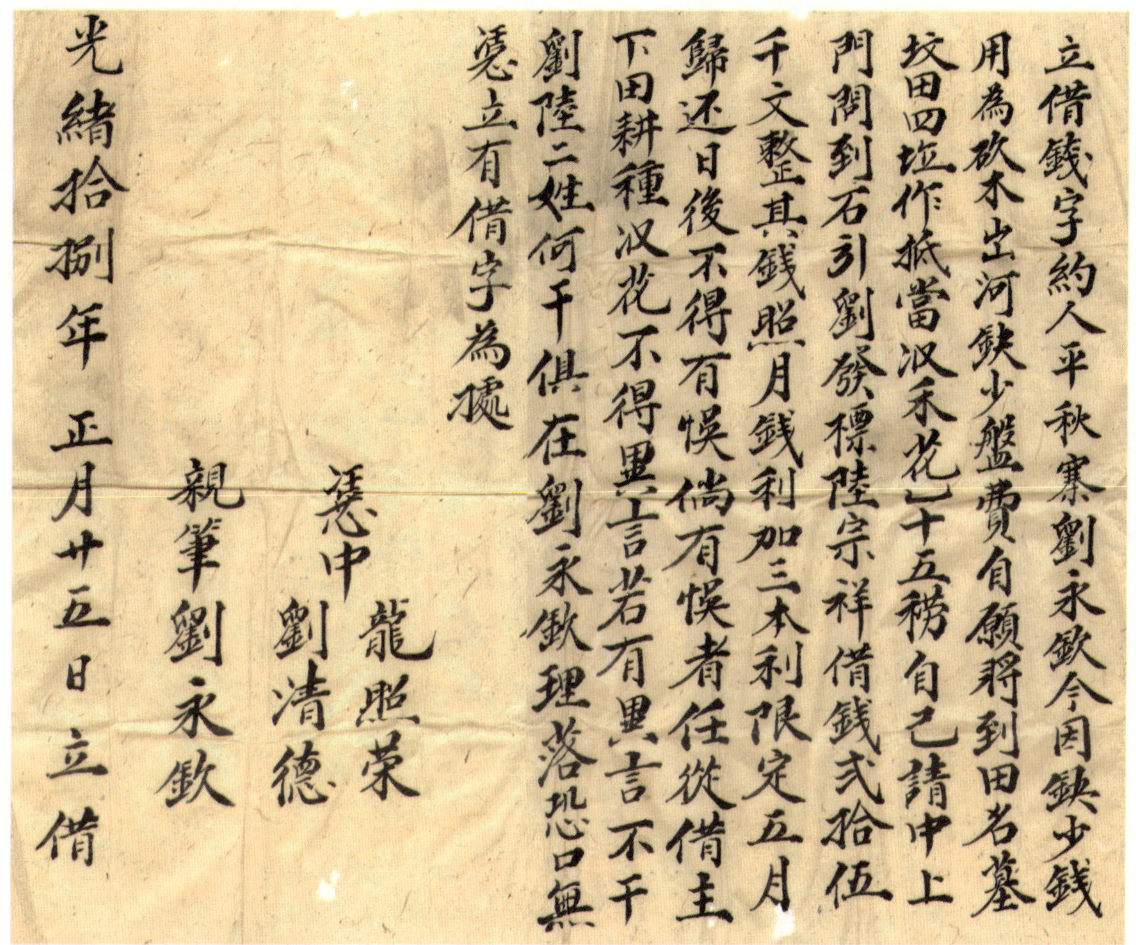

立借钱字约人平秋寨刘永钦，今因缺少钱用，为砍木出河，缺少盘费，自愿将到田名墓坟田四丘作抵，当收禾花一十五捞，自己请中上门问到石引刘发标、陆宗祥借钱贰拾伍千文整。其钱照月钱利加三，本利限定五月归还，日后不得有误。倘有误者，任从借主下田耕种收花，不得异言。若有异言，不干刘陆二姓何干，俱在刘永钦理落。恐口无凭，立有借字为据。

凭中：龙照荣、刘清德

亲笔：刘永钦

光绪拾捌年正月廿五日立借

9. **龙连相典田契**（光绪三十二年十二月二十四日）

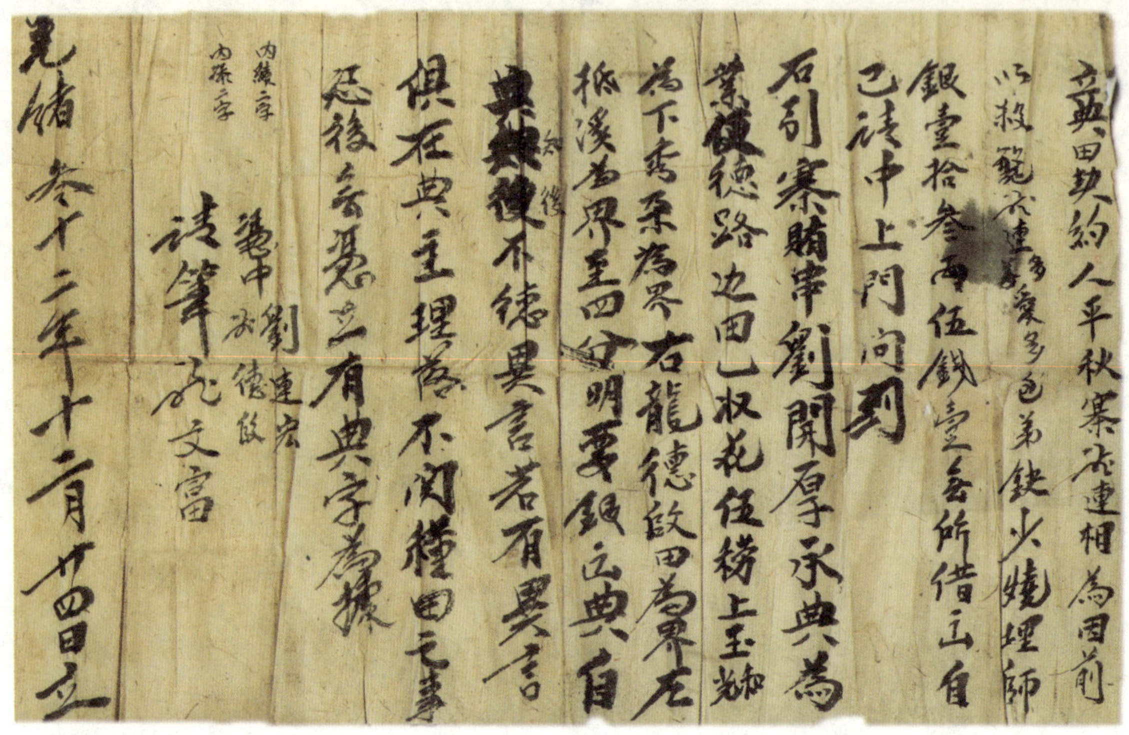

立典田契约人平秋寨龙连相，为因前以杀毙龙连多、龙连姜、爱多包（胞）弟，缺少烧埋师银壹拾叁两伍钱壹，无所借出，自己请中上门问到石引寨赌串刘开厚承典为业，便德路边田一［丘］，收花五捞，上［抵］玉和、玉光为［界］，下［抵］秀朵为界，右［抵］龙德启田为界，左抵溪为界，至四（四至）分明，要银出典。自典知（之）后，不德（得）异言。若有异言，俱在典主理落，不关种田之事。恐后无凭，立有典字为据。

内续二字，内添二字

凭中：刘连宏、龙德启

请笔：龙文富

光绪叁十二年十二月廿四日立

10. 王海罗、王松柏、吴汉文等票银字（宣统一年三月初三日）

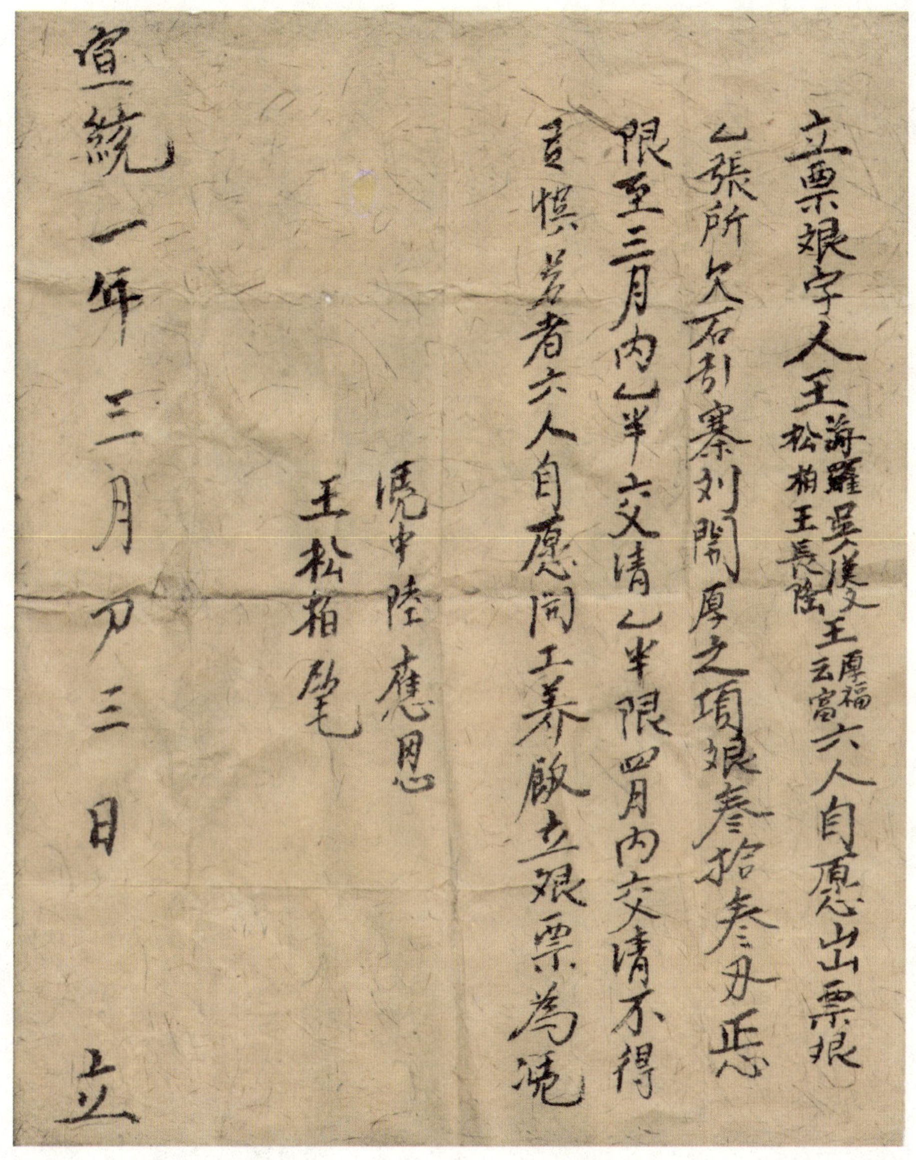

立票银字人王海罗、王松柏、吴汉文、王长隆、王厚福、王云富六人，自愿出票银一张，所欠石引寨刘开厚之项银叁拾叁钱整，限至三月内一半交清，一半限四月内交清，不得有误。若有误者，六人自愿开工养饭，立银票为凭。

凭中：陆应恩

王松柏笔

宣统一年三月初三日立

11. 刘德荣典田字（宣统元年十二月二十九日）

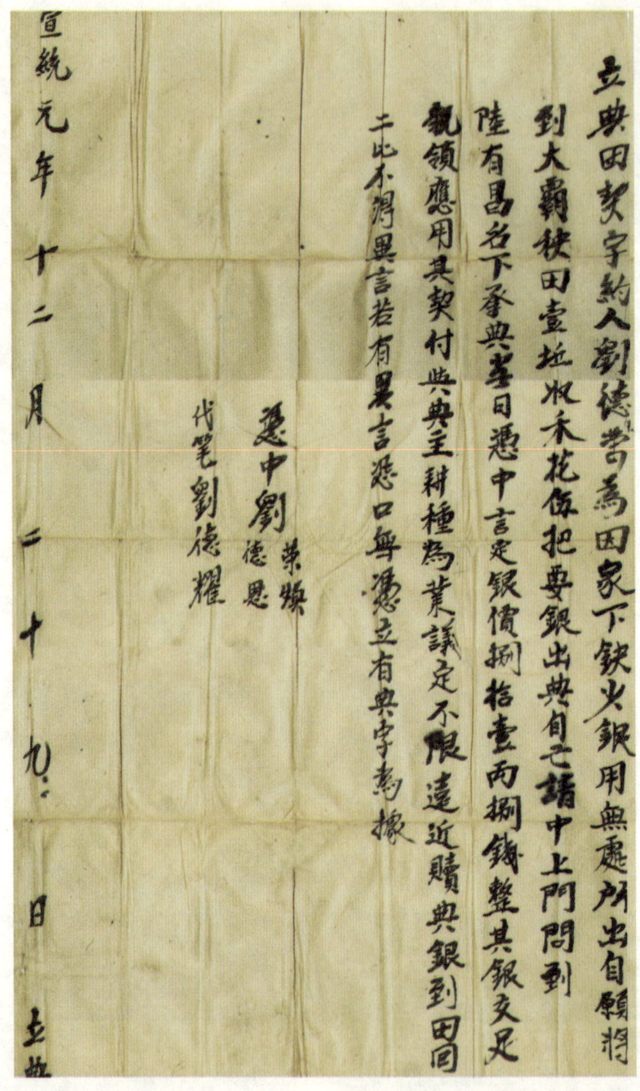

立典田契字約人劉德榮為因家下缺少銀用無處所出自願將
到大霸秧田壹坵收禾花伍把要銀出典自己請中上門問到
陸有昌名下承典當日憑中言定銀價捌拾壹兩捌錢整其銀交足
親領應用其契付與典主耕種為業議定不限遠近贖典銀到田回
二比不得異言若有異言恐口無憑立有典字為據
憑中劉榮煥
德恩
代筆劉德耀
宣統元年十二月二十九日立典

立典田契字约人刘德荣，为因家下缺少银用，无处得出，自愿将到大霸秧田壹丘，收禾花伍把，要银出典，自己请中上门问到陆有昌名下承典，当日凭中言定银价捌拾壹两捌钱整。其银交足，亲领应用。其契付与典主耕种为业。议定不限远近赎典，银到田回，二比不得异言。若有异言，恐口无凭，立有典字为据。

凭中：刘荣焕、刘德恩

代笔：刘德耀

宣统元年十二月二十九日立典

12. 刘建章借款收条（宣统二年四月十七日）

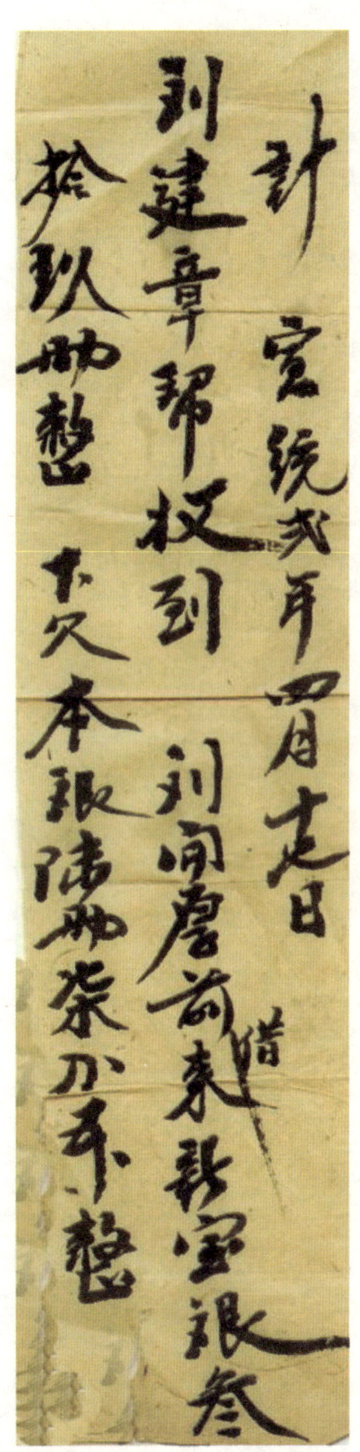

计宣统二年四月十七日

刘建章帮收到刘开厚前借来新宝银叁拾玖两整，下欠本银陆两柒钱五分整。

13. **刘求锣典田字**（民国十四年四月十二日）

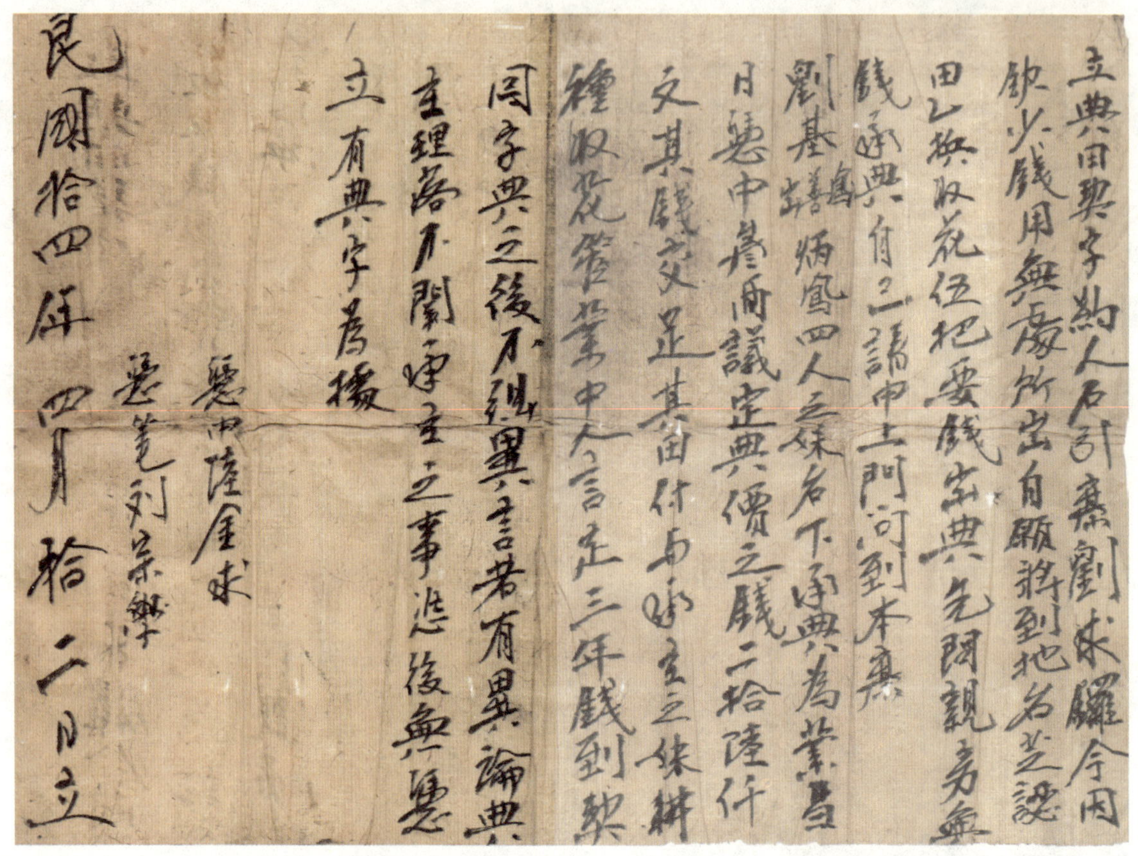

立典田契字约人石引寨刘求锣，今因缺少钱用，无处所出，自愿将到地名芝认田一丘，收花伍把，要钱出典。先问亲房无钱承典，自己请中上门问到本寨刘基凤、刘基善、刘基出、炳凤四人之妹名下承典为业，当日凭中叁面议定典价之钱二拾陆仟文。其钱交足，其田付与承主之妹耕种收花管业。中人言定三年钱到契回。字（自）典之后，不得异言。若有异论，典主理落，不关承主之事。恐后无凭，立有典字为据。

凭中：陆金求

凭笔：刘宗学

民国拾四年四月拾二日立

14. 刘球罗典田字（民国十八年九月二十一日）

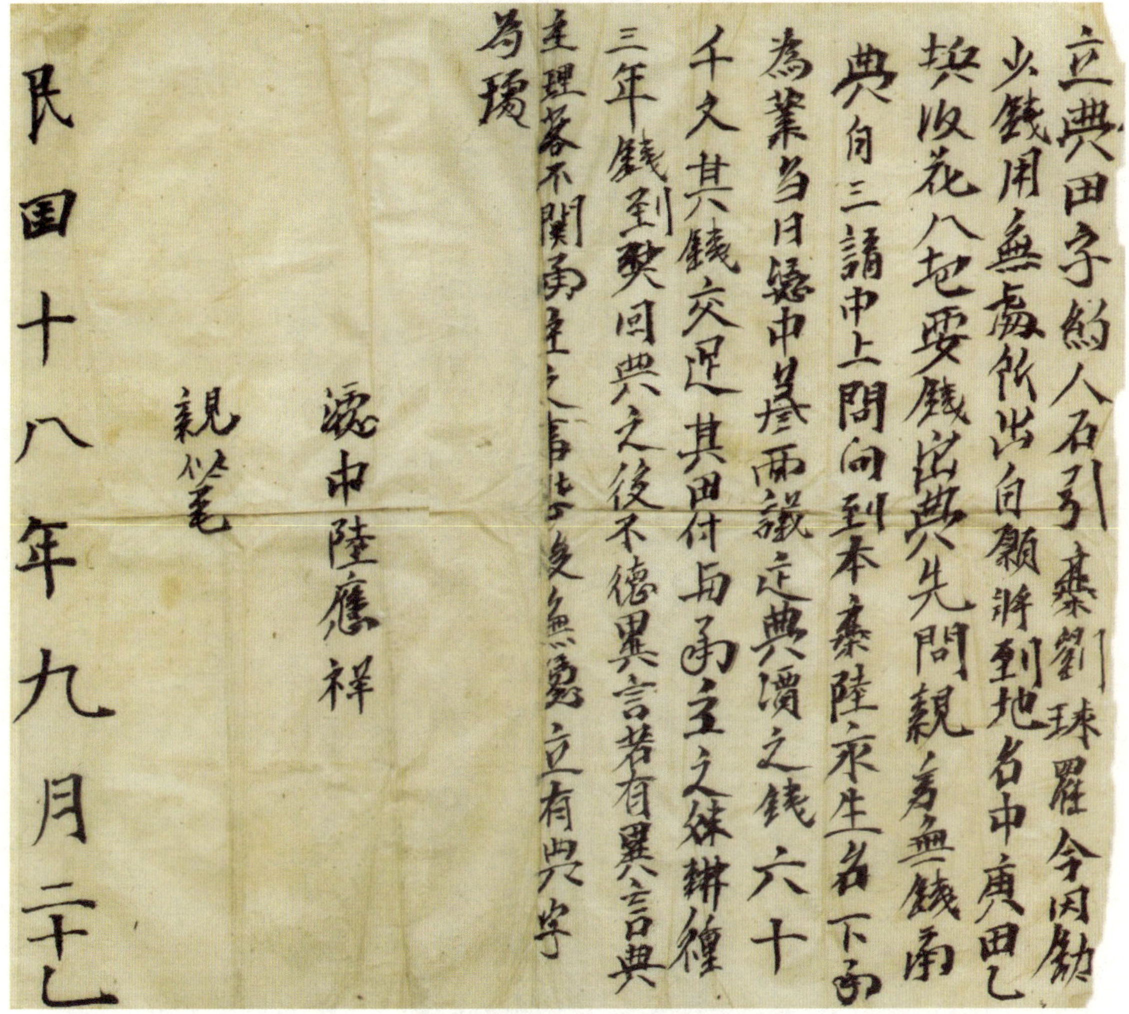

立典田字约人石引寨刘球罗，今因缺少钱用，无处所出，自愿将到地名中庚田一丘，收花八把，要钱出典。先问亲房无钱承典，自三（己）请中上问（门）问到本寨陆永生名下承［典］为业，当日凭中叁面议定典价之钱六十千文。其钱交足，其田付与承主之妹耕种三年，钱到契回。［自］典之后，不德（得）异言。若有异言，典主理落，不关承主之事。恐后无凭，立有典字为据。

凭中：陆应祥

亲笔

民国十八年九月二十一［日］

15. 刘求乐典田契（民国二十四年二月十七日）

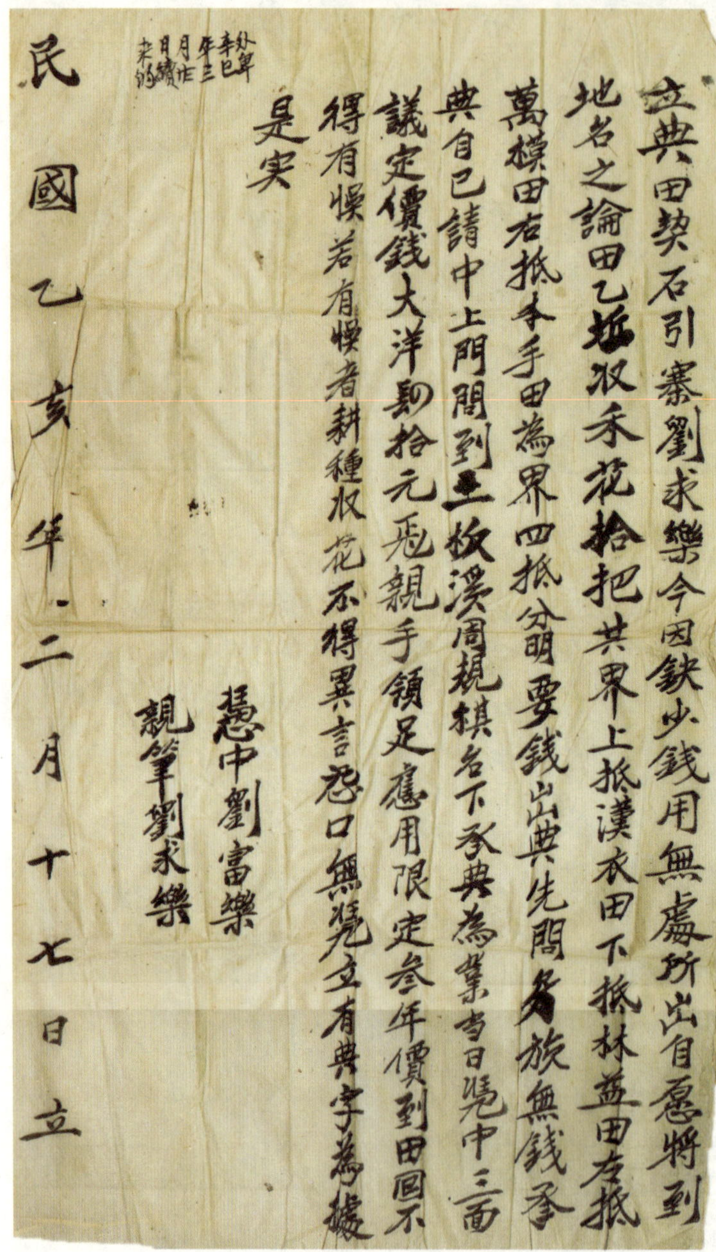

立典田契石引寨刘求乐，今因缺少钱用，无处所出，自愿将到地名之论田一丘，收禾花拾把，共界上抵汉衣田，下抵林益田，左抵万模田，右抵本手田为界，四抵分明，要钱出典。先问房族无钱承典，自己请中上门问到三板溪周规棋名下承典为业，当日凭中三面议定价钱大洋肆拾元整，亲手领足应用。限定叁年价到田回，不得有误。若有误者，耕种收花，不得异言。恐口无凭，立有典字为据是实。

外卑（批）：辛巳年三月廿二日续来的

凭中：刘富乐

亲笔：刘求乐

民国乙亥年二月十七日立

16. 刘求乐典田契（民国二十四年十二月二十七日）

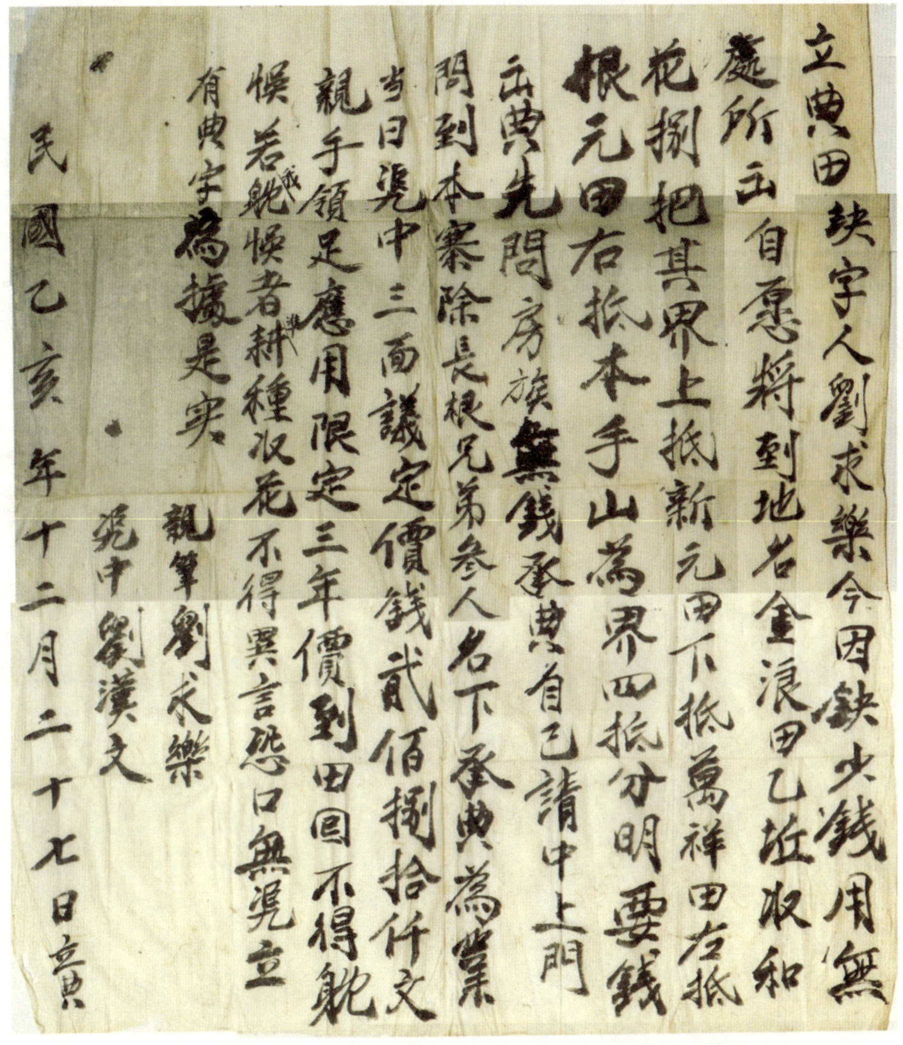

立典田契字人刘求乐，今因缺少钱用，无处所出，自愿将到地名金浪田一丘，收和（禾）花捌把，其界上抵新元田，下抵万祥田，左抵根元田，右抵本手山为界，四抵分明，要钱出典。先问房族无钱承典，自己请中上门问到本寨除长根兄弟叁人名下承典为业，当日凭中三面议定价钱贰佰捌拾仟文，亲手领足应用。限定三年价到田回，不得耽误。若我耽误者，准耕种收花，不得异言。恐口无凭，立有典字为据是实。

亲笔：刘求乐

凭中：刘汉文

民国乙亥年十二月二十七日立典

17. 刘求乐典田契（民国二十六年九月十六日）

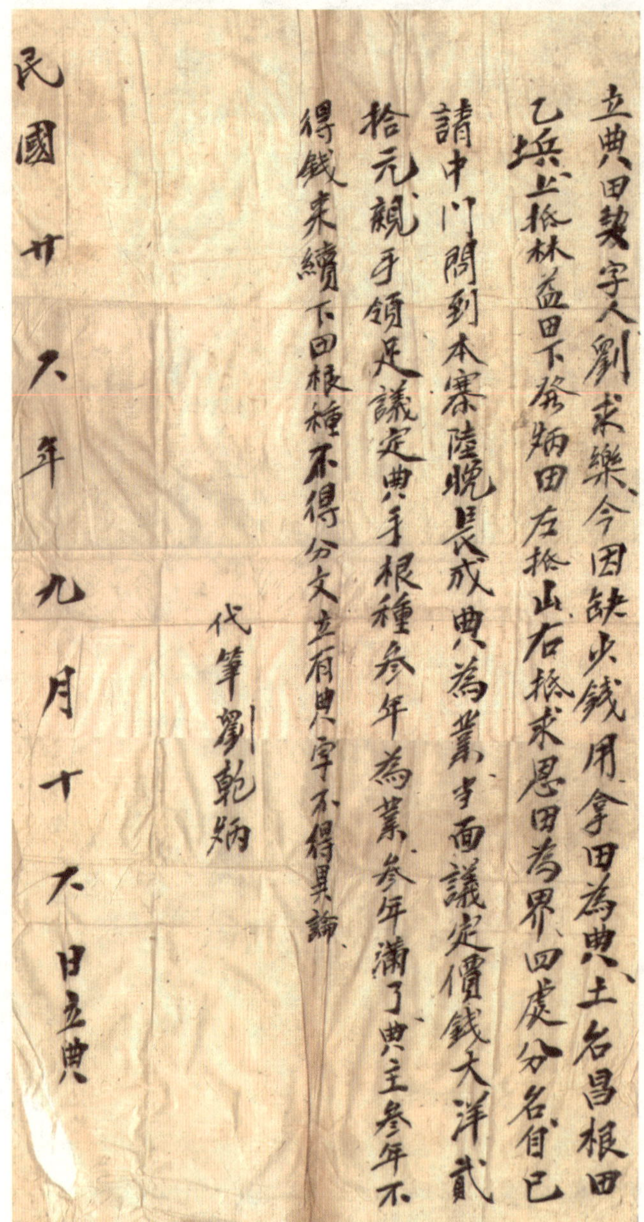
立典田契字人劉求樂、今因缺少錢用、拿田為典、土名昌根田
乙坵、上抵林益田下發炳田、左抵山、右抵求恩田為界、四處分名自己
請中門問到本寨陸晚長成典為業、當面議定價錢大洋貳
拾元親手領足、議定典手根種叁年為業、叁年滿了典主叁年不
得錢來續下田根種不得分文立有典字不得異論、
代筆劉乾炳
民國廿六年九月十六日立典

立典田契字人刘求乐，今因缺少钱用，拿田为典，土名昌根田一丘，上抵林益田，下［抵］发炳田，左抵山，右抵求恩田为界，四处分名（明）。自己请中［上］门问到本寨陆晚长成（承）典为业，当面议定价钱大洋贰拾元，亲手领足。议定典手根（耕）种叁年为业。叁年满了，典主叁年不得钱来续，下田根（耕）种，不得分文。立有典字，不得异论。

代笔：刘乾炳

民国廿六年九月十六日立典

18. 刘乾炳典田字（民国三十一年六月二十二日）

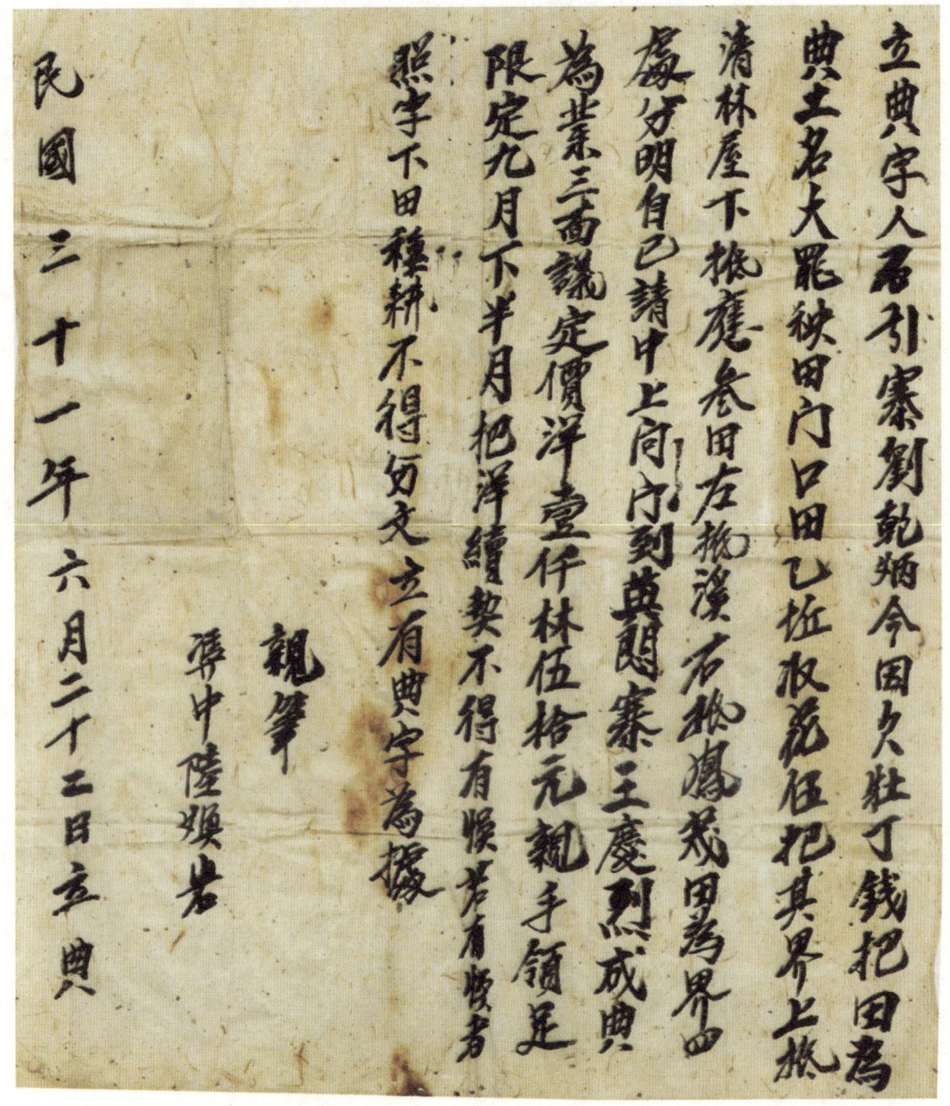

立典字人石引寨刘乾炳，今因欠壮丁钱，把田为典，土名大罢秧田门口田一丘，收花伍把，其界上抵清林屋，下抵应叁田，左抵溪，右抵凤茂田为界，四处分明。自己请中上门问到黄闷寨王庆烈成（承）典为业，三面议定价洋壹仟林（零）伍拾元，亲手领足。限定九月下半月把洋续契，不得有误。若有误者，照字下田耕种，不得分文。立有典字为据。

亲笔

凭中：陆焕岩

民国三十一年六月二十二日立典

19. **刘乾炳抵借字**（民国三十一年六月二十二日）

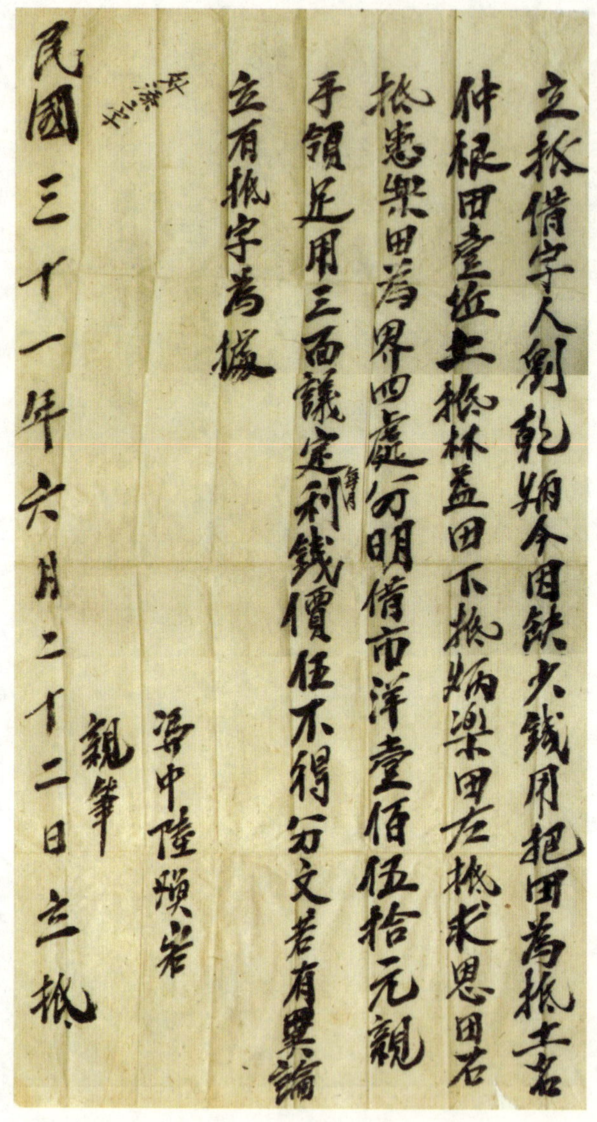

立抵借字人刘乾炳，今因缺少钱用，把田为抵，土名仲根田壹丘，上抵林益田，下抵炳乐田，左抵求恩田，右抵患乐田为界，四处分明。借市洋壹佰伍拾元，亲手领足［应］用。三面议定每月利钱价伍，不得分文［短少］。若有异论，立有抵字为据。

外添二字

凭中：陆焕岩

亲笔

民国三十一年六月二十二日立抵

20. 刘乾炳兄弟典田地字（民国三十一年六月二十五日）

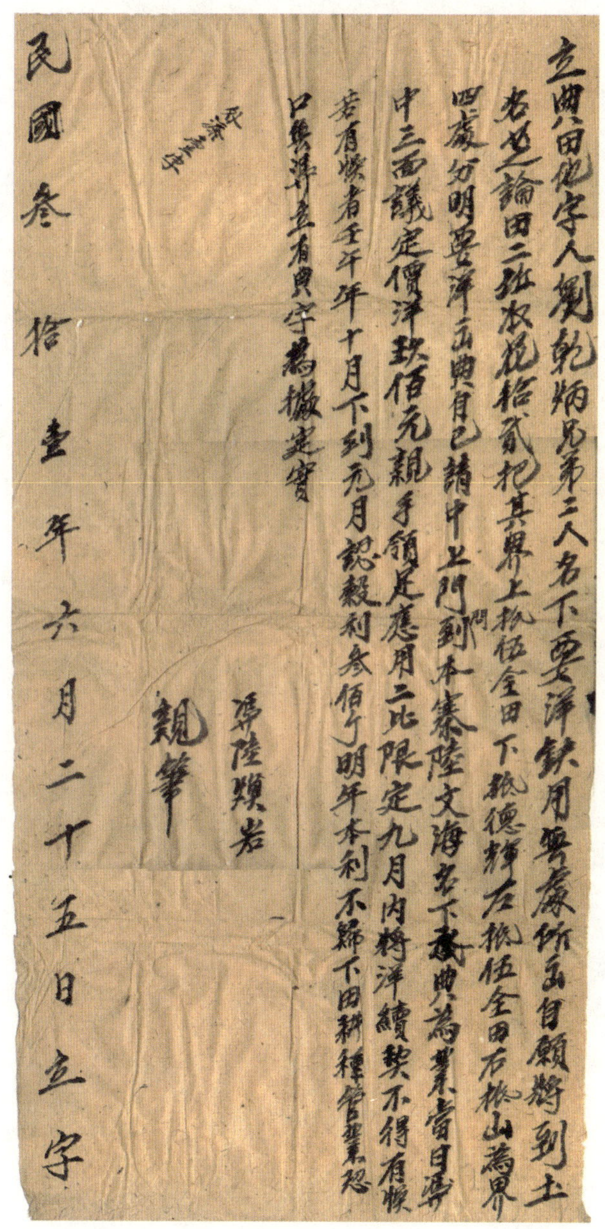

立典田地字人刘乾炳兄弟二人名下，要洋缺用，无处所出，自愿将到土名芝论田二丘，收花拾贰把，其界上抵伍全田，下抵德辉，左抵伍全田，右抵山为界，四处分明，要洋出典。自己请中上门问到本寨陆文海名下承典为业，当日凭中三面议定价洋玖佰元，亲手领足应用。二比限定九月内将洋续契，不得有误。若有误者，壬午年十月下到元月认谷利叁佰斤。明年本利不归，下田耕种管业。恐口无凭，立有典字为据是实。

外添壹字

凭：陆焕岩

亲笔

民国叁拾壹年六月二十五日立字

21. 陆宏第典田收条（民国三十一年十一月初三日）

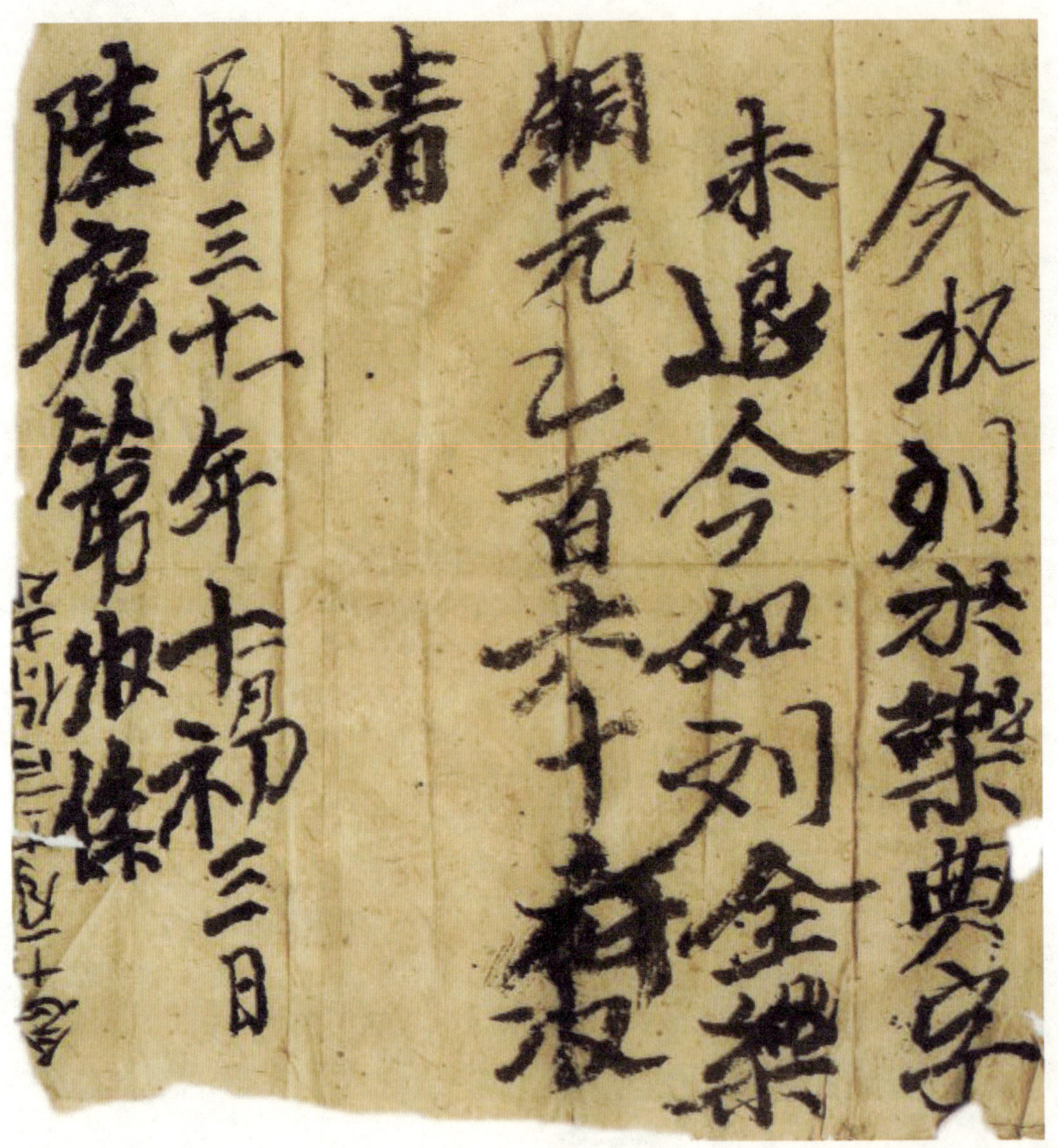

今收刘求乐典字未退，今如（入）刘全乐铜元一百六十封收清。

民［国］三十一年十一月初三日

陆宏第收条

22. 刘求乐典田契（民国三十三年三月十八日）

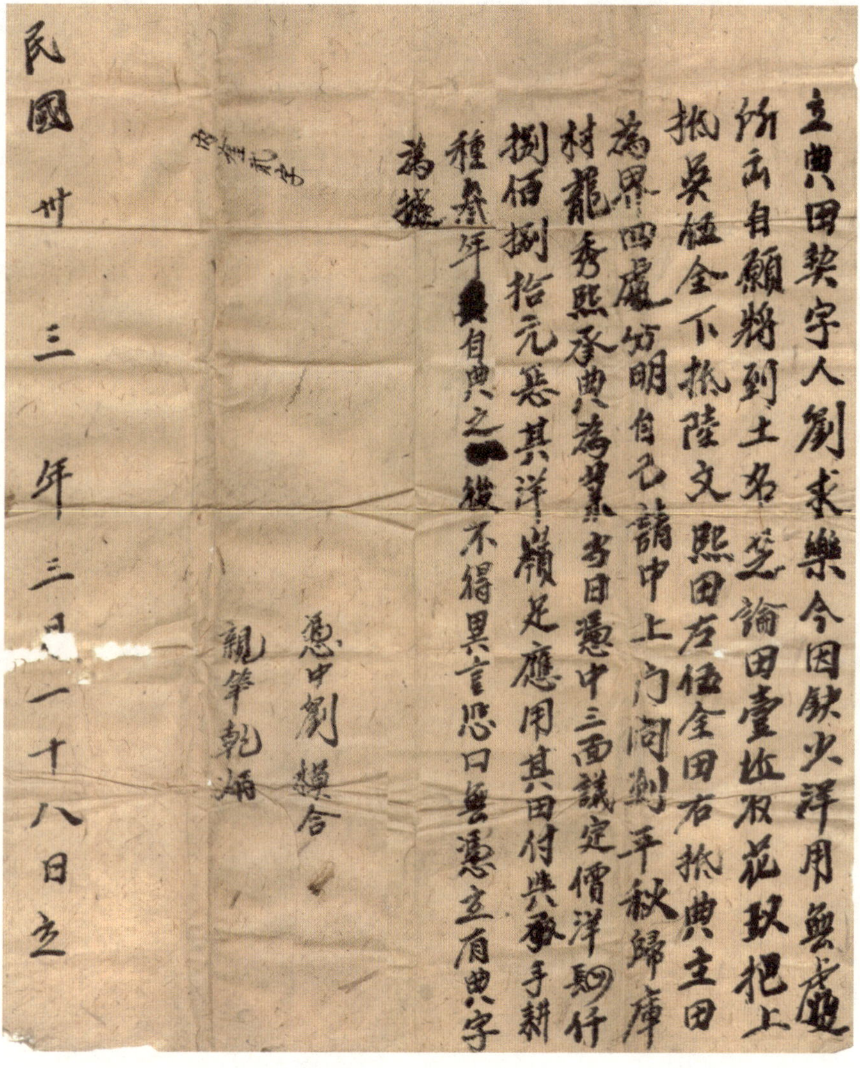

立典田契字人刘求乐，今因缺少洋用，无处所出，自愿将到土名芝论田壹丘，收花玖把，上抵吴伍全，下抵陆文熙田，左［抵］伍全田，右抵典主田为界，四处分明，自己请中上门问到平秋归库村龙秀熙承典为业，当日凭中三面议定价洋肆仟捌佰捌拾元整。其洋岭（领）足应用，其田付与承手耕种叁年。自典之后，不得异言。恐口无凭，立有典字为据。

内添贰字

凭中：刘模合

亲笔：［刘］乾炳

民国卅三年三月一十八日立

23. 刘乾炳抵借字（民国三十三年六月初六日）

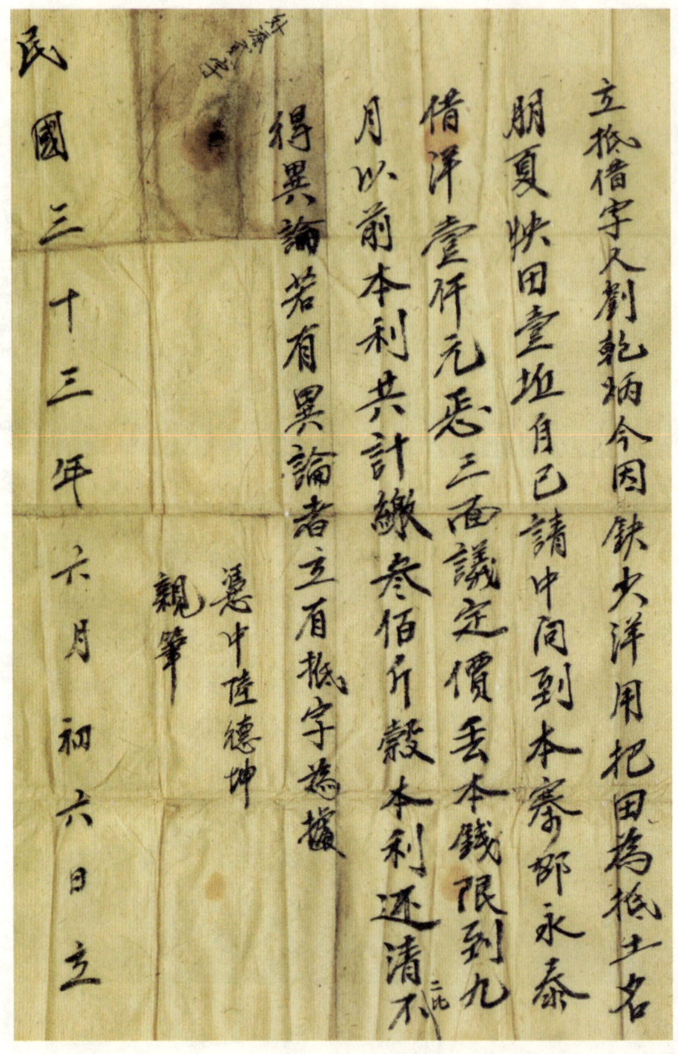

立抵借字人刘乾炳，今因缺少洋用，把田为抵，土名朋夏秧田壹丘，自己请中问到本寨邵永泰借洋壹仟元整。三面议定价丢本钱限到九月以前本利共计缴叁佰斤谷。本利还清，二比不得异论。若有异论者，立有抵字为据。

外添贰字

凭中：陆德坤

亲笔

民国三十三年六月初六日立

24. 刘乾炳典田契（民国三十四年五月二十八日）

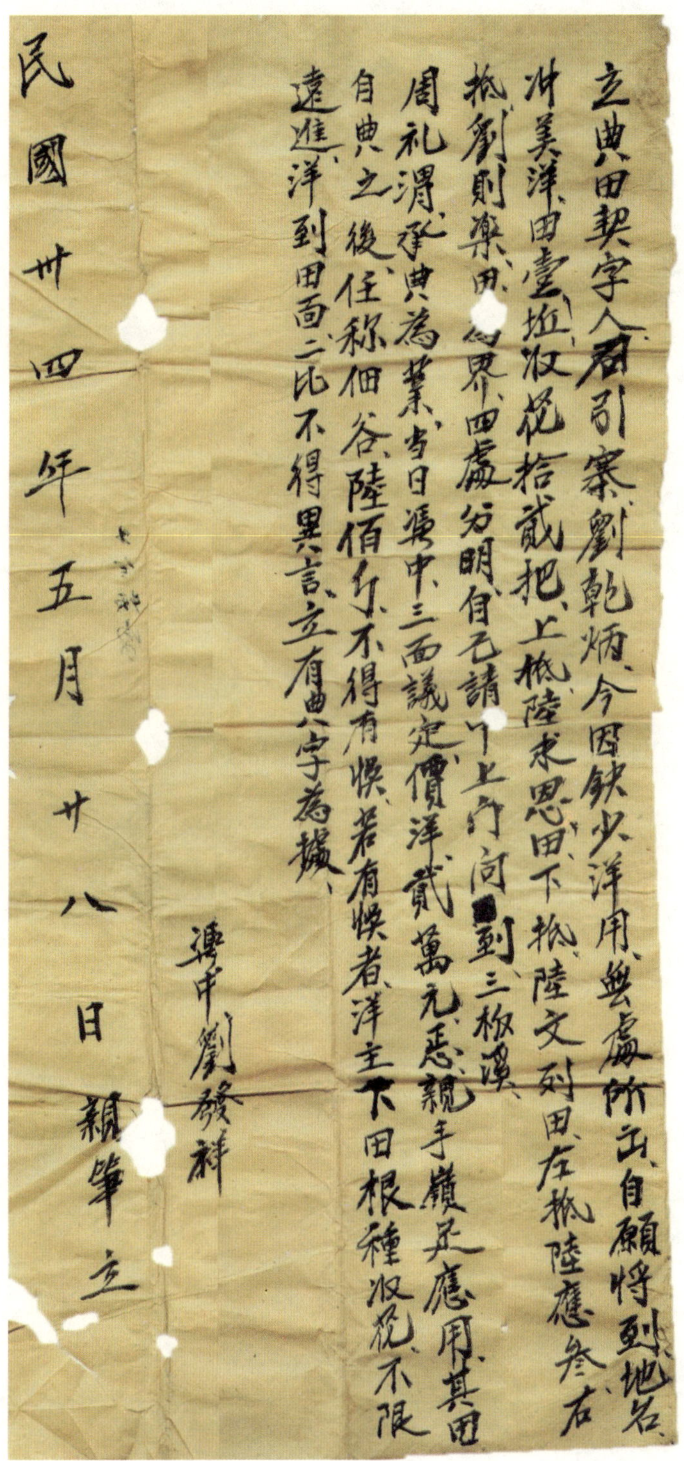

立典田契字人石引寨刘乾炳，今因缺少洋用，无处所出，自愿将到地名冲美洋田壹丘，收花拾贰把，上抵陆求恩田，下抵陆文列田，左抵陆应叁，右抵刘则乐田为界，四处分明，自己请中上门问到三板溪周礼渭承典为业，当日凭中三面议定价洋贰万元整。［其钱］亲手岭（领）足应用，其田自典之后，任称佃谷陆佰斤，不得有误。若有误者，洋主下田根（耕）种收花。不限远近，洋到田回。二比不得异言，立有典字为据。

凭中：刘发祥

民国卅四年五月廿八日亲笔立

卷二　傅安辉户藏文书

1. 刘贞连、陆氏元音弟嫂断卖田契（同治五年六月二十九日）

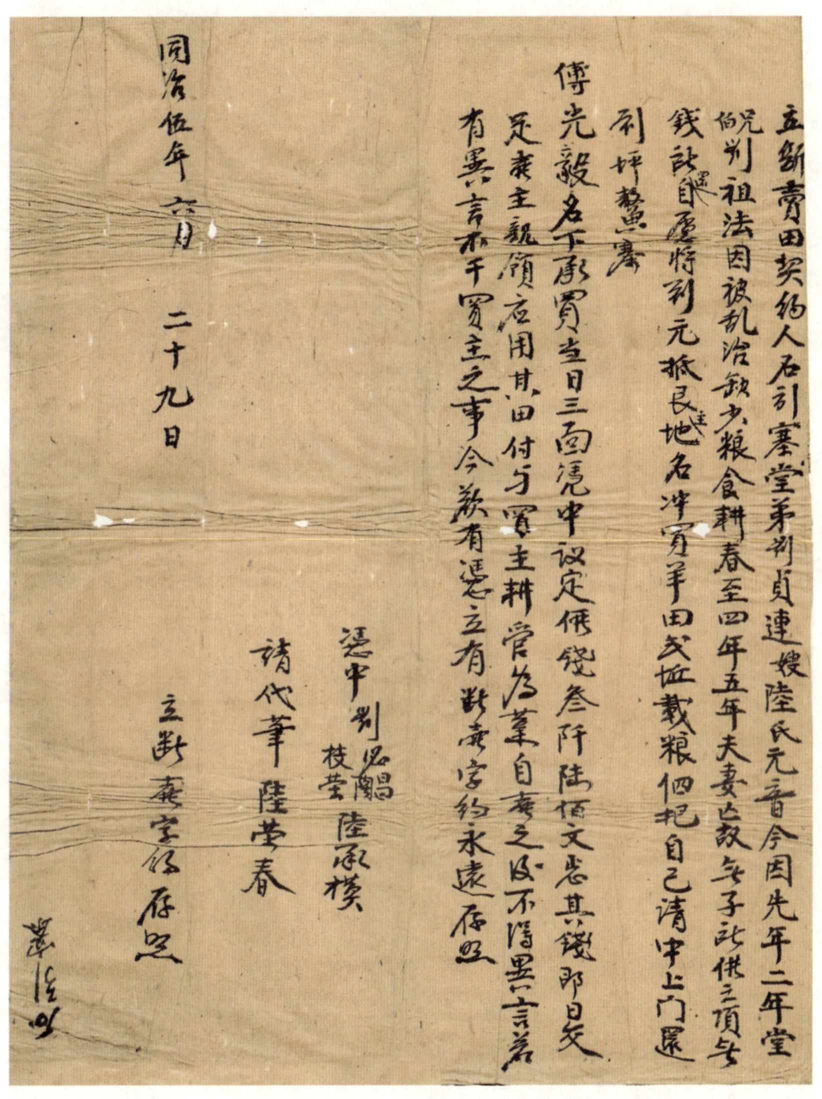

立断卖田契约人石引塞（寨）堂弟刘贞连、嫂陆氏元音，今因先年二年堂兄、堂伯刘祖法因被乱治，缺少粮食耕春，至四年、五年夫妻亡故，无子，所借之项无钱所还，自愿将到元（原）抵银主地名冲买羊田贰丘，载粮伵（四）把，自己请中上门还到坪鳌寨傅光毅名下承买，当日三面凭中议定价钱叁阡（千）陆佰文整。其钱即日交足，卖主亲领应用，其田付与买主耕管为业。自卖之后，不得异言。若有异言，不干买主之事。今欲有凭，立有断卖字约永远存照。

凭中：刘必昌、刘必陶、刘枝莹、陆承模

请代笔：陆莹春

同治伍年六月二十九日立断卖字约存照

2. 刘荣□、刘荣吉兄弟卖断田字（同治八年二月七日）

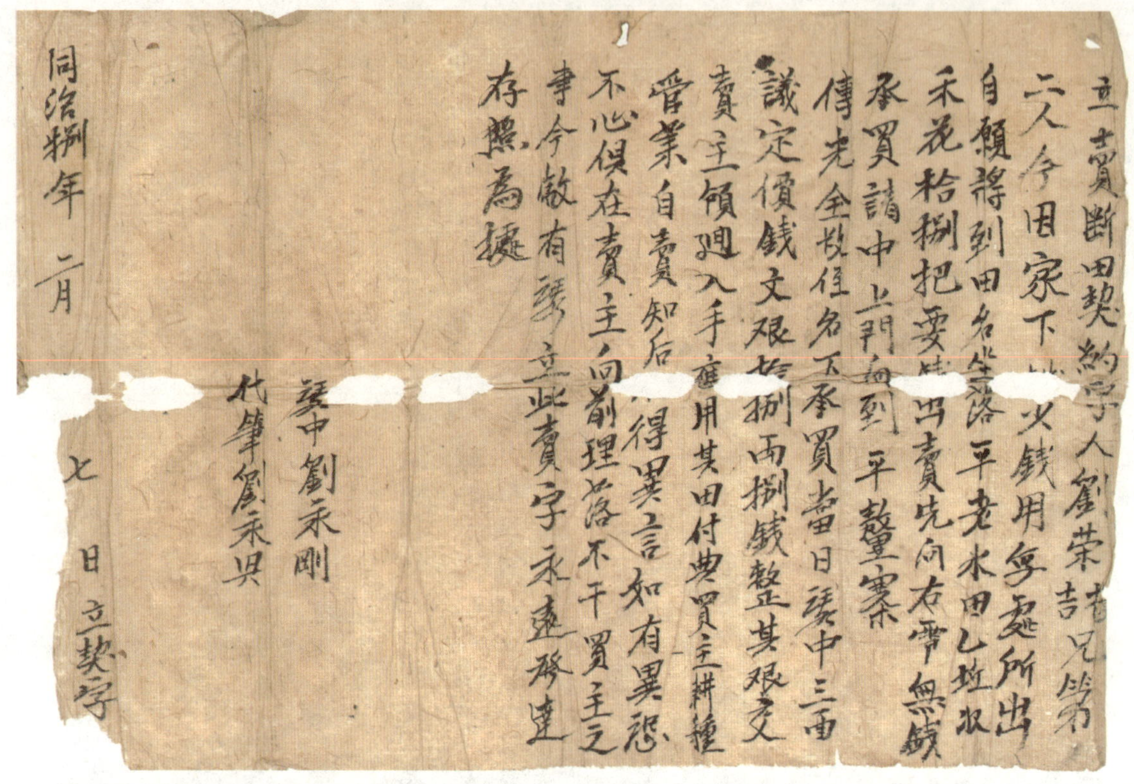

立卖断田契约字人刘荣□、刘荣吉兄第（弟）二人，今因家下缺少钱用，无处所出，自愿将到田名坐落平老水田一丘，收禾花拾捌把，要钱出卖。先问右零（邻）无钱承买，请中上门问到平鳌寨傅光全叔侄名下承买，当日凭中三面议定价钱文（纹）艰（银）拾捌两捌钱整。其艰（银）交卖主领回入手应用，其田付典（与）买主耕种管业。自卖知（之）后，［不］得异言。如有异［言］，恐不（人）心［不古］，俱在卖主向前理落，不干买主之事。今欲有凭，立此卖字永远发达存照为据。

凭中：刘永刚

代笔：刘永兴

同治捌年二月七日立契字

3. 陆显文断卖田契（同治八年十一月二十五日）

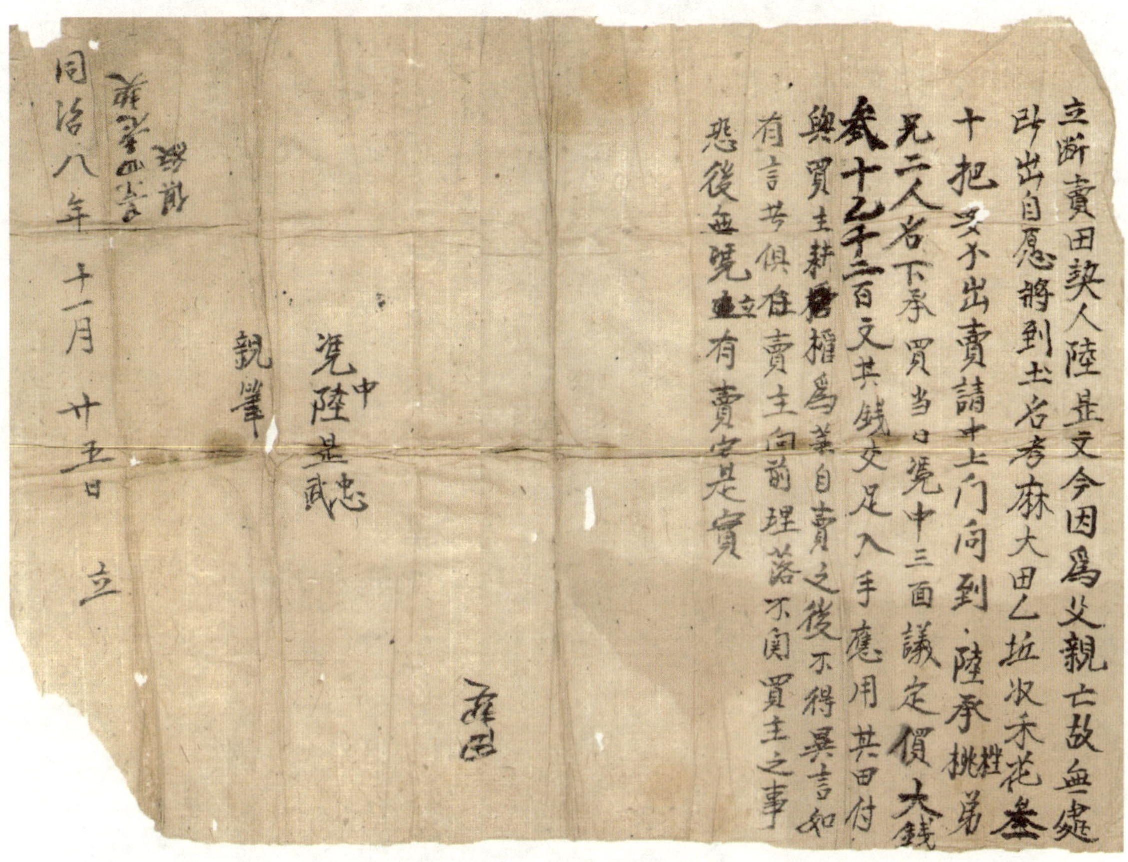

立断卖田契人陆显文，今因为父亲亡故，无处所出，自愿将到土名考麻大田一丘，收禾花叁十把，要钱出卖。请中上门问到陆承樘、陆承桃弟兄二人名下承买，当日凭中三面议定价大钱叁十一千二百文。其钱交足入手应用，其田付与买主耕棺（管）为业。自卖之后，不得异言。如有言者，俱在卖主向前理落，不关买主之事。恐后无凭，立有卖字是实。

凭中：陆显忠、陆显武

亲笔

同治八年十一月廿五日立

4. 陆景泗卖田契（同治九年四月十六日）

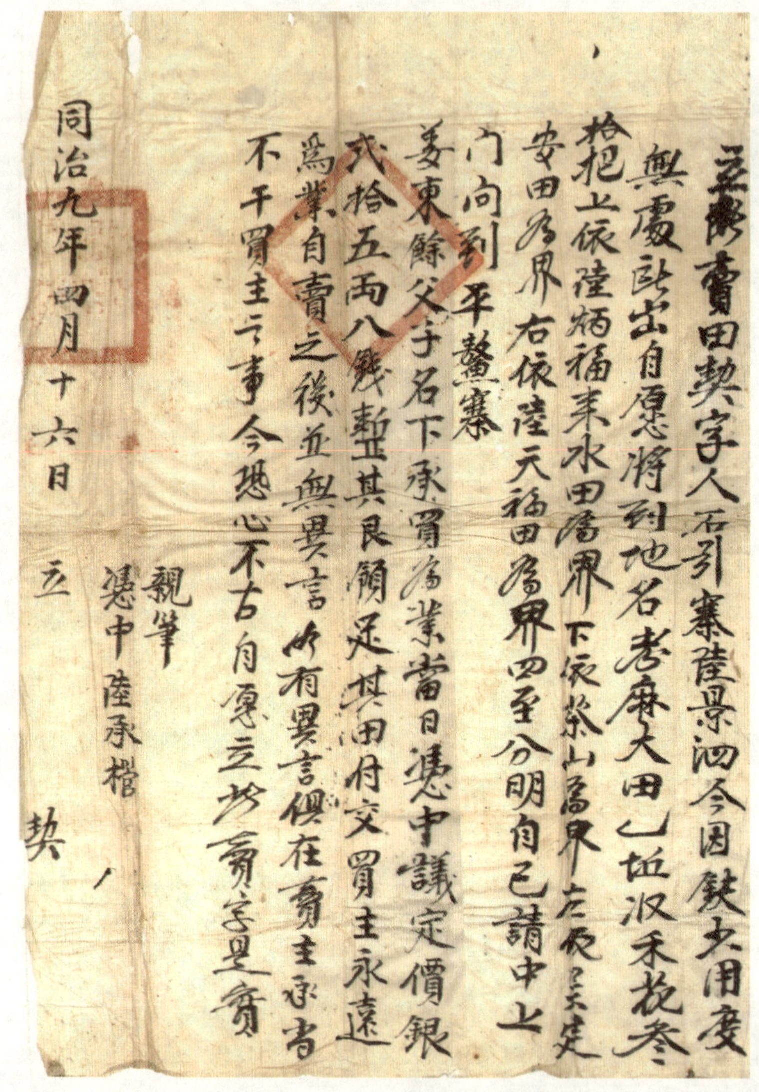

立断卖田契字人石引寨陆景泗，今因缺少用度，无处所出，自愿将到地名考麻大田一丘，收禾花叁拾把，上依陆炳福来水田为界，下依茶山为界，左依吴建安田为界，右依陆天福田为界，四至分明，自己请中上门问到平鳌寨姜东余父子名下承买为业，当日凭中议定价银贰拾五两八钱整。其银领足，其田付交买主永远为业。自卖之后，并无异言。如有异言，俱在卖主承当，不干买主之事。今恐［人］心不古，自愿立此卖字是实。

亲笔

凭中：陆承棺

同治九年四月十六日立契

5. 刘什金卖棉花地约（同治十三年五月二十一日）

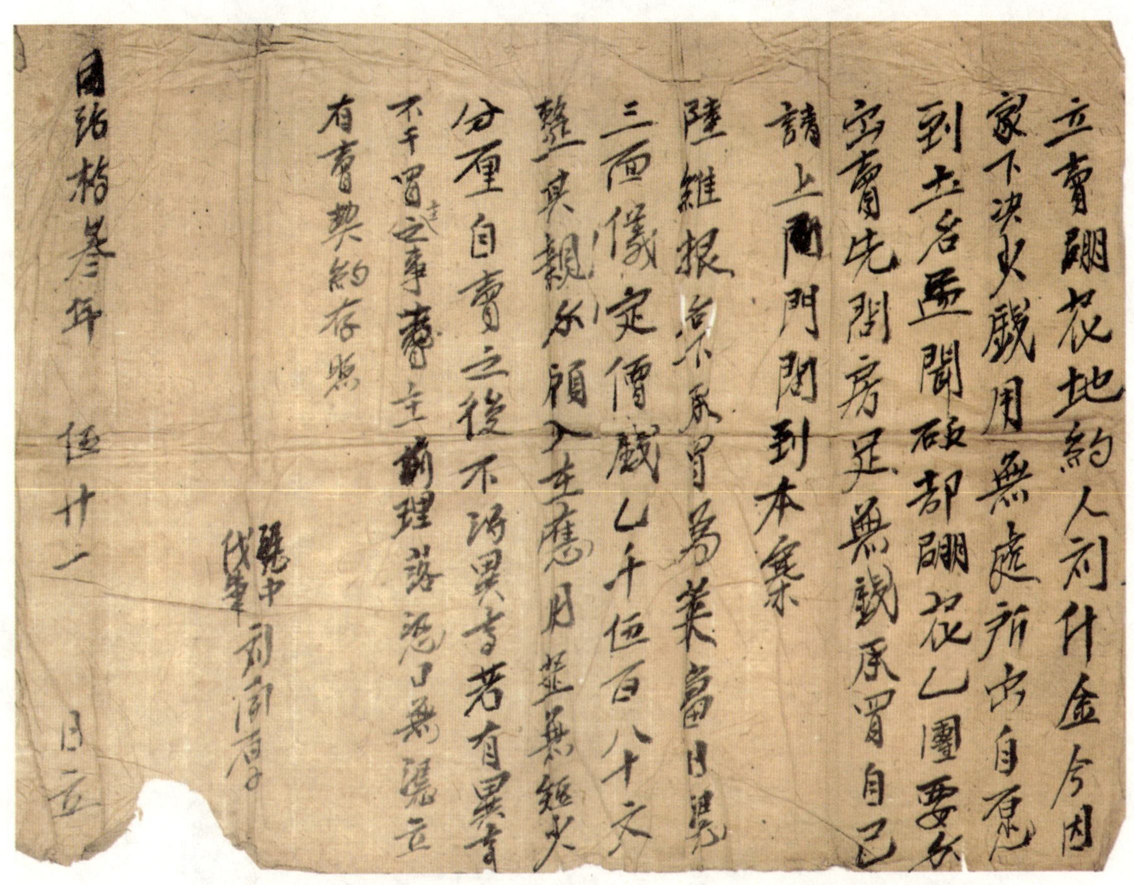

立卖棉[1]花地约人刘什金，今因家下决（缺）少钱用，无处所出，自愿［将］到土名孟闻砍（坎）却（脚）棉花一团，要钱出卖。先问房足（族）无钱承买，自己请［中］上门问到本寨陆维根名下承买为业，当日凭［中］三面仪（议）定价钱一千伍百八十文整。其亲钱（钱亲）领入手应用，并无短少分厘。自卖之后，不得异言。若有异言，不干买主之事，卖主［上］前理落。恐口无凭，立有卖契约存照。

凭中、代笔：刘开厚

同治拾叁年伍［月］廿一日立

① “硼”应为“明”之误，“明”与“棉”方言相近，“硼花”即“棉花”。

6. 王开珠、杨先云卖田地字（光绪三年七月十二日）

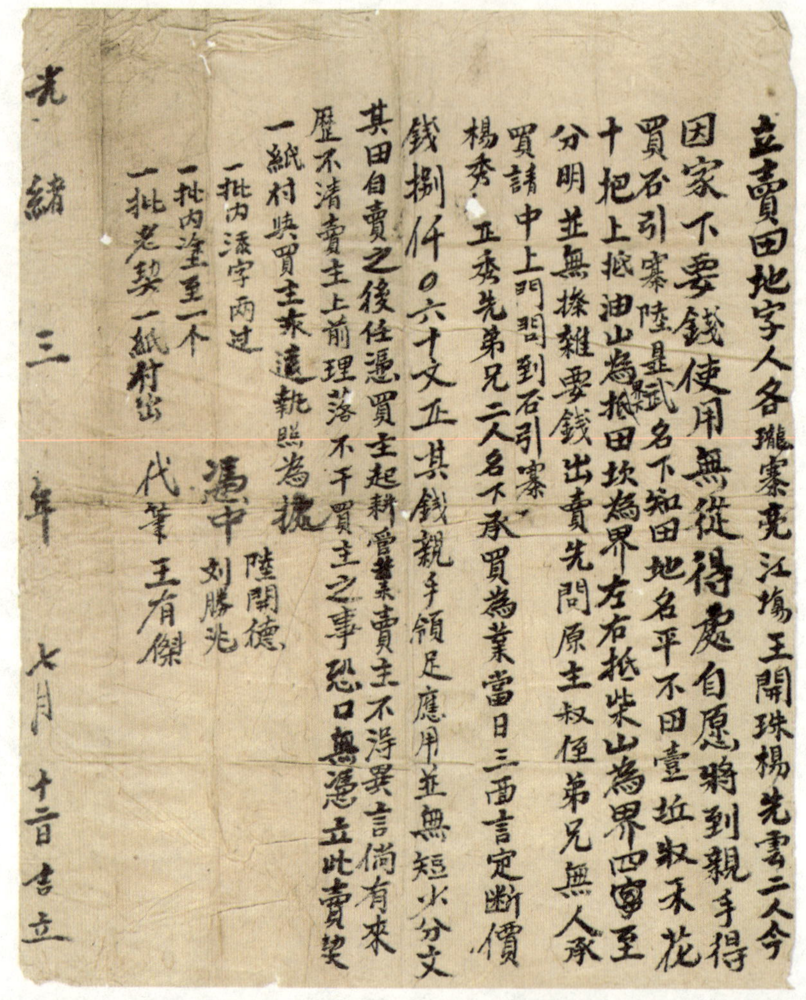

立賣田地字人各瓏寨亮江場王開珠楊先雲二人今因家下要錢使用無從得處自愿將到親手得買石引寨陸显武名下知田地名平不田壹坵收禾花十把上抵油山為界下抵田坎為界左右抵柴山為界四至分明並無摻雜要錢出賣先問原主叔侄弟兄無人承買請中上門問到石引寨楊秀正秀先弟兄二人名下承買為業當日三面言定斷價錢捌仟〇六十文正其錢親手領足應用並無短少分文其田自賣之後任憑買主起耕管業賣主不得異言倘有來歷不清賣主上前理落不干買主之事恐口無憑立此賣契一紙付與買主永遠執照為據

一批內添字兩过

一批內塗至一个

一批老契一紙付出

憑中 陸開德 劉勝兆

代筆 王有傑

光緒三年七月十二日吉立

立卖田地字人各珑寨亮江场王开珠、杨先云二人，今因家下要钱使用，无从得处（出），自愿将到亲手得买石引寨陆显武名下知（之）田地名平不田壹丘，收禾花十把，上抵油山为界，下抵田坎为界，左右抵柴山为界，四至分明，并无掺杂，要钱出卖。先问原主叔侄弟兄无人承买，请中上门问到石引寨杨秀正、秀先弟兄二人名下承买为业，当日三面言定断价钱捌仟〇六十文正。其钱亲手领足应用，并无短少分文，其田自卖之后，任凭买主起耕管业，卖主不得异言。倘有来历不清，卖主上前理落，不干买主之事。恐口无凭，立此卖契一纸付与买主永远执照为据。

一批内添字两过（个），一批内涂至（字）一个，一批老契一纸付出

凭中：陆开德、刘胜兆

代笔：王有杰

光绪三年七月十二日吉立

7. 刘开泰断卖田契（光绪三年十月十九日）

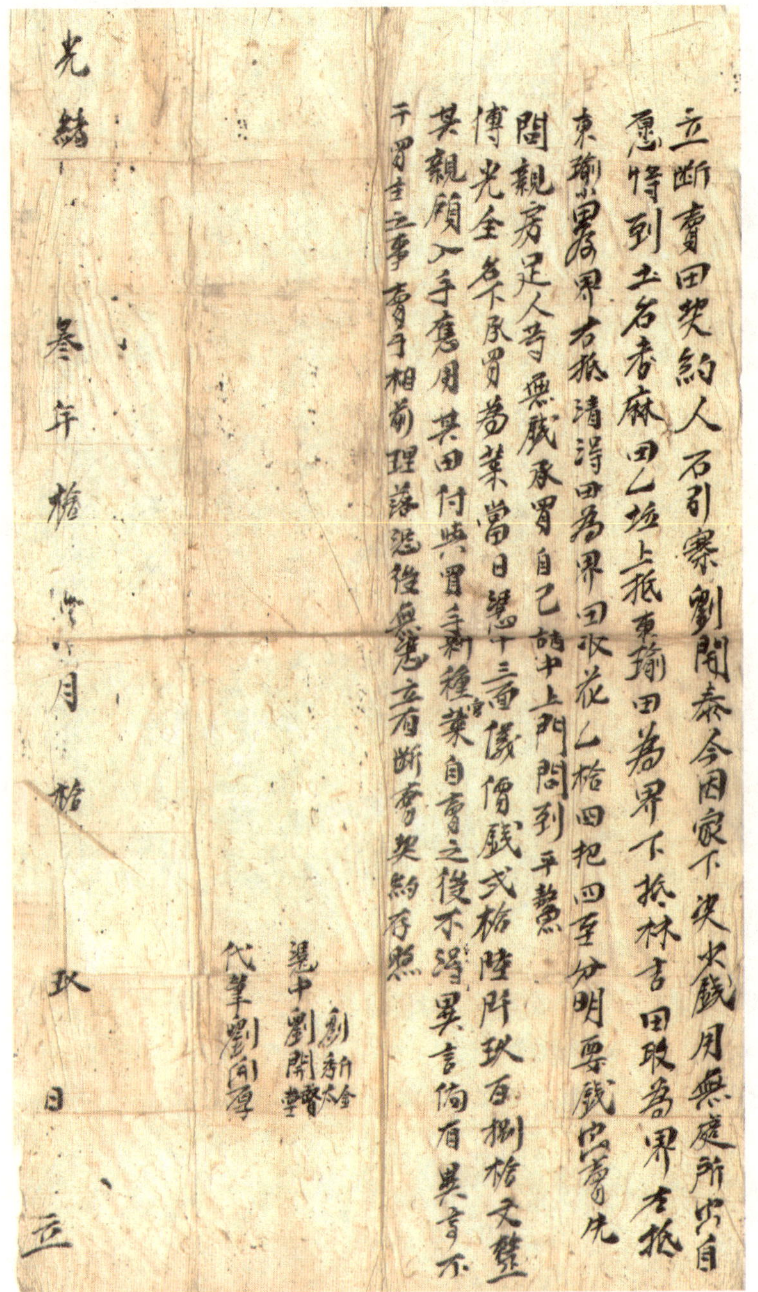

立断卖田契约人石引寨刘开泰，今因家下决（缺）少钱用，无处所出，自愿将到土名考麻田一丘，上抵东瑜田为界，下抵林吉田敢（坎）为界，左抵东瑜小田为界，右抵清得田为界，田收花一拾四把，四至分明，要钱出卖。先问亲房足（族）人等无钱承买，自己请中上门问到平鳌傅光全名下承买为业，当日凭中三面仪（议）价钱贰拾陆阡（千）玖百捌拾文整。其［钱］亲领入手应用，其田付与买手耕种管业。自卖之后，不得异言。倘有异言，不干买主之事，卖主相（向）前理落。恐后无凭，立有断卖契约存照。

凭中：刘斤金、刘秀太、刘开贤、刘开堂

代笔：刘开厚

光绪叁年拾月拾玖日　立

8. 刘钟发卖田契（光绪六年六月初二日）

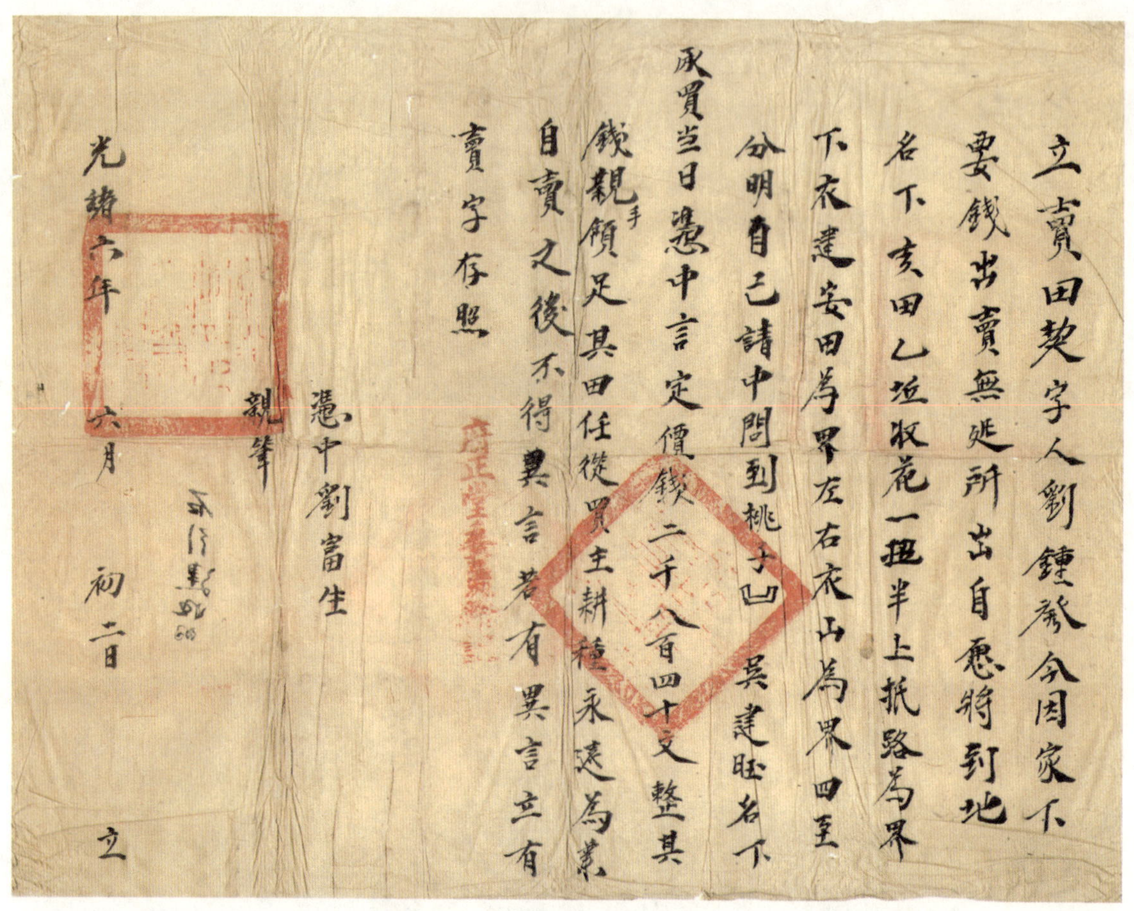

立卖田契字人刘钟发，今因家下要钱出卖，无处所出，自愿将到地名下亥田一丘，收花一把半，上抵路为界，下衣（依）建安田为界，左右衣（依）山为界，四至分明，自己请中问到桃子凹吴建旺名下承买，当日凭中言定价钱二千八百四十文整。其钱亲手领足，其田任从买主耕种永远为业。自卖之后，不得异言。若有异言，立有卖字存照。

凭中：刘富生

亲笔

光绪六年六月初二日立

9. 吴英福、吴英隆兄弟卖山场地土杉木字（光绪八年六月二十六日）

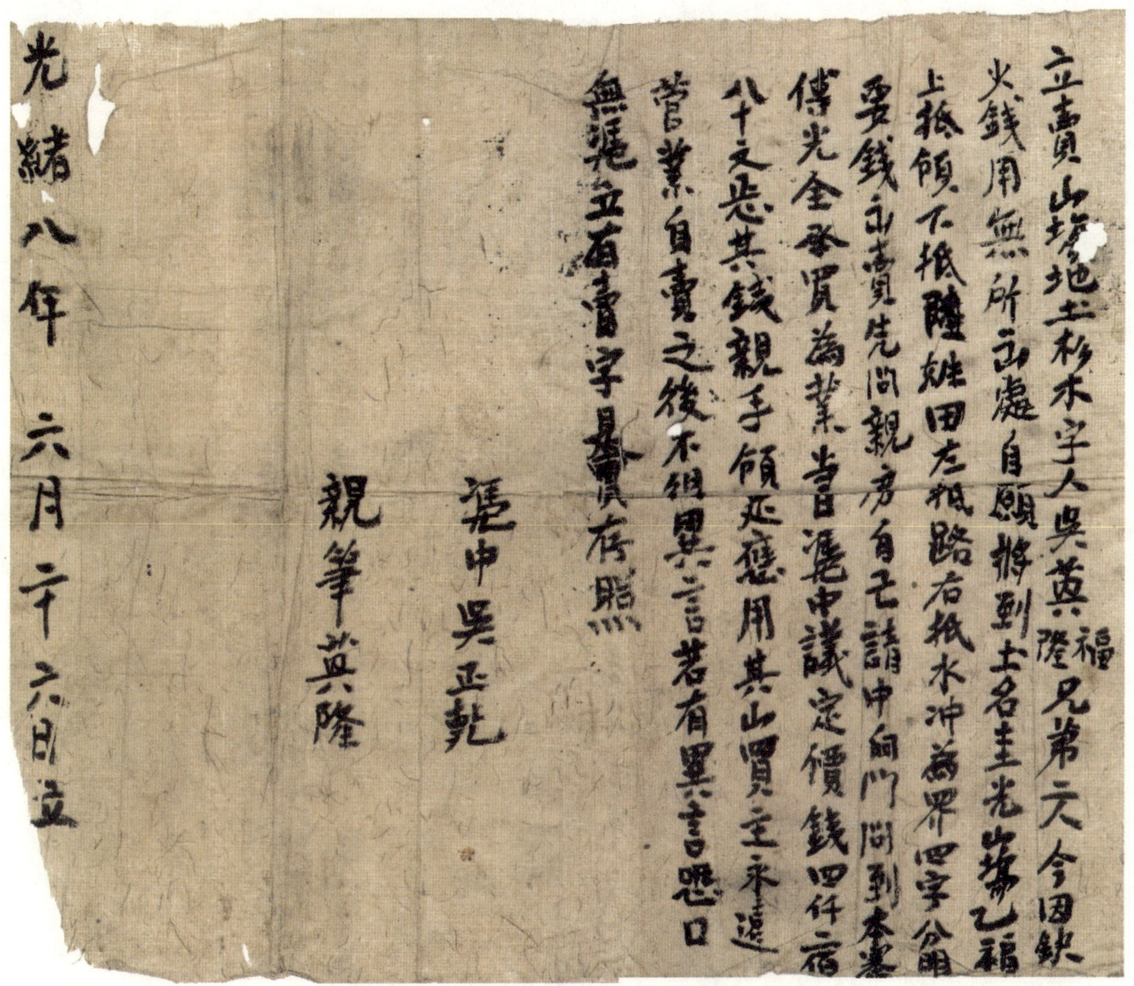

立卖山场地土杉木字人吴英福、吴英隆兄弟二人，今因缺少钱用，无所出处，自愿将到土名圭光山场一福（幅），上抵领（岭），下抵陆姓田，左抵路，右抵水冲为界，四字（至）分明，要钱出卖。先问亲房［无人承买］，自己请中向（上）门问到本寨傅光全承买为业，当日凭中议定价钱四仟二佰八十文整。其钱亲手领足应用，其山买主永远管业。自卖之后，不得异言。若有异言，恐口无凭，立有卖字是实存照。

凭中：吴正乾

亲笔：英隆

光绪八年六月二十日六日立

10. □□□卖地契（光绪十一年十一月二十二日）

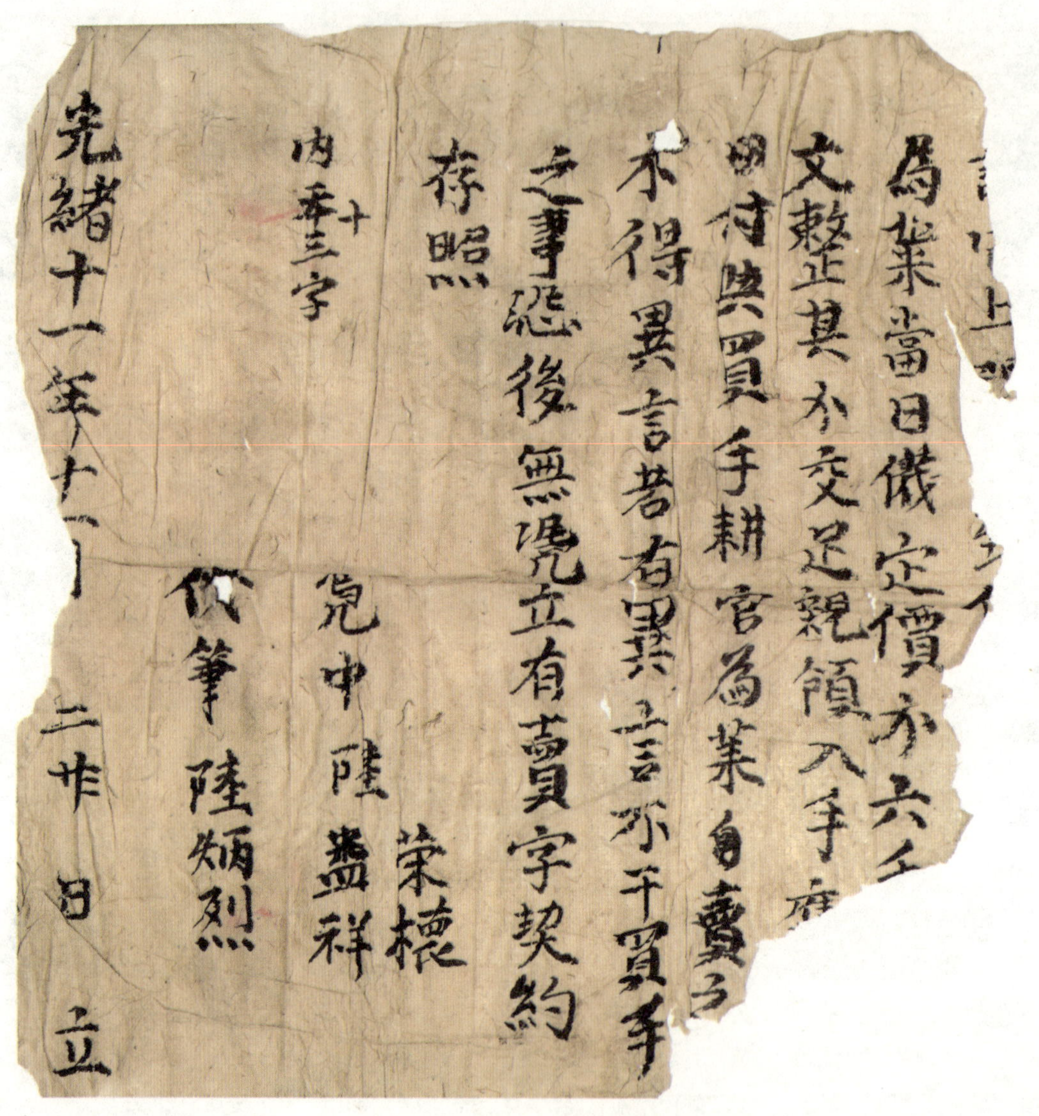

……为业。当日仪（议）定价钱六千……文整。其钱交足亲领入手应［用］……田付与买手耕官（管）为业。自卖［之后］，不得异言。若有异言，不干买手之事。恐后无凭，立有卖字契约存照。

内添十三字

凭中：陆荣怀、陆益祥

代笔：陆炳烈

光绪十一年十一月廿二日立

11. 刘开泰卖地土杉木字（光绪十三年十二月二十日）

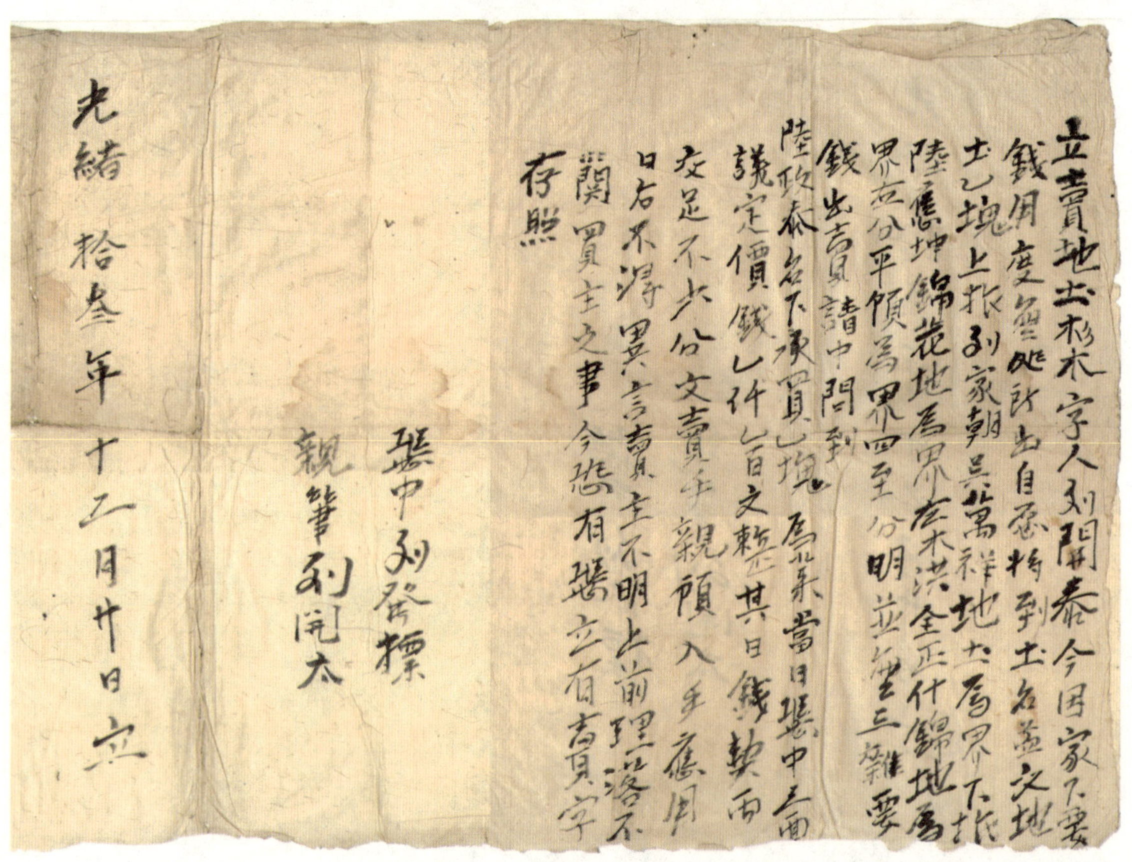

立卖地土杉木字人刘开泰，今因家下要钱用度，无处所出，自愿将到土名孟文地土一块，上抵刘家朝、吴万祥地土为界，下抵陆应坤锦（棉）花地为界，左［抵］木洪全、正什锦（棉）地为界，右［抵］分平领（岭）为界，四至分明，并无三（掺）杂，要钱出卖。请中问到陆政泰名下承买一块为业，当日凭中三面议定价钱一仟一百文整。其日钱契两交足，不少分文，卖手亲领入手应用，日后不得异言。卖主不明，上前理落，不关买主之事。今恐有（无）凭，立有卖字存照。

凭中：刘发标

亲笔：刘开太

光绪拾叁年十二月廿日立

12. 陆荣佩卖田契（光绪十四年九月二十六日）

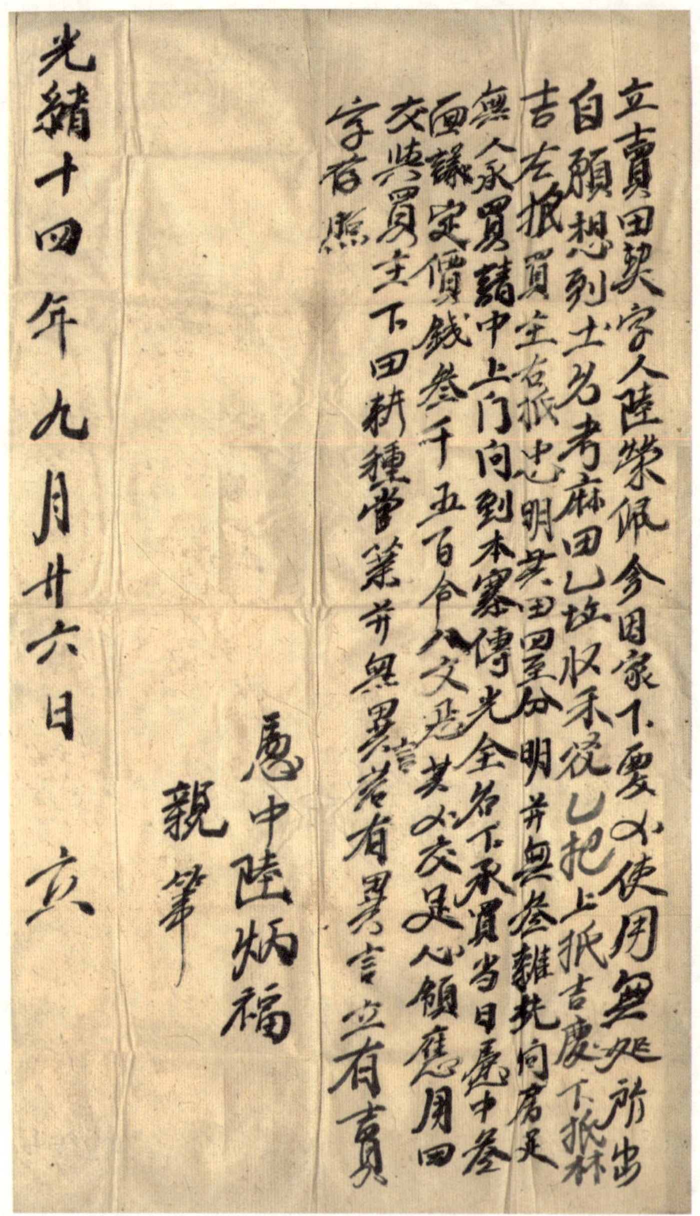

立卖田契字人陆荣佩，今因家下要钱使用，无处所出，自愿想到土名考麻田一丘，收禾花一把，上抵吉庆，下抵林吉，左抵买主，右抵忠明共田，四至分明，并无叁（掺）杂。先问房足（族）无人承买，请中上门问到本寨傅光全名下承买，当日凭中叁面议定价钱叁千五百零八文整。其钱交足心（亲）领应用，［其］田交与买主下田耕种管业，并无异言。若有异言，立有卖字存照。

凭中：陆炳福

亲笔

光绪十四年九月廿六日立

13. 陆承模父子卖田契（光绪十四年十二月二十七日）

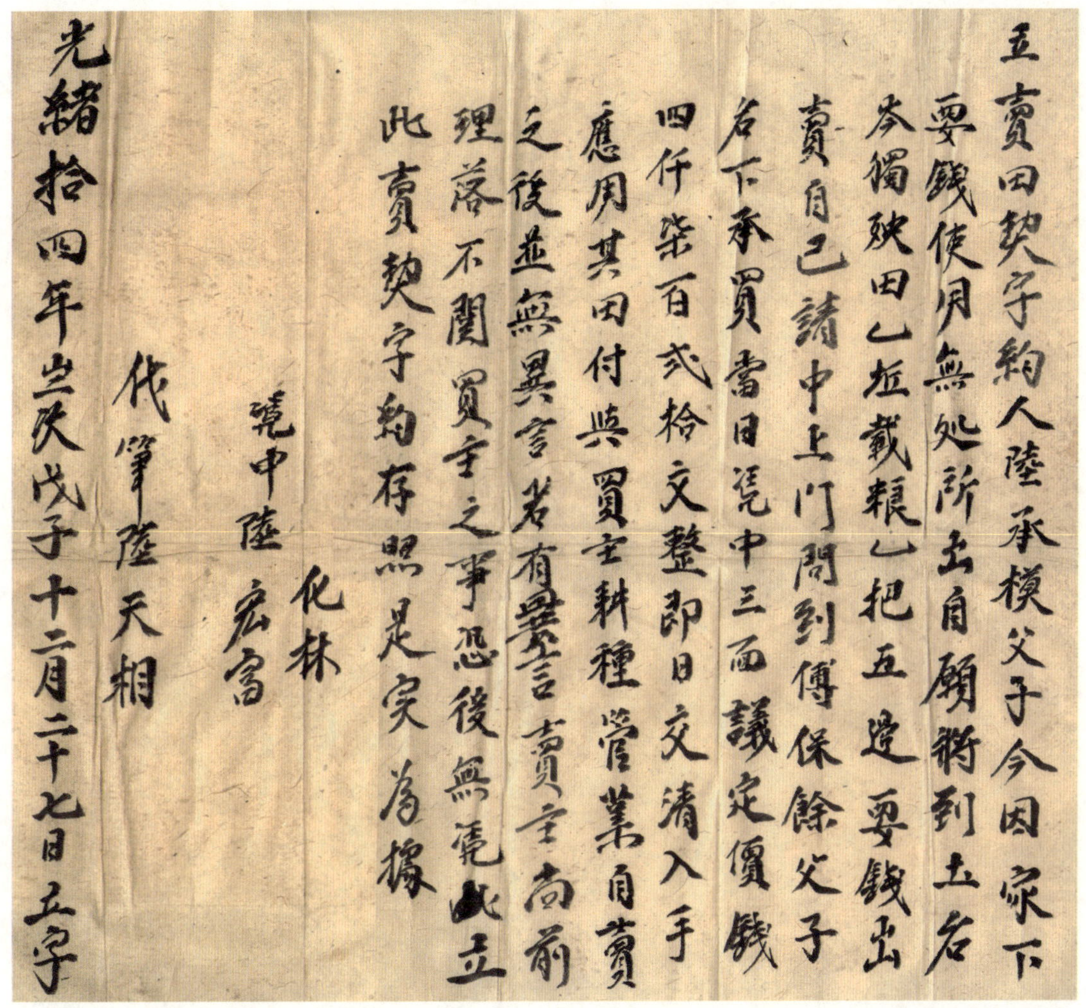
立賣田契字約人陸承模父子今因家下
要錢使用無処所出自願將到土名
岑獨秧田乙坵載粮乙把五邊要錢出
賣自己請中上门問到傅保餘父子
名下承買當日凴中三面議定價錢
四仟柒百弍拾文整即日交清入手
應用其田付與買主耕種管業自賣
之後並無異言若有異言賣主尚前
理落不関買主之事恐後無凴此立
此賣契字約存照是实為據
凴中陸 化林 宏富
代筆陸天相
光緒拾四年歳次戊子十二月二十七日立字

立卖田契字约人陆承模父子，今因家下要钱使用，无处所出，自愿将到土名岑独秧田一丘，载粮一把五边，要钱出卖。自己请中上门问到傅保余父子名下承买，当日凭中三面议定价钱四仟柒百贰拾文整。即日交清入手应用，其田付与买主耕种管业。自卖之后，并无异言。若有异言，卖主尚（上）前理落，不关买主之事。恐后无凭，立此卖契字约存照是实为据。

凭中：陆化林、陆宏富

代笔：陆天相

光绪拾四年岁次戊子十二月二十七日立字

14. 陆佑得卖田契（光绪十五年正月初六日）

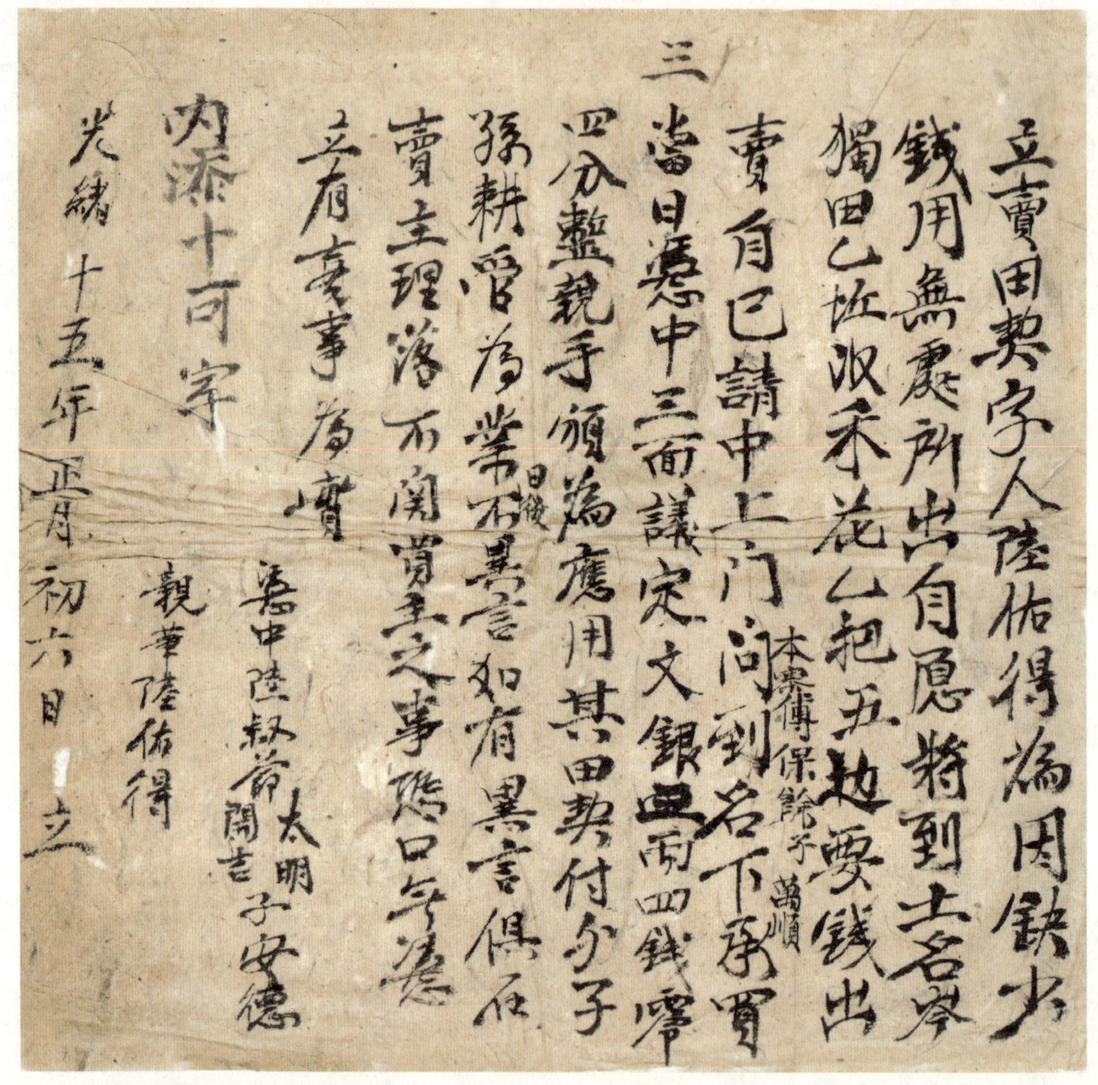

立卖田契字人陆佑得，为因缺少钱用，无处所出，自愿将到土名岑独田一丘，收禾花一把五边，要钱出卖。自己请中上门问到本寨傅保余、子万顺名下承买，当日凭中三面议定文（纹）银三两四钱零四分整。亲手颁（领）为（回）应用，其田契付与子孙耕管为业，日后不［得］异言。如有异言，俱在卖主理落，不关买主之事。恐口无凭，立有卖事［字］为实。

内添十可（个）字

凭中：陆叔爷太明、开吉、子安德

亲笔：陆佑得

光绪十五年正月初六日立

15. 吴正乾、吴林元卖田契（光绪十六年四月二十三日）

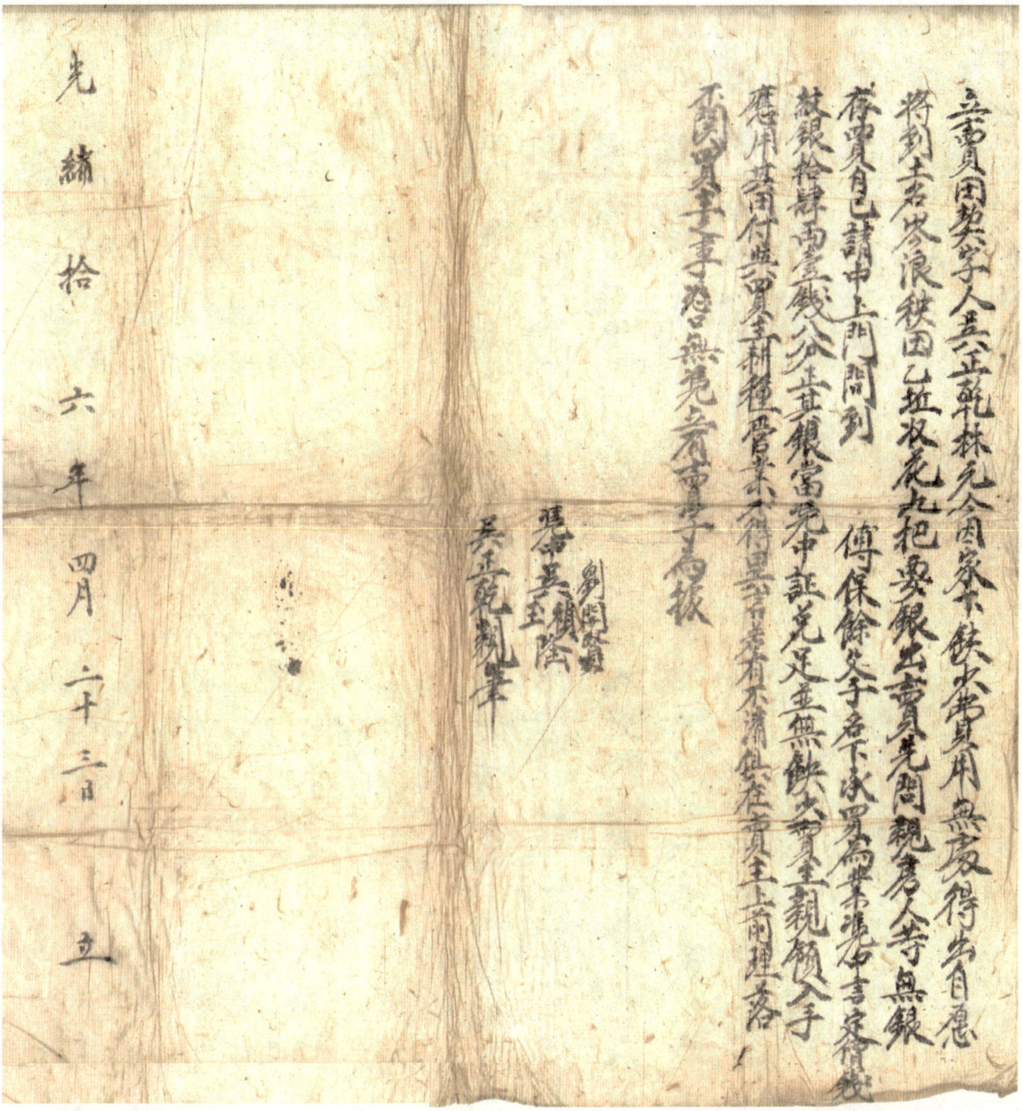

立卖田契字人吴正乾、林元，今因家下缺少费用，无处得出，自愿将到土名岑浪秧田一丘，收花九把，要银出卖。先问亲房人等无银存买，自己请中上门问到傅保余父子名下承买为业，凭中言定价钱纹银拾肆两壹钱八分正。其银当凭中证兑足，并无缺少，卖主亲领入手应用，其田付与买主耕种管业，不得异言。若有不清，俱在卖主上前理落，不关买主之事。恐口无凭，立有卖字为据。

凭中：刘开贤、吴祯陆、吴玉陆

吴正乾亲笔

光绪拾六年四月二十三日立

16. 陆秀牛、陆金沛父子卖田契（光绪十六年十二月二十六日）

立卖田契字人陆秀牛、陆金沛父子，今因家下要钱使用，无处所出，自愿将到土名金浪田半坡大小二丘，又坡头路边田一丘一块，栽粮叁把，先问旁（房）足（族）无钱承买，请中上门问到本寨傅光贤父子明（名）下承买，当若（日）叁面议定价钱肆仟二百八十文整。其钱交足，亲领应用，田地付与买主耕种管业。自卖之后，不得异言。若有异言，卖主上前里（理）落，不干买主之事。恐口无凭，立有卖字是实。

外批：田敢（坎）上芳（荒）平（坪）圆（园）在内

内添十二字

凭中：陆益祥

代笔：陆荣沛

光绪拾陆［年］拾贰月贰拾陆日立

17. 陆政堂卖田契（光绪十八年十月二十八日）

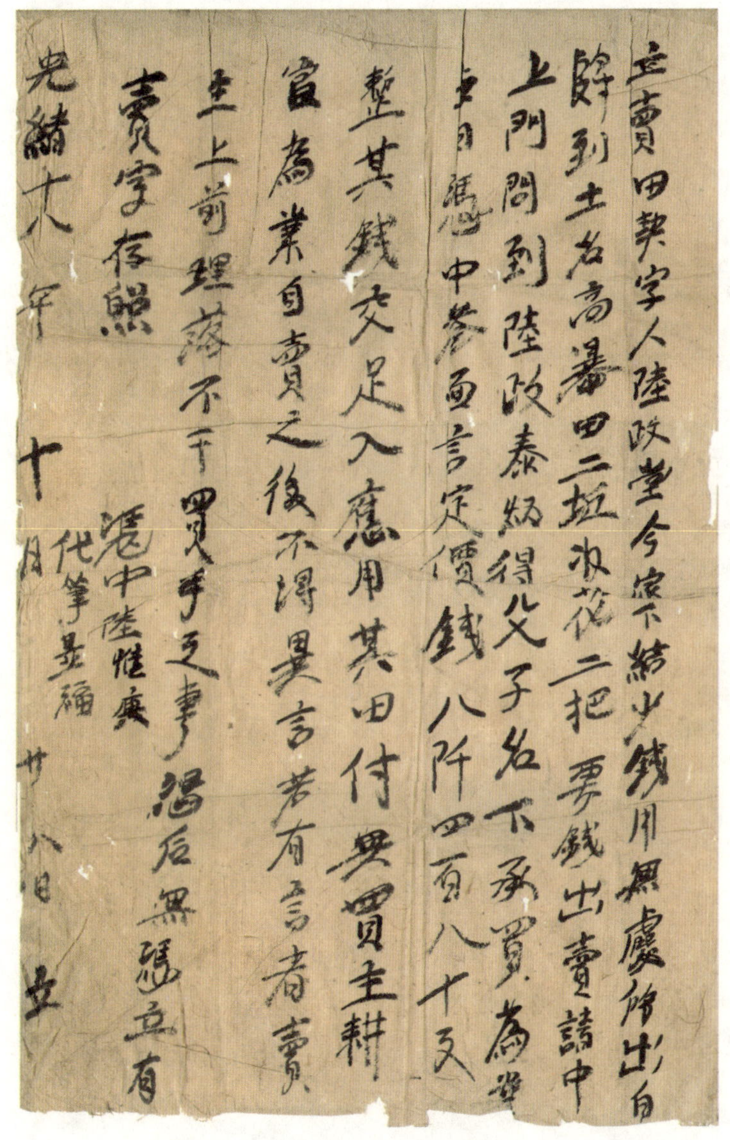

立卖田契字人陆政堂，今家下结（缺）少钱用，无处所出，自［愿］将到土名高暴田二丘，收花二把，要钱出卖。请中上门问到陆政泰、陆炳得父子名下承买为业，当日凭中叁面言定价钱八阡（千）四百八十文整。其钱交足入［手］应用，其田付与买主耕官（管）为业。自卖之后，不得异言。若有言者，卖主上前理落，不干买手之事。恐后无凭，立有卖字存照。

凭中：陆惟庚

代笔：显福

光绪十八年十月廿八日立

18. 陆老发卖田契（光绪二十一年闰五月二十七日）

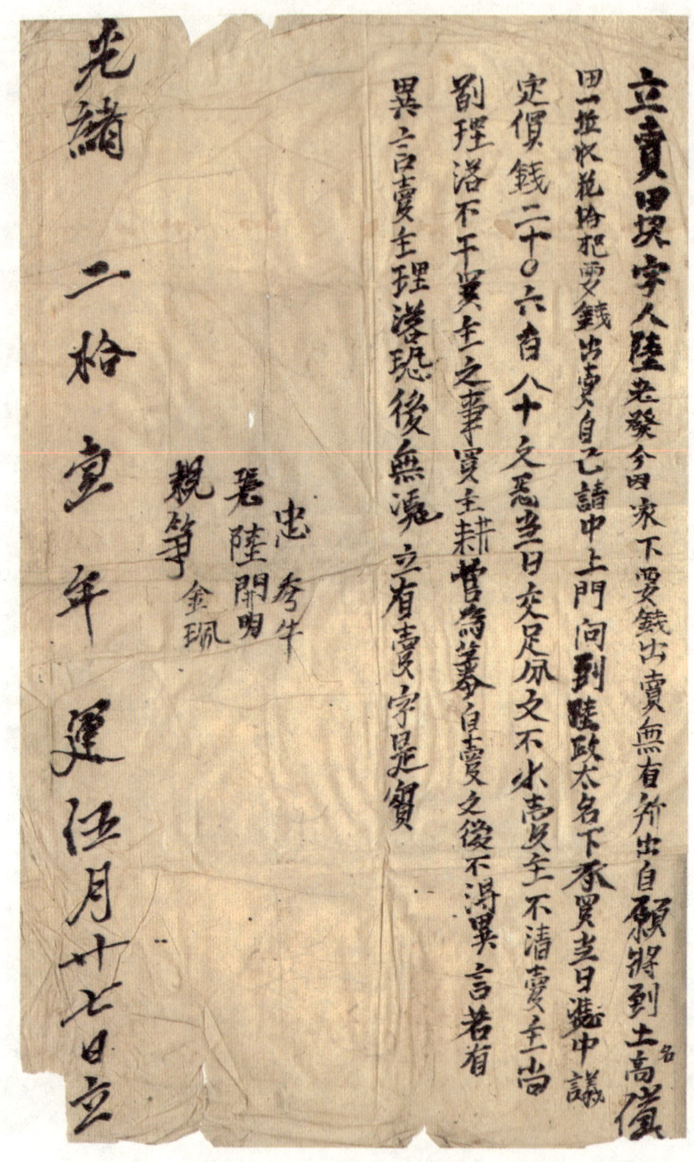

立卖田契字人陆老发，今因家下要钱出卖，无有所出，自愿将到土名高□田一丘，收花拾把，要钱出卖。自己请中上门问到陆政太名下承买，当日凭中议定价钱二十〇六百八十文整。当日交足，分文不少，卖主不清，卖主尚（上）前理落，不干买主之事，［其田］买主耕管为业。自卖之后，不得异言。若有异言，卖主理落。恐后无凭，立有卖字是实。

凭忠（中）：陆秀牛、陆开明、陆金珮

亲笔

光绪二拾壹年运（闰）伍月廿七日立

19. 陆应坤卖棉花地字（光绪二十三年八月初八日）

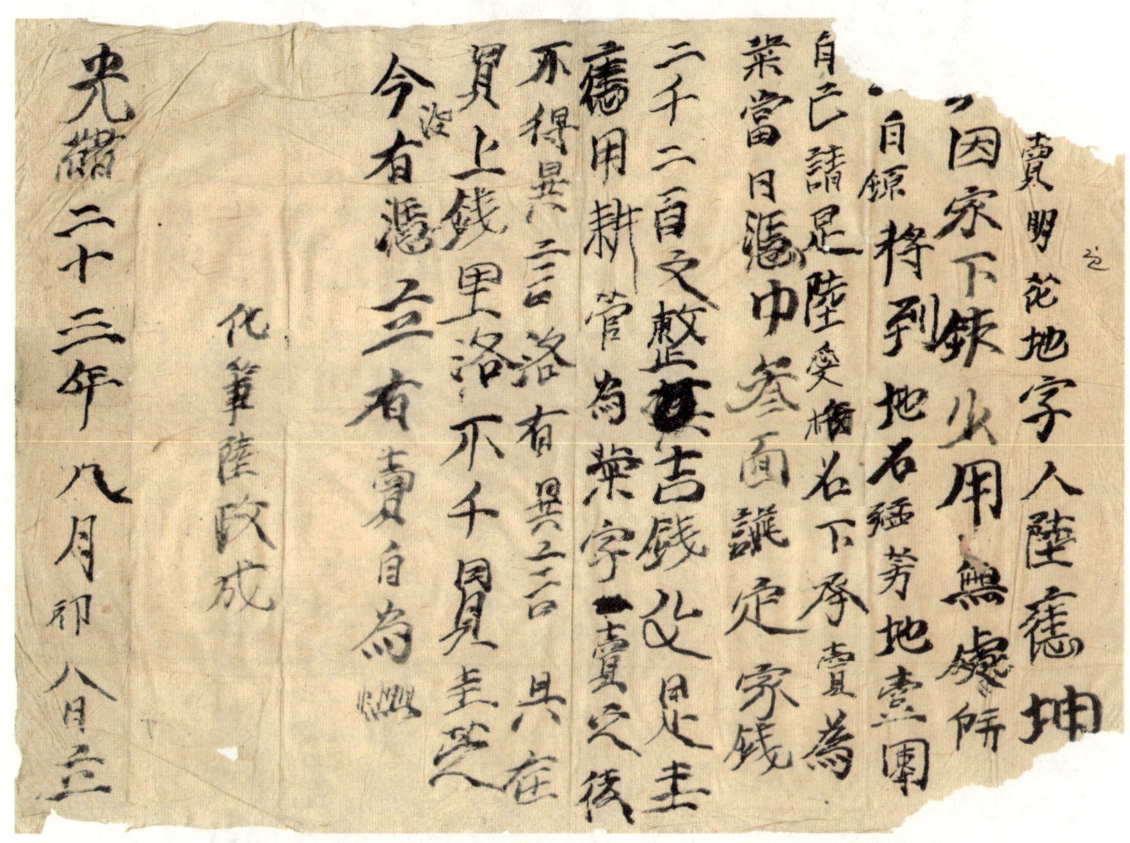

［立断］卖棉[1]花地字人陆应坤，［为］因家下缺少［钱］用，无处所［出］，自愿将到地名猛芳地壹团，自己请是（到）陆爱梅名下承卖（买）为业，当日凭中叁面议定家（价）钱二千二百文整。吉（其）钱交足［卖］主应用，［其田交与买主］耕管为业。字（自）卖之后，不得异言。洛（若）有异言，具（俱）在买（卖）［主］上钱（前）里（理）洛（落），不干买主之［事］。今恐有（无）凭，立有卖自（字）为据。

代笔：陆政成

光绪二十三年八月初八日立

① “明”与“棉”方言相近，“明花”即“棉花”。

20. 陆应坤卖杉木地土字（光绪二十四年七月初六日）

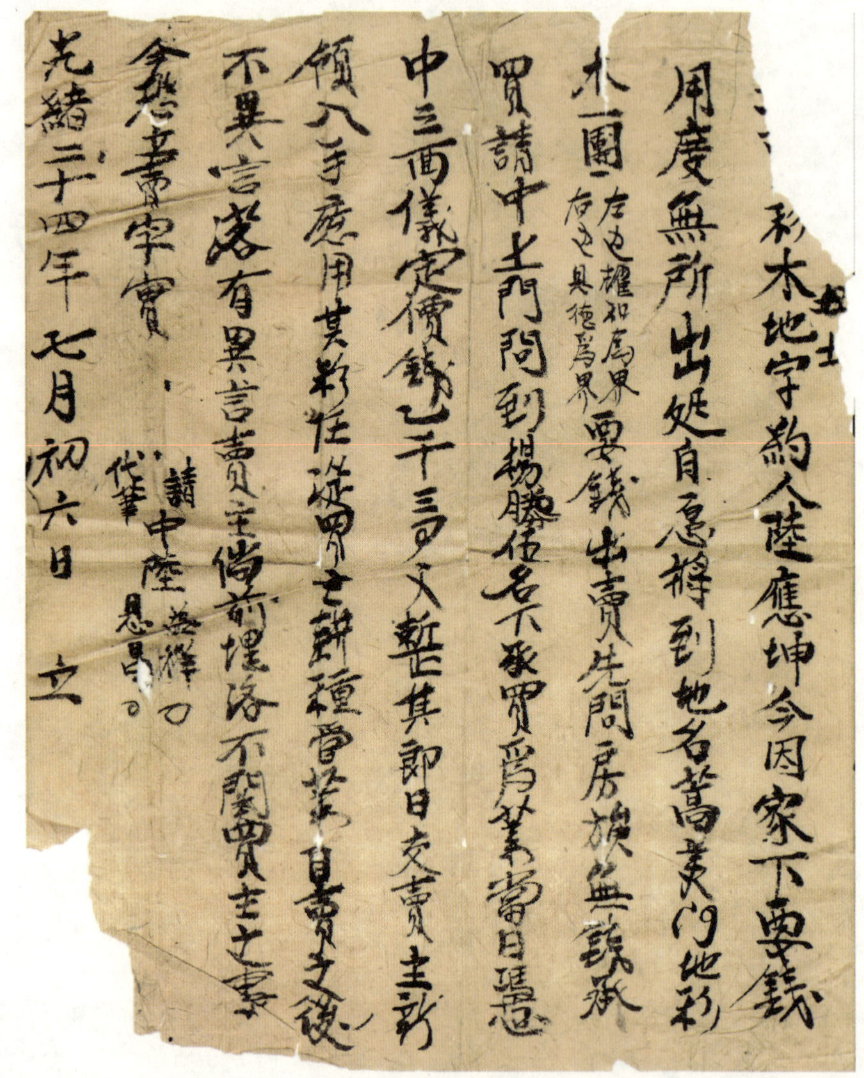

□□杉木地土字约人陆应坤，今因家下要钱用度，无所出处，自愿将到地名蒿美门地杉木一团，左边耀和为界，右边具德为界，要钱出卖。先问房族无钱承买，请中上门问到杨胜伍名下承买为业，当日凭中三面仪（议）定价钱一千三百文整。其［钱］即日交卖主新（亲）领入手应用，其杉任从买主耕种管业。自卖之后，不［得］异言。落（若）有异言，卖主倘（上）前埋洛（理落），不关买主之事。今恐［无凭］，立卖字［是］实。

请中：陆益祥

代笔：陆恩昌

光绪二十四年七月初六日立

21. 陆政榜卖屋契（光绪二十五年十月初九日）

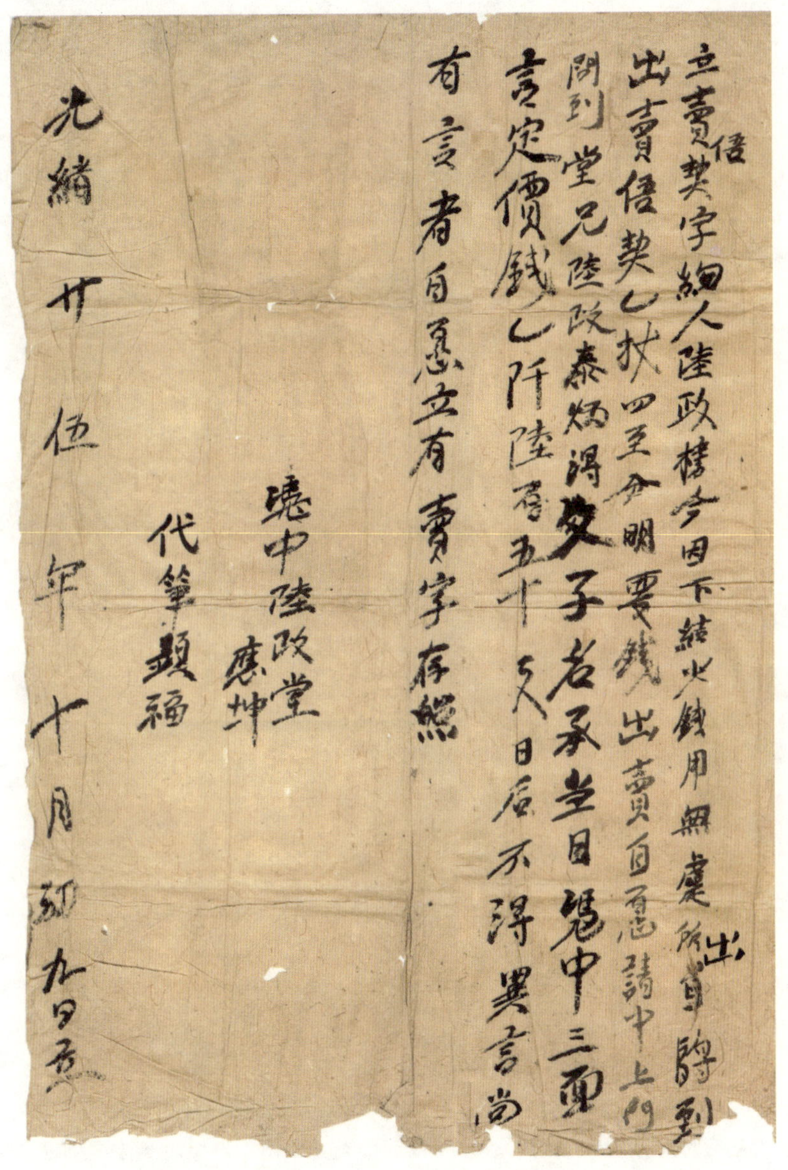

立卖倍（屋）契字约人陆政榜，今因［家］下结（缺）少钱用，无处所出，自［愿］将到出卖倍（屋）契一杖（丈），四至分明，要钱出卖。自愿请中上门问到堂兄陆政泰、炳得父子名［下］承［买］，当日凭中三面言定价钱一阡（千）陆百五十文。日后不得异言。尚（倘）有言者，自愿立有卖字存照。

凭中：陆政堂、陆应坤

代笔：显福

光绪廿伍年十月初九日立

22. 陆应坤卖田契（光绪二十五年十月初九日）

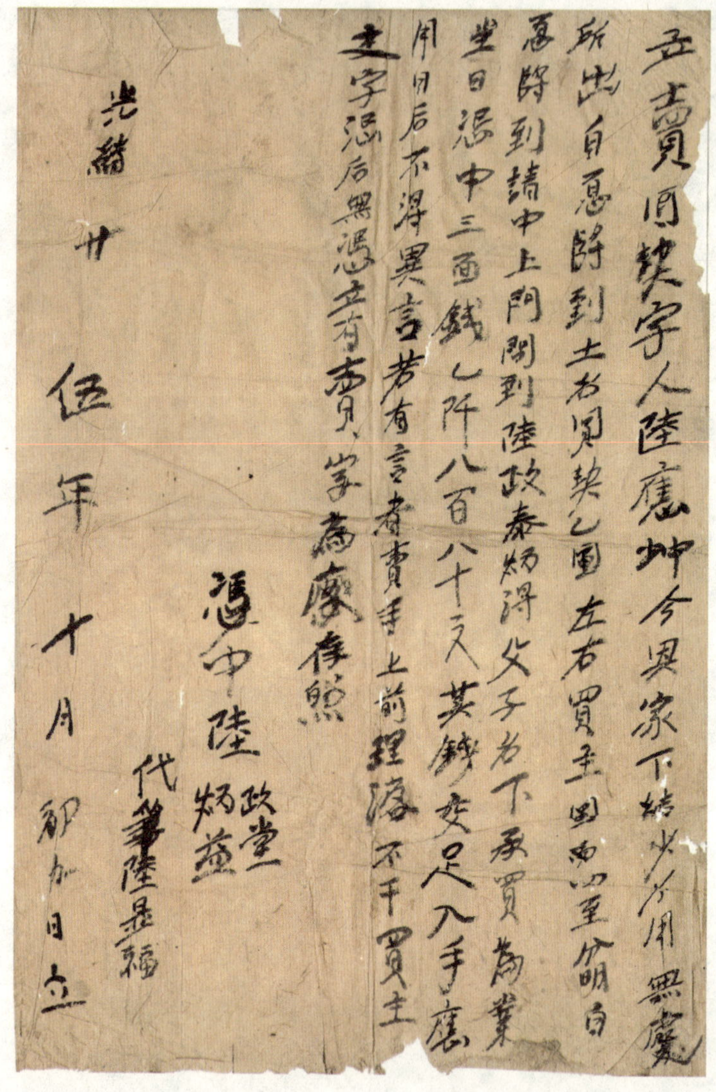

立卖田契字人陆应坤，今因家下结（缺）少钱用，无处所出，自愿将到土名圆（园）契一团，左右买主园，四至分明，自愿将到请中上门问到陆政泰、炳得父子名下承买为业，当日凭中三面［议定价］钱一阡（千）八百八十文。其钱交足入手应用，日后不得异言。若有言者，卖手上前理落，不干买主之字（事）。恐后无凭，立有卖字为据存照。

凭中：陆政堂、陆炳益

代笔：陆显福

光绪廿伍年十月初九日立

23. 陆文培、陆文全兄弟卖田契（民国三年十二月二十五日）

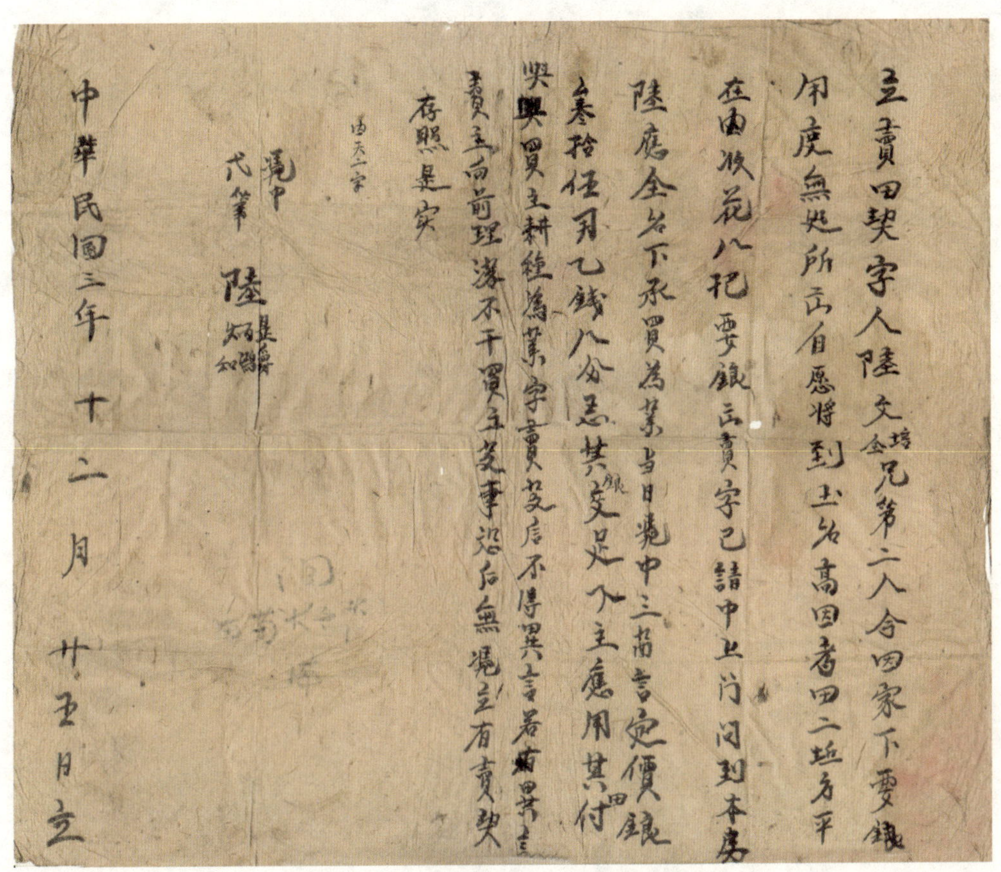

立卖田契字人陆文培、陆文全兄弟二人，今因家下要银用度，无处所出，自愿将到土名高因考田二丘，方（荒）平（坪）在内，收花八把，要银出卖。字（自）己请中上门问到本房陆应全名下承买为业，当日凭中三面言定价银叁拾伍两一钱八分整。其银交足入主应用，其田付与买主耕种为业。字（自）卖芝（之）后，不得异言。若有异言，卖主向前理落，不干买主芝（之）事。恐后无凭，立有卖契存照是实。

内天（添）二字

凭中、代笔：陆显爵、陆炳鸿、陆炳和

中华民国三年十二月廿五日立

24. 刘石元卖田契（民国四年十二月二十六日）

立卖田契字人刘石元，今因家下缺少钱用，无处所出，自愿将到土名凷更豆田一丘，收禾花一把，要钱出卖。自己请中上门问到陆炳德名下承买为业，当日凭中三面言定价钱九仟五百八十文整。其钱交足入手应用，［其田］卖手付与买手永远管业。字（自）卖之后，不得异言。若有异言，卖手上前里（理）落，不关买手之事。恐口无凭，立有卖字为据是实。

内添二字

凭中、代笔：刘庚元

民国乙卯年十二月廿六日立字

25. 陆炳德卖田契（民国四年十二月二十六日）

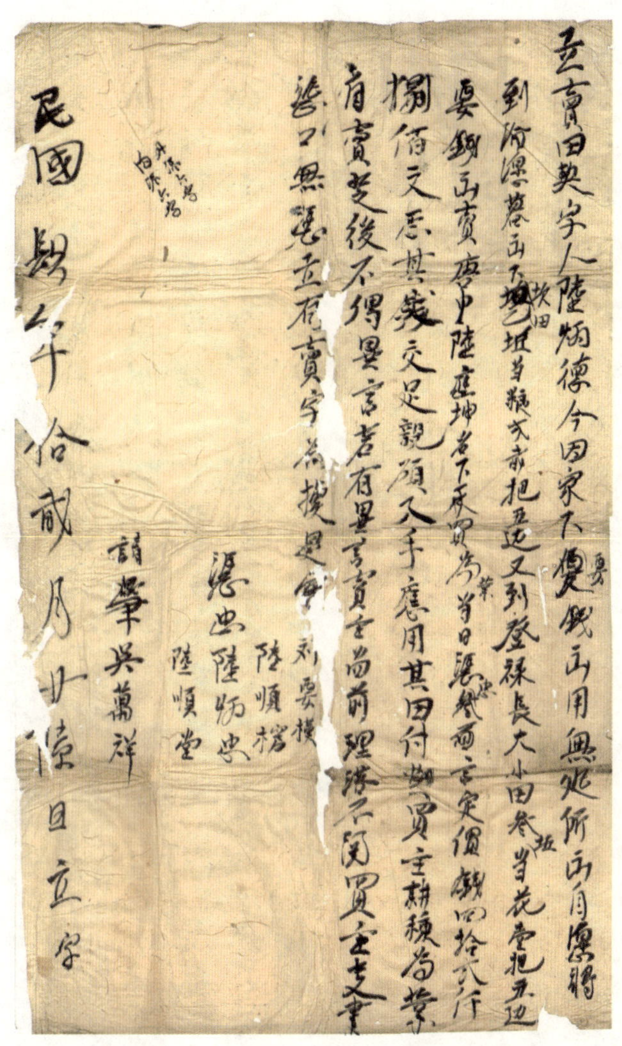

立卖田契字人陆炳德，今因家下要钱出用，无处所出，自愿将到伦愿墓出下坎田一丘，当粮贰把五边，又到登禄长大小田叁丘，当花壹把五边，要钱出卖。[自己请中上门问到]唐中陆应坤名下承买为业，当日凭忠（中）叁面言定价钱四拾贰仟捌佰文整。其钱交足，亲领入手应用，其田付与买主耕种为业。自卖芝（之）后，不得异言。若有异言，卖主尚（上）前理落，不关买主之事。恐口无凭，立有卖字为据是实。

外添六字，内添六字

凭忠（中）：刘要模、陆顺榜、陆炳忠、陆顺堂

请笔：吴万祥

民国肆年拾贰月廿陆日立字

26. 陆应坤卖田契（民国四年十二月二十六日）

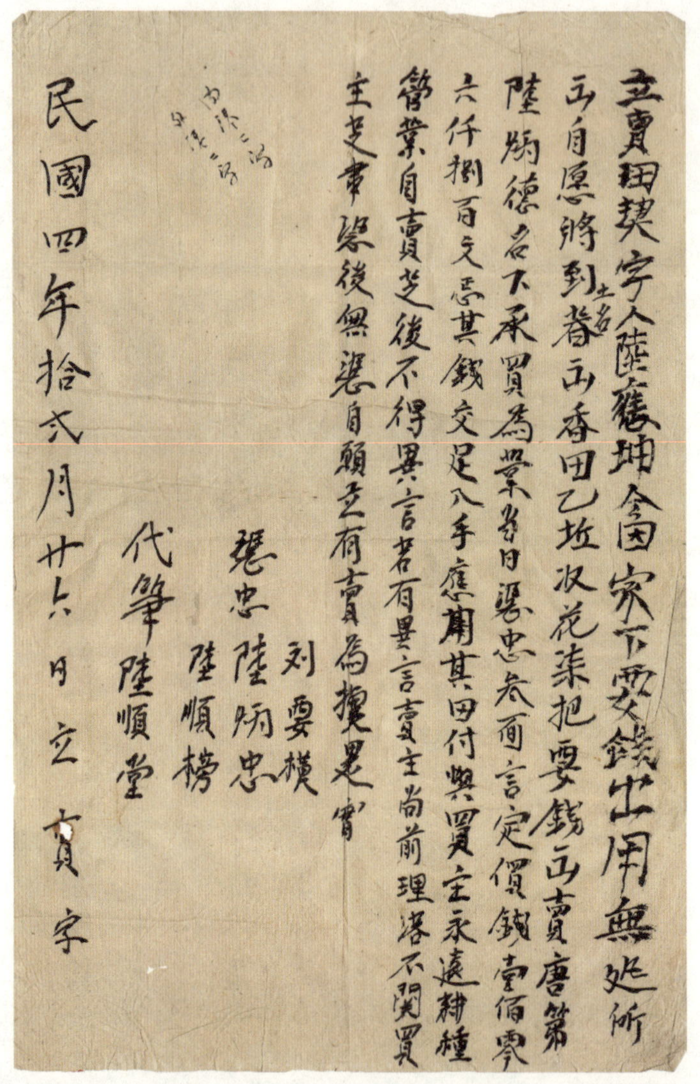

立卖田契字人陆应坤，今因家下要钱出用，无处所出，自愿将到土名者出香田一丘，收花柒把，要钱出卖。[自己请中上门问到] 唐第陆炳德名下承买为业，当日凭忠（中）叁面言定价钱壹佰零六仟捌百文整。其钱交足入手应用，其田付与买主永远耕种管业。自卖芝（之）后，不得异言。若有异言，卖主尚（上）前理落，不关买主芝（之）事。恐后无凭，自愿立有卖 [字] 为据是实。

内添二字，外添二字

凭中：刘要模、陆炳忠、陆顺榜

代笔：陆顺堂

民国四年拾贰月廿六日立卖字

27. 王清文卖山场地土字（民国七年六月十五日）

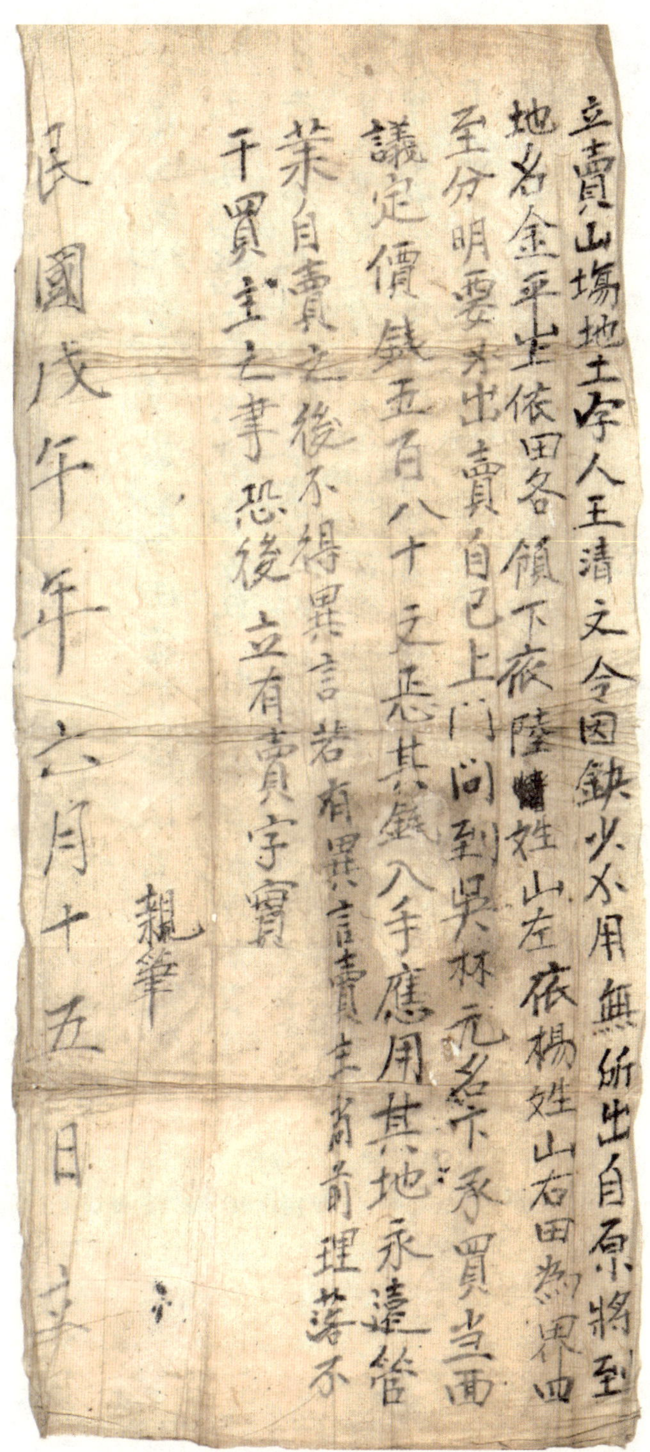

立卖山场地土字人王清文，今因缺少钱用，无［处］所出，自原（愿）将到地名金平山，上依田各（角）领（岭），下依陆姓山，左依杨姓山，右田为界，四至分明，要钱出卖。自己上门问到吴林元名下承买，当面议定价钱五百八十文整。其钱入手应用，其地永远［耕种］管业。自卖之后，不得异言。若有异言，卖主尚（上）前理落，不干买主之事。恐后［无凭］，立有卖字［是］实。

亲笔

民国戊午年六月十五日立

28. 陆应全卖田契（民国八年四月初一日）

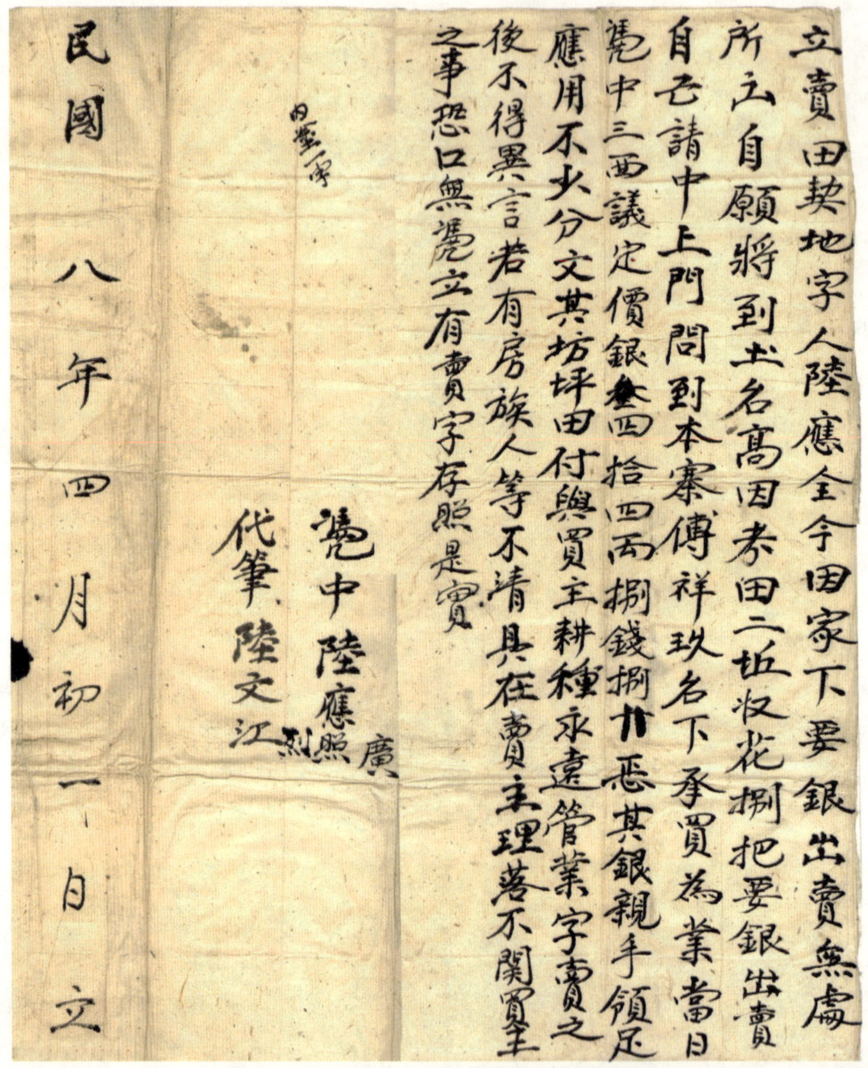

立賣田契地字人陸應全今因家下要銀出賣無處
所出自願將到土名高因考田二坵收花捌把要銀出賣
自己請中上門問到本寨傅祥玖名下承買為業當日
憑中三面議定價銀四拾四兩捌錢捌分整其銀親手領足
應用不少分文其坊坪田付與買主耕種永遠管業字賣之
後不得異言若有房族人等不清具在賣主理落不關買主
之事恐口無憑立有賣字存照是實

内塗一字

憑中 陸應廣 照 烈

代筆 陸文江

民國八年四月初一日立

立卖田契地字人陆应全，今因家下要银出卖，无处所出，自愿将到土名高因考田二丘，收花捌把，要银出卖。自己请中上门问到本寨傅祥玖名下承买为业，当日凭中三面议定价银四拾四两捌钱捌分整。其银亲手领足应用，不少分文，其坊（荒）坪田付与买主耕种永远管业。字（自）卖之后，不得异言。若有房族人等不清，具（俱）在卖主理落，不关买主之事。恐口无凭，立有卖字存照是实。

内涂一字

凭中：陆应广、陆应照、陆应烈

代笔：陆文江

民国八年四月初一日立

29. 陆祥玉卖屋平地基字（民国八年十一月初七日）

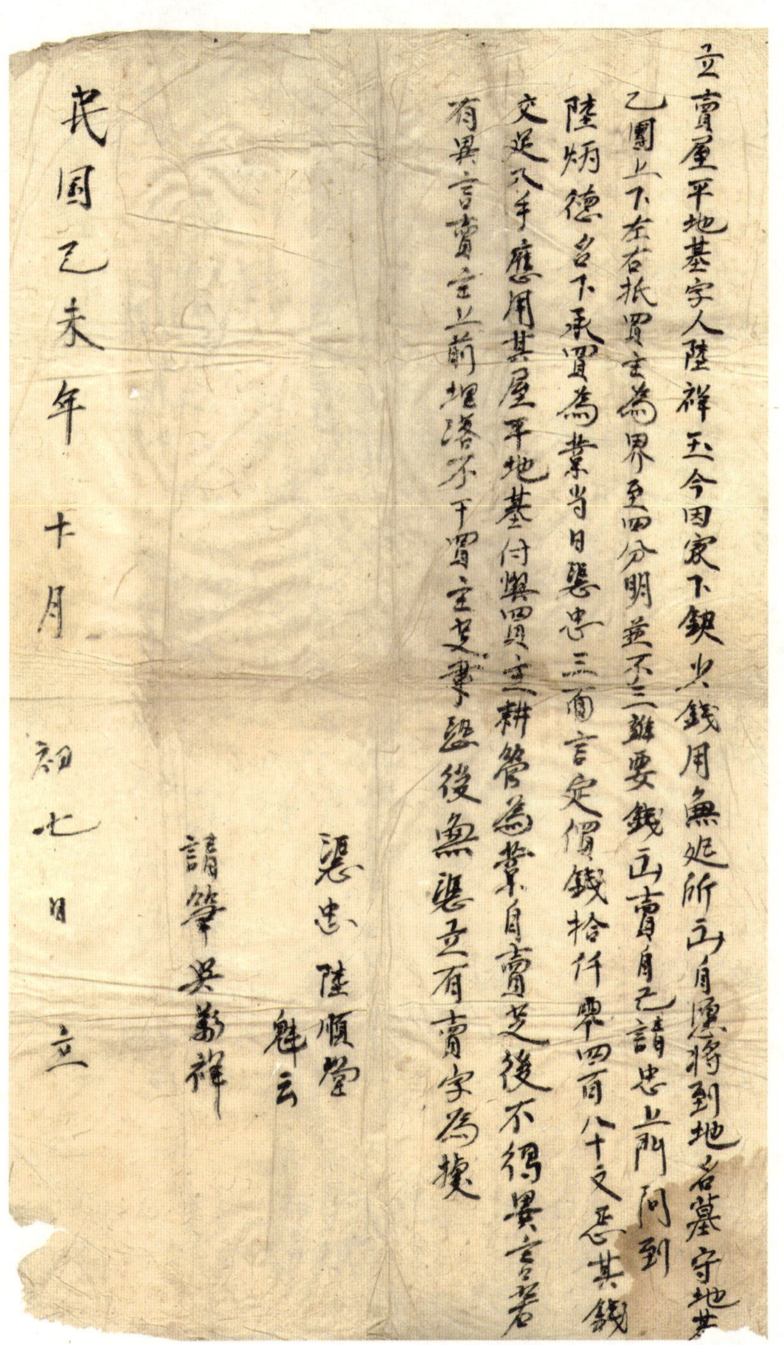

立賣屋平地基字人陸祥玉今因家下缺少錢用無處所出自愿將到地名墓守地基乙團上下左右抵買主為界至四分明並不三雜要錢出賣自己請忠上門問到陸炳德名下承買為業当日憑忠三面言定價錢拾仟零四百八十文整其錢交足入手應用其屋平地基付與買主耕管為業自賣芝後不得異言若有異言賣主上前埋落不干買主芝事恐後無憑立有賣字為據

憑忠 陸順堂 魁云

請筆 吳萬祥

民国乙未年十月初七日立

立卖屋平地基字人陆祥玉，今因家下缺少钱用，无处所出，自愿将到地名墓守地基一团，上下左右抵买主为界，四至分明，并不三（掺）杂，要钱出卖。自己请忠（中）上门问到陆炳德名下承买为业，当日凭忠（中）三面言定价钱拾仟零四百八十文整。其钱交足入手应用，其屋平地基付与买主耕管为业。自卖芝（之）后，不得异言。若有异言，卖主上前理落，不干买主芝（之）事。恐后无凭，立有卖字为据。

凭忠（中）：陆顺堂、陆魁云

请笔：吴万祥

民国己未年十一月初七日立

30. 刘德□、刘德恩卖地土字（民国八年十一月初八日）

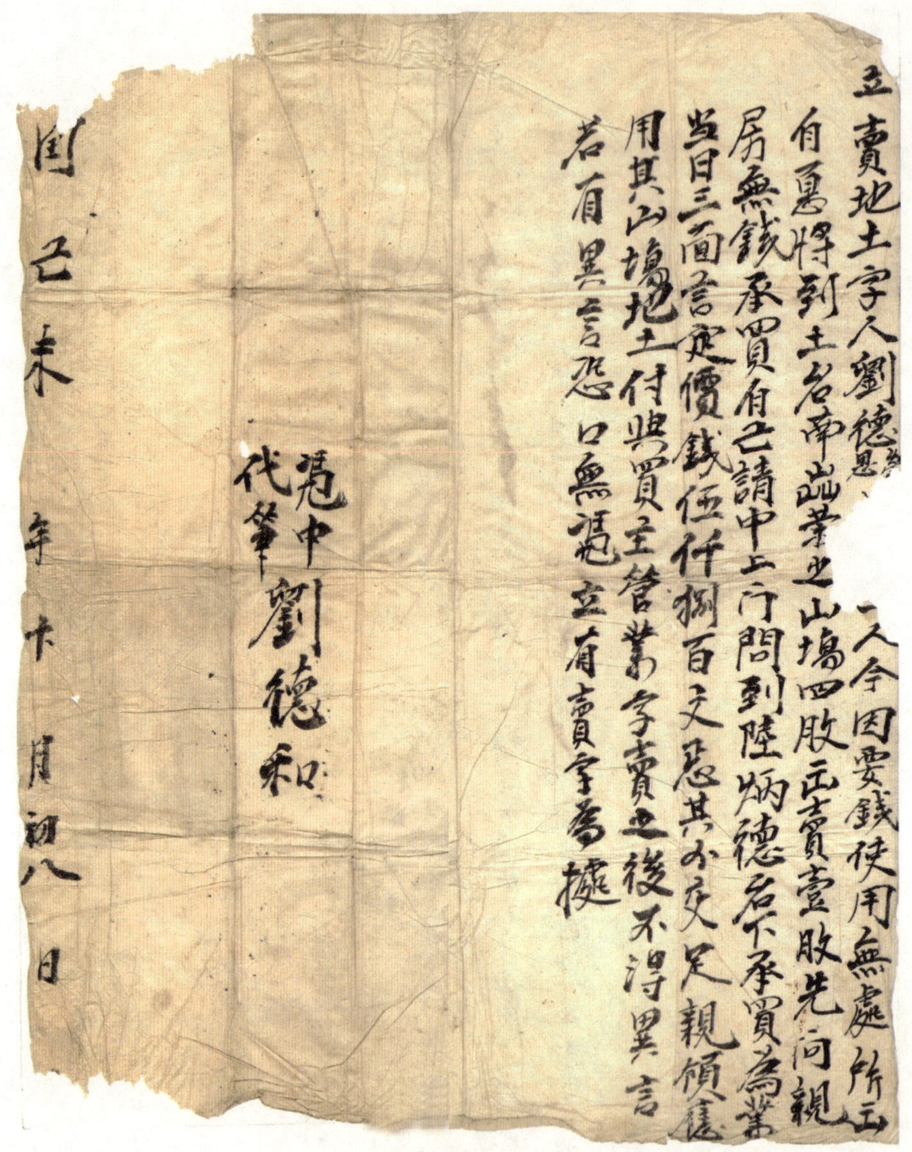

立卖地土字人刘德□、刘德恩……人，今因要钱使用，无处所出，自愿将到土名南岀荣之山场四股出卖壹股。先问亲房无钱承买，自己请中上门问到陆炳德名下承买为业，当日三面言定价钱伍仟捌百文整。其钱交足亲领应用，其山场地土付与买主管业。字（自）卖之后，不得异言。若有异言，恐口无凭，立有卖字为据。

凭中、代笔：刘德和

［民］国己未年十一月初八日［立］

31. 陆应坤卖园地契（民国十一年五月十七日）

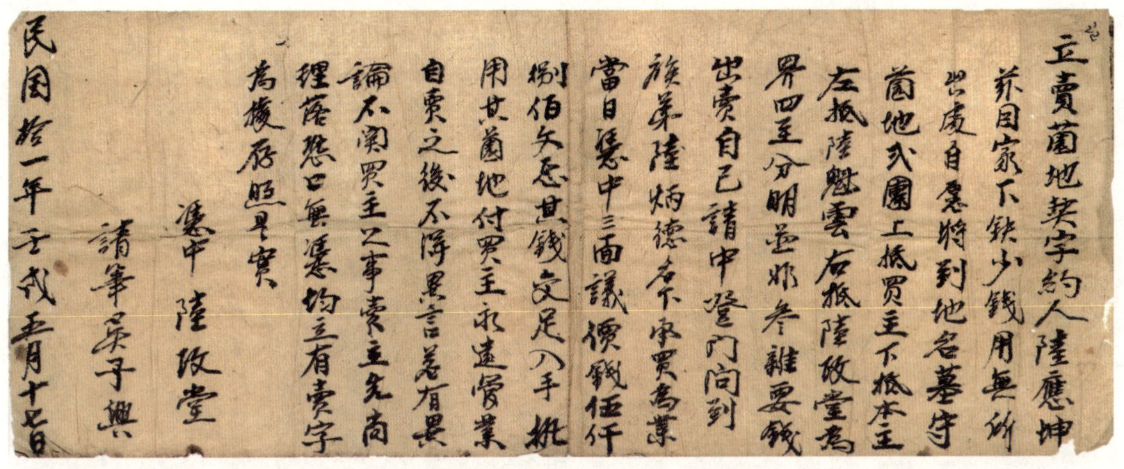

立卖园地契字约人陆应坤，兹因家下缺少钱用，无所出处，自愿将到地名墓守园地贰团，上抵买主，下抵本主，左抵陆魁云，右抵陆政堂为界，四至分明，并非叁（掺）杂，要钱出卖。自己请中登门问到族弟陆炳德名下承买为业，当日凭中三面议［定］价钱伍仟捌佰文整。其钱交足入手执用，其园地付买主永远管业。自卖之后，不得异言。若有异论，不关买主之事，卖主先尚（上）［前］理落。恐口无凭，均立有卖字为据存照是实。

凭中：陆政堂

请笔：吴子兴

民国拾一年壬戌五月十七日［立］

32. 陆应坤卖山场契（民国十一年五月十七日）

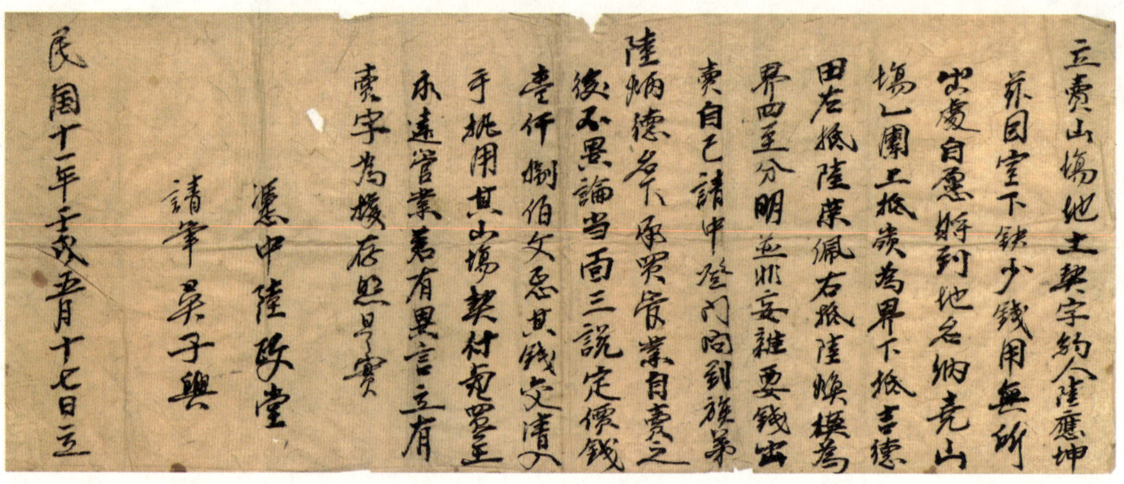

立卖山场地土契字约人陆应坤，兹因室下缺少钱用，无所出处，自愿将到地名纳尧山场一团，上抵岭为界，下抵吉德田，左抵陆荣佩，右抵陆焕模为界，四至分明，并非妄杂，要钱出卖。自己请中登门问到族弟陆炳德名下承买管业。自卖之后，不［得］异论。当面三说定价钱壹仟捌佰文整。其钱交清入手执用，其山场契付与买主永远管业。若有异言，立有卖字为据存照是实。

凭中：陆政堂

请笔：吴子兴

民国十一年壬戌五月十七日立

33. 陆应坤卖田契（民国十一年五月十七日）

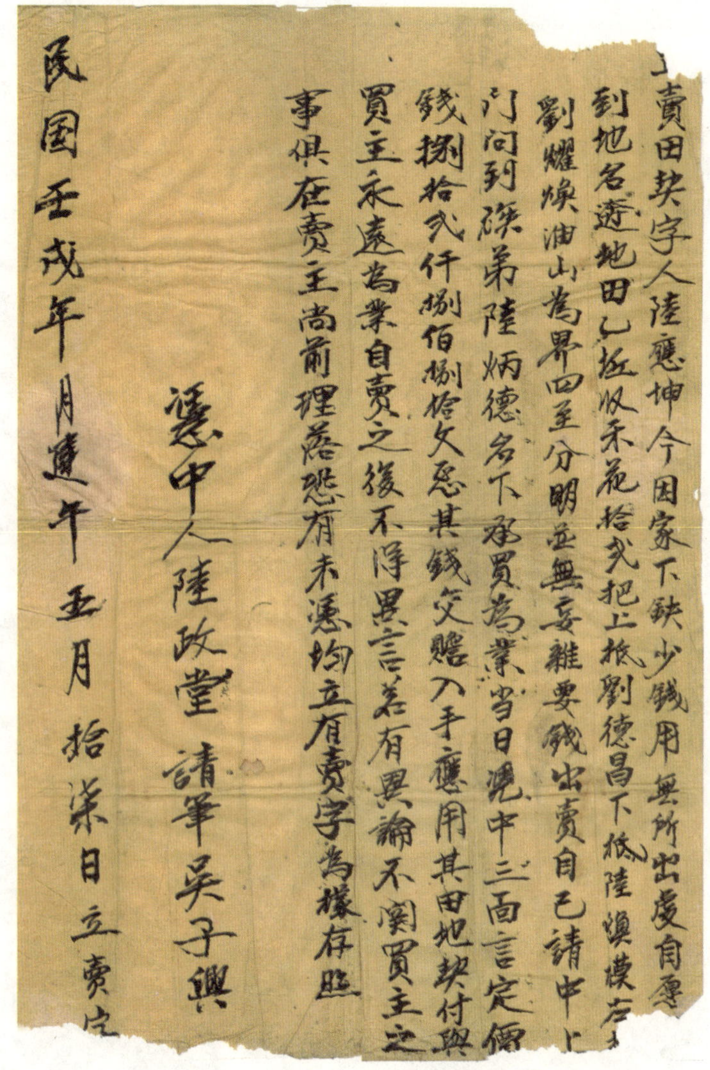

立卖田契字人陆应坤，今因家下缺少钱用，无所出处，自愿［将］到地名奔地田一丘，收禾花拾贰把，上抵刘德昌，下抵陆焕模，左［抵］刘耀焕油山为界，四至分明，并无妄杂，要钱出卖。自己请中上门问到族弟陆炳德名下承买为业，当日凭中三面言定价钱捌拾贰仟捌佰捌拾文整。其钱交赡入手应用，其田地契付与买主永远为业。自卖之后，不得异言。若有异论，不关买主之事，俱在卖主尚（上）前理落。恐有未凭，均立有卖字为据存照。

凭中：陆政堂

请笔：吴子兴

民国壬戌年月建午五月拾柒日立卖字

34. 陆炳春卖地土杉木山场字（民国十一年十月十六日）

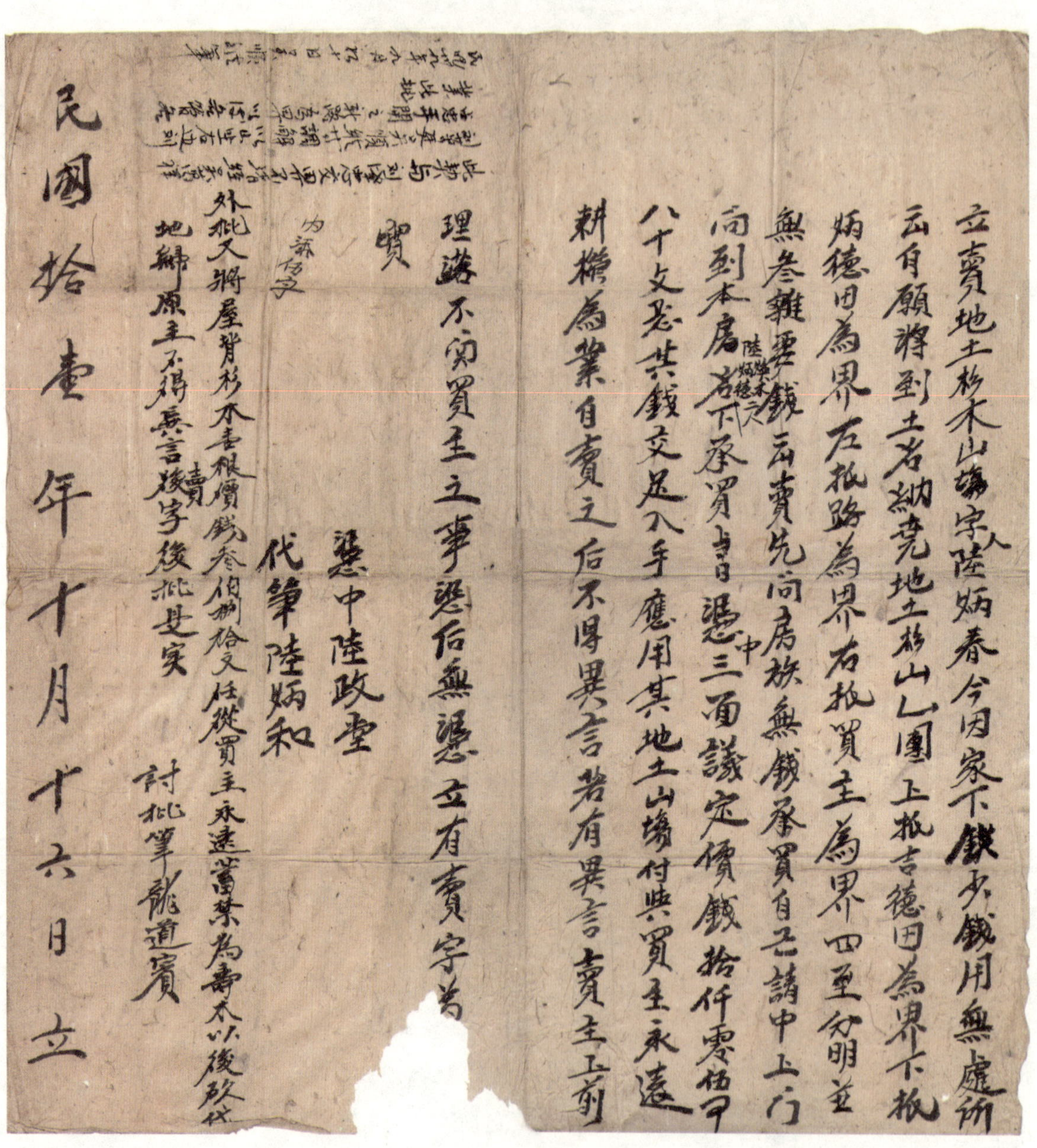

立卖地土杉木山场字人陆炳春，今因家下缺少钱用，无处所出，自愿将到土名纳尧地土杉山一团，上抵吉德田为界，下抵炳德田为界，左抵路为界，右抵买主为界，四至分明，并无叁（掺）杂，要钱出卖。先问房族无钱承买，自己请中上门问到本房陆焕木、陆炳德名下承买，当日凭中三面议定价钱拾仟零伍百八十文整。其钱交足入手应用，其地土山场付与买主永远耕管为业。自卖之后，不得异言。若有异言，卖主上前理落，不关买主之事。恐后无凭，立有卖字为［据是］实。

内添伍字

凭中：陆政堂

代笔：陆炳和

外批：又将屋背杉木壹根价钱叁伯（百）捌拾文，任从买主永远蓄禁为寿木，以后砍伐，地归原主，不得异言。卖字后批是实。

讨批笔：龙道宾

民国拾壹年十月十六日立

此契与刘泽忠交界不清，经吴万祥、刘荣廷、吴顺维等调解，以山坐右边刘占忠手开之新路为界，以后各管各业。此批

民国卅九年（1950 年）九月初十日吴顺维笔

35. 陆炳春卖地基字（民国十二年十月二十七日）

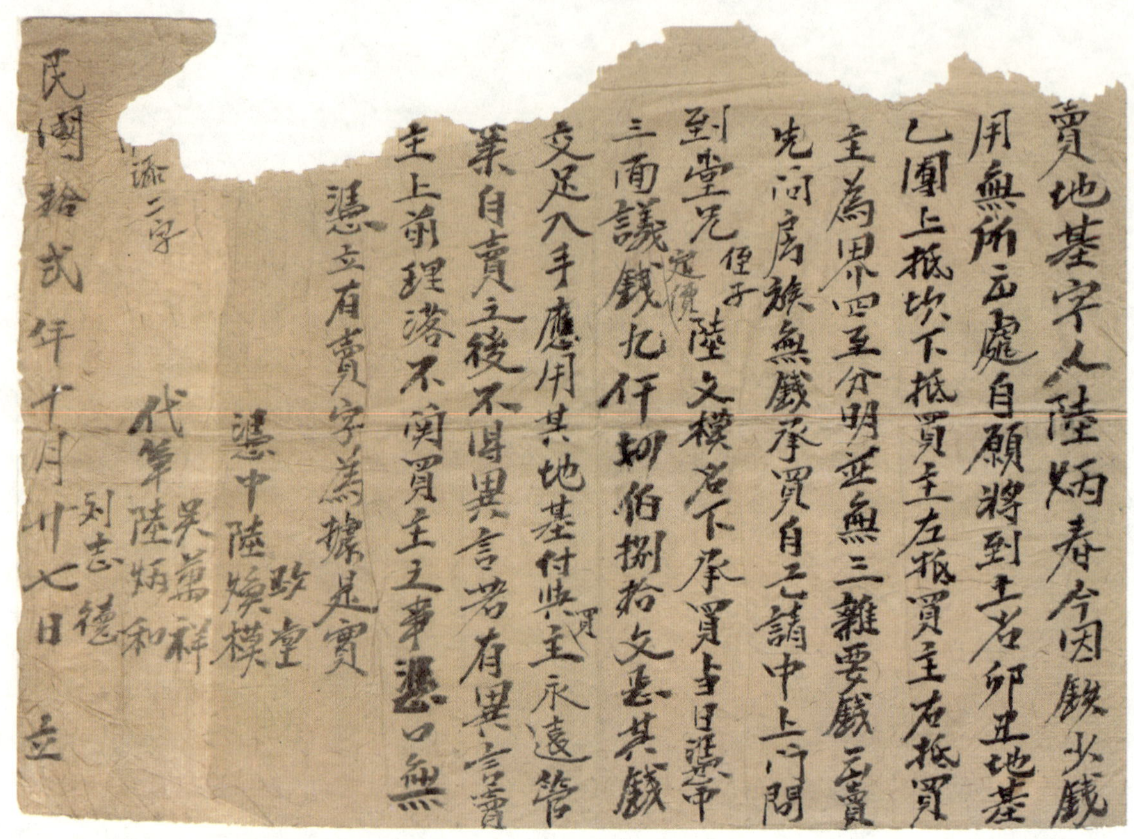

［立］卖地基字人陆炳春，今因缺少钱用，无所出处，自愿将到土名卯丑地基一团，上抵坎，下抵买主，左抵买主，右抵买主为界，四至分明，并无三（掺）杂，要钱出卖。先问房族无钱承买。自己请中上门问到堂兄侄子陆文模名下承买，当日凭中三面议定价钱九仟肆伯（百）捌拾文整。其钱交足入手应用，其地基付与买主永远管业。自卖之后，不得异言。若有异言，卖主上前理落，不关买主之事。恐口无凭，立有卖字为据是实。

内添二字

凭中：陆政堂、陆焕模

代笔：吴万祥、陆炳和、刘志德

民国拾贰年十月廿七日立

36. 陆应坤卖地基字（民国十二年十二月二十七日）

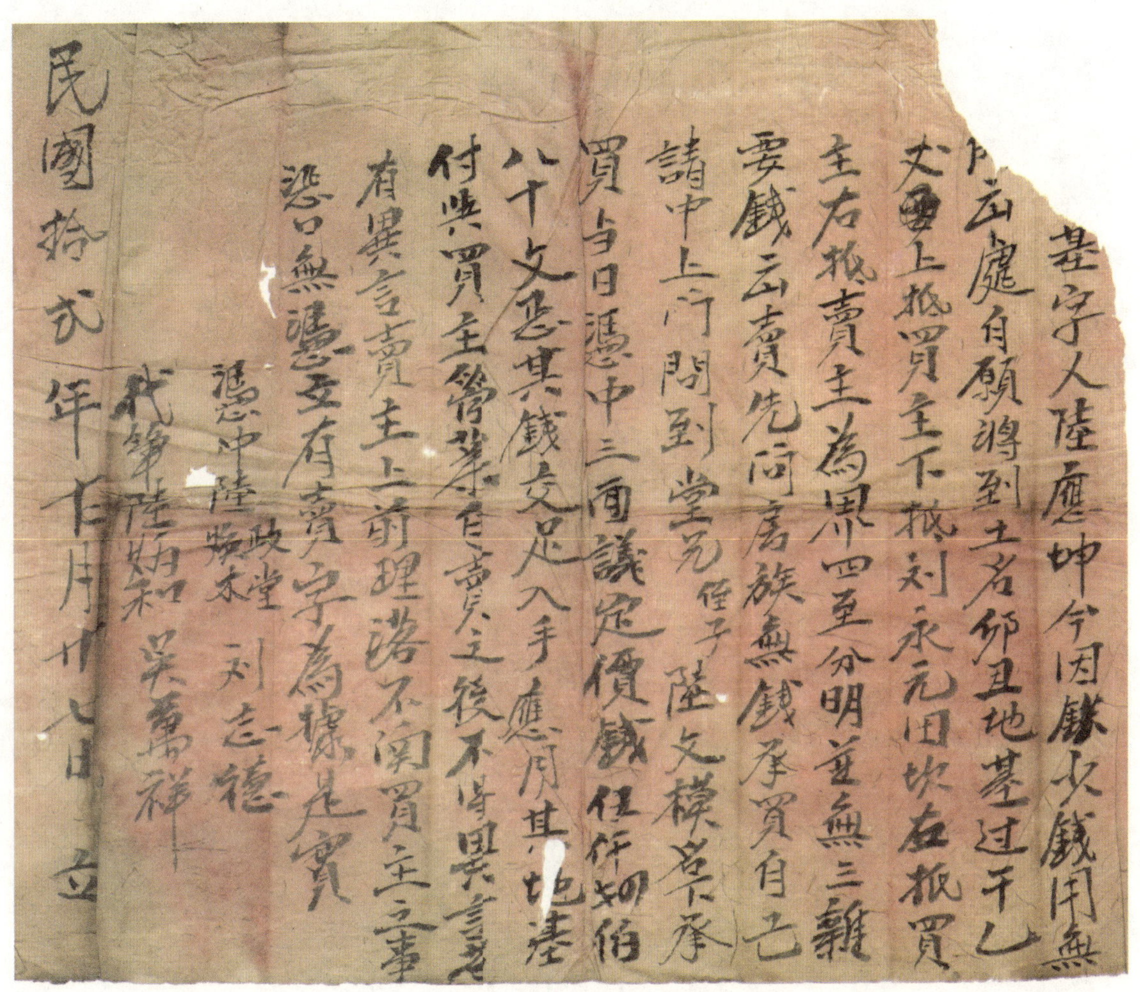

［立卖地］基字人陆应坤，今因缺少钱用，无所出处，自愿将到土名卯丑地基过干一丈，上抵买主，下抵刘永元田坎，左抵买主，右抵卖主为界，四至分明，并无三（掺）杂，要钱出卖。先问房族无钱承买，自己请中上门问到堂兄侄子陆文模名下承买，当日凭中三面议定价钱伍仟肆佰八十文整。其钱交足入手应用，其地基付与买主管业。自卖之后，不得异言。若有异言，卖主上前理落，不关买主之事。恐口无凭，立有卖字为据是实。

凭中：陆政堂、陆焕木、刘志德

代笔：陆炳和、吴万祥

民国拾贰年十二月廿七日立

37. 陆佑得卖田契（民国十三年二月十八日）

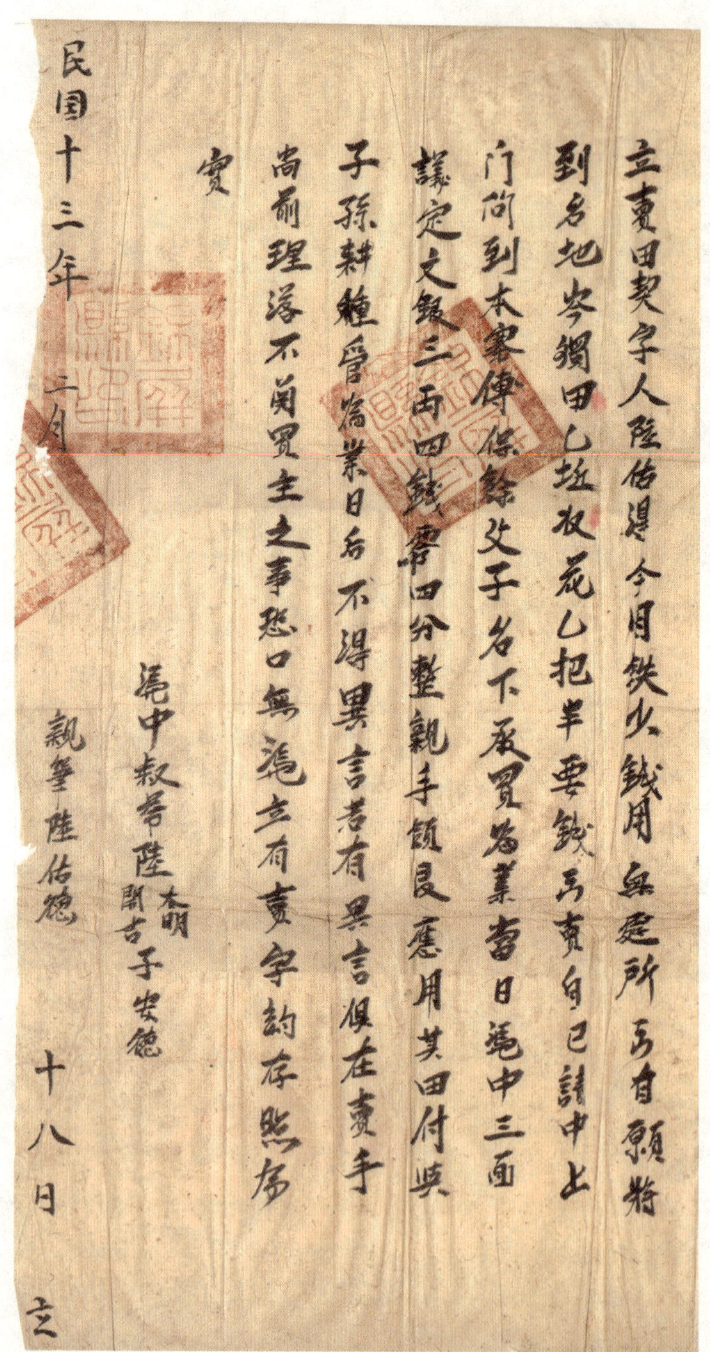

立賣田契字人陸佑得今因缺少錢用無處所出自願將
到名地岑獨田乙坵收花乙把半要錢出賣自己請中上
門問到本寨傅保餘父子名下承買為業當日憑中三面
議定文銀三兩四錢零四分整親手領艮應用其田付與
子孫耕種管為業日后不得異言若有異言俱在賣手
尚前理落不関買主之事恐口無憑立有賣字約存照為
實
憑中叔父陸太明 開古 子安德
親筆陸佑德
民國十三年二月十八日立

立卖田契字人陆佑得，今因缺少钱用，无处所出，自愿将到［土］名地岑独田一丘，收花一把半，要钱出卖。自己请中上门问到本寨傅保余父子名下承买为业，当日凭中三面议定文银三两四钱零四分整。亲手领银应用，其田付与子孙耕种管为业，日后不得异言。若有异言，俱在卖手尚（上）前理落，不关买主之事。恐口无凭，立有卖字约存照为实。

凭中：叔父陆太明、陆开古、子安德

亲笔：陆佑德

民国十三年二月十八日立

38. 陆焕模兄弟卖油山字（民国十四年十二月二十一日）

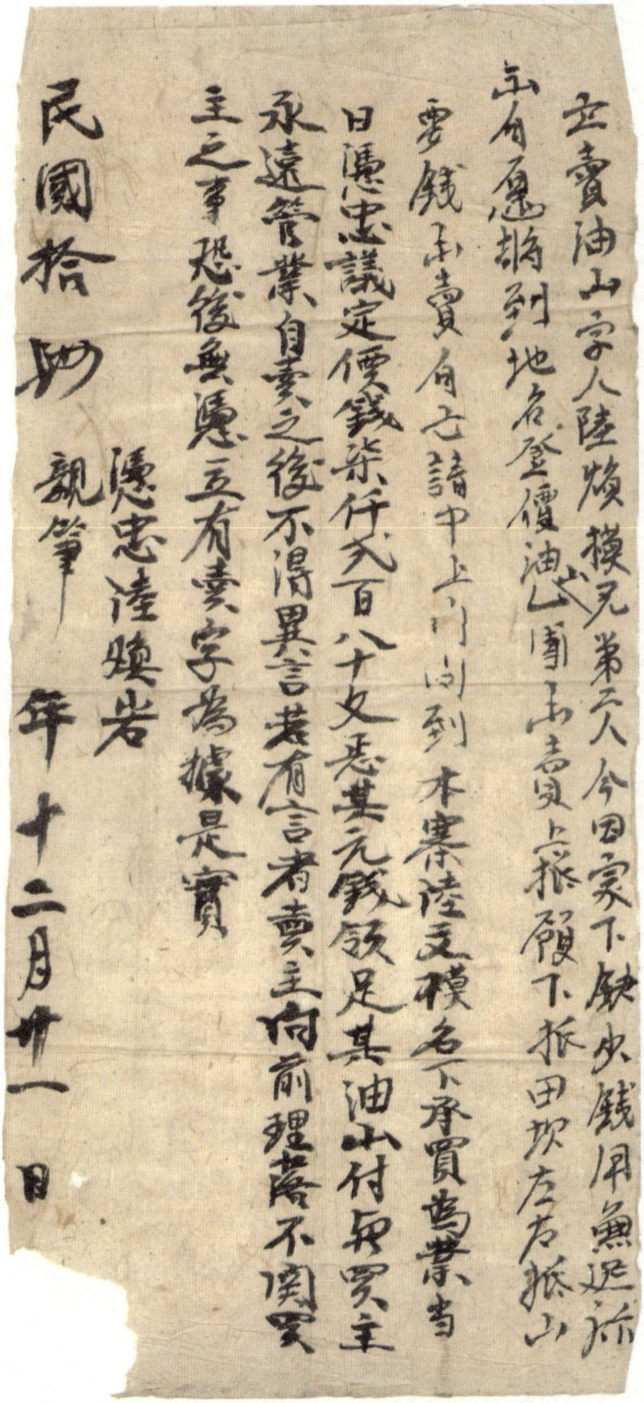

立賣油山字人陸煥模兄弟二人今因家下缺少錢用無處所
出自愿將到地名登價油山一團出賣上抵領下抵田坎左右抵山
要錢出賣自己請中上門問到本寨陸文模名下承買為業當
日憑忠議定價錢柒仟弍百八十文其元錢領足其油山付與買主
永遠管業自賣之後不淂異言若有言者賣主向前理落不関買
主之事恐後無憑立有賣字為據是實
憑忠陸煥岩
親筆
民國拾肆年十二月廿一日

立卖油山字人陆焕模兄弟二人，今因家下缺少钱用，无处所出，自愿将到地名登价油山一团出卖。上抵领（岭），下抵田坎，左右抵山，要钱出卖。自己请中上门问到本寨陆文模名下承买为业，当日凭忠（中）议定价钱柒仟贰百八十文整。其钱领足，其油山付与买主永远管业。自卖之后，不得异言。若有言者，卖主向前理落，不关买主之事。恐后无凭，立有卖字为据是实。

凭忠（中）：陆焕岩

亲笔

民国拾肆年十二月廿一日［立］

39. 陆应坤卖房屋地基字（民国十四年十二月二十一日）

立卖房屋地基字陆应坤，今因家下缺少钱用，无处所出，自愿将到地名墓守地基四间，四丈，上抵路为界，下抵田坎为界，左抵买主为界，右抵坎为界，四处分明，并无叁（掺）杂，要钱出卖。自己请中登门问到本服侄儿陆文模名下承买为业，当日凭中三面言定价钱壹拾壹千捌百文整。其钱亲［手］领足应用，其地基契付与买主作造为业。自卖之后，不得异言。若有异言，俱在卖主尚（上）前理落。恐口无凭，甘心自己父子同卖，有卖字杜后为据是实。

内添四字，内涂一字

凭中、代笔：陆政堂

民国十四年十二月廿一日立

40. 吴炳元、吴荣先父子卖田契（民国十五年五月二十六日）

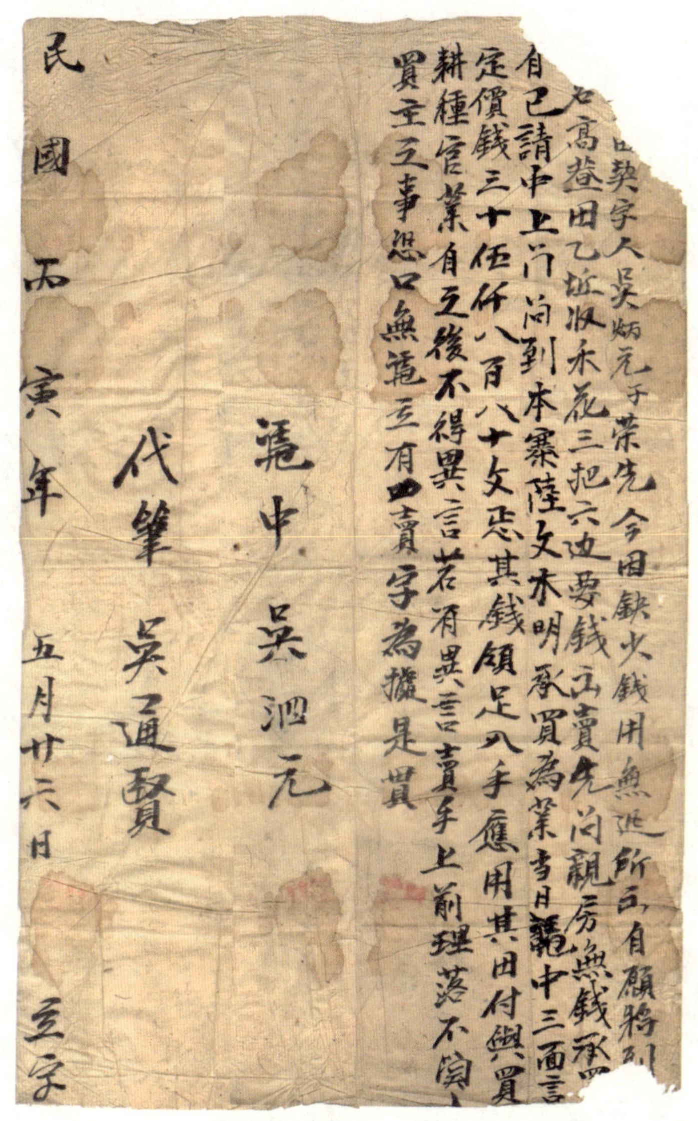

［立卖］田契字人吴炳元、子荣先，今因缺少钱用，无处所出，自愿将到土名高登田一丘，收禾花三把六边，要钱出卖。先问亲房无钱承买，自己请中上门问到本寨陆文木明（名）［下］承买为业，当日凭中三面言定价钱三十伍仟八百八十文整。其钱领足入手应用，其田付与买［主］耕种官（管）业。自［卖］之后，不得异言。若有异言，卖手上前理落，不关买主之事。恐口无凭，立有卖字为据是实。

凭中：吴泗元

代笔：吴通贤

民国丙寅年五月廿六日立字

41. 陆炳然卖园地字（民国二十三年二月二十五日）

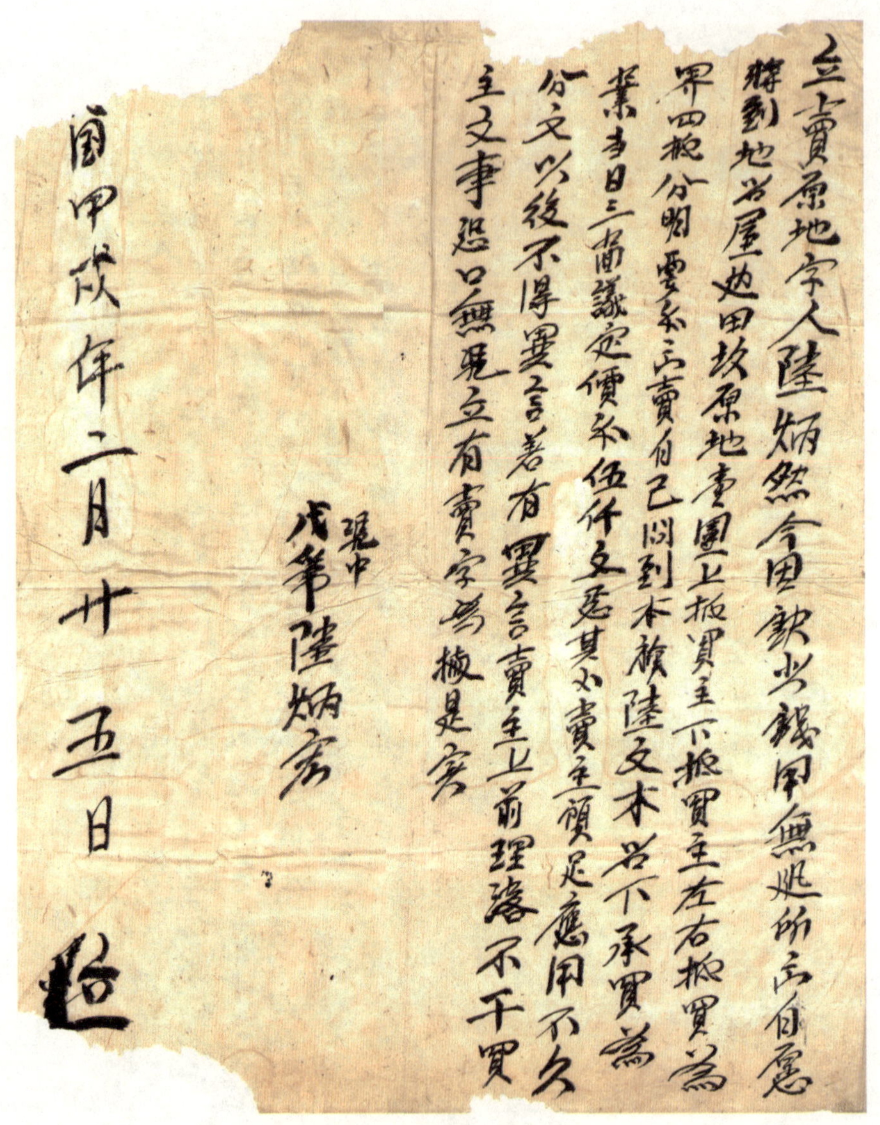

立卖原（园）地字人陆炳然，今因缺少钱用，无处所出，自愿将到地名屋边田坎原（园）地壹团，上抵买主，下抵买主，左右抵买［主］为界，四抵分明，要钱出卖。自己问到本族陆文木名下承买为业，当日三面议定价钱伍仟文整。其钱卖主领足应用，不少分文，以后不得异言。若有异言，卖主上前理落，不干买主之事。恐口无凭，立有卖字为据是实。

凭中

代笔：陆炳宏

［民］国甲戌年二月廿五日立

42. 陆文海卖田契（民国二十三年二月二十五日）

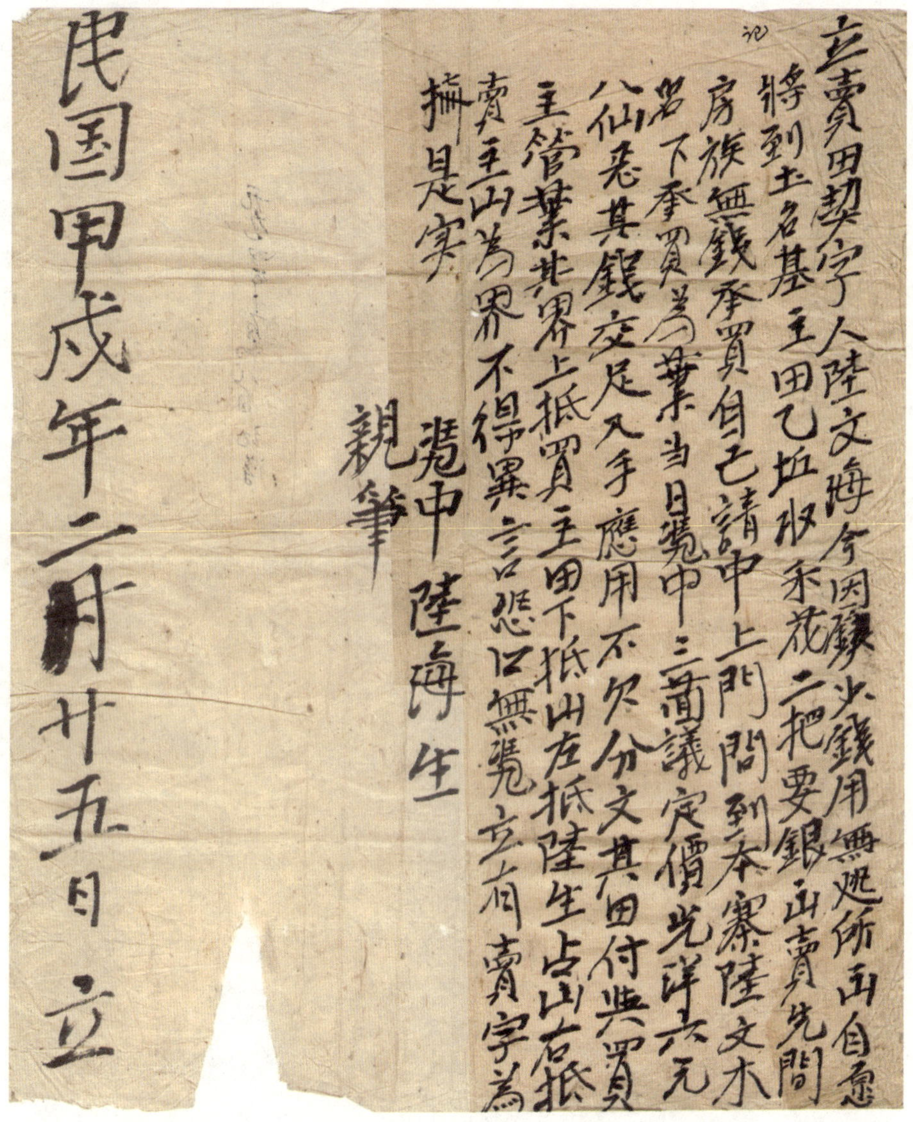

立卖田契字人陆文海，今因缺少钱用，无处所出，自愿将到土名基主田一丘，收禾花二把，要银出卖。先问房族无钱承买，自己请中上门问到本寨陆文木名下承买为业，当日凭中三面议定价光洋六元八仙整。其钱交足入手应用，不欠分文，其田付与买主管业。其界上抵买主田，下抵山，左抵陆生占山，右抵卖主山为界。不得异言。恐口无凭，立有卖字为据是实。

凭中：陆海生

亲笔

民国甲戌年二月廿五日立

43. 陆元德卖地土字（民国二十三年二月二十五日）

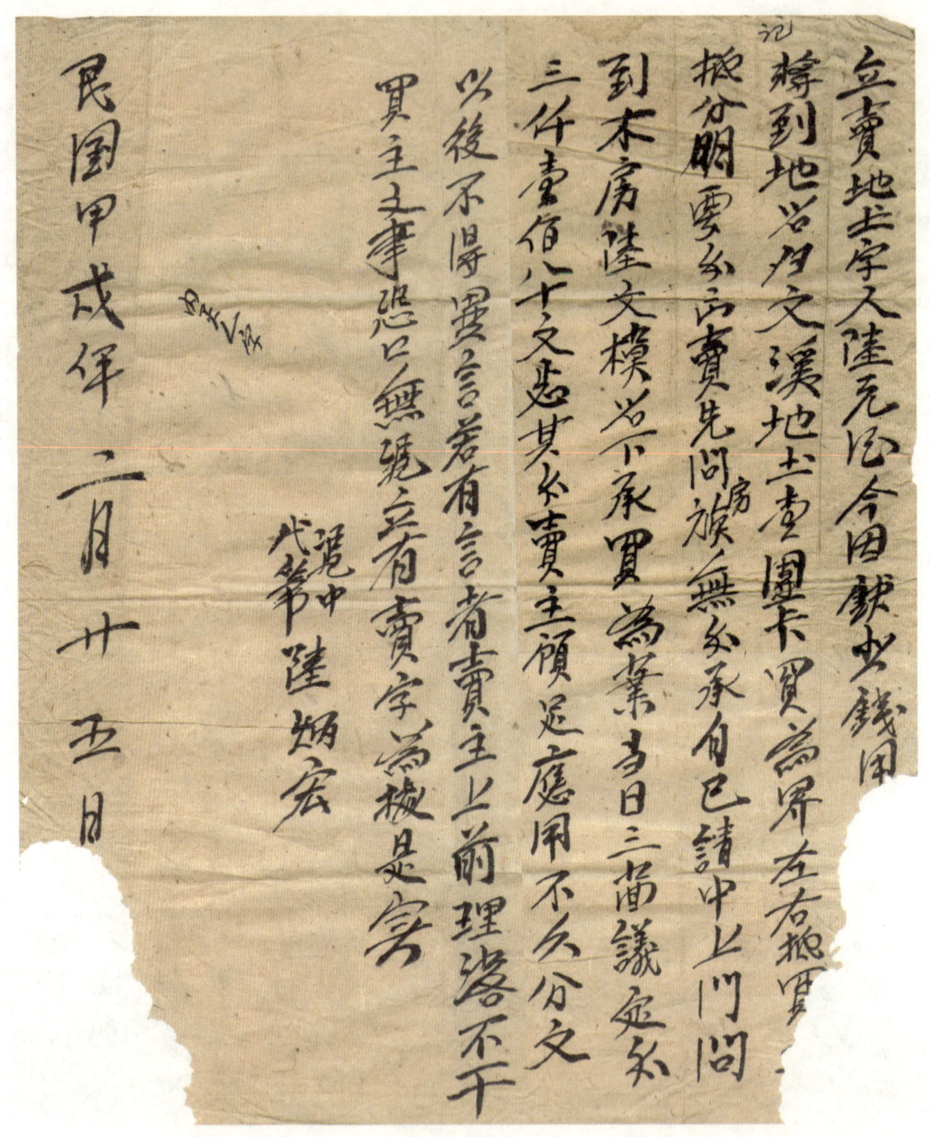

立卖地土字人陆元德，今因缺少钱用……将到地名归文溪地土壹团，上下买［主］为界，左右抵买［主］，［四］抵分明，要钱出卖。先问房族无钱承［买］，自己请中上门问到木（本）房陆文模名下承买为业，当日三面议定钱三仟壹佰八十文整。其钱卖主领足应用，不欠分文，以后不得异言。若有言者，卖主上前理落，不干买主之事。恐口无凭，立有卖字为据是实。

内添一字

凭中、代笔：陆炳宏

民国甲戌年二月廿五日［立］

44. 陆文海卖园地字（民国二十三年二月二十五日）

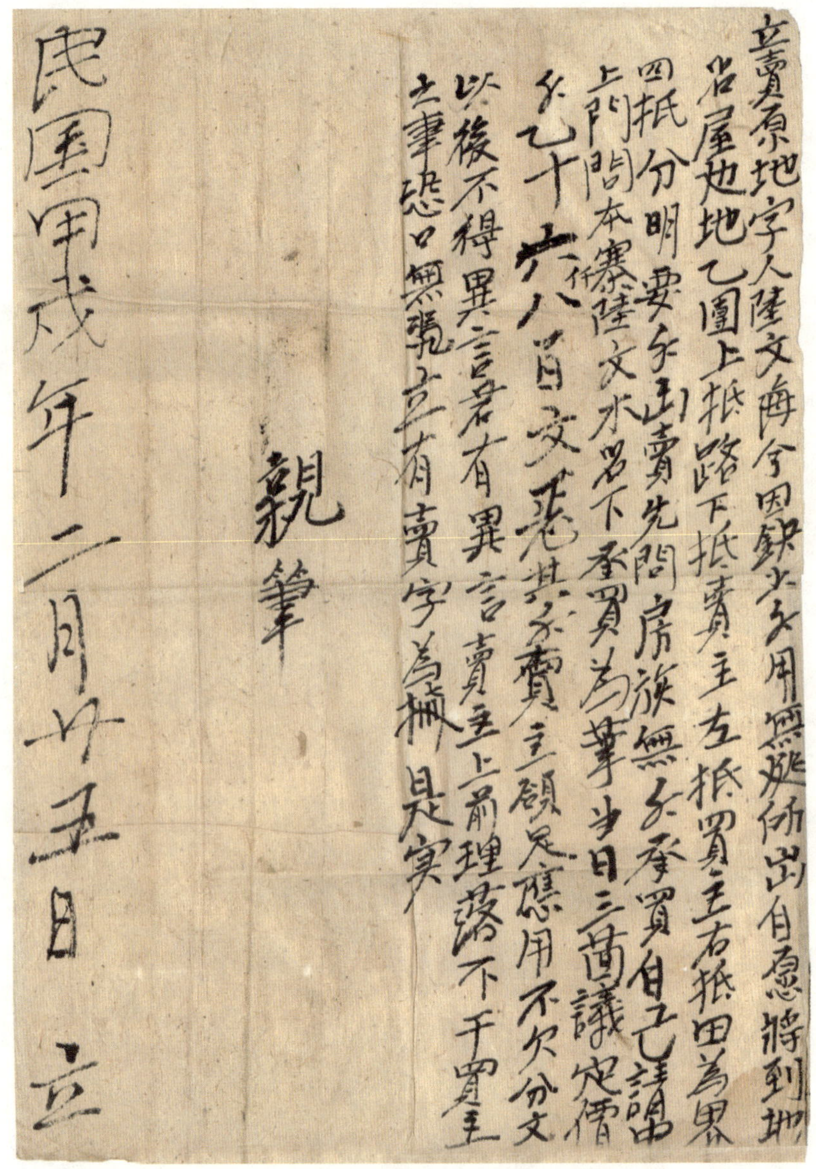

立卖原（园）地字人陆文海，今因缺少钱用，无处所出，自愿将到地名屋边地一团，上抵路，下抵卖主，左抵买主，右抵田为界，四抵分明，要钱出卖。先问房族无钱承买，自己请中上门问［到］本寨陆文木名下承买为业，当日三面议定价钱一十六仟八百文整。其钱卖主领足应用，不欠分文，以后不得异言。若有异言，卖主上前理落，不干买主之事。恐口无凭，立有卖字为据是实。

亲笔

民国甲戌年二月廿五日立

45. 刘汉坤、刘汉落兄弟卖田契（民国二十三年三月初六日）

立卖田契字人刘汉坤、刘汉落二人兄弟，乏少钱用，无处所出，自愿将到土名应包田一丘，收花贰把，上抵方（荒）山为界，下抵吴庭苟油山为界，左抵右抵油山为界，至四（四至）分明，要钱出卖。先问亲房无钱承买，自己请中上门问到本寨傅长久名下承买为业，当日议定价钱肆拾壹仟捌百文整。其钱交足入手应用，其田付与买主耕管为业。自卖之后，不得异言。若有异言，卖主上前理落，不关买主之事。恐后无凭，立有卖字为实。

内添一字

凭中、代笔：郃子殷

民国二十三年三月初六吉日立字

46. 刘祥毛卖田契（民国二十三年十月初十日）

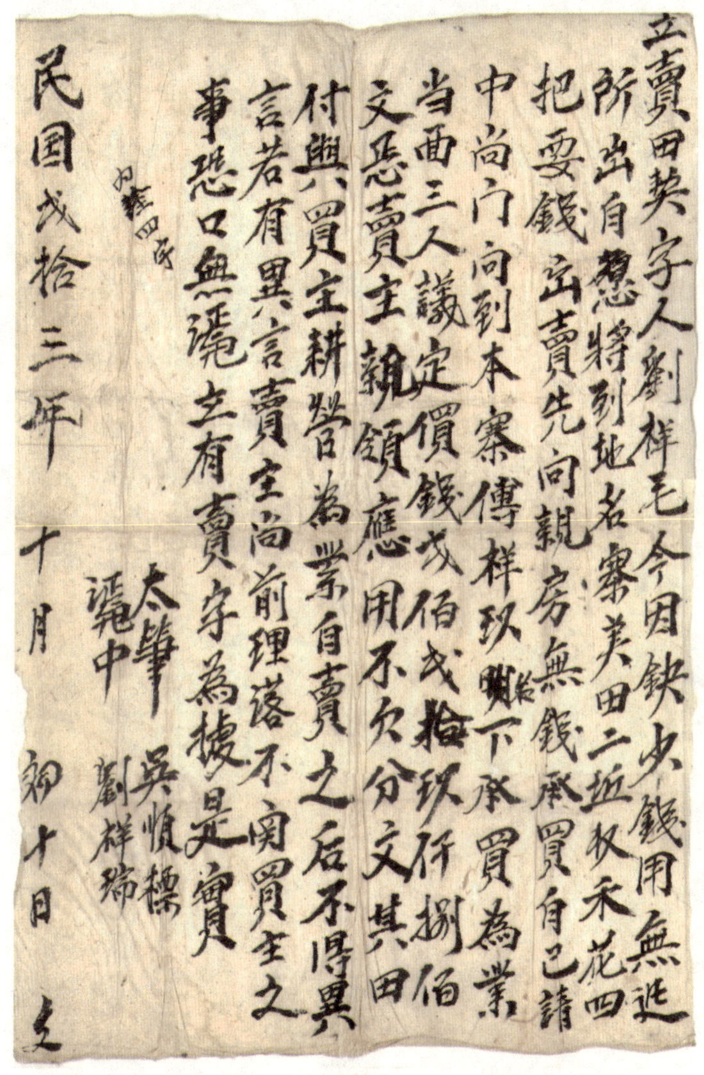

立卖田契字人刘祥毛，今因缺少钱用，无处所出，自愿将到地名寨美田二丘，收禾花四把，要钱出卖。先向亲房无钱承买，自己请中尚（上）门问到本寨傅祥玖名下承买为业，当面三人议定价钱贰佰贰拾玖仟捌百文整。卖主亲领应用，不欠分文，其田付与买主耕管为业。自卖之后，不得异言。若有异言，卖主尚（上）前理落，不关买主之事。恐口无凭，立有卖字为据是实。

内涂四字

太（代）笔：吴顺标

凭中：刘祥瑞

民国贰拾三年十月初十日立

47. 陆炳然、陆文荣父子卖田契（民国二十六年三月二十七日）

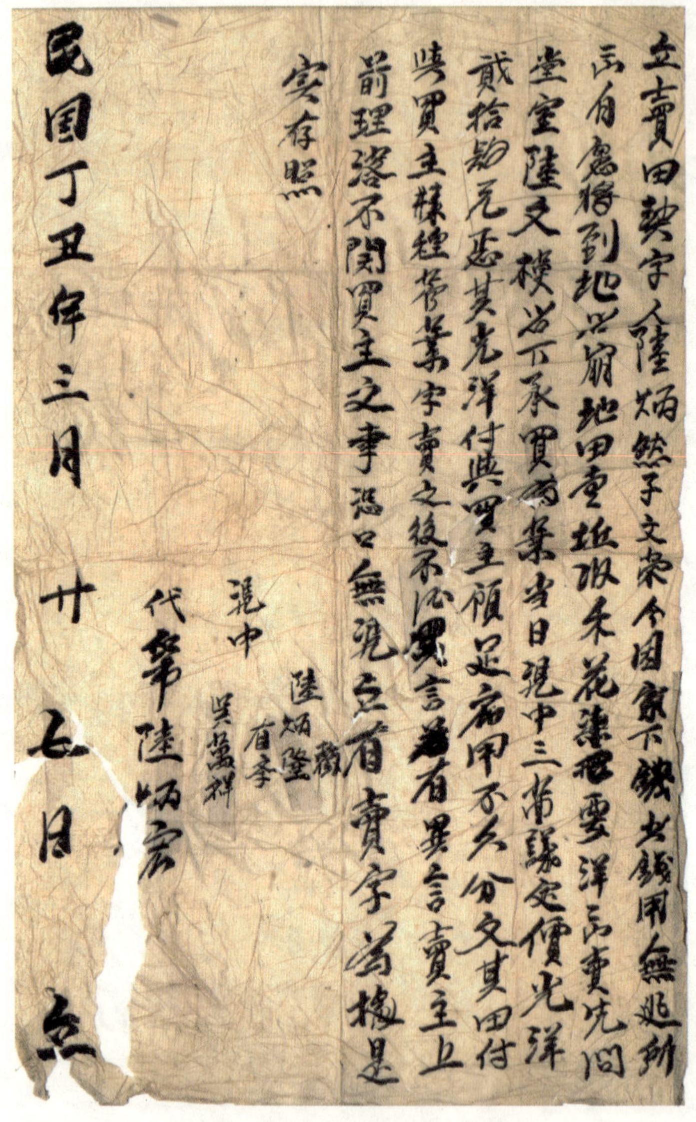

立卖田契字人陆炳然、子文荣，今因家下缺少钱用，无处所出，自愿将到地名崩地田壹丘，收禾花柒把，要洋出卖。先问堂室陆文模名下承买为业，当日凭中三面议定价光洋贰拾肆元整。其光洋付与买（卖）主领足应用，不欠分文，其田付与买主耕种管业。字（自）卖之后，不得异言。若有异言，卖主上前理落，不关买主之事。恐口无凭，立有卖字为据是实存照。

凭中：陆炳口、陆炳隆、陆有学、吴万祥

代笔：陆炳宏

民国丁丑年三月廿七日立

48. 刘永荣卖山地字（民国二十七年七月十一日）

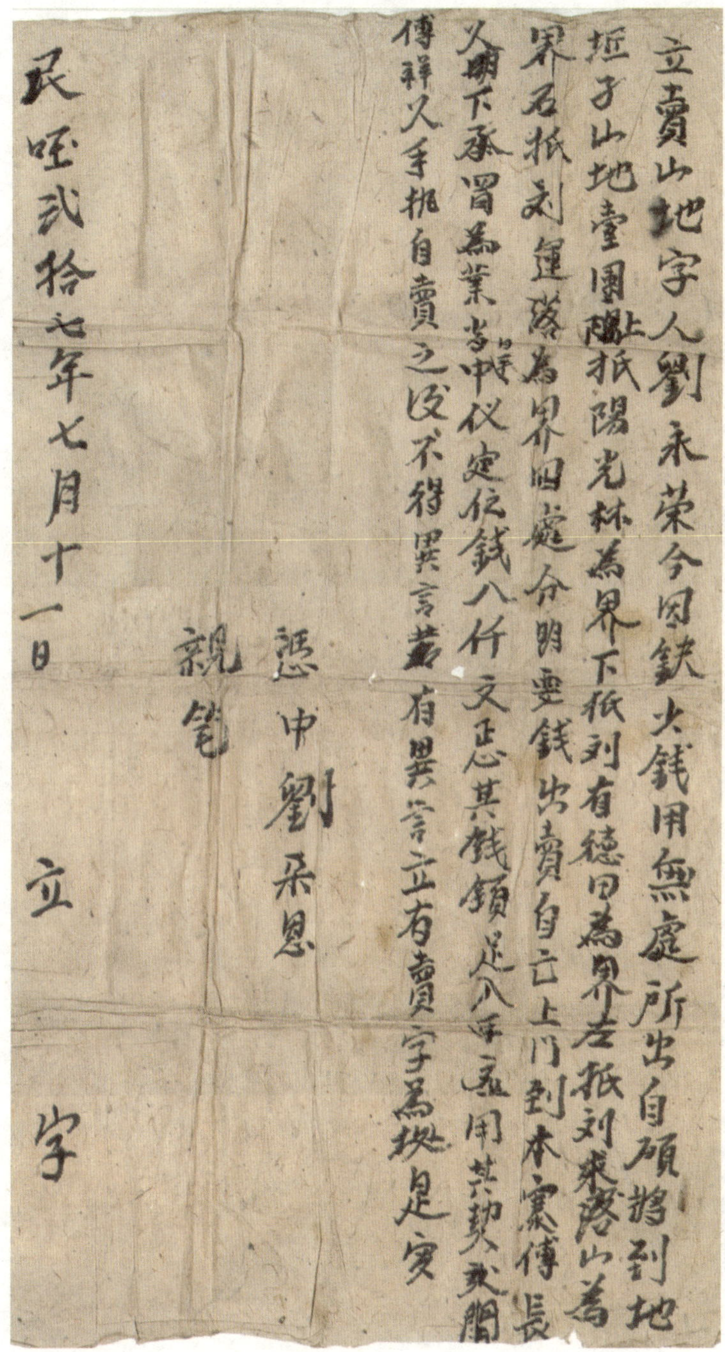

立卖山地字人刘永荣，今因缺少钱用，无处所出，自愿将到地丘子山地壹团，上抵阳光林为界，下抵刘有德田为界，左抵刘求落山为界，石（右）抵刘运落为界，四处分明，要钱出卖。自己上门［问］到本寨傅长久明（名）下承买为业，当日平（凭）中仪（议）定价钱八仟文整。其钱领足入手应用，其契交与傅祥久手执，自卖之后，不得异言。若有异言，立有卖字为据是实。

凭中：刘朵恩

亲笔

民国贰拾七年七月十一日 立字

49. 刘永荣父子卖山地字（民国二十七年七月十一日）

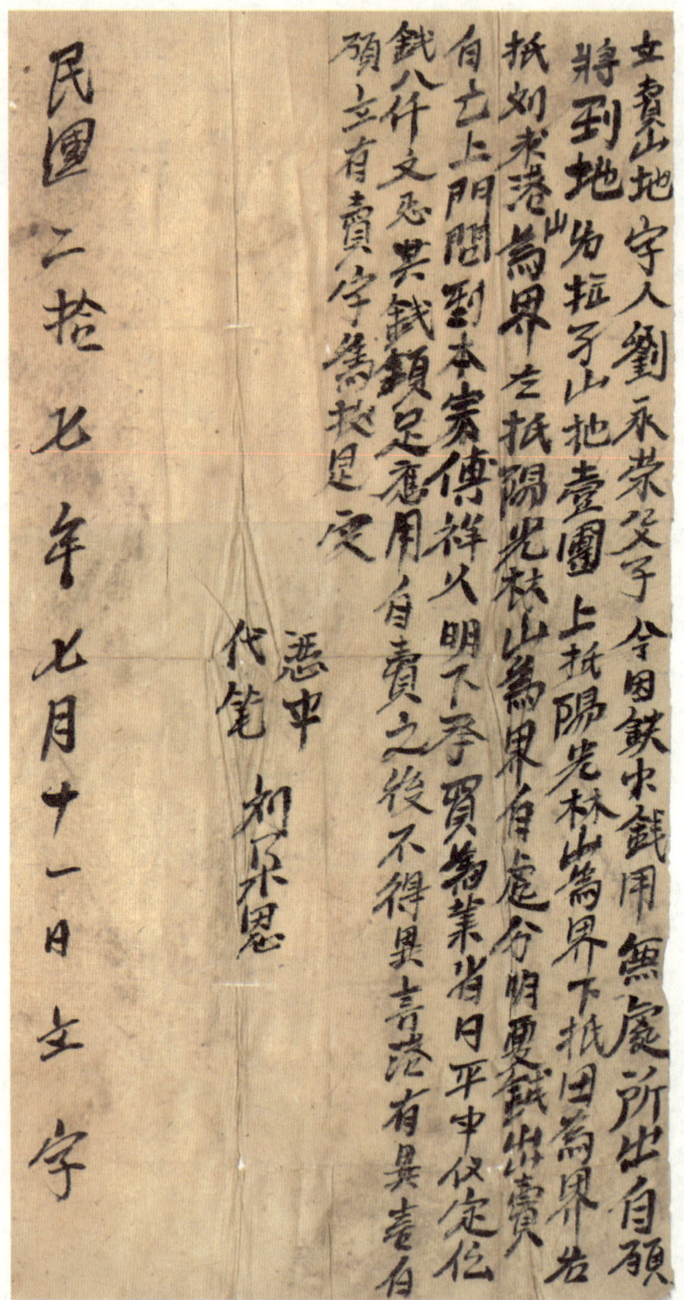

立卖山地字人刘永荣父子，今因缺少钱用，无处所出，自愿将到地名丘子山地壹团，上抵阳光林山为界，下抵田为界，右抵刘求落山为界，左抵阳光林山为界，自（四）处分明，要钱出卖。自己上门问到本寨傅祥久明（名）下承买为业，当日平（凭）中仪（议）定价钱八仟文整。其钱领足应用，自卖之后，不得异言。落（若）有异言，自愿立有卖字为据是实。

凭中、代笔：刘朵恩

民国二拾七年七月十一日立字

50. 吴泰顺、吴和顺卖园地字（民国二十七年七月十五日）

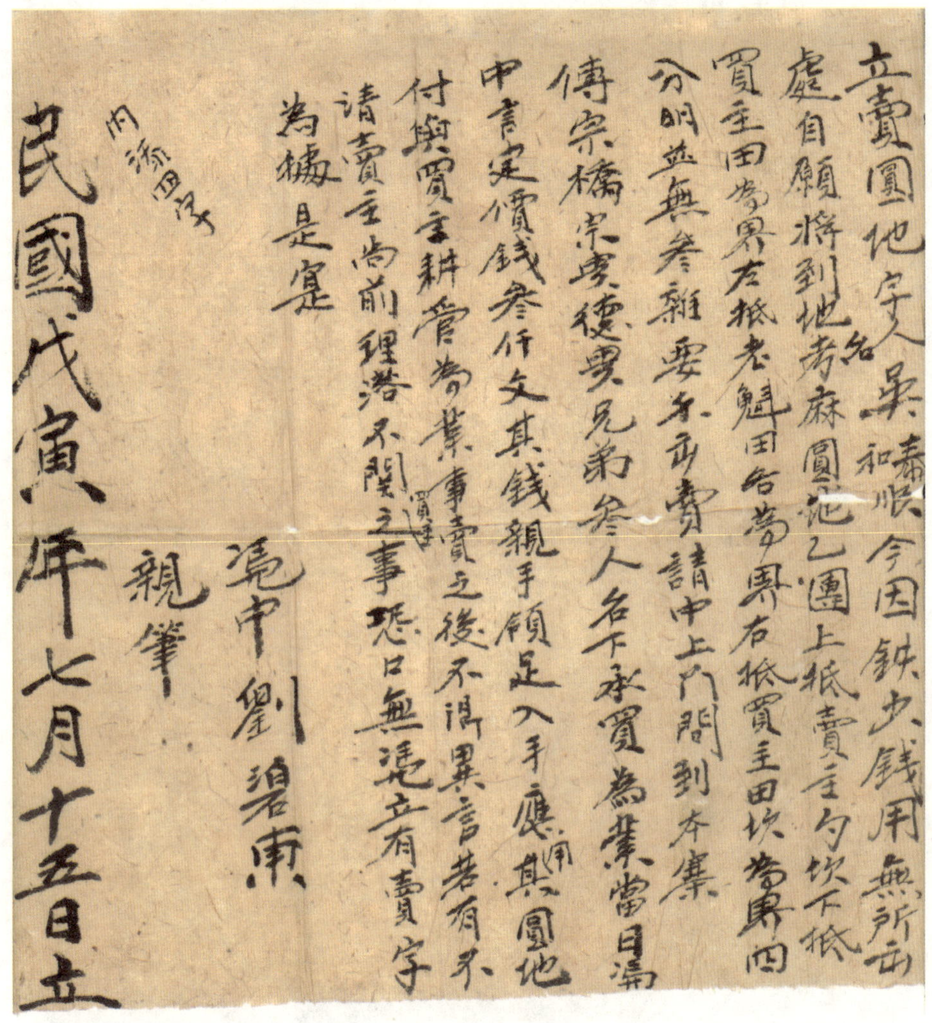

立卖圆（园）地字人吴泰顺、吴和顺，今因缺少钱用，无所出处，自愿将到地名考麻圆地一团，上抵卖主勺（苕）坎，下抵买主田为界，左抵老魁田各（角）为界，右抵买主田坎为界，四［至］分明，并无参（掺）杂，要钱出卖。请中上门问到本寨傅宗桥、宗贵、德贵兄弟三人名下承买为业，当日凭中言定价钱叁仟文。其钱亲手领足入手应用，其圆（园）地付与买主耕管为业。事（自）卖之后，不得异言。若有不清，卖主尚（上）前理落，不关买主之事。恐口无凭，立有卖字为据是实。

内添四字

凭中：刘碧东

亲笔

民国戊寅年七月十五日立

51. 陆炳然、陆文荣卖茶坪字（民国三十一年正月）

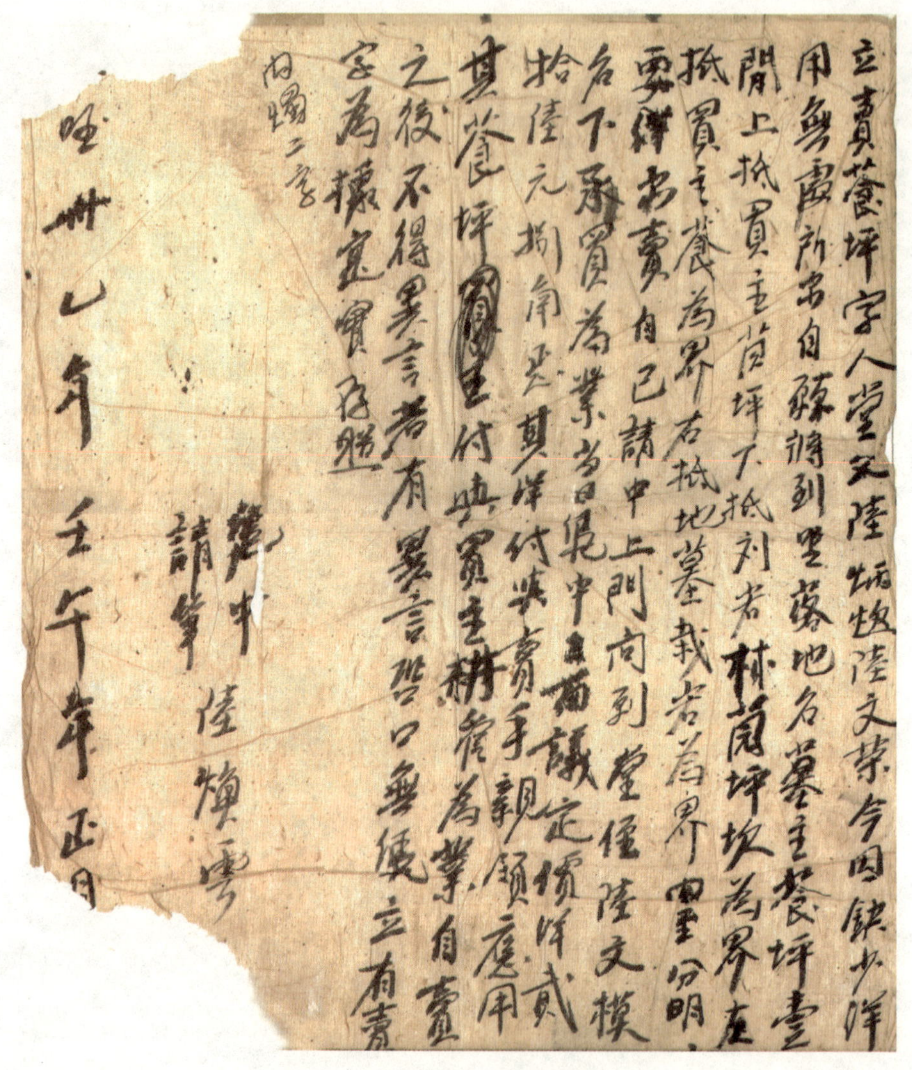

立卖茶坪字人堂父陆炳然、陆文荣，今因缺少洋用，无处所出，自愿将到坐落地名墓主茶坪壹间，上抵买主园坪，下抵刘岩林园坪坎为界，左抵买主茶为界，右抵地墓栽岩为界，四至分明，要洋出卖。自己请中上门问到堂侄陆文模名下承买为业，当日凭中三面议定价洋贰拾陆元捌角整。其洋付与卖手亲领应用，其茶坪付与买主耕管为业。自卖之后，不得异言。若有异言，恐口无凭，立有卖字为据是实存照。

内烛（涂）二字

凭中、请笔：陆焕云

［民］国卅一年壬午年正月……

52. 吴大顺、吴和顺兄弟卖园地字（民国三十一年二月十二日）

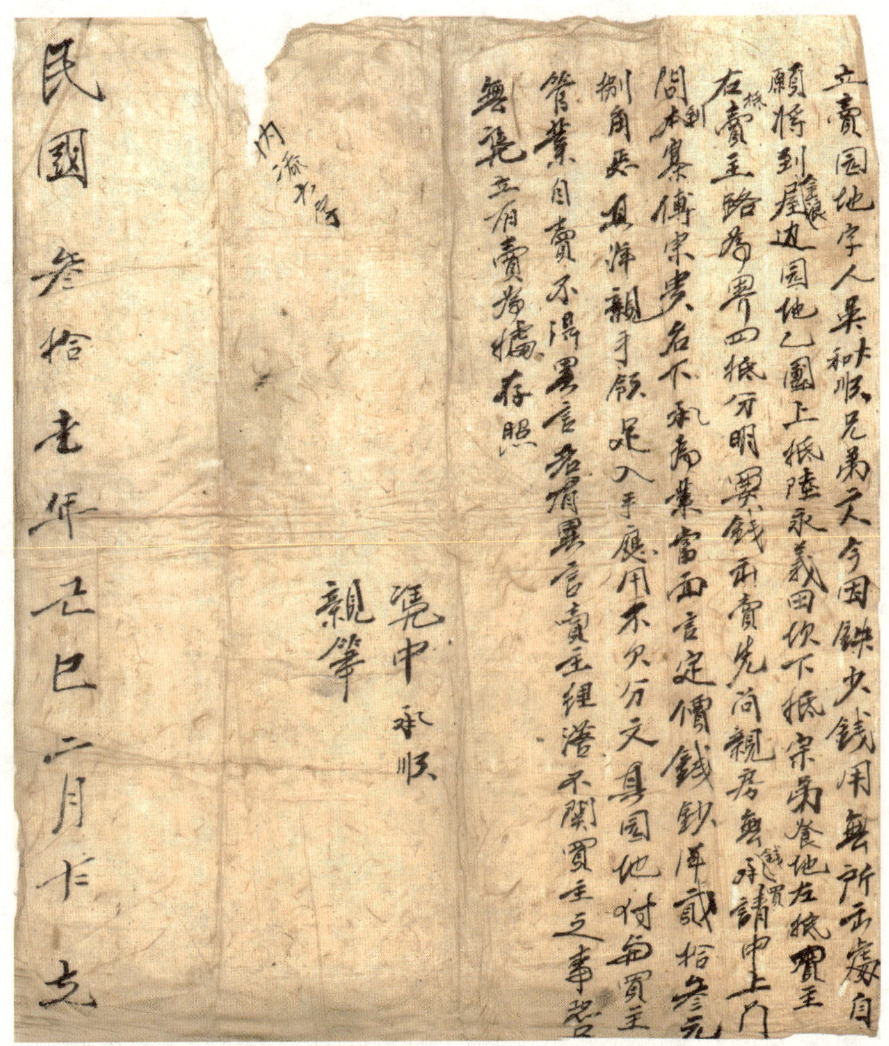

立卖园地字人吴大顺、吴和顺兄弟二人，今因缺少钱用，无所出处，自愿将到金浪屋边园地一团，上抵陆永义田坎，下抵宗弟食地，左抵买主，右抵卖主路为界，四抵分明，要钱出卖。先问亲房无钱承买，请中上门问到本寨傅宗贵名下承［买］为业，当面言定价钱钞洋贰拾叁元捌角整。其洋亲手领足入手应用，不欠分文，其园地付与买主管业。自卖［之后］，不得异言。若有异言，卖主理落，不关买主之事。恐口无凭，立有卖［字］为据存照。

内添六字

凭中：承顺

亲笔

民国叁拾壹年己巳二月十二［日］立

53. 陆求恩卖山场字（民国三十一年六月二十六日）

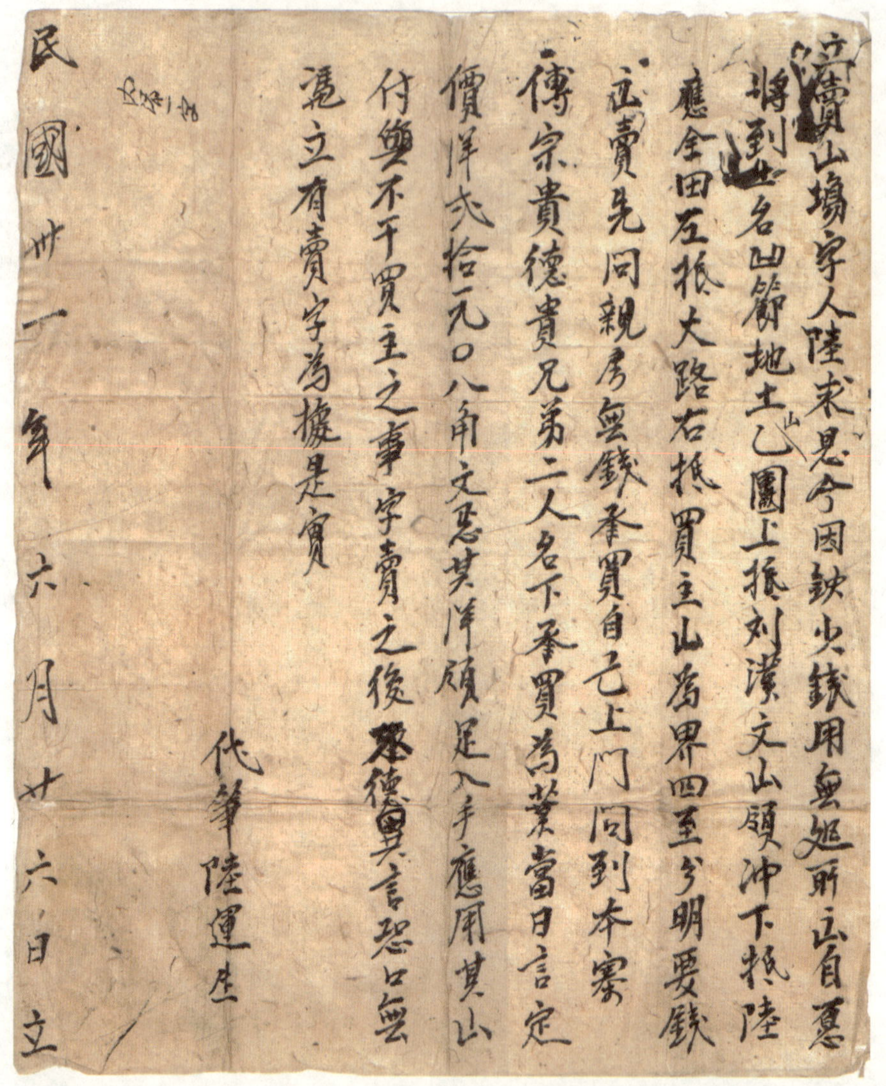

立卖山场字人陆求恩，今因缺少钱用，无处所出，自愿将到土名凹节地土山一团，上抵刘汉文山领（岭）冲，下抵陆应全田，左抵大路，右抵买主山为界，四至分明，要钱出卖。先问亲房无钱承买，自己上门问到本寨傅宗贵、德贵兄弟二人名下承买为业，当日言定价洋贰拾元〇八角文整。其洋领足入手应用，其山付与［买主］，不干买主之事。字（自）卖之后，不德（得）异言。恐口无凭，立有卖字为据是实。

内添一字

代笔：陆运生

民国卅一年六月廿六日立

54. 傅德贵典田契（民国三十一年十二月二十日）

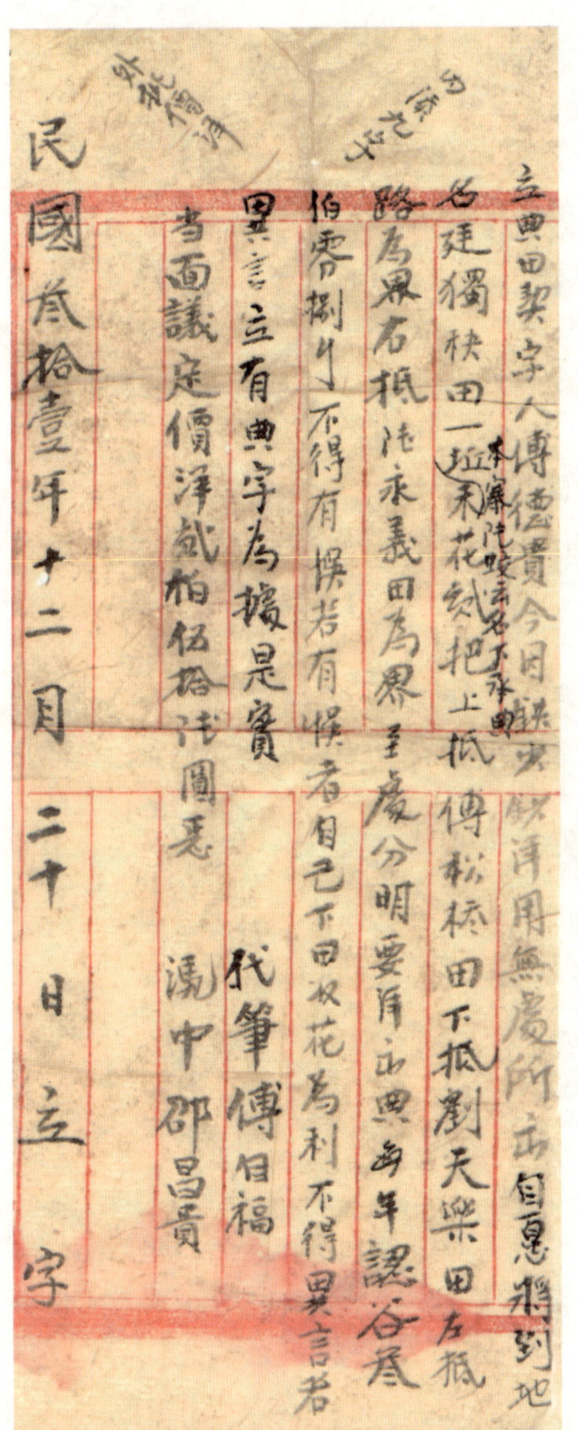

立典田契字人傅德贵，今因缺少洋用，无处所出，自愿将到地名廷独秧田一丘，禾花贰把，［自己请中上门问到］本寨陆蛟云名下承典。上抵傅松桥田，下抵刘天乐田，左抵路为界，右抵陆永义田为界，至（四）处分明，要洋出典。每年认谷叁佰零捌斤，不得有误。若有误者，自己下田收花为利，不得异言。若［有］异言，立有典字为据是实。

内添九字，外批价洋

当面议定价洋贰佰伍拾陆圆（元）整

代笔：傅自福

凭中：邵昌贵

民国叁拾壹年十二月二十日立字

55. 陆恩良卖田契（民国三十二年二月二十七日）

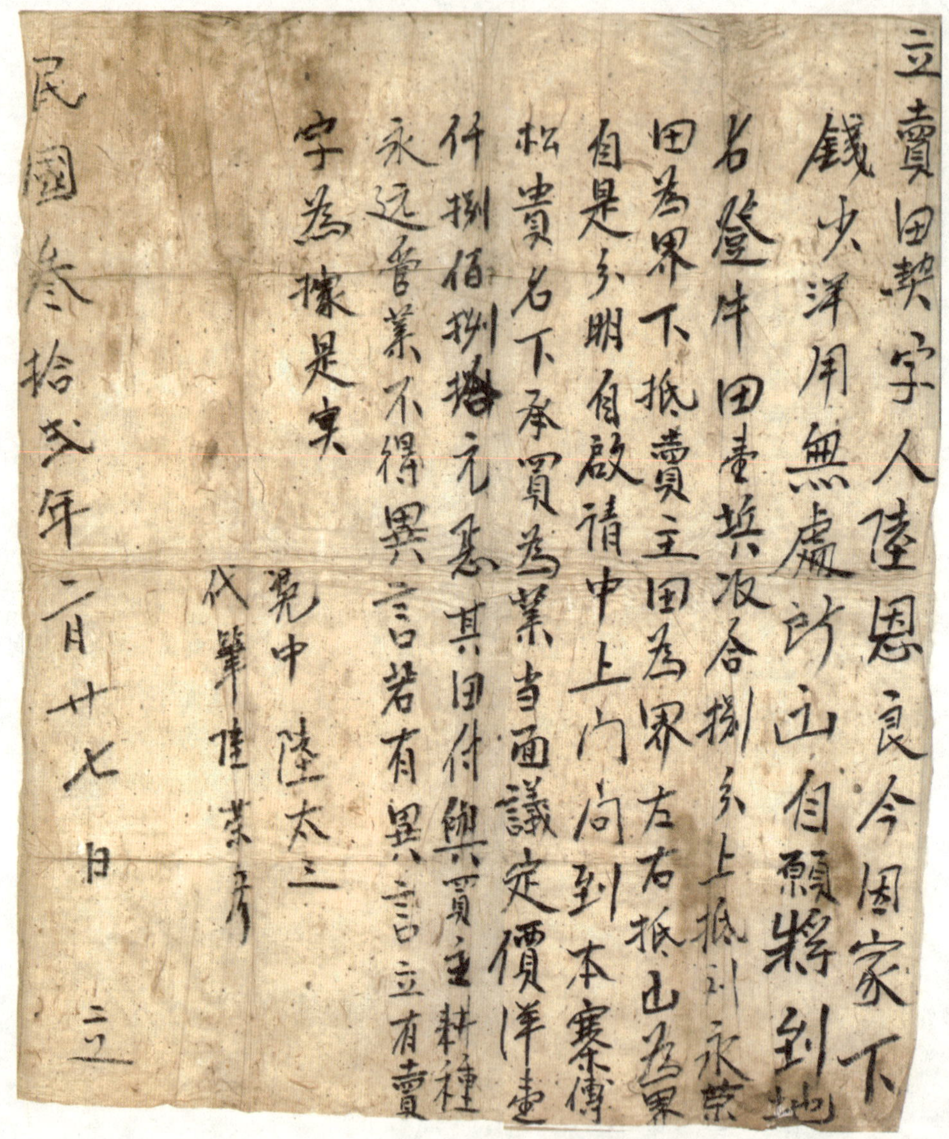

立卖田契字人陆恩良，今因家下缺少洋用，无处所出，自愿将到地名登牛田壹丘，收合（禾）捌分，上抵刘永荣田为界，下抵卖主田为界，左右抵山为界，自是（四至）分明，自启（己）请中上门问到本寨傅松贵名下承买为业，当面议定价洋壹仟捌佰捌拾元整。其田付与买主耕种，永远管业，不得异言。若有异言，立有卖字为据是实。

凭中：陆太三

代笔：陆荣彦

民国叁拾贰年二月廿七日立

56. 陆焕云卖园坪字（民国三十三年三月十一日）

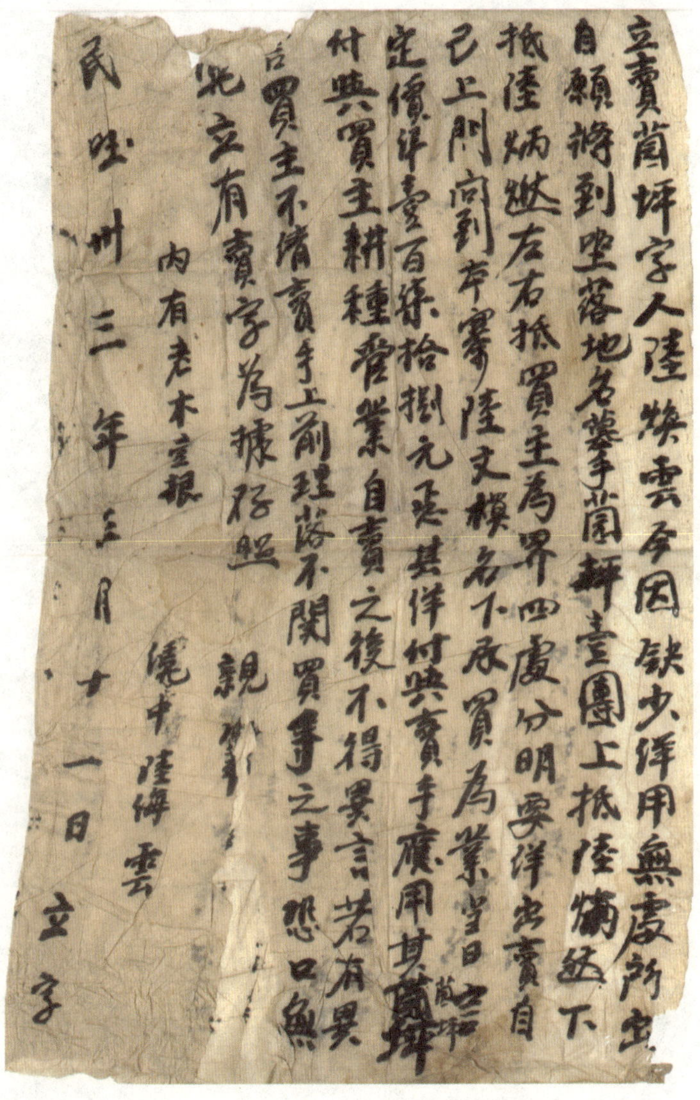

立卖园坪字人陆焕云，今因缺少洋用，无处所出，自愿将到坐落地名墓手园坪壹团，上抵陆炳然，下抵陆炳燃，左右抵买主为界，四处分明，要洋出卖。自己上门问到本寨陆文模名下承买为业，当日言定价洋壹百柒拾捌元整。其洋付与卖手应用，其园坪付与买主耕种管业。自卖之后，不得异言。若有异言，买主不清，卖手上前理落，不关买手之事。恐口无凭，立有卖字为据存照。

内有老木壹根

亲笔

凭中：陆海云

民国卅三年三月十一日立字

57. **陆文先卖田契**（民国三十三年七月十二日）

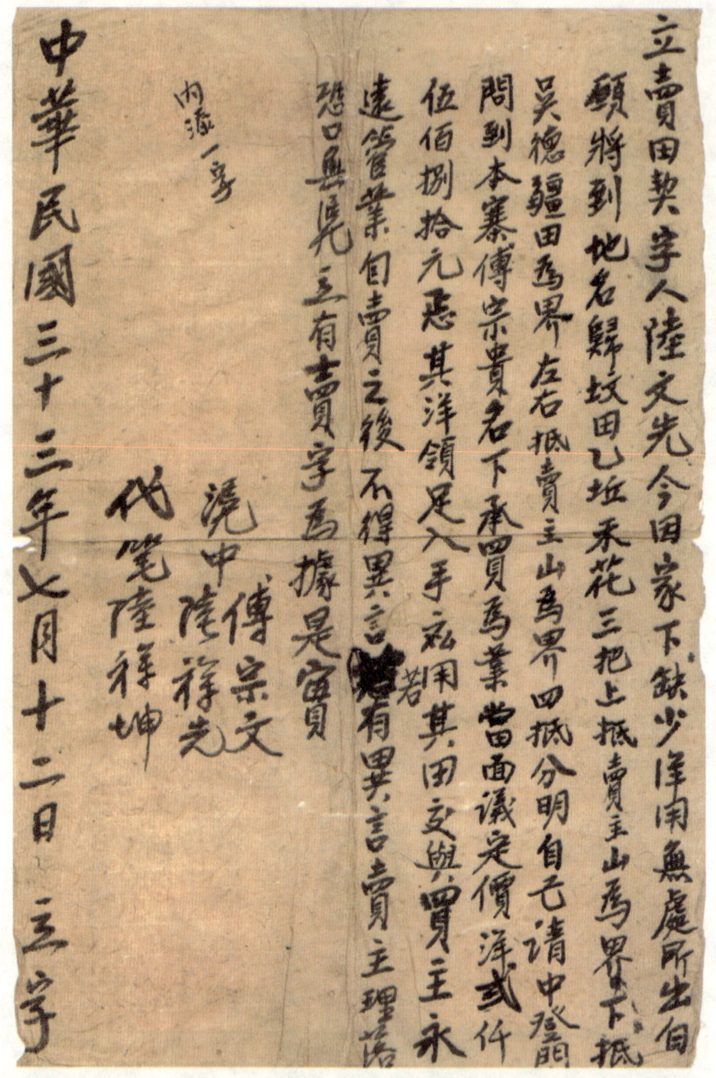

立卖田契字人陆文先，今因家下缺少洋用，无处所出，自愿将到地名归坟田一丘，禾花三把，上抵卖主山为界，下抵吴德疆田为界，左右抵卖主山为界，四抵分明，自己请中登门问到本寨傅宗贵名下承买为业，当面议定价洋贰仟伍佰捌拾元整。其洋领足入手应用，其田交与买主永远管业。自卖之后，不得异言。若有异言，卖主理落。恐口无凭，立有卖字为据是实。

内添一字

凭中：傅宗文、陆祥先

代笔：陆祥坤

中华民国三十三年七月十二日立字

58. 吴荣顺卖油山字（民国三十三年九月初三日）

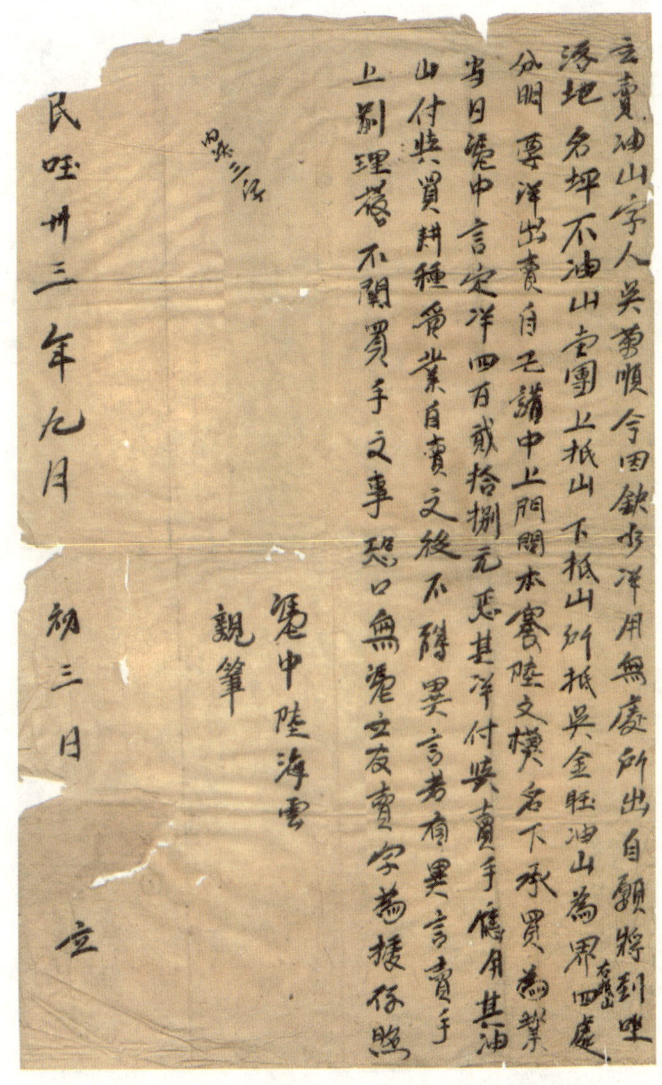

立卖油山字人吴荣顺，今因缺少洋用，无处所出，自愿将到坐落地名坪不油山壹团，上抵山，下抵山，所（左）抵吴金旺油山为界，右抵山，四处分明，要洋出卖。自己请中上门问［到］本寨陆文模名下承买为业，当日凭中言定洋四百贰拾捌元整。其洋付与卖手应用，其油山付与买［主］耕种管业。自卖之后，不得异言。若有异言，卖手上前理落，不关买手之事。恐口无凭，立友（有）卖字为据存照。

内添三字

凭中：陆海云

亲笔

民国卅三年九月初三日立

59. 傅松桥卖田契（民国三十三年十二月二十日）

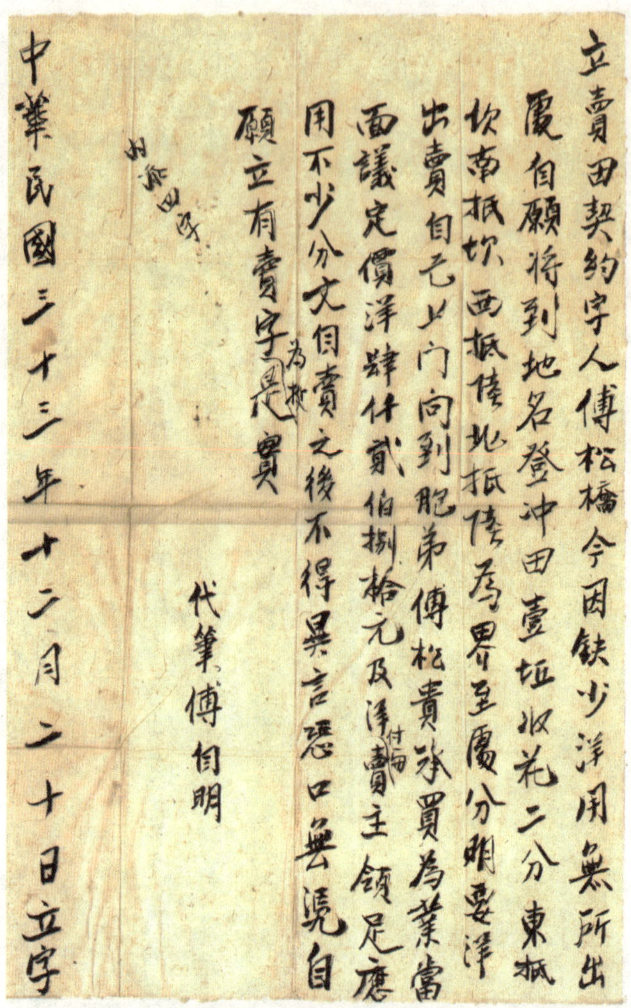

立卖田契约字人傅松桥，今因缺少洋用，无所出处，自愿将到地名登冲田壹丘，收花二分[①]，东抵坎，南抵坎，西抵陆，北抵陆为界，至（四）处分明，要洋出卖。自己上门向到胞弟傅松贵承买为业，当面议定价洋肆仟贰佰捌拾元。及（其）洋付与卖主领足应用，不少分文，自卖之后，不得异言。恐口无凭，自愿立有卖字为据是实。

内添四字

代笔：傅自明

中华民国三十三年十二月二十日立字

---

① “收花二分”的“分”应是指亩分，是民国政府清查田赋时确定的田地纳税面积。

60. 傅松德、傅安权父子卖田契（民国三十四年十一月初六日）

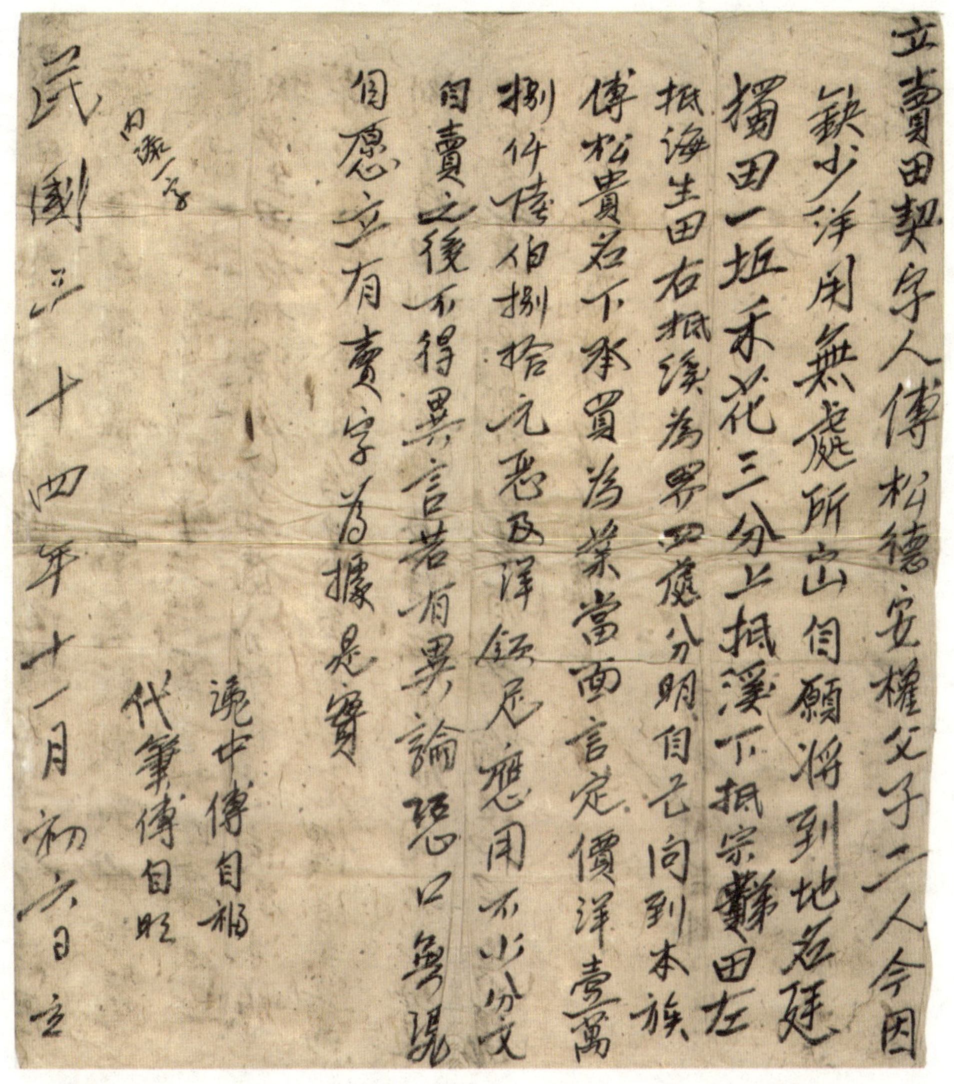

立卖田契字人傅松德、安权父子二人，今因缺少洋用，无处所出，自愿将到地名廷独田一丘，禾花三分，上抵溪，下抵宗弟田，左抵海生田，右抵溪为界，四处分明，自己问到本族傅松贵名下承买为业，当面言定价洋壹万捌仟陆佰捌拾元整。及（其）洋领足应用，不少分文，自卖之后，不得异言。若有异论，恐口无凭，自愿立有卖字为据是实。

内添一字

凭中：傅自福

代笔：傅自明

民国三十四年十一月初六日立

61. 傅宗桥卖田契（民国三十四年十月二十日）

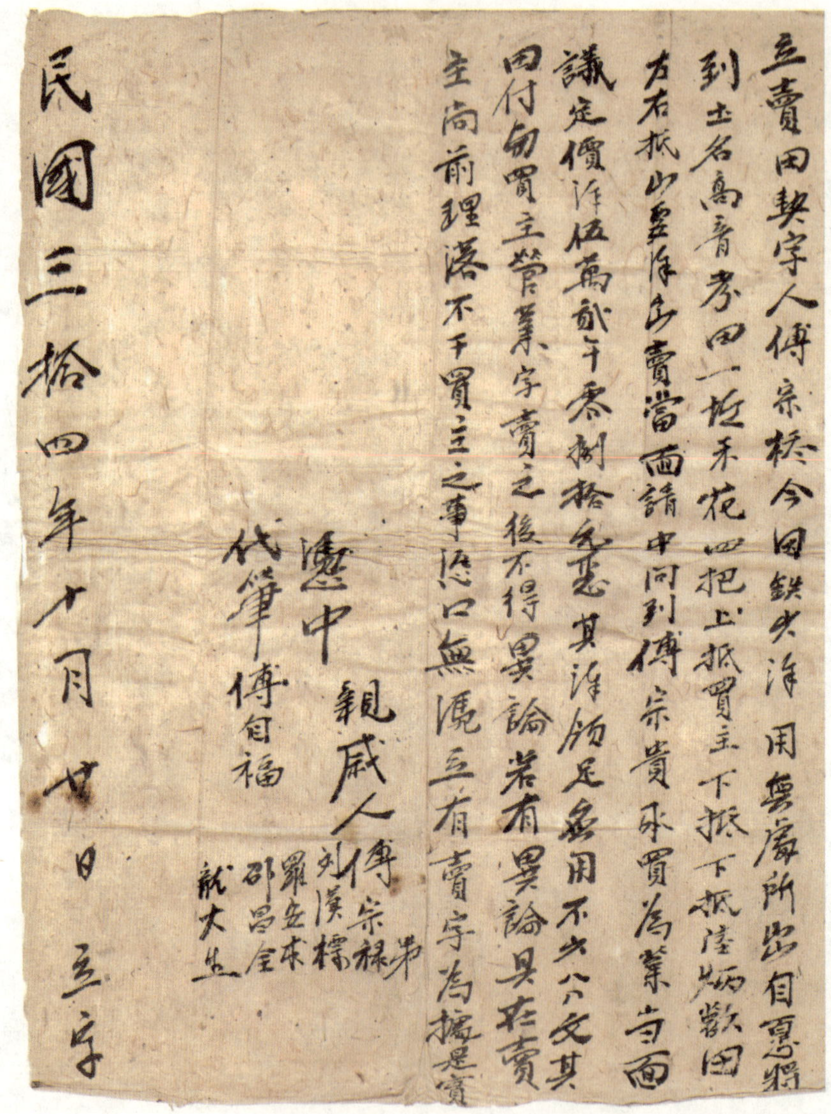

立卖田契字人傅宗桥，今因缺少洋用，无处所出，自愿将到土名高音考田一丘，禾花四把，上抵买主，下抵陆炳欢田，左右抵山，要洋出卖。当面请中问到傅宗贵承买为业，当面议定价洋伍萬贰千零捌拾元整。其洋领足应用，不少分文，其田付与买主管业。字（自）卖之后，不得异论。若有异论，具（俱）在卖主向前理落，不干买主之事。恐口无凭，立有卖字为据是实。

凭中：亲戚人傅宗弟、傅宗禄、刘汉标、罗安求、邵昌全、龙大生

代笔：傅自福

民国三拾四年十月廿日立字

62. 陆炳然卖屋地基字（民国三十四年二月十二日）

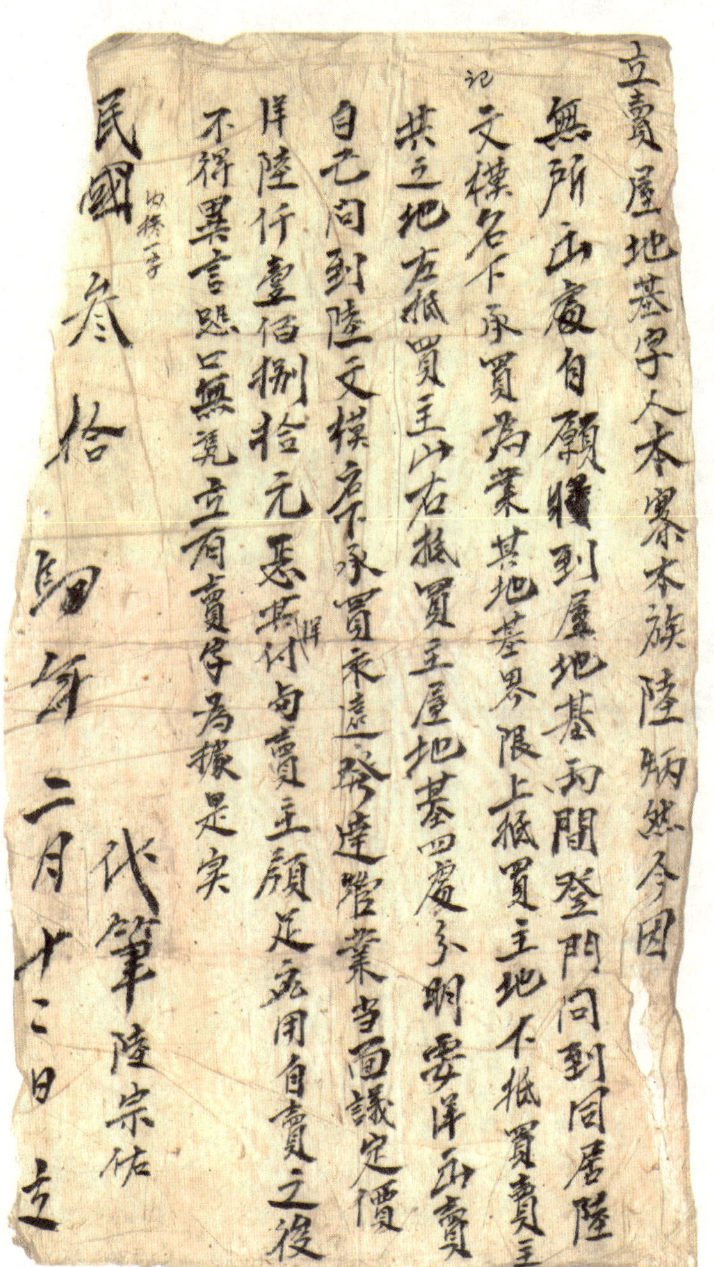

立卖屋地基字人本寨本族陆炳然，今因［家下缺少钱用］，无所出处，自愿将到屋地基两间，登门问到同居陆文模名下承买为业，其地基界限上抵买主地，下抵买卖主共之地，左抵买主山，右抵买主屋地基，四处分明，要洋出卖。自己问到陆文模名下承买，永远发达管业，当面议定价洋陆仟壹佰捌拾元整。其洋付与卖主领足应用，自卖之后，不得异言。恐口无凭，立有卖字为据是实。

内添一字

代笔：陆宗佑

民国叁拾肆年二月十二日立

63. **陆炳然卖园地字**（民国三十四年二月十二日）

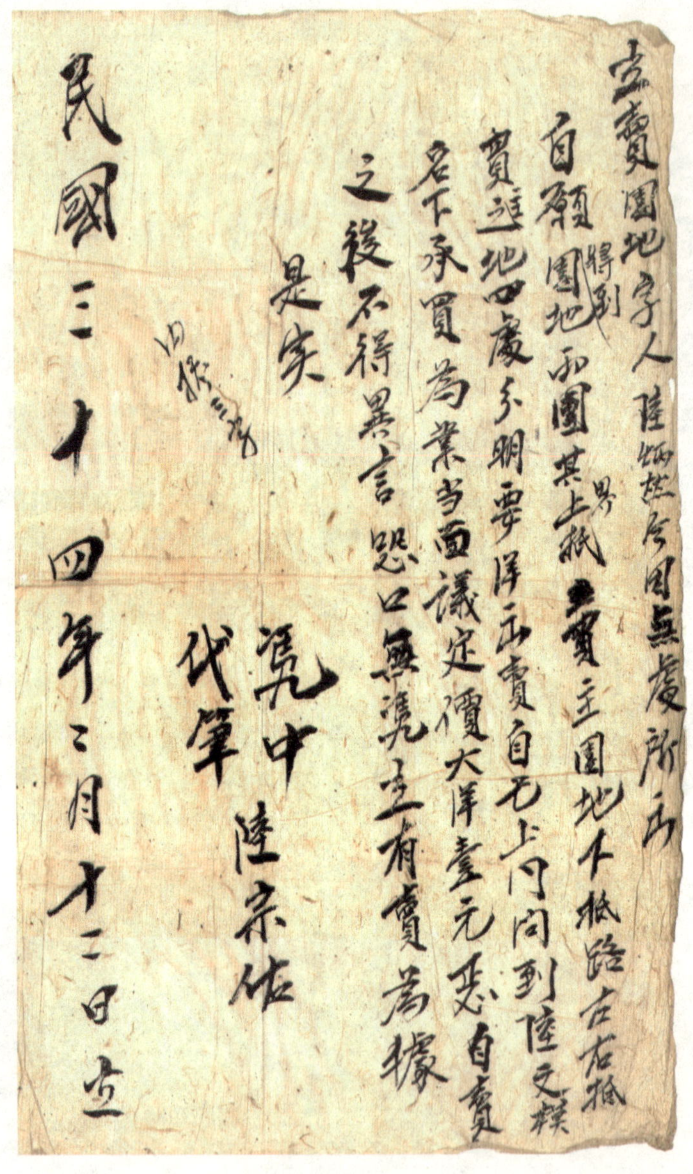

立卖园地字人陆炳然，今因无处所出。自愿得（将）到园地两团，其界上抵买主园地，下抵路，左右抵买主之地。四处分明，要洋出卖。自己上门问到陆文模名下承买为业，当面议定价大洋壹元整。自卖之后，不得异言。恐口无凭，立有卖［字］为据是实。

内添三字

凭中、代笔：陆宗佑

民国三十四年二月十二日立

64. 陆泰叁卖山场契（民国三十四年四月十一日）

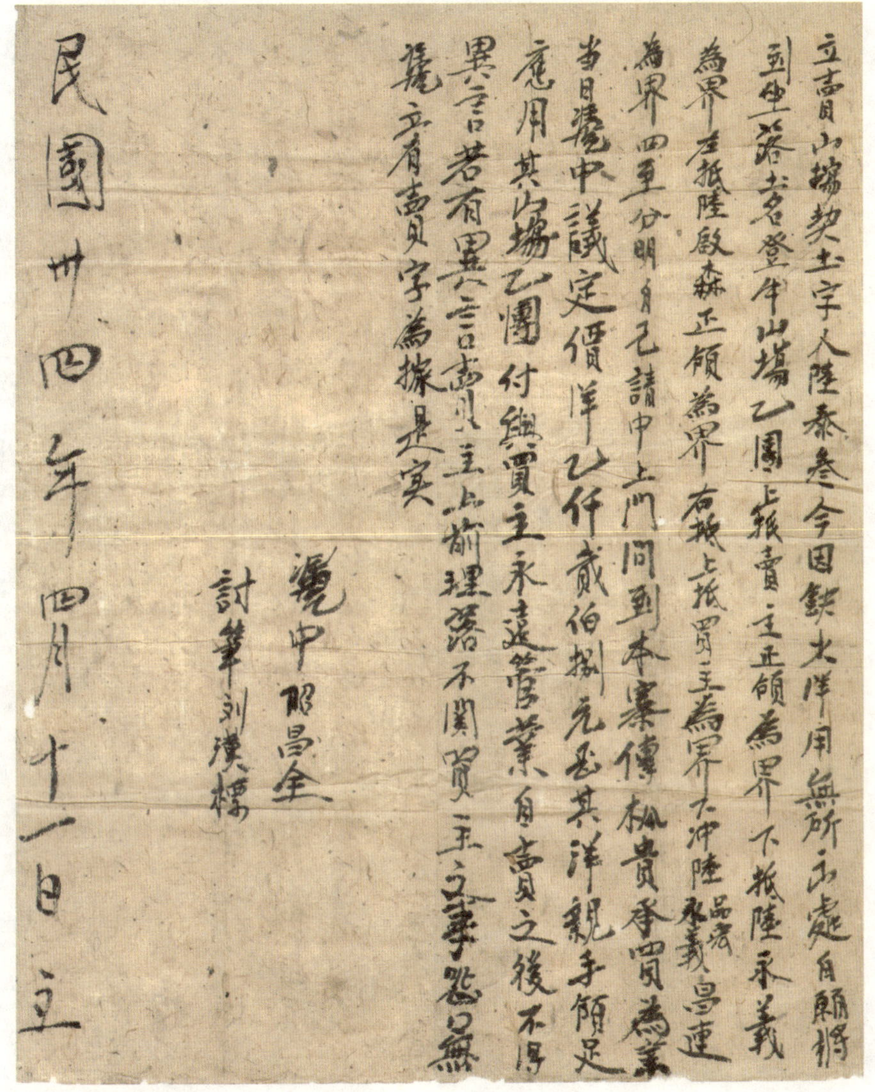

立卖山场契土字人陆泰叁，今因缺少洋用，无所出处，自愿将到坐落土名登牛山场一团，上抵卖主正领（岭）为界，下抵陆永义为界，左抵陆启森正领（岭）为界，右抵上抵买主为界，下冲陆品宏、陆承义、昌连为界，四至分明，自己请中上门问到本寨傅松贵承买为业，当日凭中议定价洋一仟贰伯（佰）捌元整。其洋亲手领足应用，其山场一团付与买主永远管业。自卖之后，不得异言。若有异言，卖主上前理落，不关买主之事。恐口无凭，立有卖字为据是实。

凭中：邵昌全

讨笔：刘汉标

民国卅四年四月十一日立

65. 傅团培卖田地字（民国三十五年十一月二十八日）

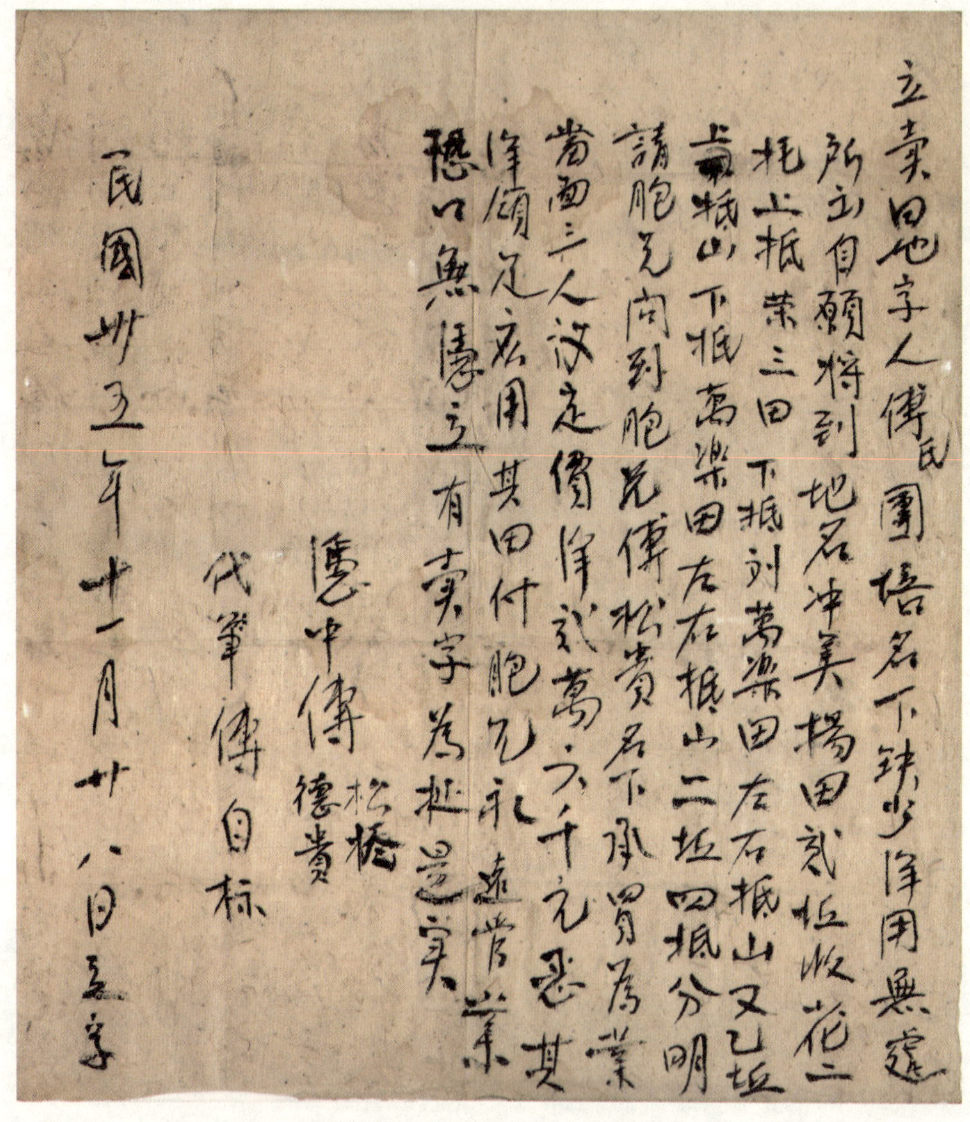

立賣田地字人傅氏團培名下缺少洋用無處
所出自願將到地名冲美楊田貳坵收花二
把上抵榮三田下抵劉萬樂田左右抵山又乙坵
上抵山下抵萬樂田左右抵山二坵四抵分明
請胞兄問到胞兄傅松貴名下承買為業
當面三人議定價洋貳萬六千元整其
洋領足應用其田付胞兄永遠管業
恐口無憑立有賣字為据是實
憑中傅松橋 德貴
代筆傅自標
民國卅五年十一月廿八日立字

立卖田地字人傅氏团培名下，缺少洋用，无处所出，自愿将到地名冲美杨田贰丘，收花二把，上抵荣三田，下抵刘万乐田，左右抵山，又一丘上抵山，下抵万乐田，左右抵山，二丘四抵分明，请胞兄问到胞兄傅松贵名下承买为业，当面三人议定价洋贰万六千元整。其洋领足应用，其田付［与］胞兄永远管业。恐口无凭，立有卖字为扯（据）是实。

凭中：傅松桥、傅德贵

代笔：傅自标

民国卅五年十一月廿八日立字

66. **傅松桥父子卖田地字**（民国三十五年十一月二十八日）

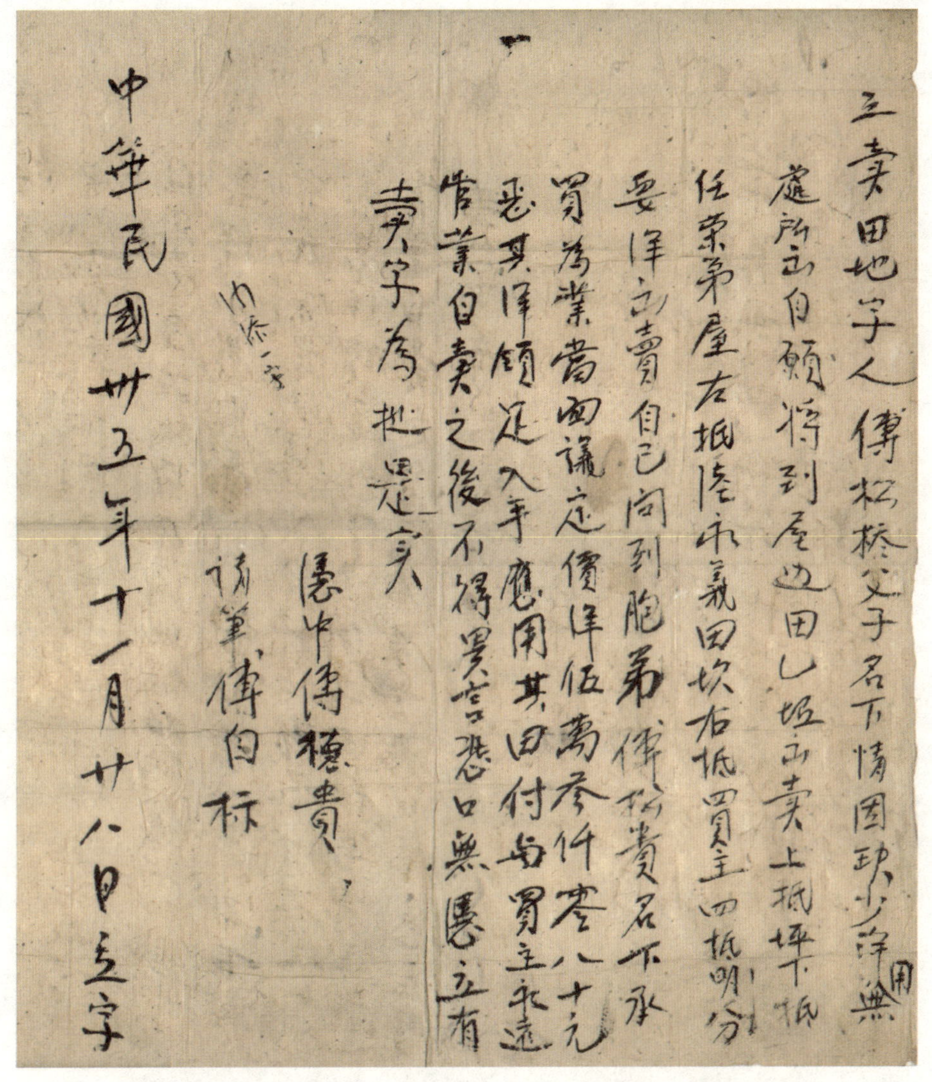

立卖田地字人傅松桥父子名下，情因缺少洋用，无处所出，自愿将到屋边田一丘出卖，上抵坪，下抵任荣弟屋，左抵陆永义田坎，右抵买主［田］，四抵分明，要洋出卖。自己问到胞弟傅松贵名下承买为业，当面议定价洋伍萬叁仟零八十元整。其洋领足入手应用，其田付与买主永远管业。自卖之后，不得异言。恐口无凭，立有卖字为据是实。

内添一字

凭中：傅德贵

请笔：傅自标

中华民国卅五年十一月廿八日立字

67. 陆应德卖山场杉木字（民国三十五年五月十九日）

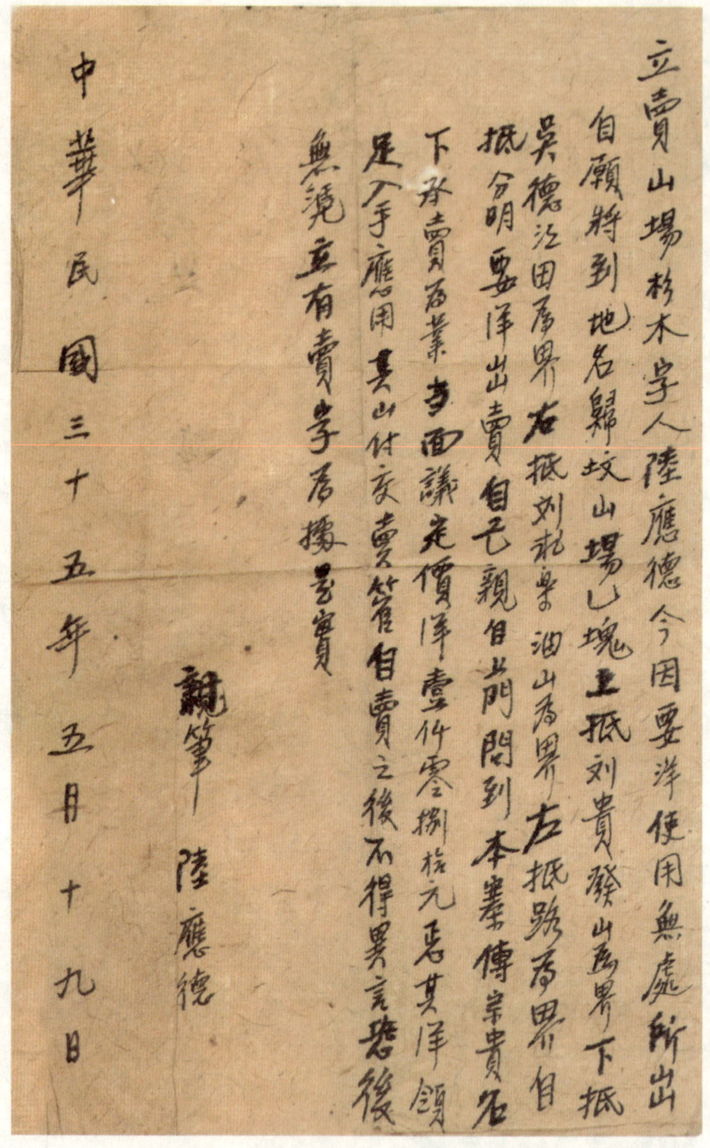

立賣山場杉木字人陸應德今因要洋使用無處所出
自願將到地名歸坟山場一塊上抵刘貴發山爲界下抵
吳德江田爲界右抵刘求乐油山爲界左抵路爲界自
抵分明要洋出賣自己親自上門問到本寨傅宗貴名
下承賣爲業當面議定價洋壹仟零捌拾元整其洋領
足入手應用其山付交賣管自賣之後不得異言恐後
無憑立有賣字爲據是實

親筆 陸應德

中華民國三十五年五月十九日

立卖山场杉木字人陆应德，今因要洋使用，无处所出，自愿将到地名归坟山场一块，上抵刘贵发山为界，下抵吴德江田为界，右抵刘求乐油山为界，左抵路为界，自（四）抵分明，要洋出卖。自己亲自上门问到本寨傅宗贵名下承卖（买）为业，当面议定价洋壹仟零捌拾元整。其洋领足入手应用，其山付交卖（买）[主]管[业]。自卖之后，不得异言。恐后无凭，立有卖字为据是实。

亲笔：陆应德

中华民国三十五年五月十九日[立]

68. 刘汉标卖田契（民国三十五年五月二十五日）

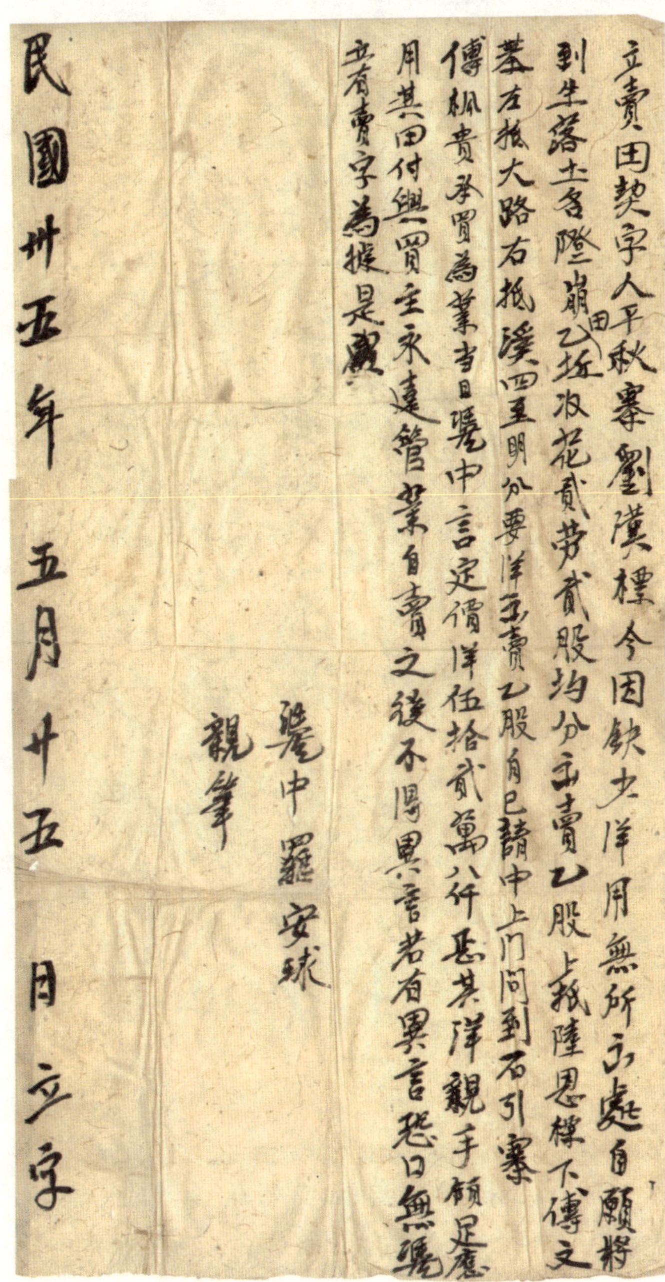

立卖田契字人平秋寨刘汉标，今因缺少洋用，无所出处，自愿将到坐落土名登崩田一丘，收花贰劳，贰股均分，出卖一股。上抵陆恩标，下［抵］傅文基，左抵大路，右抵溪，四至分明，要洋出卖一股。自己请中上门问到石引寨傅松贵承买为业，当日凭中言定价洋伍拾贰万八仟整。其洋亲手领足应用，其田付与买主永远管业。自卖之后，不得异言。若有异言，恐口无凭，立有卖字为据是实。

凭中：罗安球

亲笔

民国卅五年五月廿五日立字

69. 邵昌全卖田契（民国三十五年三月二十一日）

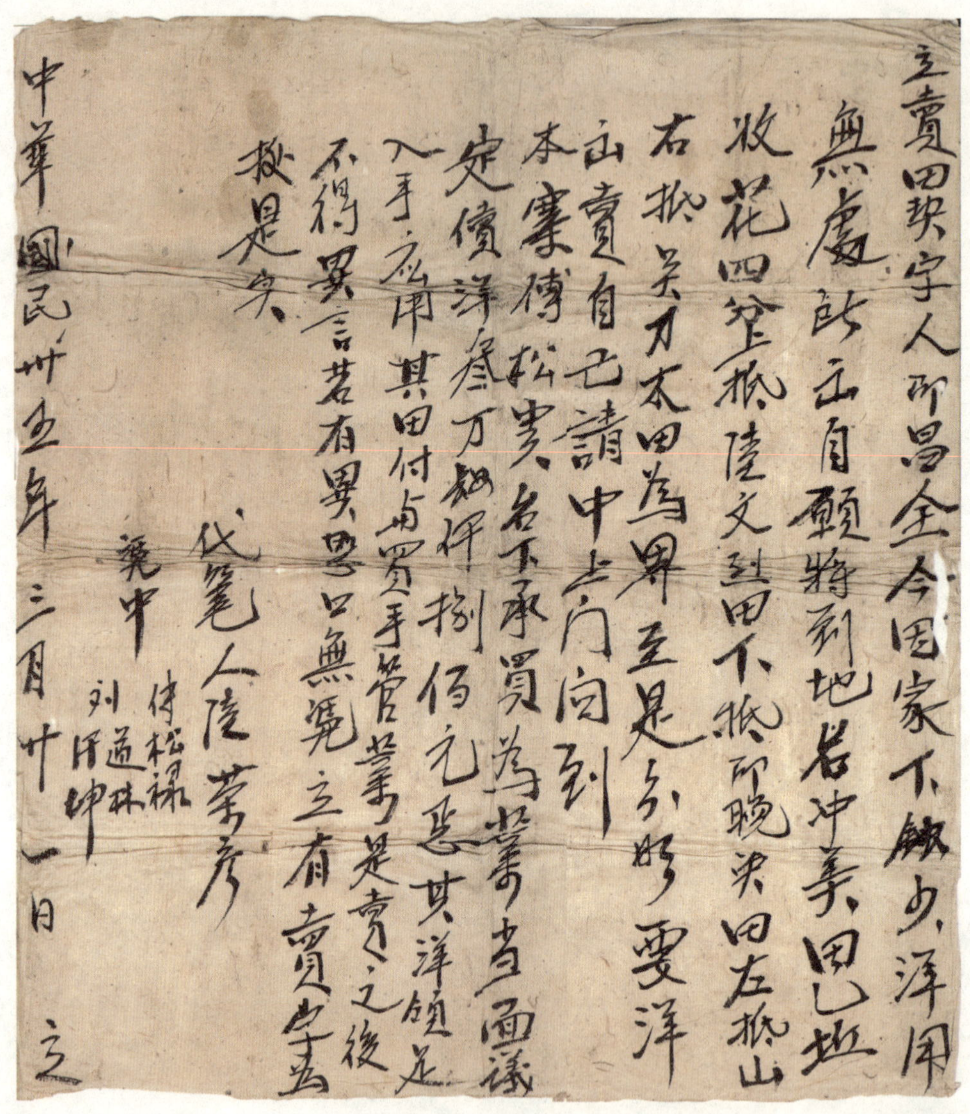

立卖田契字人邵昌全，今因家下缺少洋用，无处所出，自愿将到地名冲美田一丘，收花四分，上抵陆文烈田，下抵印晚央（秧）田，左抵山，右抵吴刀木田为界，至是（四至）分明，要洋出卖。自己请中上门问到本寨傅松贵名下承买为业，当面议定价洋叁万肆仟捌佰元整。其洋领足入手应用，其田付与买手管业。是（自）卖之后，不得异言。若有异［言］，恐口无凭，立有卖字为据是实。

代笔人：陆荣彦

凭中：傅松禄、刘道林、刘汗坤

中华民国卅五年三月廿一日立

70. **傅松桥典田契**（民国三十五年十月十九日）

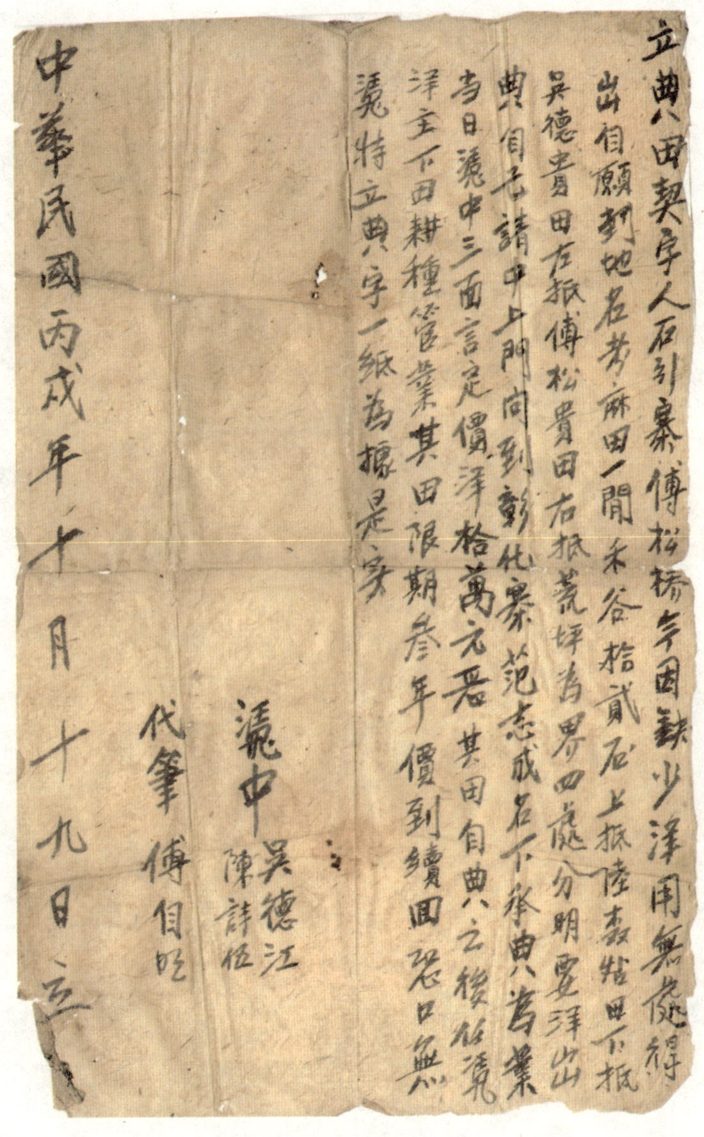

立典田契字人石引寨傅松桥，今因缺少洋用，无处得出，自愿［将］到地名考麻田一间，禾谷拾贰石，上抵陆森牯田，下抵吴德贵田，左抵傅松贵田，右抵荒坪为界，四处分明，要洋出典。自己请中上门问到彰化寨范志成名下承典为业，当日凭中三面言定价洋拾万元整。其田自典之后，任凭洋主下田耕种管业，其田限期叁年价到续（赎）回。恐口无凭，特立典字一纸为据是实。

凭中：吴德江、陈诗伍

代笔：傅自明

中华民国丙戌年十月十九日立

71. 傅德贵典田字（民国三十六年十二月二十一日）

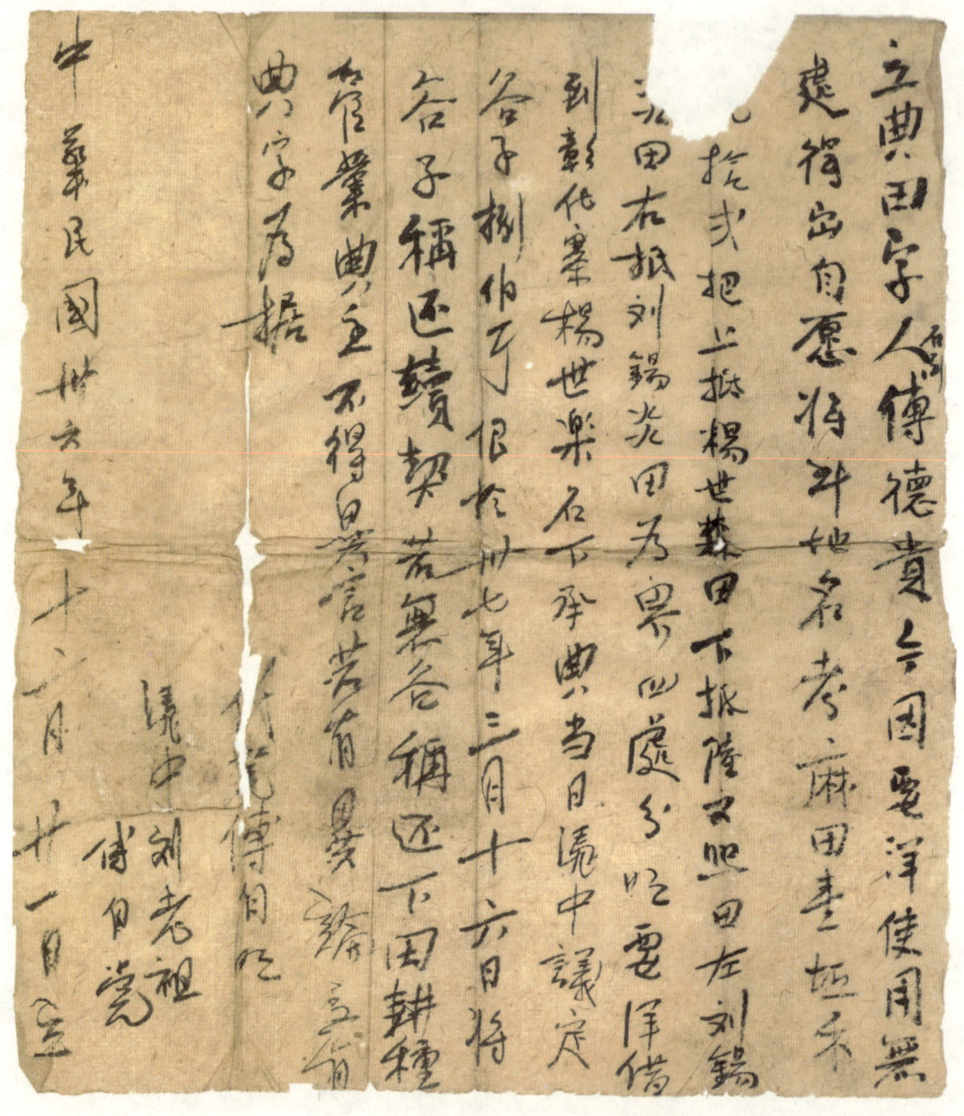

立典田字人石引［寨］傅德贵，今因要洋使用，无处得出，自愿将到地名考麻田壹丘，禾花拾贰把，上抵杨世森田，下抵陆文照田，左［抵］刘锡炎田，右抵刘锡炎田为界，四处分明，要洋借到彰化寨杨世乐名下承典。当日凭中议定谷子捌佰斤，限于卅七年三月十六日将谷子称还续契。若无谷称还，下田耕种管业，典主不得异言。若有异论，立有典字为据。

代笔：傅自明

凭中：刘老祖、傅自党

中华民国卅六年十二月廿一日立

72. 傅宗桥典田地字（民国三十六年十月初六日）

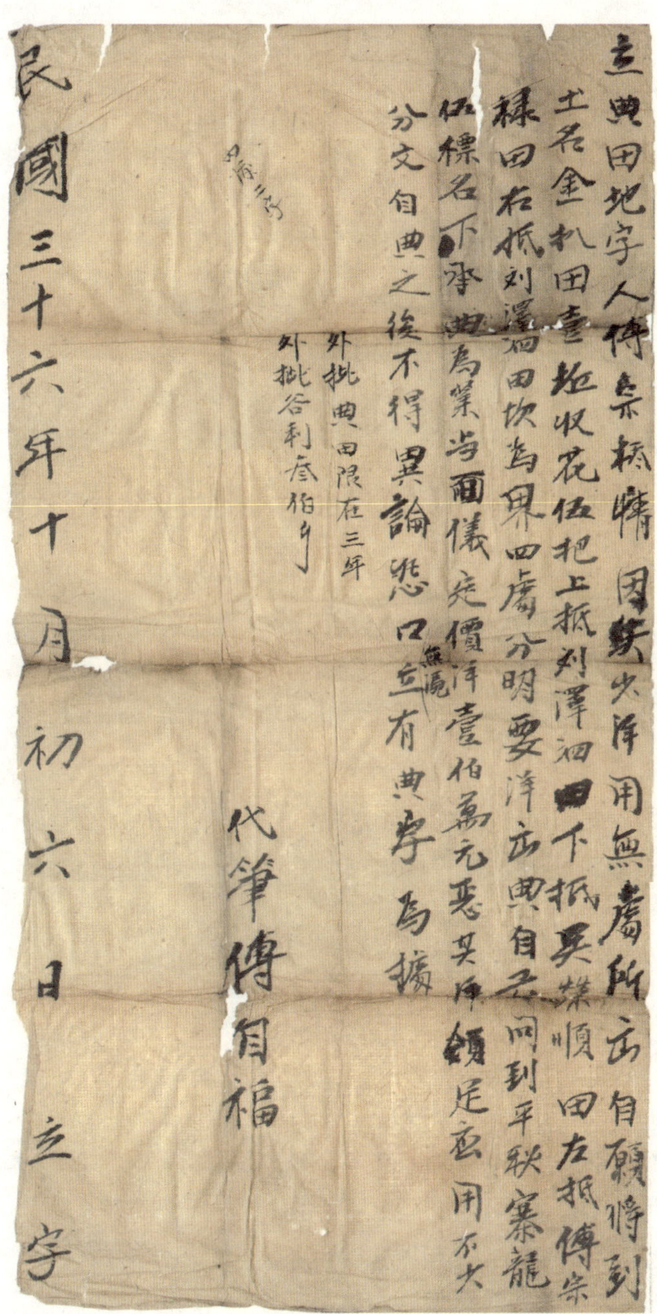

立典田地字人傅宗桥，情因缺少洋用，无处所出，自愿将到土名金扒田壹丘，收花伍把，上抵刘泽泗田，下抵吴荣顺田，左抵傅宗禄田，右抵刘泽泗田坎为界，四处分明，要洋出典。自己问到平秋寨龙伍标名下承典为业，当面仪（议）定价洋壹佰万元整。其洋领足应用，不少分文。自典之后，不得异论。恐口无凭，立有典字为据。

外批：典田限在三年

外批：谷利叁佰斤

内添二字

代笔：傅自福

民国三十六年十月初六日立字

73. 刘天乐卖田契（民国三十六年十二月二十日）

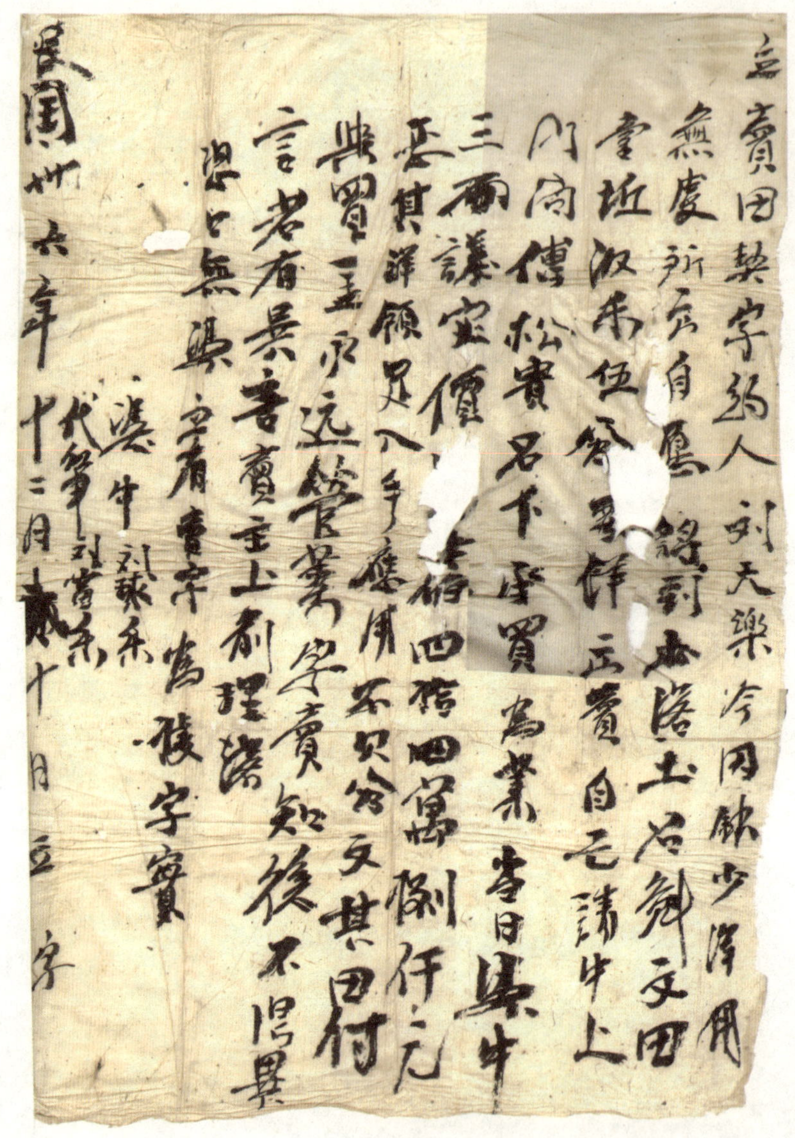

立卖田契字约人刘天乐，今因缺少洋用，无处所出，自愿将到坐落土名魁文田壹丘，收禾伍分，要洋出卖。自己请中上门问［到］傅松贵名下承买为业，当日凭中三面议定价［洋壹］佰四拾四万捌仟元整。其洋领足入手应用，不欠分文，其田付与买主永远管业。字（自）卖知（之）后，不得异言。若有异言，卖主上前理落。恐口无凭，立有卖字为据字（是）实。

凭中：刘球乐

代笔：刘富乐

民国卅六年十二月贰十日立字

74. 邵昌全卖田契（民国三十六年三月二十日）

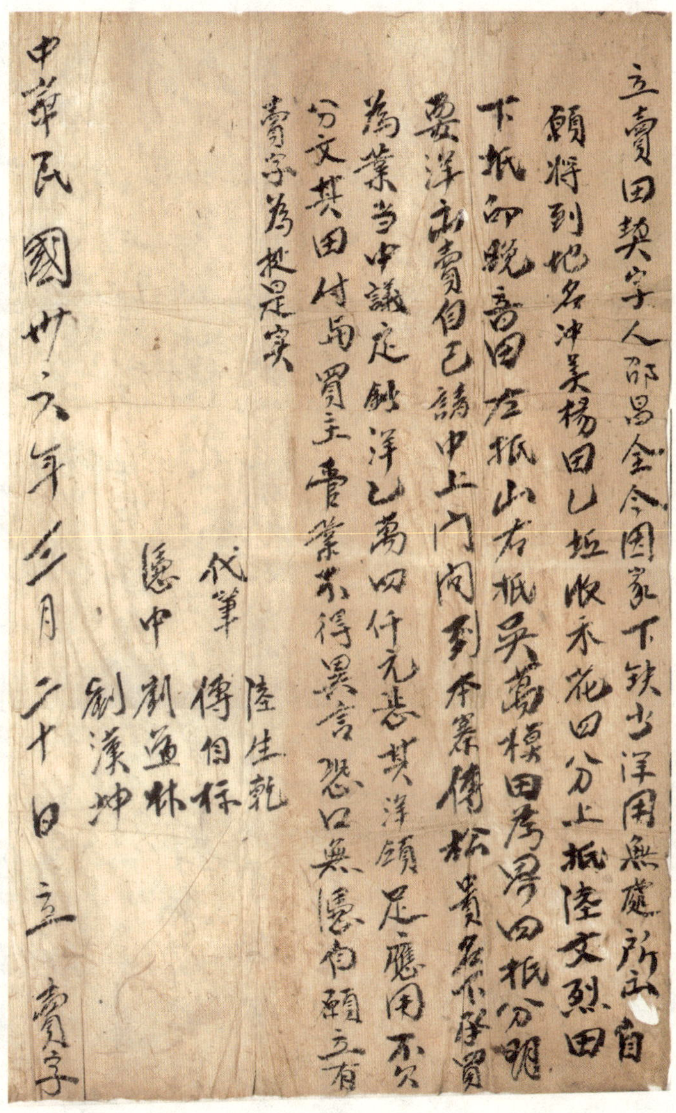

立卖田契字人邵昌全，今因家下缺少洋用，无处所出，自愿将到地名冲美杨田一丘，收禾花四分，上抵陆文烈田，下抵印晚音田，左抵山，右抵吴万模田为界，四抵分明，要洋出卖。自己请中上门问到本寨傅松贵名下承买为业，当中议定钞洋一万四仟元整。其洋领足应用，不欠分文，其田付与买主管业，不得异言。恐口无凭，自愿立有卖字为据是实。

代笔：陆生乾、傅自标

凭中：刘益林、刘汉坤

中华民国卅六年三月二十日立卖字

75. 刘祥弟卖山油字（民国三十七年六月二十一日）

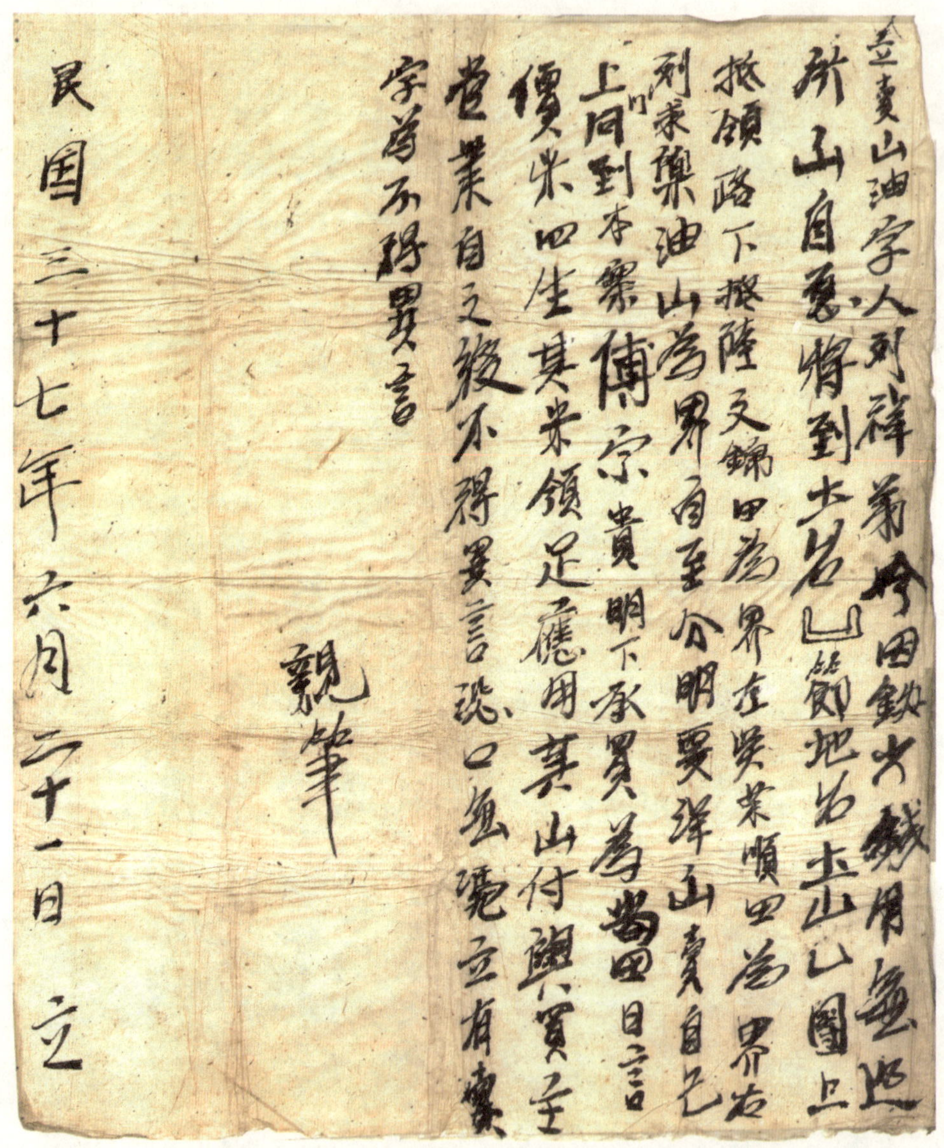

立卖山油字人刘祥弟，今因缺少钱用，无处所出，自愿将到土名凹节地名土山一团，上抵领（岭）路，下抵陆文锦田为界，左［抵］吴叶顺田为界，右［抵］刘求乐油山为界，自（四）至分明，要洋出卖。自己上门问到本寨傅宗贵明（名）下承买为业，当日言价米四生（升），其米领足应用，其山付与买主管业。自［卖］之后，不得异言。恐口无凭，立有卖字为［据］。不得异言。

亲笔

民国三十七年六月二十一日立

76. 傅宗桥典田契（民国三十七年九月二十一日）

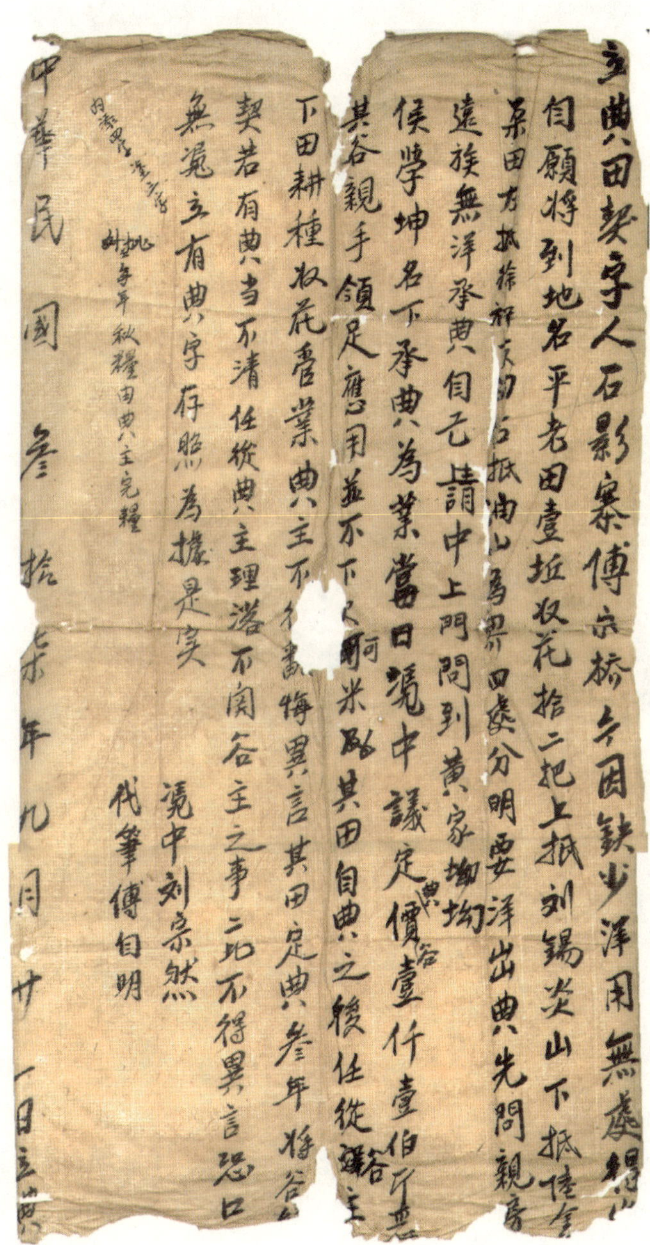

立典田契字人石影（引）寨傅宗桥，今因缺少洋用，无处得出，自愿将到地名平老田壹丘，收花拾二把，上抵刘锡炎山，下抵陆□朵田，左抵徐祥□田，右抵油山为界，四处分明，要洋出典。先问亲房远族无洋承典，自己请中上门问到黄家坳侯学坤名下承典为业，当日凭中议定典价谷壹仟壹伯（佰）斤整。其谷亲手领足应用，并不下欠可（颗）米。其田自典之后，任从谷主下田耕种收花管业，典主不得翻悔异言。其田定典叁年，将谷续契。若有典当不清，任从典主理落，不关谷主之事，二比不得异言。恐口无凭，立有典字存照为据是实。

内添四字，涂三字

外批：每年秋粮由典主完粮

凭中：刘宗然

代笔：傅自明

中华民国叁拾柒年九月廿一日立典

77. **吴承顺卖山场木地字**（民国三十七年八月初六日）

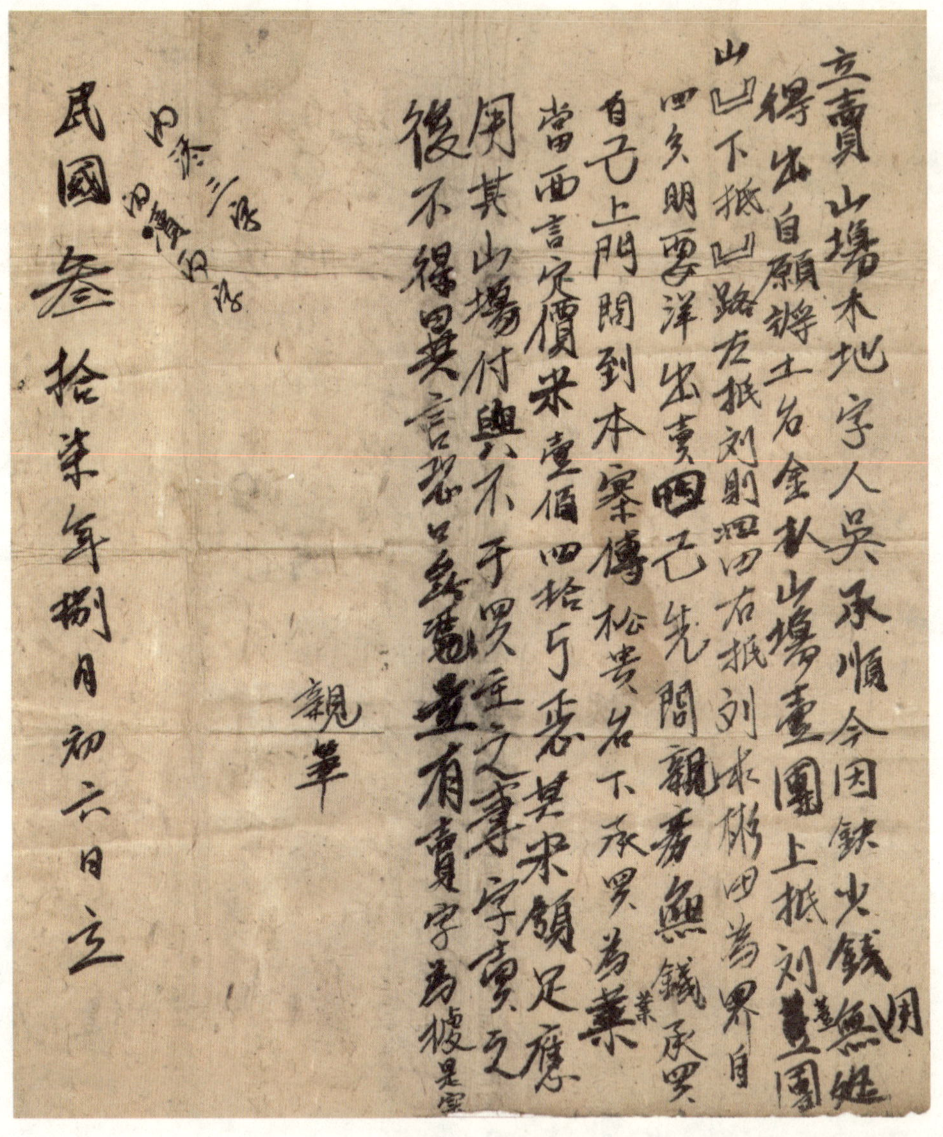

立卖山场木地字人吴承顺，今因缺少钱用，无处得出，自愿将土名金扒山场壹团，上抵刘□团山凹，下抵凹路，左抵刘则泗田，右抵刘求彬田为界，自四（四至）分明，要洋出卖。四（自）己先问亲房无钱承买，自己上门问到本寨傅松贵名下承买为业，当面言定价米壹佰四拾斤整。其米领足应用，其山场付与［买主］，不于（干）买主之事。字（自）卖之后，不得异言。恐口无凭，立有卖字为据是实。

内添三字，内涂两字

亲笔

民国叁拾柒年捌月初六日立

78. **吴和顺卖地基园坪字**（民国三十七年六月二十八日）

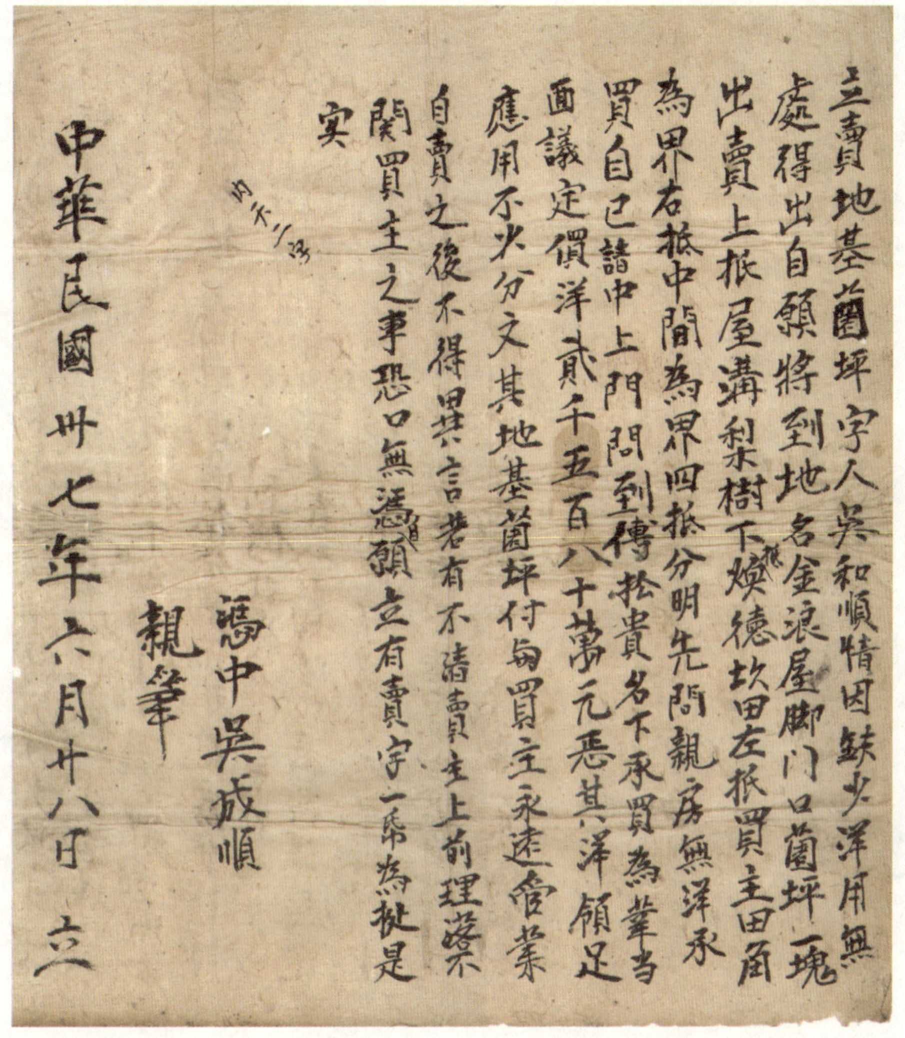

立卖地基园坪字人吴和顺，情因缺少洋用，无处得出，自愿将到地名金浪屋脚门口园坪一块出卖，上抵屋沟梨树，下抵焕德坎田，左抵买主田角为界，右抵中间为界，四抵分明，先问亲房无洋承买，自己请中上门问到傅松贵名下承买为业，当面议定价洋贰千五百八十万元整。其洋领足应用，不少分文，其地基园坪付与买主永远管业。自卖之后，不得异言。若有不清，卖主上前理落，不关买主之事。恐口无凭，自愿立有卖字一纸为据是实。

内天（添）二字

凭中：吴成顺

亲笔

中华民国卅七年六月廿八日立

79. **吴和顺卖山场字**（民国三十七年十一月初四日）

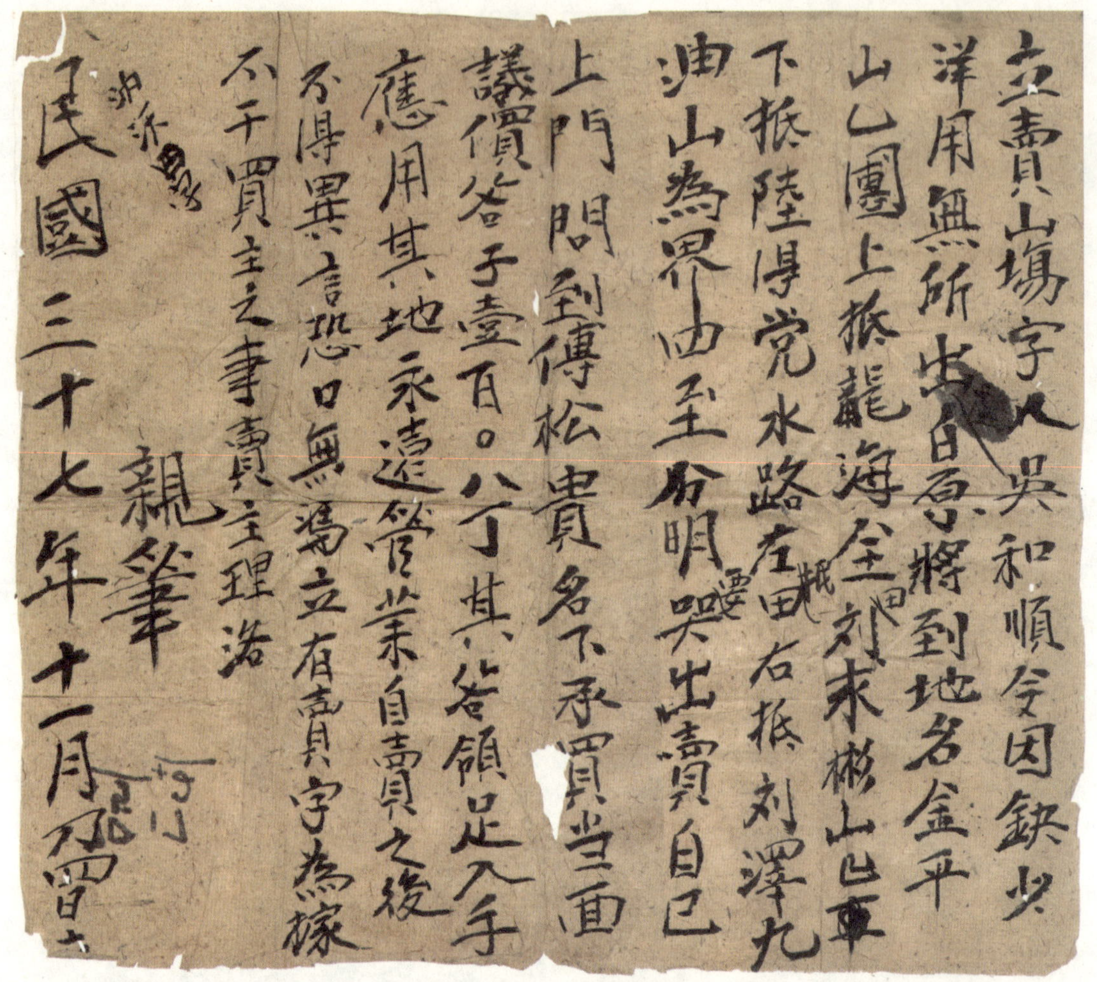

立卖山场字人吴和顺，今因缺少洋用，无所出处，自原（愿）将到地名金平山一团，上抵龙海全田，刘求彬山凹，下抵陆得党水路，左抵田，右抵刘泽九油山为界，四至分明，要哭（谷）出卖。自巳（己）上门问到傅松贵名下承买，当面议价谷子壹百〇八丁（斤）。其谷领足入手应用，其地永远管业。自卖之后，不得异言。恐口无凭，立有卖字为据，不干买主之事，卖主理洛（落）。

汭沃（内添）四字

亲笔

民国三十七年十一月刀（初）四日立

80. 傅松贵、傅德贵兄弟调换田契（民国三十八年三月十二日）

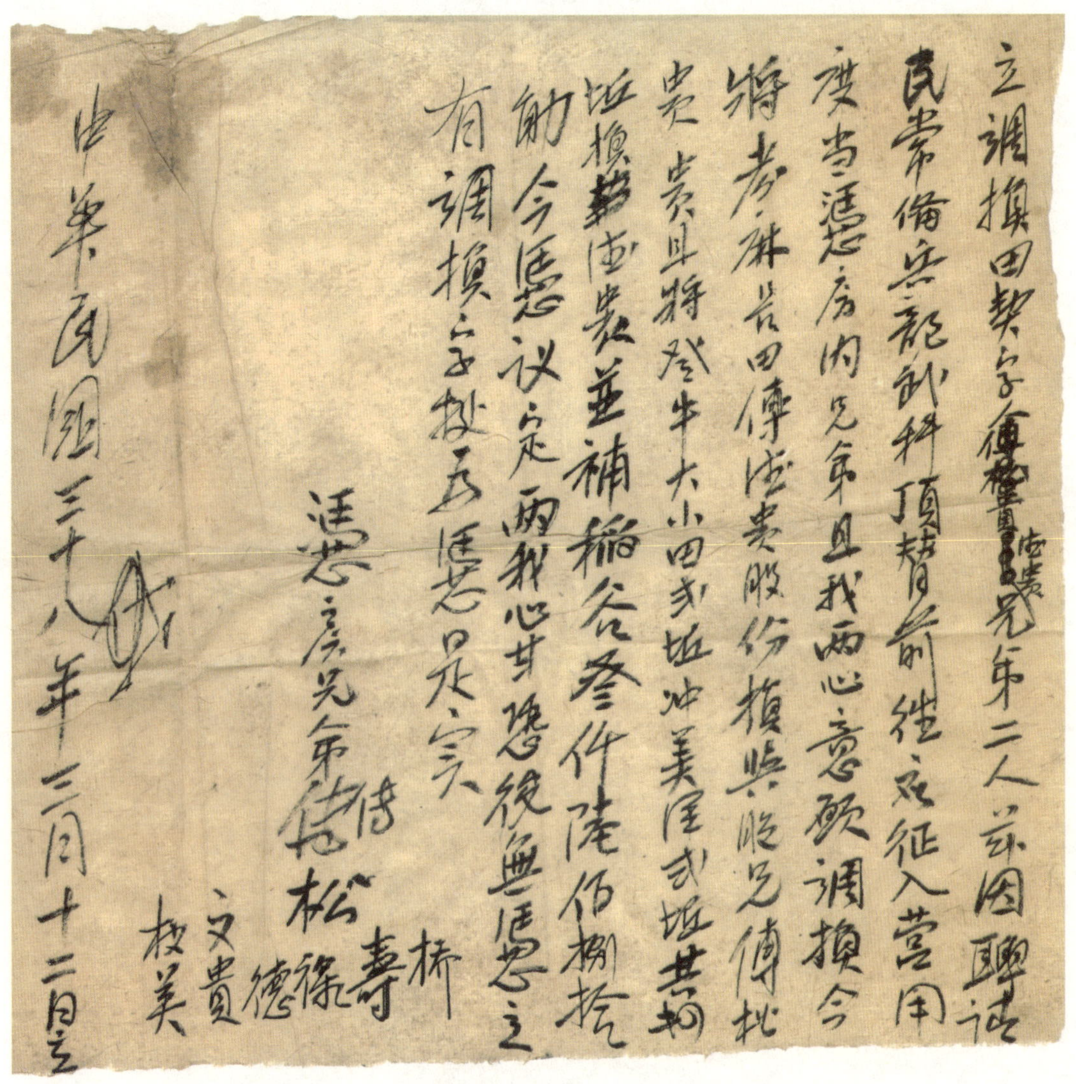

立调换田契字人傅松贵、德贵兄弟二人，兹因聘请民常备兵龙武科顶替，前往应征，入营用度，当凭房内兄弟，且我两心意愿调换，今将考麻长田傅德贵股份换与胞兄傅松贵，贵且将登牛大小田贰丘，冲美洋贰丘，其肆丘换与德贵，并补稻谷叁仟陆佰捌拾斤。今凭议定，两我（我俩）心甘。恐后无凭，立有调换字据为凭是实。

凭：房兄弟傅松桥、松寿、松禄、松德、文贵、松美

中华民国三十八年三月十二日立

81.傅松桥卖地名油山字（民国三十八年七月初三日）

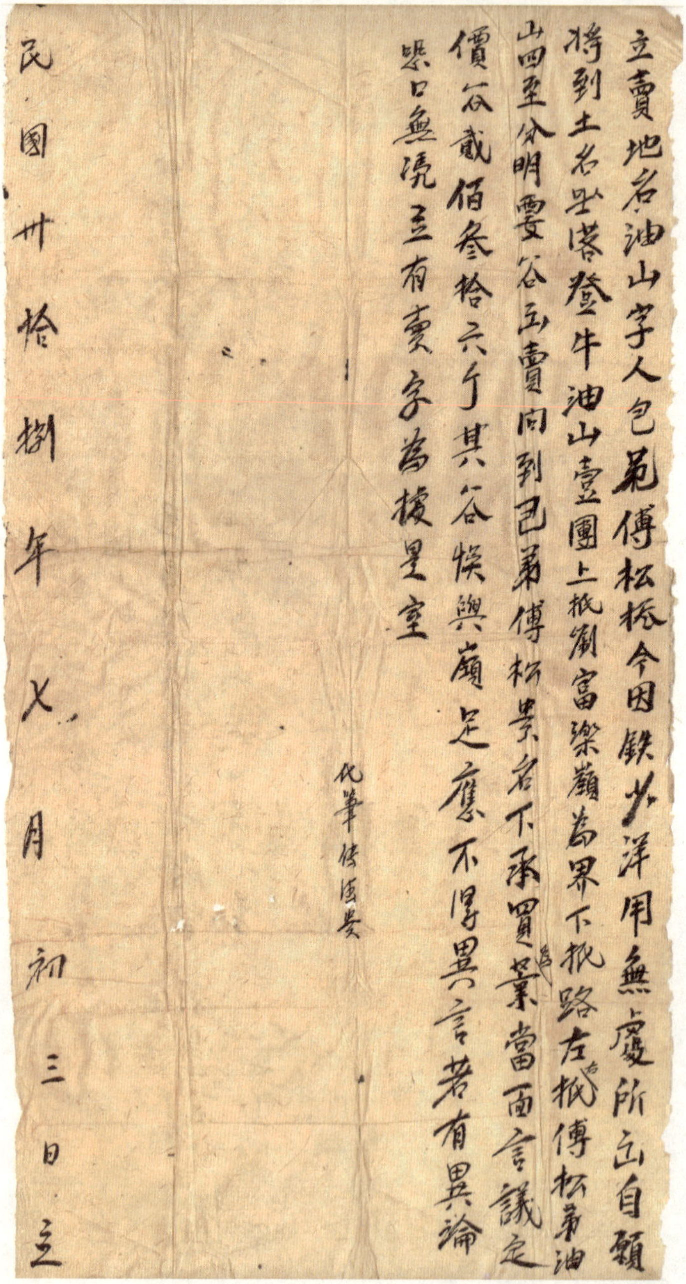

立卖地名油山字人包（胞）兄傅松桥，今因缺少洋用，无处所出，自愿将到土名坐落登牛油山壹团，上抵刘富乐岭为界，下抵路，左右抵傅松弟油山，四至分明，要谷出卖。问到包（胞）弟傅松贵名下承买为业，当面言议定价谷贰佰叁拾六斤。其谷悮（付）与岭（领）足应［用］，不得异言。若有异论，恐口无凭，立有卖字为据是室（实）。

代笔：傅德贵

民国卅拾捌年七月初三日立

82. 傅德贵卖油山契（民国三十八年七月初四日）

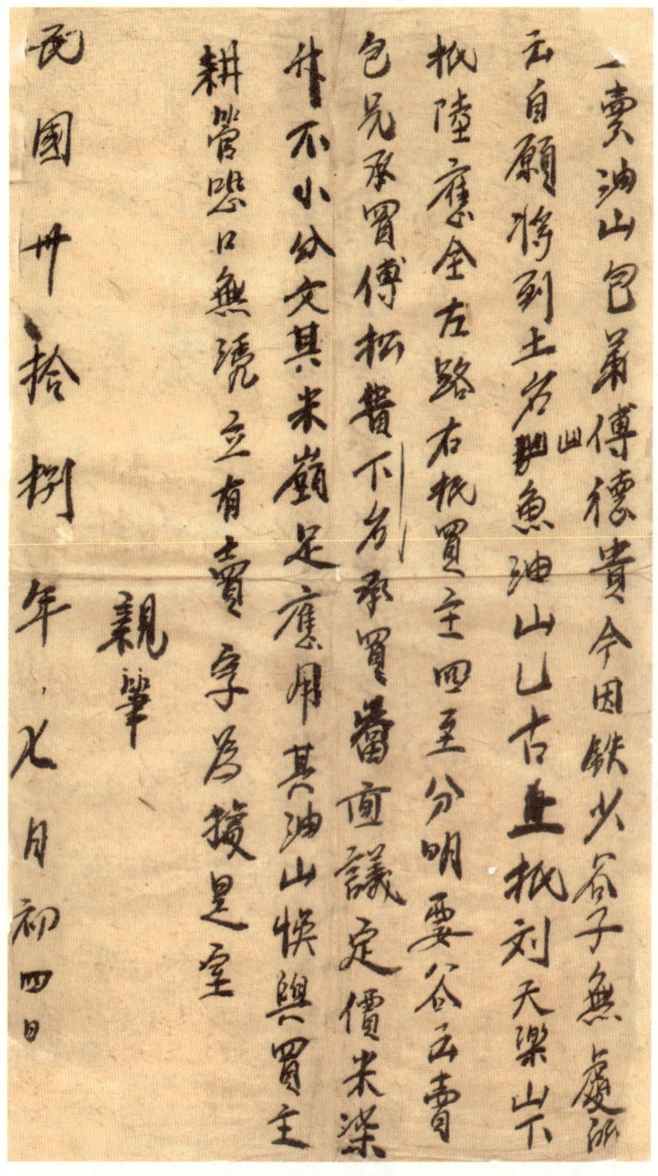

［立］卖油山包（胞）弟傅德贵，今因缺少谷子，无处所出，自愿将到土名凹鱼油山一古（股），上抵刘天乐山，下抵陆应全，左［抵］路，右抵买主，四至分明，要谷出卖。包（胞）兄承买，傅松贵下名（名下）承买，当面议定价米柒升，不少分文。其米岭（领）足应用，其油山付与买主耕管。恐口无凭，立有卖字为据是室（实）。

亲笔

民国卅拾捌年七月初四日［立］

83. 吴和顺卖山场字（民国三十八年七月初十日）

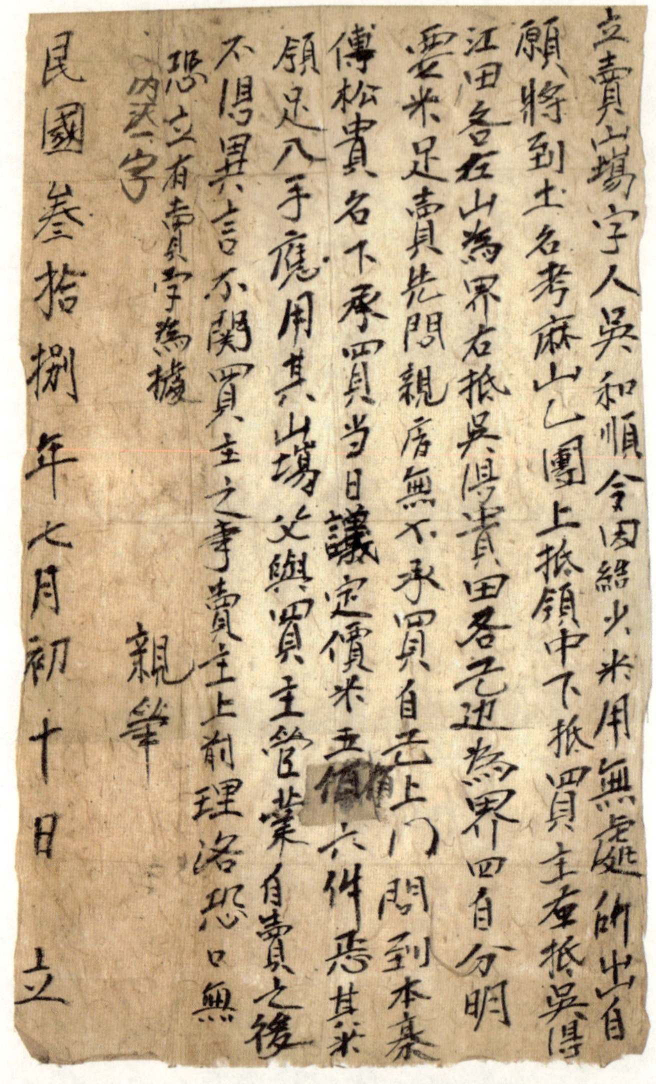

立卖山场字人吴和顺，今因结（缺）少米用，无处所出，自愿将到土名考麻山一团，上抵领（岭），中下抵买主，左抵吴得江田各（角）左山为界，右抵吴得贵田各（角）己边为界，四自（至）分明，要米足（出）卖。先问亲房无钱承买，自己上门问到本寨傅松贵名下承买，当日议定价米五佰［斤］，六件整。其米领足入手应用，其山场父（付）与买主管业。自卖之后，不得异言。不关买主之事，卖主上前理落。恐口无凭，立有卖字为据。

内沃（添）一字

亲笔

民国叁拾捌年七月初十日立

84. 傅权英卖田契（民国三十八年十月十四日）

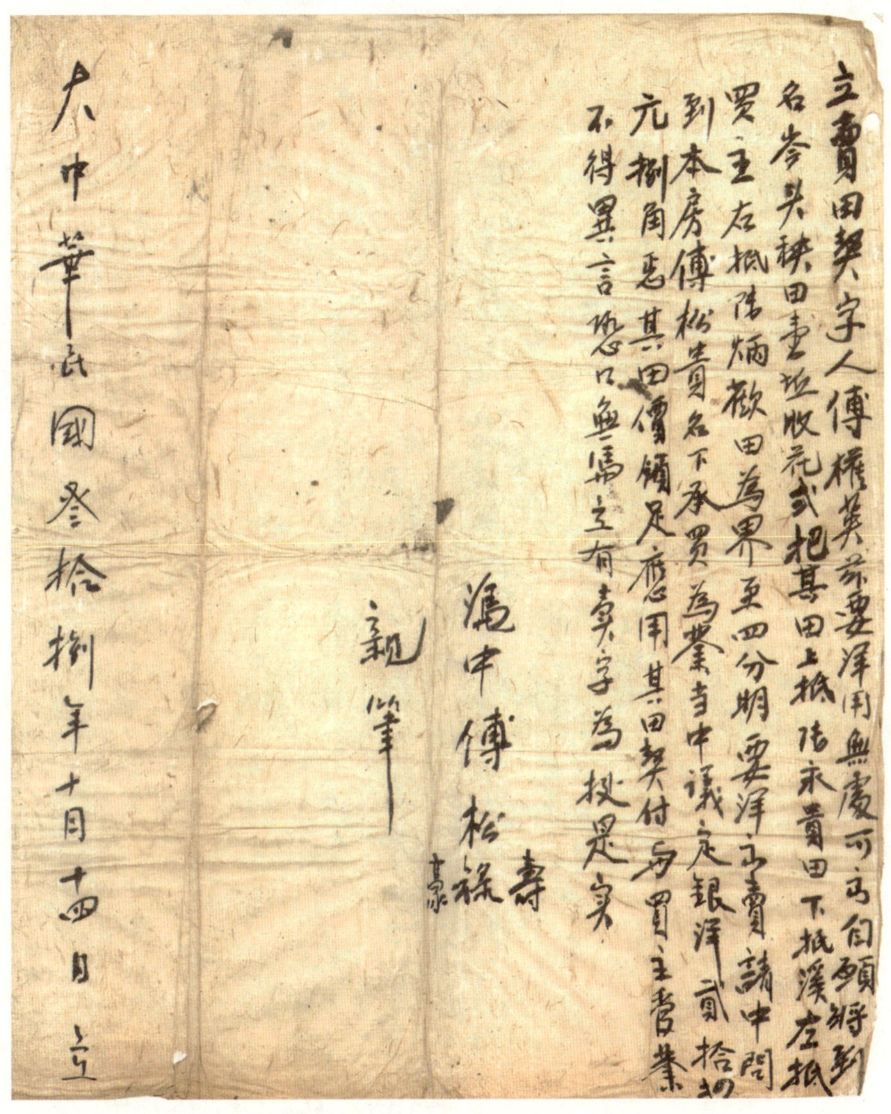

立卖田契字人傅权英，兹要洋用，无处可出，自愿将到［地］名岑头秧田壹丘，收花贰把，其田上抵陆永贵田，下抵溪，左抵买主，右抵陆炳欢田为界，至四（四至）分明，要洋出卖。请中问到本房傅松贵名下承买为业，当中议定银洋贰拾肆元捌角整。其田价领足应用，其田契付与买主管业，不得异言。恐口无凭，立有卖字为据是实。

凭中：傅松寿、傅松禄、傅松豪

亲笔

大中华民国叁拾捌年十月十四日立

85.**傅松弟卖田契**（民国三十八年十月十八日）

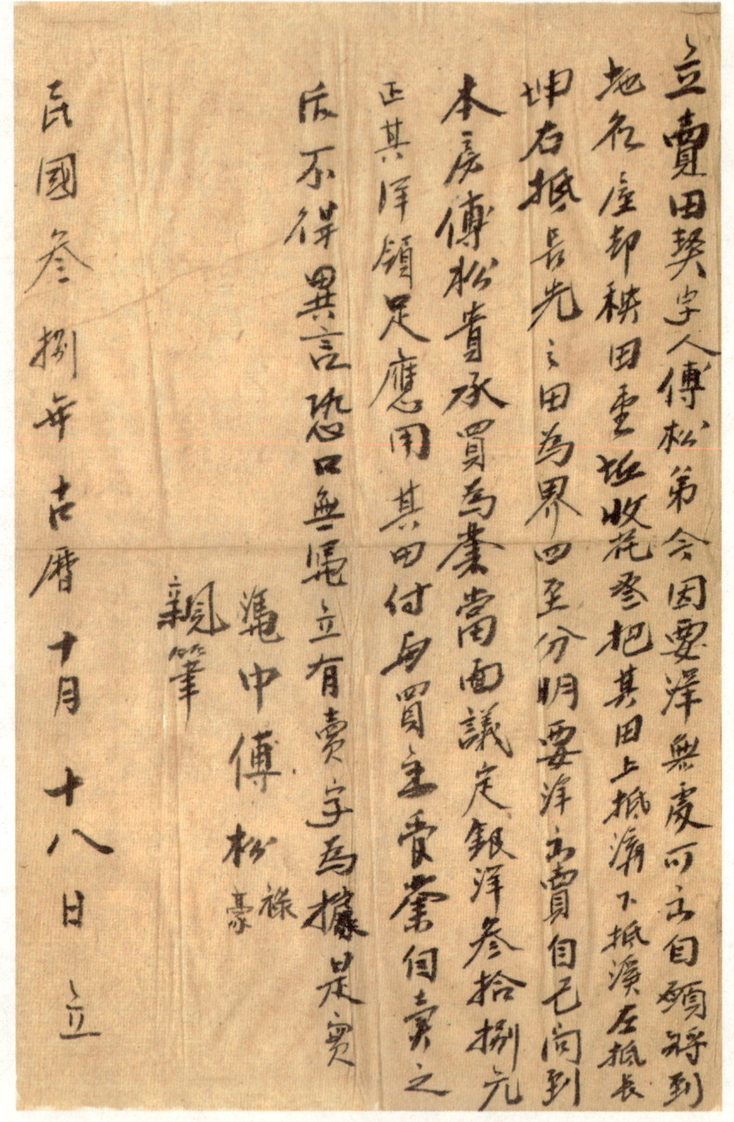

立卖田契字人傅松弟，今因要洋，无处可出，自愿将到地名屋却（脚）秧田壹丘，收花叁把。其田上抵沟，下抵溪，左抵长坤，右抵长光之田为界，四至分明，要洋出卖。自己问到本房傅松贵承买为业，当面议定银洋叁拾捌元正。其洋领足应用，其田付与买主管业。自卖之后，不得异言。恐口无凭，立有卖字为据是实。

凭中：傅松禄、傅松豪

亲笔

民国叁捌年古历十月十八日立

86. 傅松桥卖田契（民国三十八年八月二十二日）

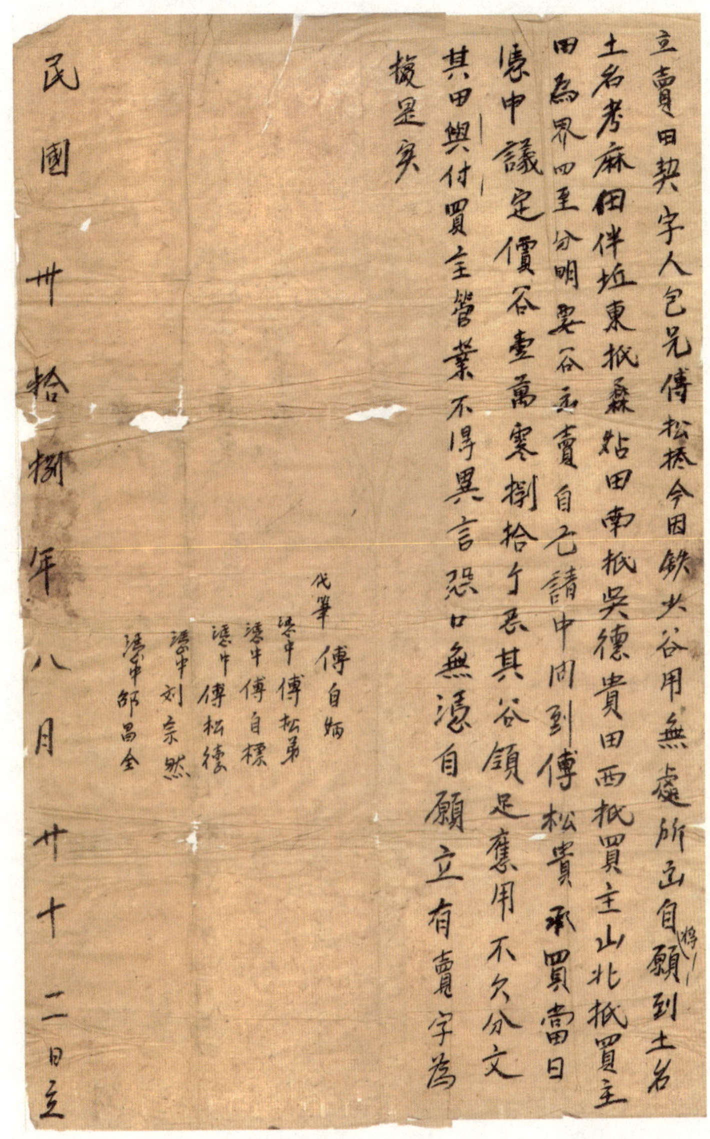

立卖田契字人包（胞）兄傅松桥，今因缺少谷用，无处所出，自将愿（愿将）到土名考麻田伴（半）丘，东抵桑姑田，南抵吴德贵田，西抵买主山，北抵买主田为界，四至分明，要谷出卖。自己请中问到傅松贵承买，当日凭中议定价谷壹万零捌拾斤整。其谷领足应用，不欠分文，其田付与买主管业，不得异言。恐口无凭，自愿立有卖字为据是实。

代笔：傅自炳

凭中：傅松弟、傅自标、傅松德、刘宗然、邰昌全

民国卅拾捌年八月廿十二日立

87. **傅万顺、傅祥玖、傅祥发等分关合同**（民国三十年）

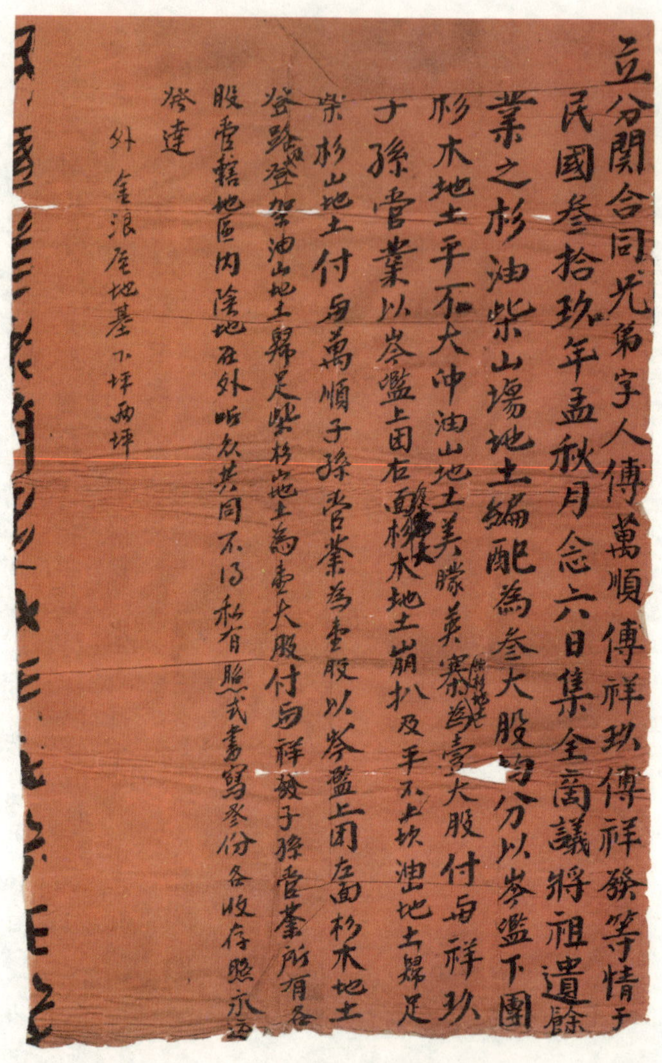

立分关合同兄弟字人傅万顺、傅祥玖、傅祥发等，情于民国叁拾玖年孟秋月念六日，集全商议将祖遗余业之杉油柴山场地土编配为叁大股均分，以岑滥下团杉木地土平不大冲油山地土美朦英寨柴杉地土为壹大股付与祥玖，子孙管业，以岑滥上团右面及大杉木地土崩扒及平不上坎油山地土归足柴杉山地土付与万顺子孙管业为壹股，以岑滥上团左面杉木地土登路及登架油山地土归足柴杉山地土为壹大股，付与祥发子孙管业。所有各股管辖地区内阴地在外，听众共同不得私有，照式书写叁份，各收存照，永远发达。

外［批］：金浪屋地基下坪两坪

【民国叁拾年□□月□□□日立】

88. 刘必隆卖山场块土字（一九五一年正月三十日）

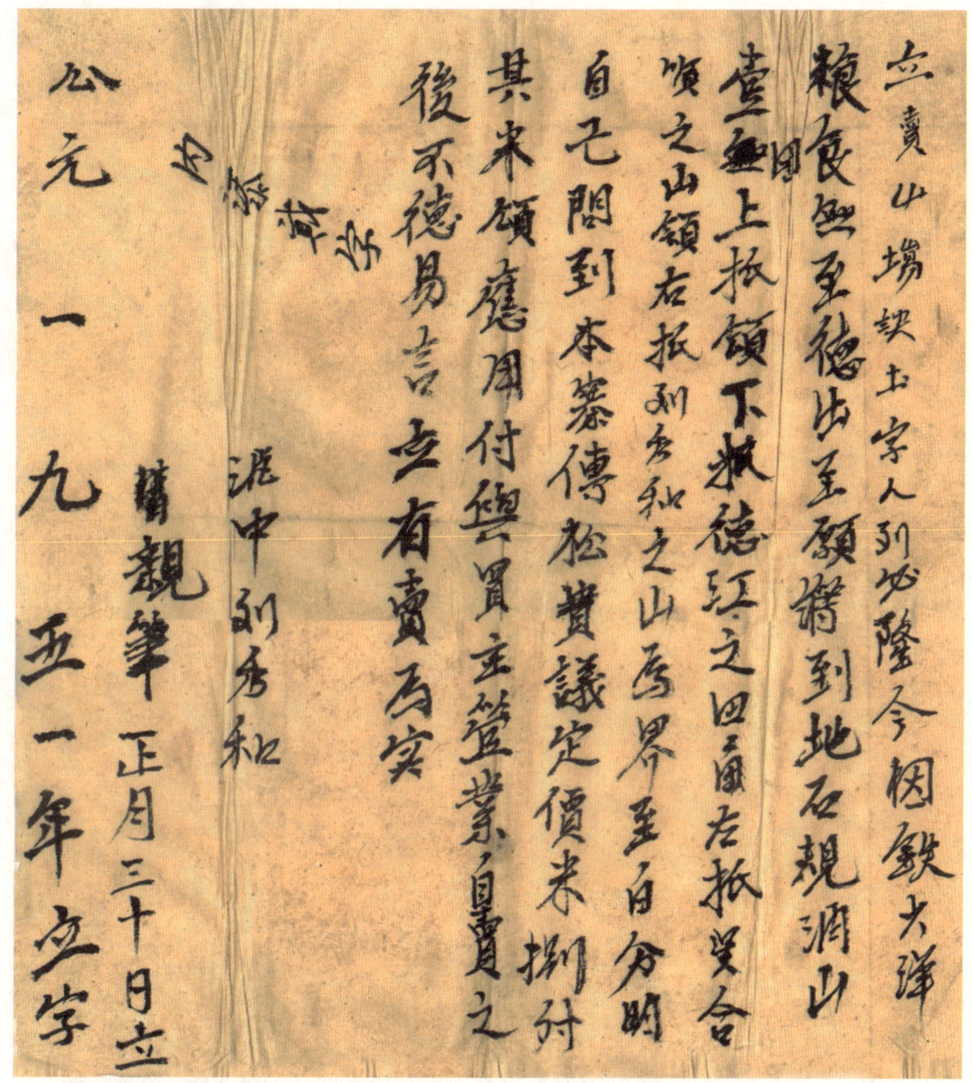

立卖山场块土字人刘必隆，今因缺少洋［用］，粮食无至德（得）出，至（自）愿将到地名规润山壹团，上抵领（岭），下抵德江之田角，左抵吴合顺之山领（岭），右抵刘秀和之山为界，至自（四至）分明，自己问到本寨傅松贵，议定价米捌升。其米颂（领）［回］应用，［其山］付与买主管业。自卖之后，不德（得）易言。立有卖［字］为实。

内添贰字

凭中：刘秀和

亲笔：正月三十日立

公元一九五一年立字

89. 龙政芳、刘宗明卖山字（一九五一年七月二十八日）

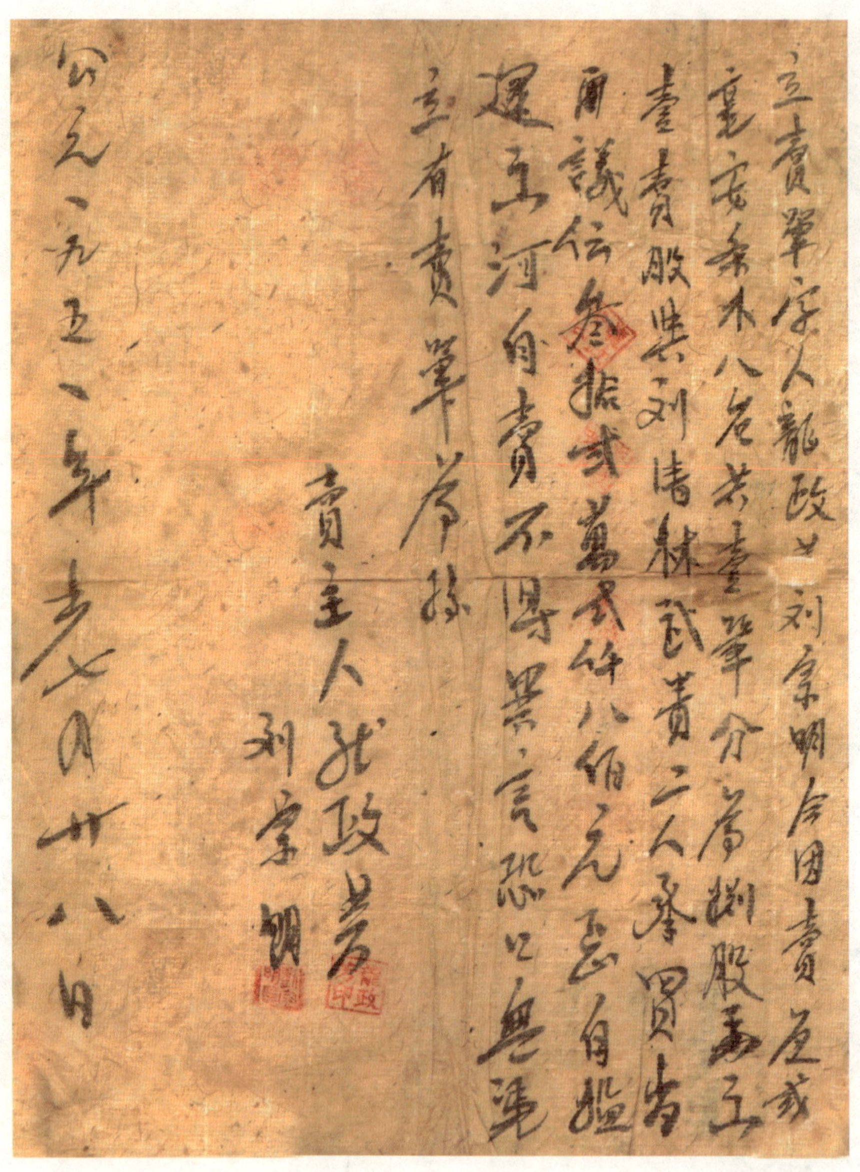

立卖单字人龙政［芳］、刘宗明，今因卖［地］名贰毫安条木八名共壹单，分为捌股，出卖壹股与刘清林、武贵二人承买，当面议伍（价）叁拾贰万贰仟八佰元整。自搬运出河，自卖［之后］，不得异言。恐口无凭，立有卖单为据。

卖主人：龙政芳、刘宗明

公元一九五一年古［历］七月廿八日［立］

90. 陆应坤卖田地字（时间不详）

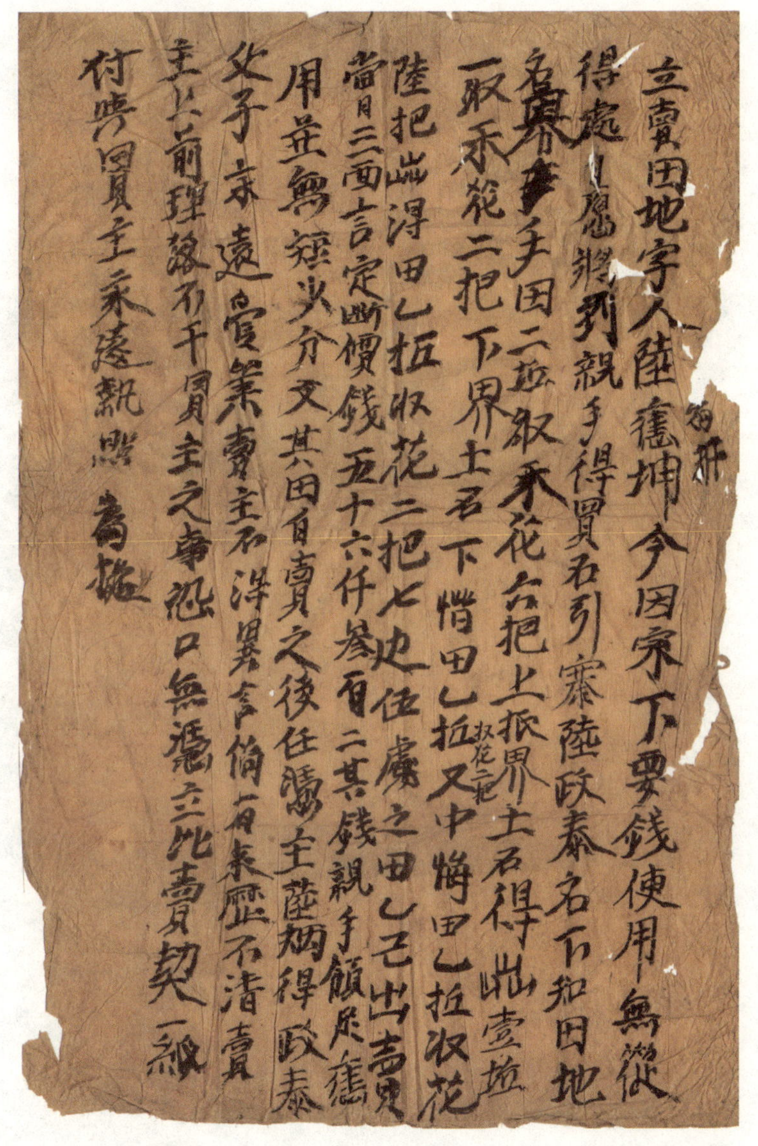

立卖田地字人陆应坤，今因家下要钱使用，无从得处（出），自愿将到亲手得买石引寨陆政泰名下知（之）田，地名界手田二丘，收禾花六把，上抵界土石得岀壹丘，一收禾花二把；下界土名下借田一丘，收花二把；又中悔田一丘，收花陆把；岀得田一丘，收花二把七边，伍处之田一己（起）出卖，当日三面言定断价钱五十六仟叁百二［文］。其钱亲手领足应用，并无短少分文。其田自卖之后，任凭［买］主陆炳得、政泰父子永远管业，卖主不得异言。倘有来历不清，卖主上前理落，不干买主之事。恐口无凭，立此卖契一纸付与买主永远执照为据。

91. □先寿卖田契（时间不详）

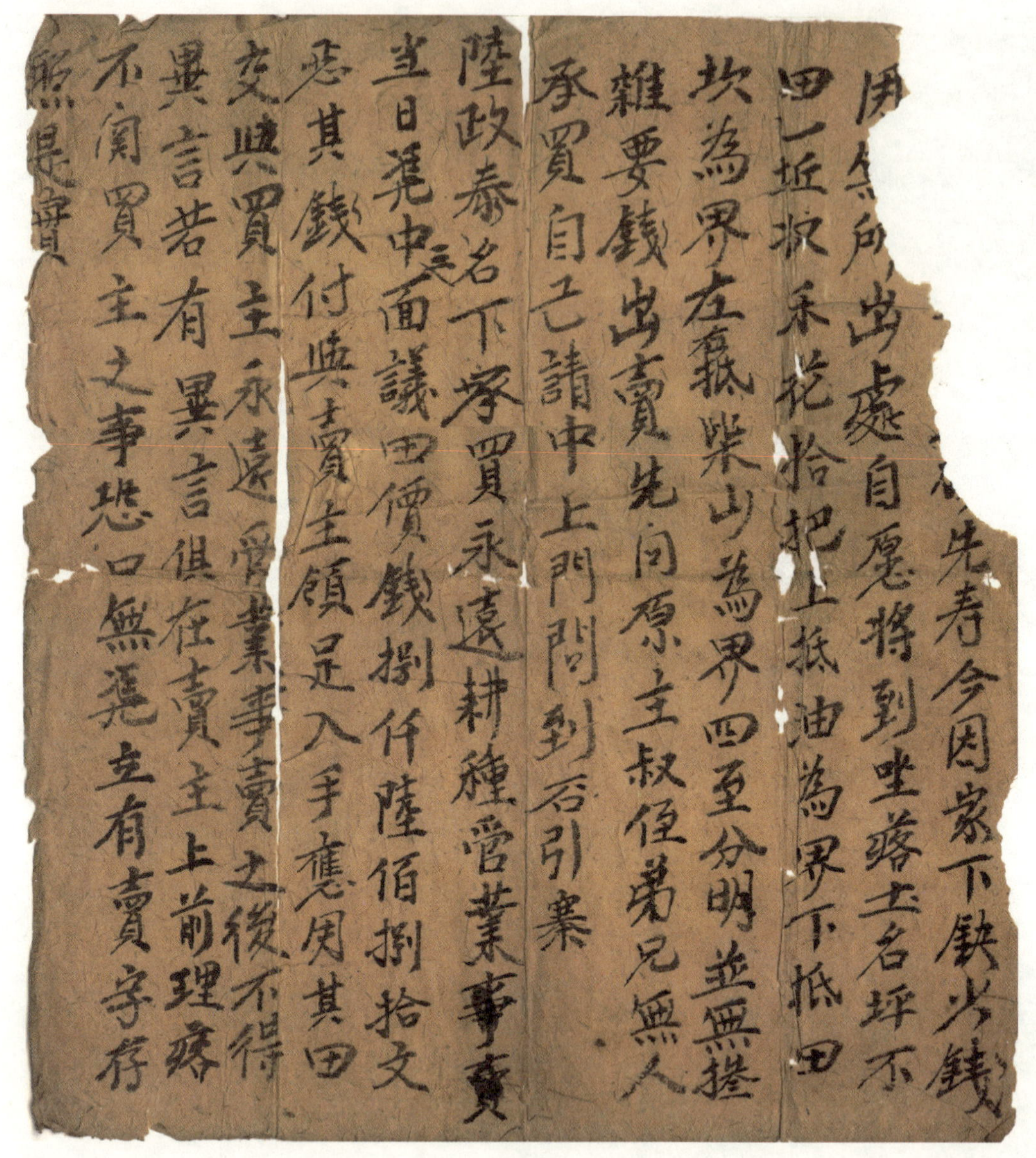

……先寿今因家下缺少钱用，无所出处，自愿将到坐落土名坪不田一丘，收禾花拾把，上抵油为界，下抵田坎为界，左右抵柴山为界，四至分明，并无掺杂，要钱出卖。先问原主叔侄弟兄无人承买，自己请中上门问到石引寨陆政泰名下承买，永远耕种管业，当日凭中三面议田价钱捌仟陆佰捌拾文整。其钱付与卖主领足入手应用，其田交与买主永远管业。事（自）卖之后，不得异言。若有异言，俱在卖主上前理落，不关买主之事。恐口无凭，立有卖字存照是实。

卷三　陆宗显户藏文书

1. 刘光全、刘元生父子卖平秋场字（民国元年十二月十七日）

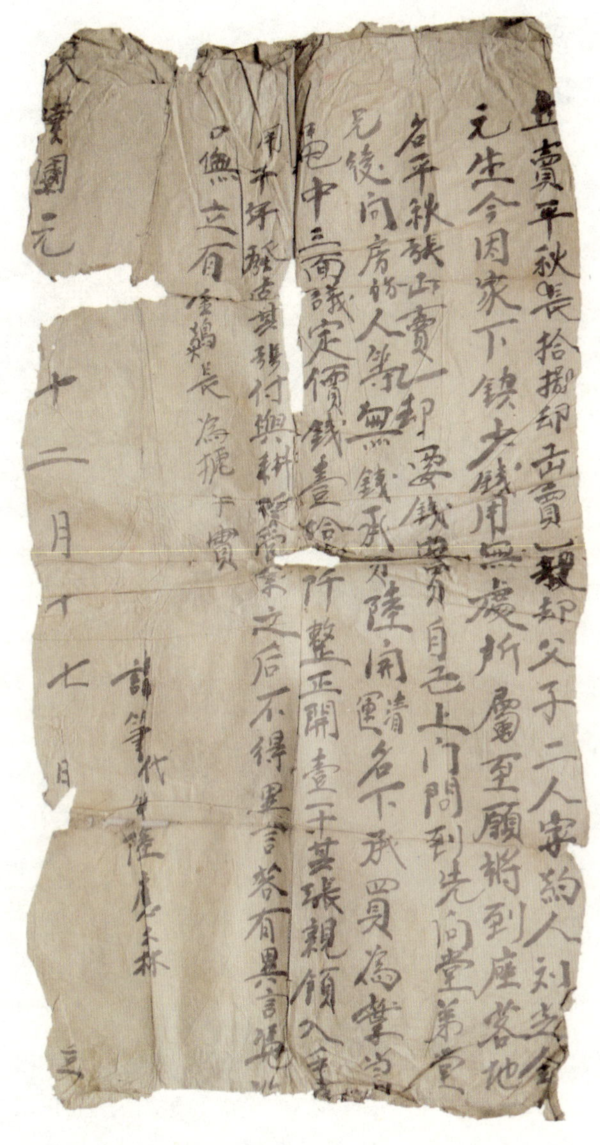

立卖平秋长（场）拾捌却（股）出卖一却（股）父子二人字约人刘光全、元生，今因家下缺少钱用，无处所属（出），至（自）愿将到座（坐）落地名平秋张（场）出卖一却（股），要钱出卖。自己上门问到，先问到堂弟堂兄，后问房族人等无钱承买，陆开清、开运名下承买为业，当日凭中三面议定价钱壹拾口阡（千）整。正开壹干（间），其张（钱）亲领入手应用，千年发古（达）。其张（场）付与［买主］耕种管业，之后不得异言。若有异言，恐口无凭，立有金鸡长（场）为据于实。

请笔、代笔：陆应森

大汉国元［年］十二月十七日立

2. **陆恩昌、陆恩忠、陆恩梁等分关字**（民国五年六月二十日）

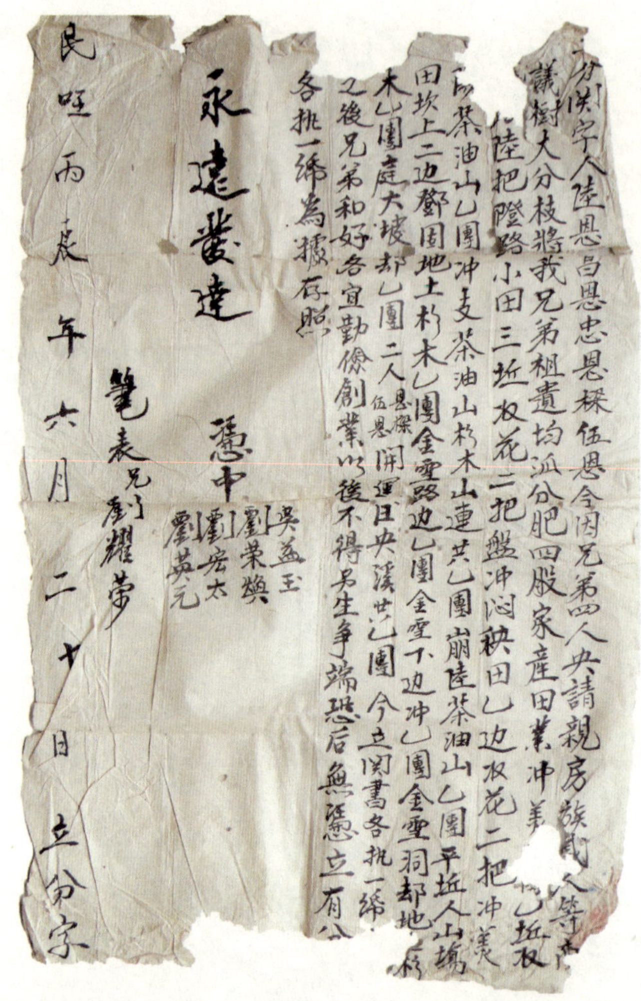

［立］分关字人陆恩昌、恩忠、恩梁、伍恩，今因兄弟四人央请亲房族戚人等商议，树大分枝，将我兄弟祖遗均派分肥四股，家产田业冲美□田一丘，收［花］陆把，登路小田三丘，收花二把，盘冲闷秧田一边，收花二把，冲美□茶油山一团，冲支茶油山杉木山连共一团，崩陆茶油山一团。平丘人山场田坎上二边，邓固地土杉木一团，金雪路边一团，金雪下边冲一团，金雪洞却（脚）地□杉木一团，庭大坡却（脚）一团。二人恩梁、伍恩开运□央溪共一团。今立关书各执一纸。［自卖］之后，兄弟和好，各宜勤俭创业，以后不得另生争端。恐后无凭，立有分［关字］，各执一纸为据存照。

永远发达

凭中：吴益玉、刘荣焕、刘宏太、刘英元

笔：表兄刘耀荣

民国丙辰年六月二十日立分字

3. 陆焕德卖田契（民国七年正月十五日）

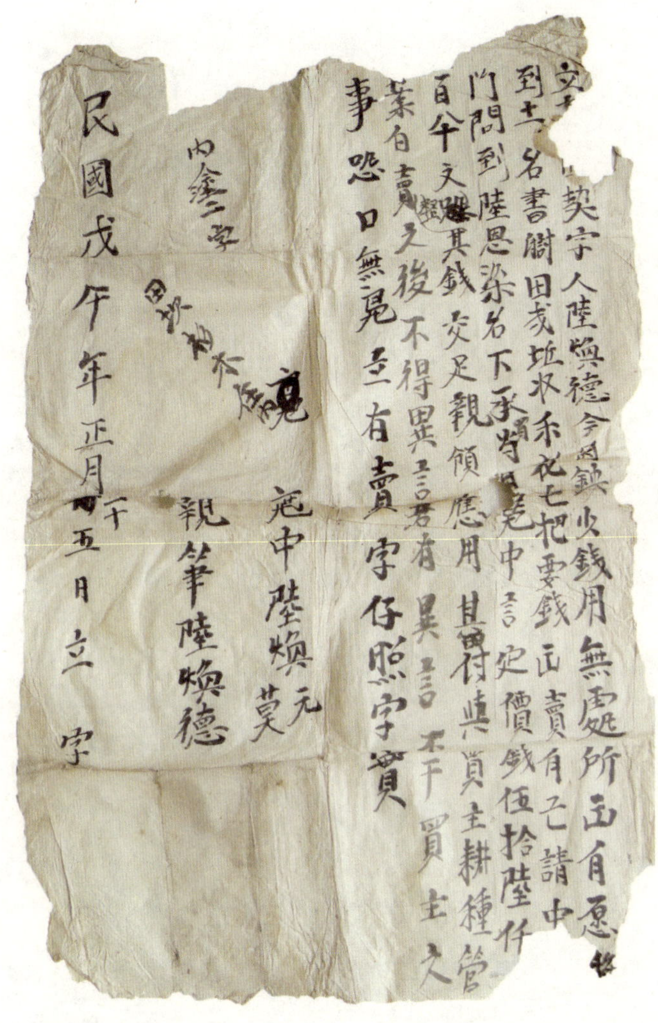

立卖［田］契字人陆焕德，今因缺少钱用，无处所出，自愿将到土名书谢田贰丘，收禾花七把，要钱出卖。自己请中［上］门问到陆恩梁名下承买，当日凭中言定价钱伍拾陆仟□百八十文整。其钱交足亲领应用，其田付与买主耕种管业。自卖之后，不得异言。若有异言，不干买主之事。恐口无凭，立有卖字仔（存）照字［是］实。

内涂二字

田坎杉木任内

凭中：陆焕元、陆焕莫

亲笔：陆焕德

民国戊午年正月一十五日立字

4. 陆恩伍卖杉木字（民国七年正月二十五日）

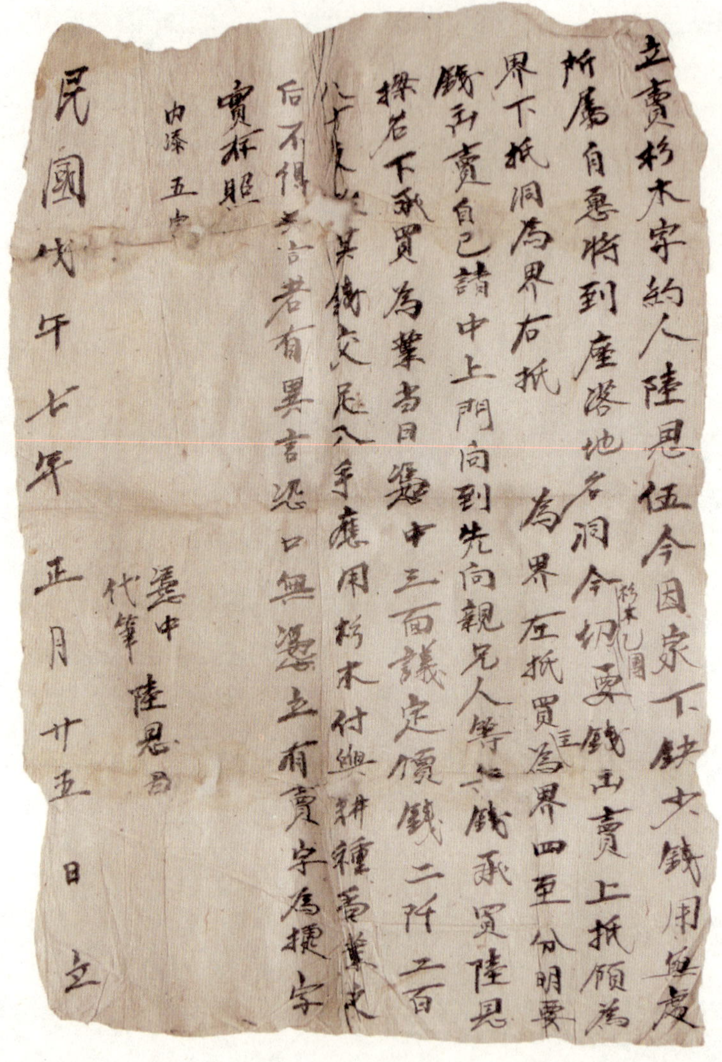

立卖杉木字约人陆恩伍，今因家下缺少钱用，无处所属（出），自愿将到座（坐）落地名洞今切杉木一团，要钱出卖。上抵领（岭）为界，下抵洞为界，右抵……为界，左抵买主为界，四至分明，要钱出卖。自己请中上门问到先向亲兄人等无钱承买，陆恩梁名下承买为业，当日凭中三面议定价钱二阡（千）二百八十文整。其钱交足入手应用，杉木付与［买主］耕种为业。之后不得异言。若有异言，恐口无凭，立有卖字为据字（是）实存照。

内添五字

凭中、代笔：陆恩昌

民国戊午年七年正月廿五日立

5. 陆开运卖山场杉木字（民国七年正月二十五日）

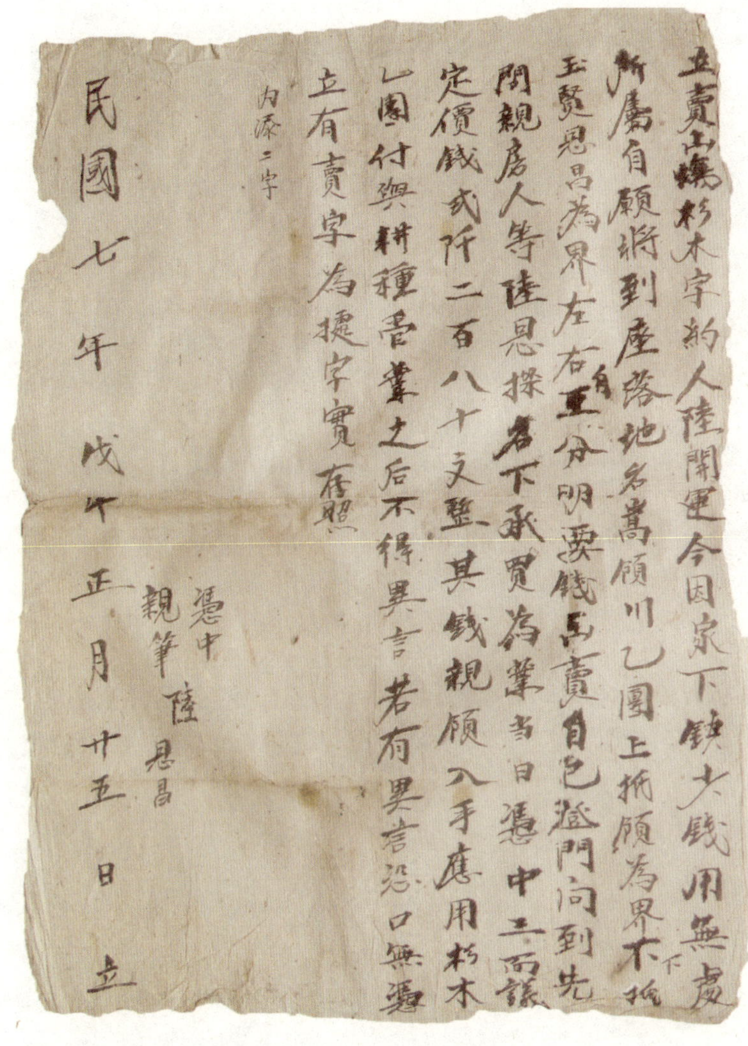

立卖山场杉木字约人陆开运，今因家下缺少钱用，无处所属（出），自愿将到座（坐）落地名嵩领（岭）川一团，上抵领（岭）为界，下抵玉贤、恩昌为界，左右自（四）至分明，要钱出卖。自己登门问到先问亲房人等陆恩梁名下承买为业，当日凭中三面议定价钱贰阡（千）二百八十文整。其钱亲领入手应用。杉木一团付与［买主］耕种管业，之后不得异言。若有异言，恐口无凭，立有卖字为据字（是）实存照。

内添二字

凭中

亲笔：陆恩昌

民国七年戊午正月廿五日立

6. 陆恩河卖山场地土字（民国七年正月二十五日）

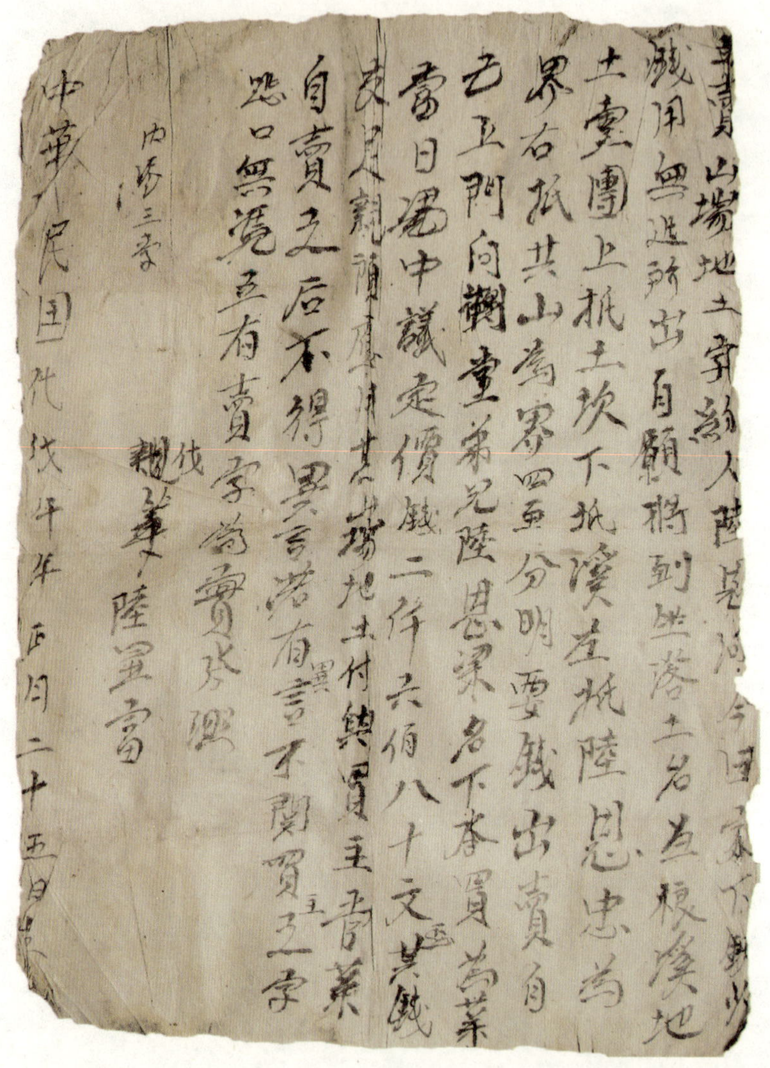

立卖山场地土字约人陆恩河，今因家下缺少钱用，无处所出，自愿将到坐落土名归根溪地土壹团，上抵土坎，下抵溪，左抵陆恩忠为界，右抵共山为界，四至分明，要钱出卖。自己上门问到堂弟兄陆恩梁名下承买为业，当日凭中议定价钱二仟六佰八十文整。其钱交足亲领应用，其山场地土付与买主管业。自卖之后，不得异言。若有异言，不关买主之字（事）。恐口无凭，立有卖字为实承（存）照。

内添三字

代笔：陆显富

中华民国代戊午年正月二十五日立

7. 陆玉贤卖田契（民国九年正月十八日）

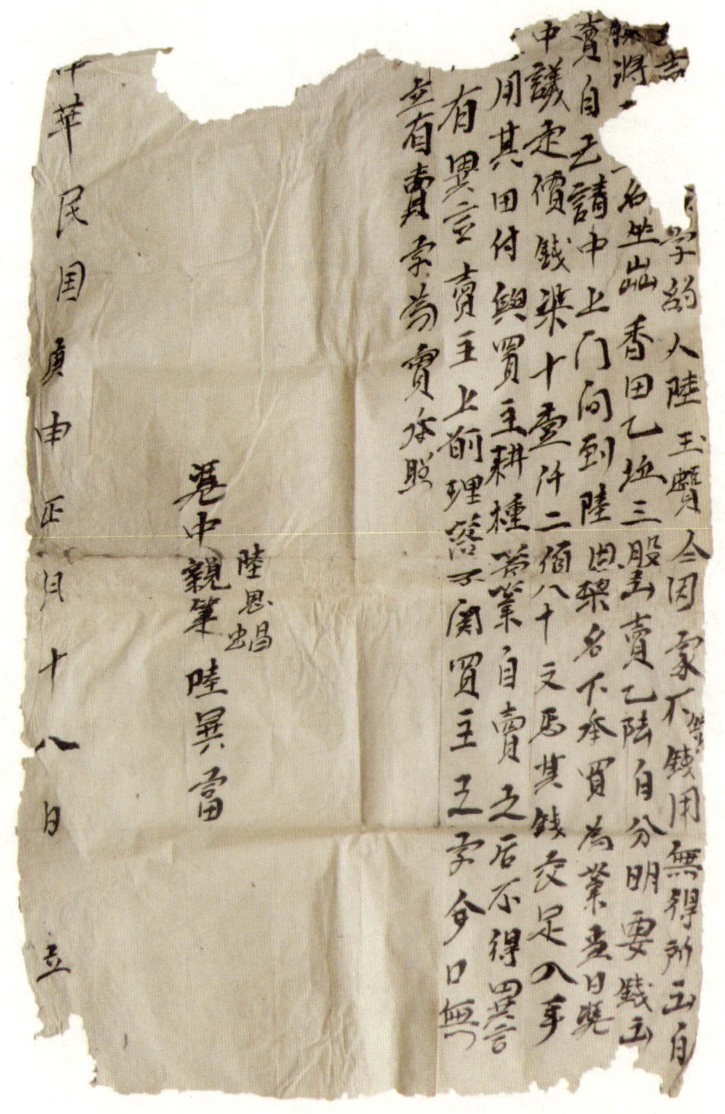

立卖［田契］字约人陆玉贤，今因家下缺少钱用，无得所出，自愿将到［地］名坐岦香田一丘，三股出卖一［股］。陆（四）自（至）分明，要钱出卖。自己请中上门问到陆恩梁名下承买为业，当日凭中议定价钱柒十壹仟二佰八十文整。其钱交足入手［应］用，其田付与买主耕种管业。自卖之后，不得异言。［若］有异言，卖主上前理落，不关买主之字（事）。今（恐）口无凭，立有卖字为实承（存）照。

凭中、亲笔：陆恩昌、陆恩忠、陆显富

中华民国庚申［年］正月十八日立

8. 陆玉仁、陆玉贤、陆恩河卖地土杉木字（民国九年正月十八日）

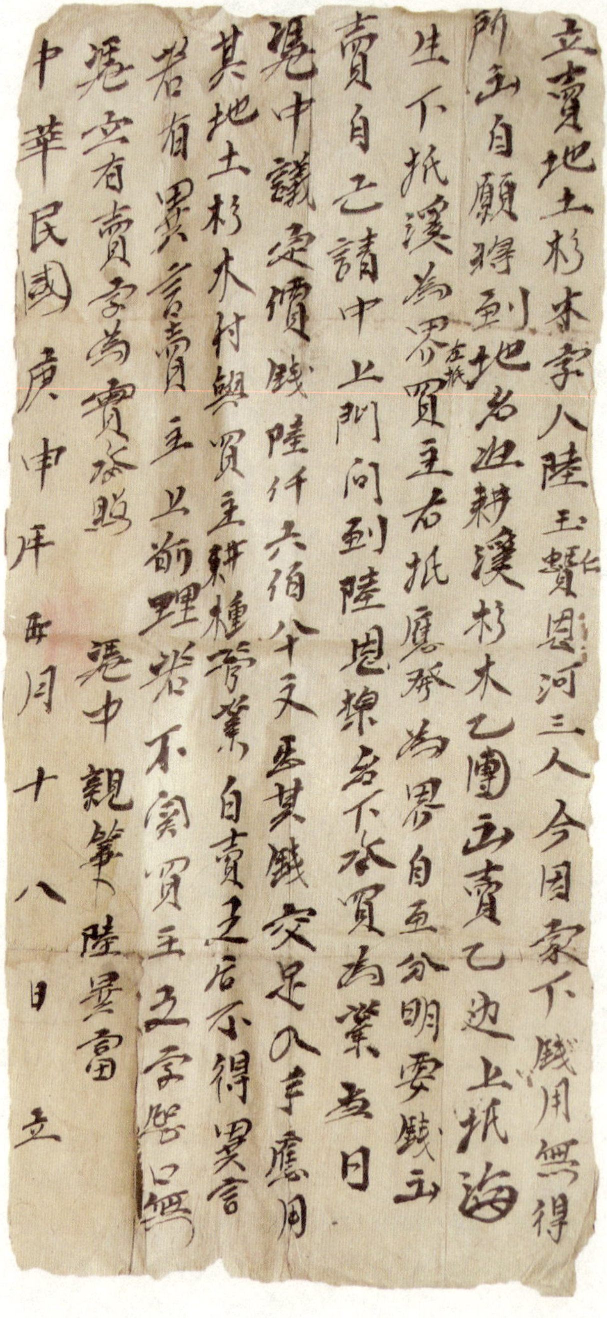

立卖地土杉木字人陆玉仁、陆玉贤、恩河三人，今因家下［缺少］钱用，无得所出，自愿将到地名归耕溪杉木一团出卖一边。上抵海生，下抵溪为界，左抵买主，右抵应发为界，自（四）至分明，要钱出卖。自己请中上门问到陆恩梁名下承买为业，当日凭中议定价钱陆仟六佰八十文整。其钱交足入手应用，其地土杉木付与买主耕种管业。自卖之后，不得异言。若有异言，卖主上前理落，不关买主之字（事）。恐口无凭，立有卖字为实承（存）照。

凭中、亲笔：陆显富

中华民国庚申年正月十八日立

9. 陆焕严卖油山字（民国九年正月十八日）

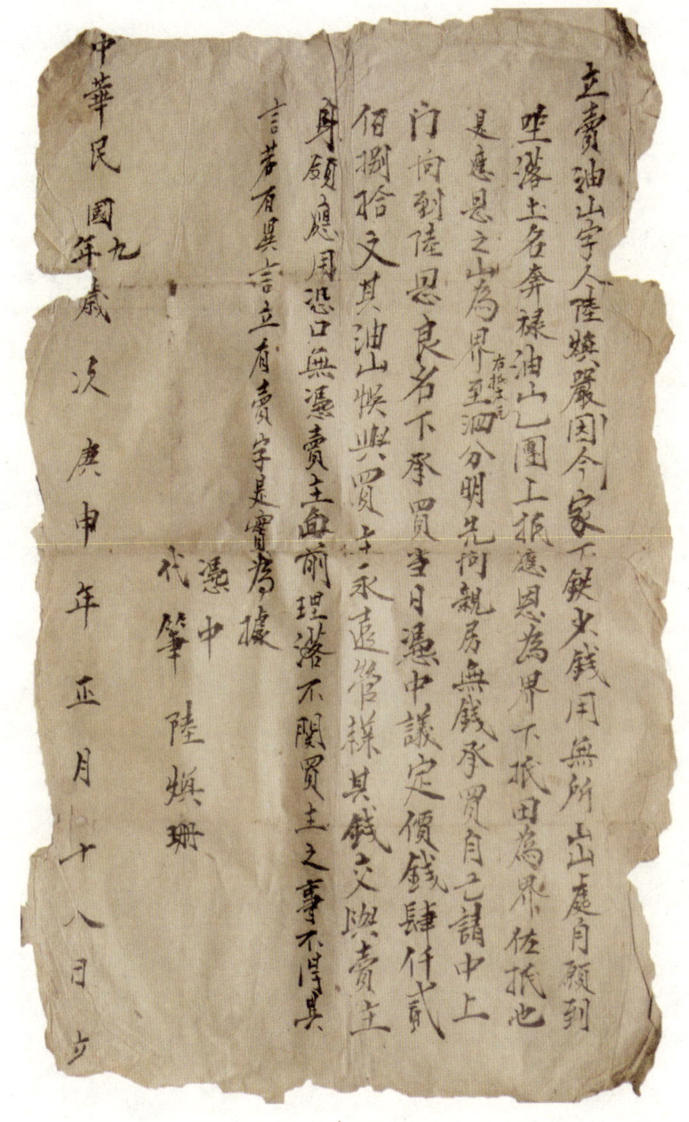

立卖油山字人陆焕严，今因家下缺少钱用，无所出处，自愿［将］到坐落土名奔禄油山一团，上抵应恩为界，下抵田为界，佐（左）抵也是应恩之山为界，右抵本元，至泗（四至）分明，先问亲房无钱承买，自己请中上门问到陆恩良名下承买，当日凭中议定价钱肆仟贰佰捌拾文。其油山悮（付）与买主永远管耕，其钱交与卖主身领应用。恐口无凭，卖主向前理落，不关买主之事，不得异言。若有异言，立有卖字是实为据。

凭中、代笔：陆焕珊

中华民国九年岁次庚申年正月十八日立

10. 陆玉仁、陆玉贤、陆恩和卖棉花地土字（民国九年正月□□□日）

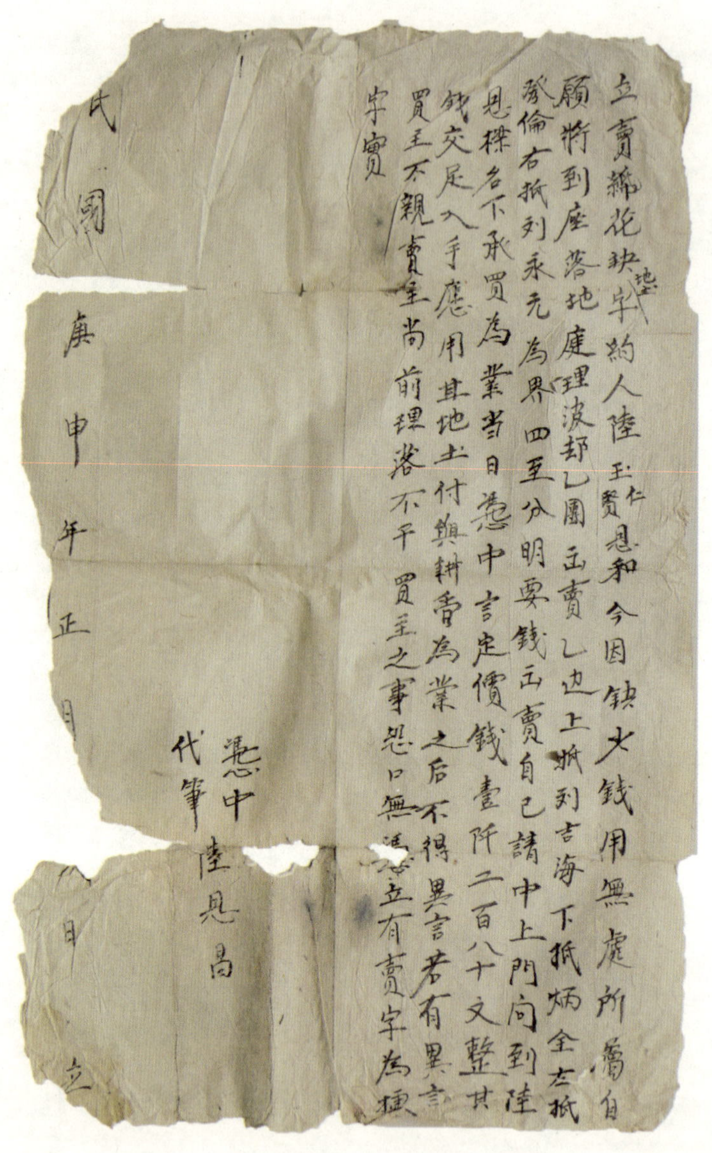

立卖棉花契地土字约人陆玉仁、陆玉贤、恩和，今因缺少钱用，无处所属（出），自愿将到座（坐）落地庭理波却（坡脚）一团出卖一边，上抵刘吉海，下抵炳全，左抵发伦，右抵刘永元为界，四至分明，要钱出卖。自己请中上门问到陆恩梁名下承买为业，当日凭中言定价钱壹阡（千）二百八十文整。其钱交足入手应用，其地土付与［买主］耕管为业，之后不得异言。若有异言，买主不亲（清），卖主尚（上）前理落，不干买主之事。恐口无凭，立有卖字为据字［是］实。

凭中、代笔：陆恩昌

民国庚申年正月□□□日立

11. 陆仁芳父子卖山场地土字（民国九年十二月□十八日）

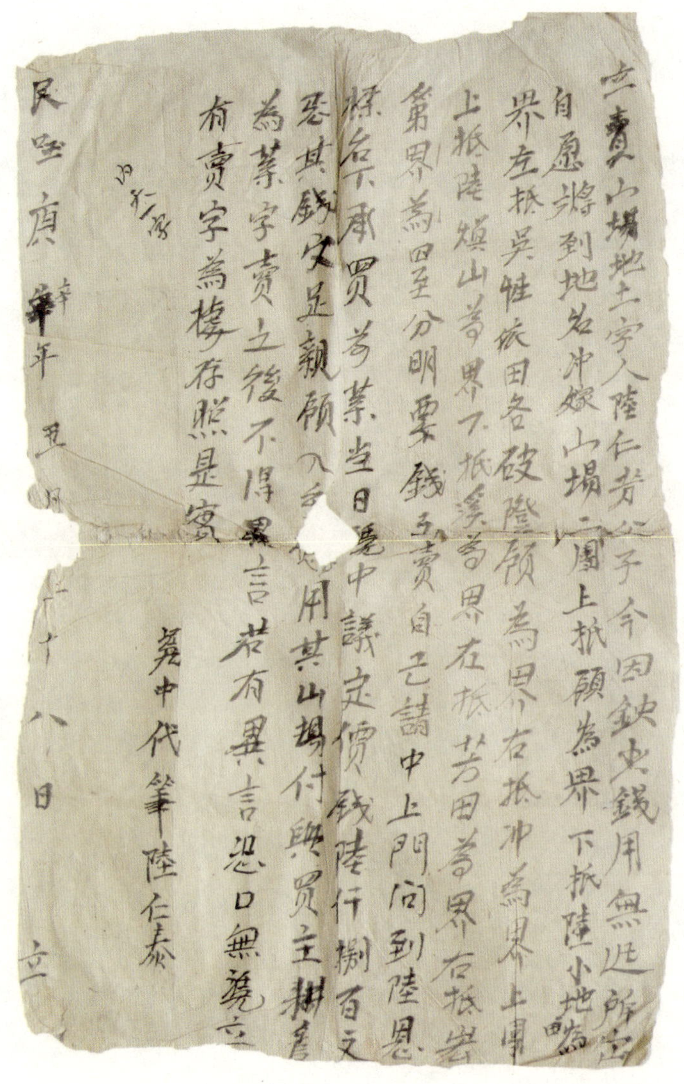

立卖山场地土字人陆仁芳父子，今因缺少钱用，无处所出，自愿将到地名冲嫁山场二团，上抵领（岭）为界，下抵陆小地田为界，左抵吴姓依田各（角）破隥领（岭）为界，右抵冲为界，上团上抵陆焕山为界，下抵溪为界，左抵芳（荒）田为界，右抵岩第为界，四至分明，要钱出卖。自己请中上门问到陆恩粱名下承买为业，当日凭中议定价钱陆仟捌百文整。其钱交足亲领入手应用，其山场付与买主耕管为业。字（自）卖之后，不得异言。若有异言，恐口无凭，立有卖字为据存照是实。

内天（添）一字

凭中、代笔：陆仁泰

民国庚辛（申）年丑月□十八日立

12. 吴海叁卖田契（民国十年三月初四日）

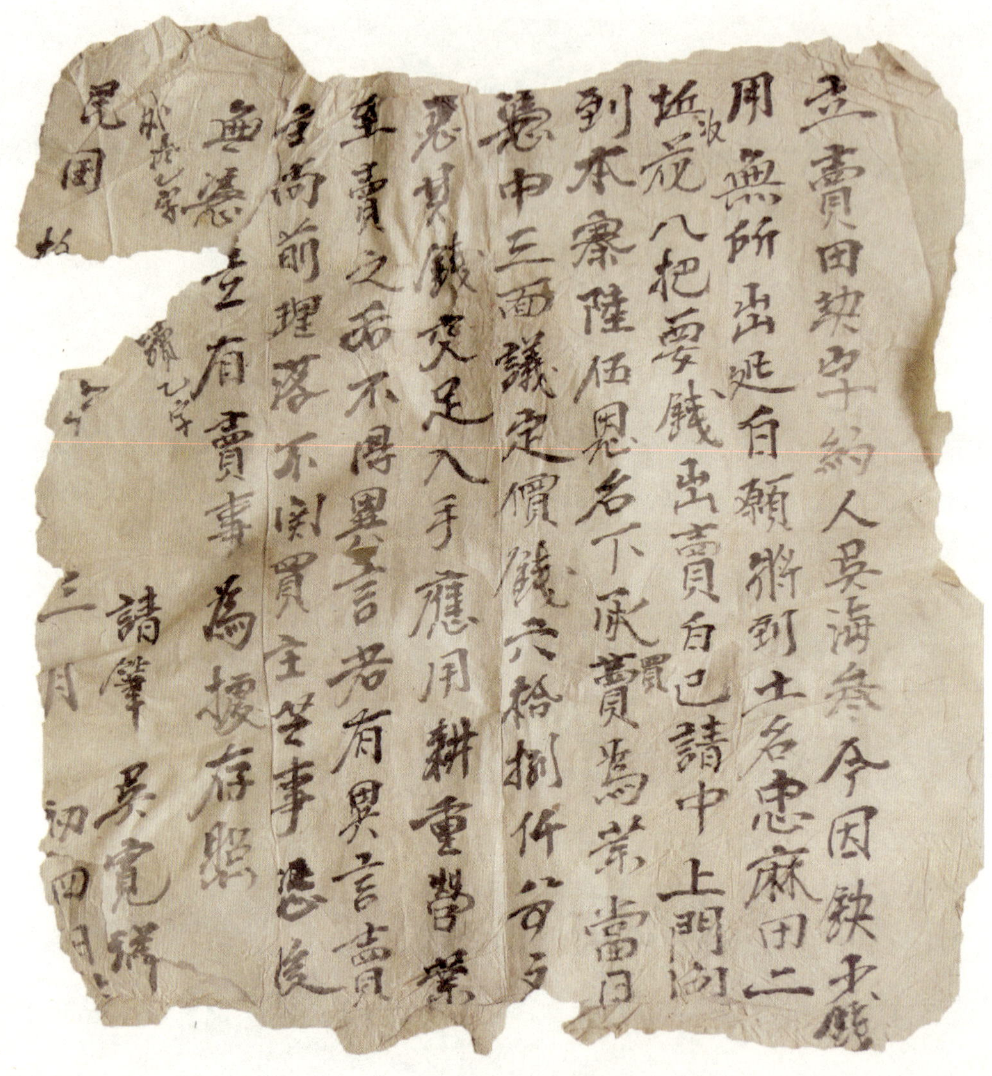

立卖田契字约人吴海叁，今因缺少钱用，无所出处，自愿将到土名忠麻田二丘，收花八把，要钱出卖。自己请中上门问到本寨陆伍恩名下承买为业，当日凭中三面议定价钱六拾捌仟八百文整。其钱交足入手应用，[其田交于买主]耕重（种）管业。至（自）卖之后，不得异言。若有异言，卖主尚（上）前理落，不关买主芝（之）事。恐后无凭，立有卖事（字）为据存照。

外添一字，读（涂）一字

请笔：吴宽瑞

民国拾年三月初四日立

13. 刘瑞远父子卖田契（民国十一年五月二十三日）

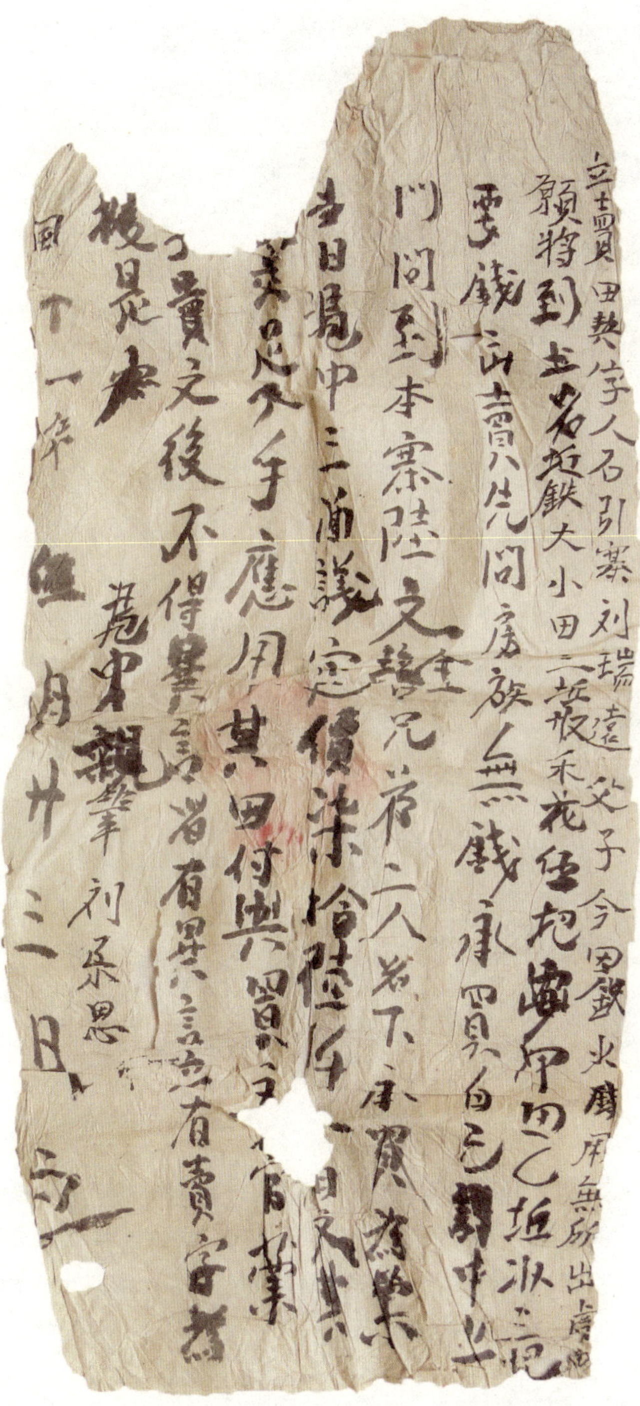

立卖田契字人石引寨刘瑞远父子，今因缺少钱用，无所出处，自愿将到土名丘铁大小田二丘，收禾花伍把，□甲田一丘，收（禾）三把，要钱出卖。先问房族无钱承买，自己请中［上门］问到本寨陆文全、文培兄弟二人名下承买为业，当日凭中三面议定价柒拾陆仟八百文。其钱交足入手应用，其田付与买主管业。［自］卖之后，不得异言。若有异言，立有卖字为据是实。

凭中、亲笔：刘朵恩

［民］国十一年伍月廿三日立

14. 陆应发、陆应魁卖山场地土杉木约（民国十一年六月二十八日）

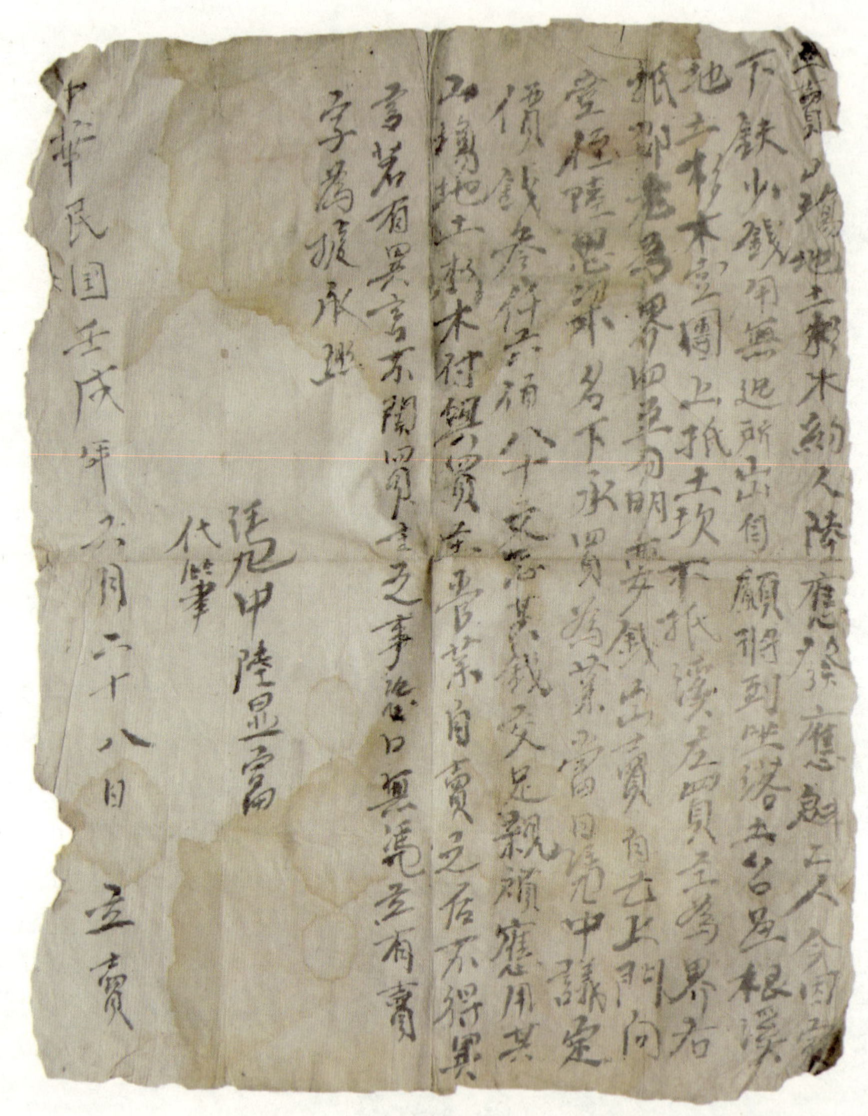

立卖山场地土杉木约人陆应发、应魁二人，今因家下缺少钱用，无处所出，自愿将到坐落土名归根溪地土杉木壹团，上抵土坎，下抵溪，左［抵］买主为界，右抵邵口为界，四至分明，要钱出卖。自己上门问堂侄恩梁名下承买为业，当日凭中议定价钱叁仟六佰八十文整。其钱交足亲领应用，其山场地土杉木付与买主管业。自卖之后，不得异言。若有异言，不关买主之事。恐口无凭，立有卖字为据承（存）照。

凭中：陆显富

代笔

中华民国壬戌年六月二十八日立卖

15. 陆恩昌父子卖田契（民国十二年正月二十三日）

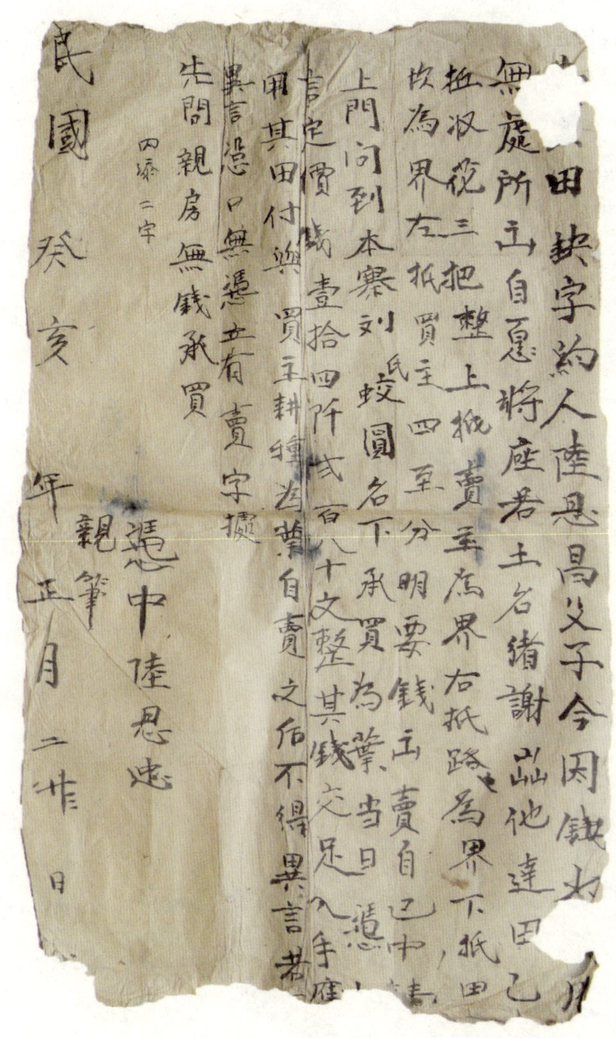

［立卖］田契字约人陆恩昌父子，今因缺少［钱］用，无处所出，自愿将座（坐）若（落）土名绪谢峃他达田一丘，收花三把整，上抵卖主为界，右抵路边为界，下抵田坎为界，左抵买主，四至分明，要钱出卖。自己请中上门问到本寨刘氏蛟圆名下承买为业，当中凭［中］言定价钱壹拾四阡（千）贰百八十文整。其钱交足入手应用，其田付与买主耕种为业。自卖之后，不得异言。若有异言，恐口无凭，立有卖字据。先问亲房无钱承买。

内添二字

凭中：陆恩忠

亲笔

民国癸亥年正月廿三日立

16. 陆伍恩卖田契（民国十二年二月十五日）

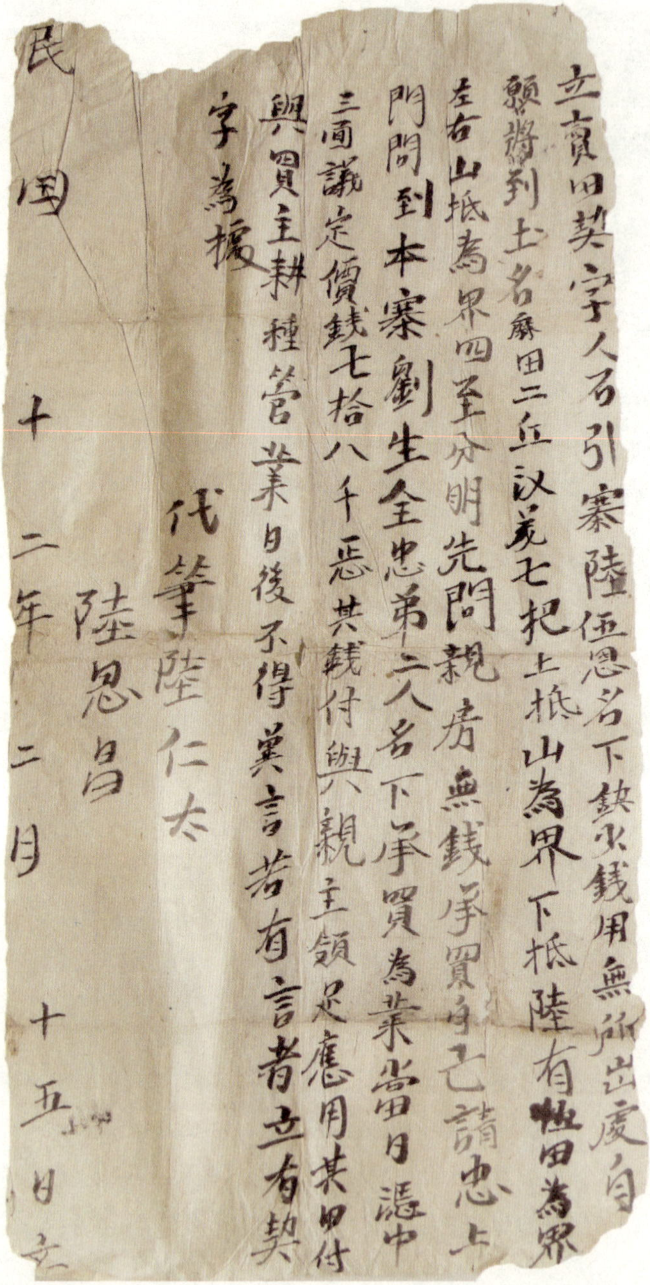
立賣田契字人石引寨陸伍恩名下缺少錢用無所出處自
願將到土名麻田二丘收花七把上抵山為界下抵陸有恒田為界
左右山抵為界四至分明先問親房無錢承買自己請忠上
門問到本寨劉生全忠弟二人名下承買為業當日憑中
三面議定價錢七拾八千整其錢付與親主領足應用其田付
與買主耕種管業日後不得異言若有言者立有契
字為據
代筆陸仁太
陸恩昌
民国十二年二月十五日立

立卖田契字人石引寨陆伍恩名下缺少钱用，无所出处，自愿将到土名麻田二丘，收花七把，上抵山为界，下抵陆有恒田为界，左右山抵（抵山）为界，四至分明，先问亲房无钱承买，自己请忠（中）上门问到本寨刘生全、忠弟二人名下承买为业，当日凭中三面议定价钱七拾八千整。其钱付与亲主领足应用，其田付与买主耕种管业。日后不得异言。若有言者，立有契字为据。

代笔：陆仁太、陆恩昌

民国十二年二月十五日立

17. 陆恩祥、陆引元、陆焕模等分合同字（民国十二年二月二十三日）

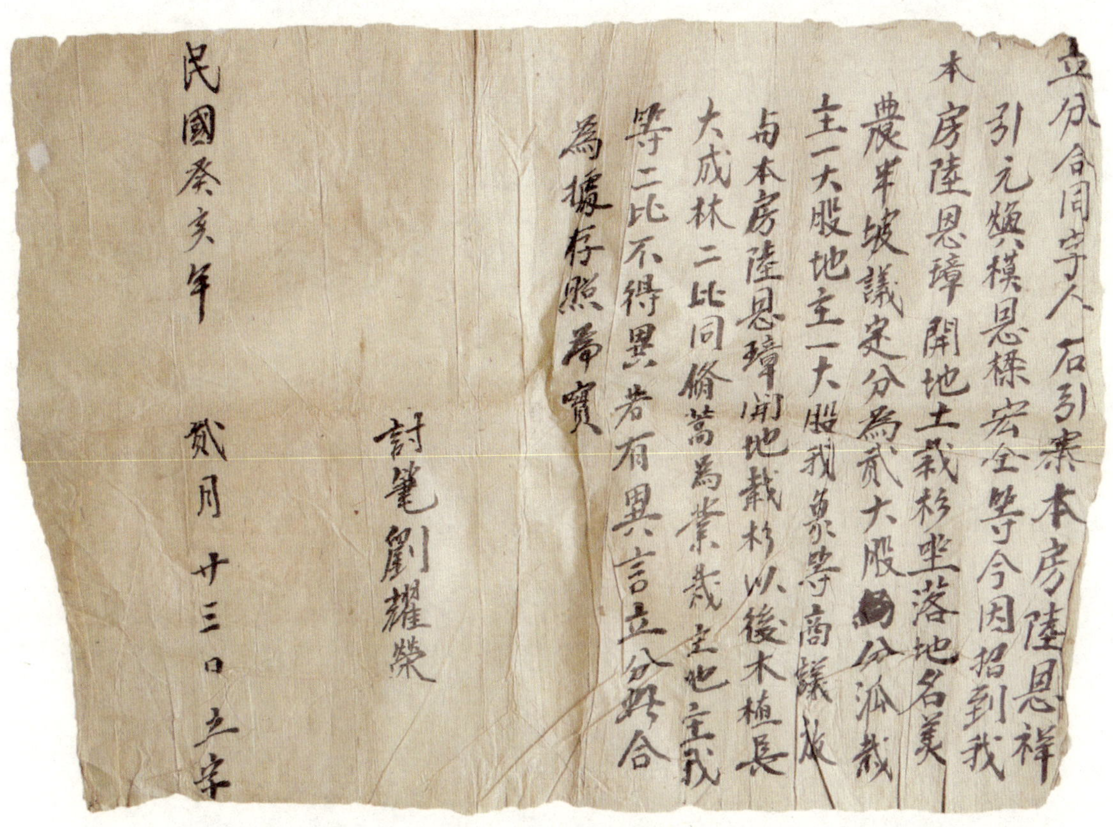
立分合同字人石引寨本房陸恩祥
引元煥模恩樑宏全等今因招到我
本房陸恩璋開地土栽杉坐落地名美
農半坡議定分為貳大股分派栽
主一大股地主一大股我衆等商議放
与本房陸恩璋開地栽杉以後木植長
大成林二比同脩蒿為業栽主地主我
等二比不得異若有異言立分此合
為據存照為實
討筆劉耀榮
民國癸亥年貳月廿三日立字

立分合同字人石引寨本房陆恩祥、引元、焕模、恩梁、宏全等，今因招到我本房陆恩璋开地土栽杉，坐落地名美农半坡，议定分为贰大股，分派栽主一大股，地主一大股，我众等商议放与本房陆恩璋开地栽杉。以后木植长大成林，二比同修蒿为业，栽主地主我等二比不得异［言］。若有异言，立分此合［同］为据存照为实。

讨笔：刘耀荣

民国癸亥年贰月廿三日立字

18. 邵永泰卖田契（民国十二年九月初二日）

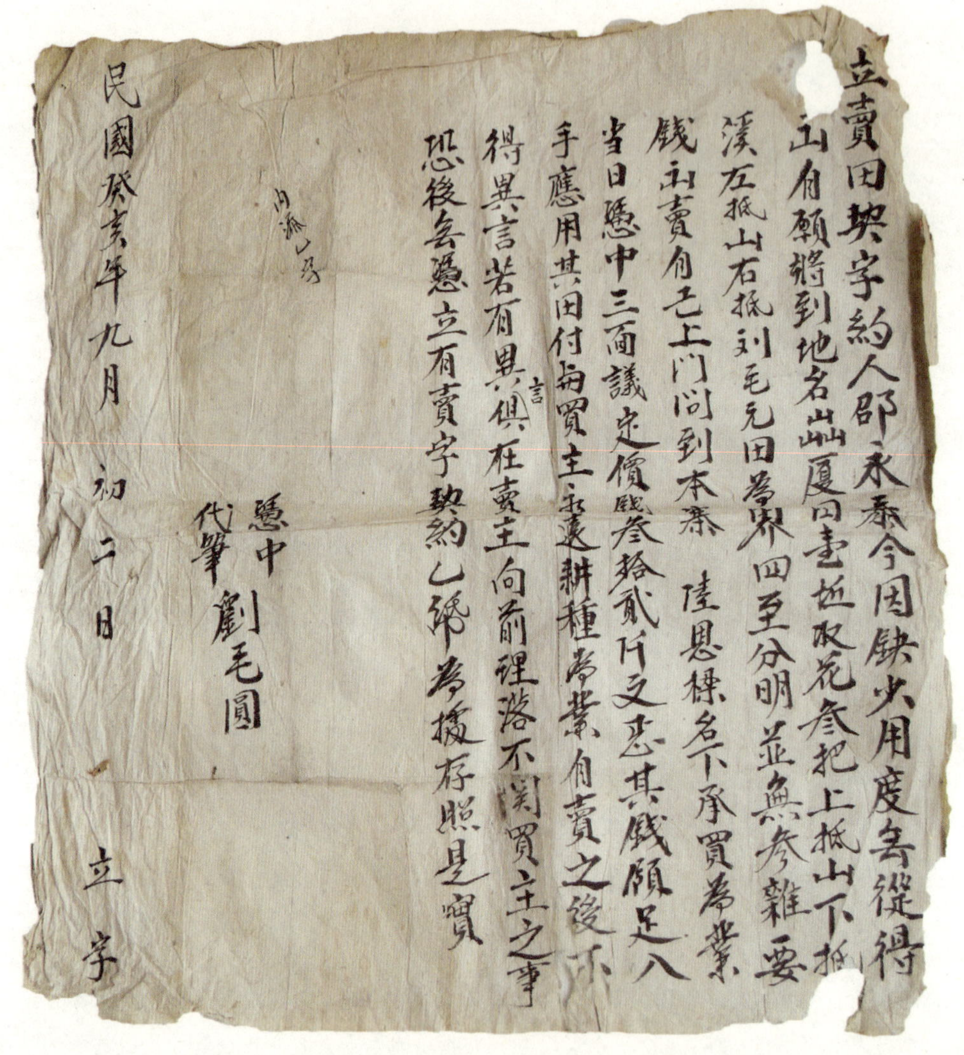

立卖田契字约人邵永泰，今因缺少用度，无处得出，自愿将到地名崰厦田壹丘，收花叁把，上抵山，下抵溪，左抵山，右抵刘毛元田为界，四至分明，并无参（掺）杂，要钱出卖。自己上门问到本寨陆恩梁名下承买为业，当日凭中三面议定价钱叁拾贰仟文整。其钱领足入手应用，其田付与买主永远耕种为业。自卖之后，不得异言。若有异言，俱在卖主向前理落，不关买主之事。恐后无凭，立有卖字契约一纸为据存照是实。

内添一字

凭中、代笔：刘毛圆

民国癸亥年九月初二日立字

19. 陆恩学、陆恩河父子卖山场地土杉木字（民国十二年十月初七日）

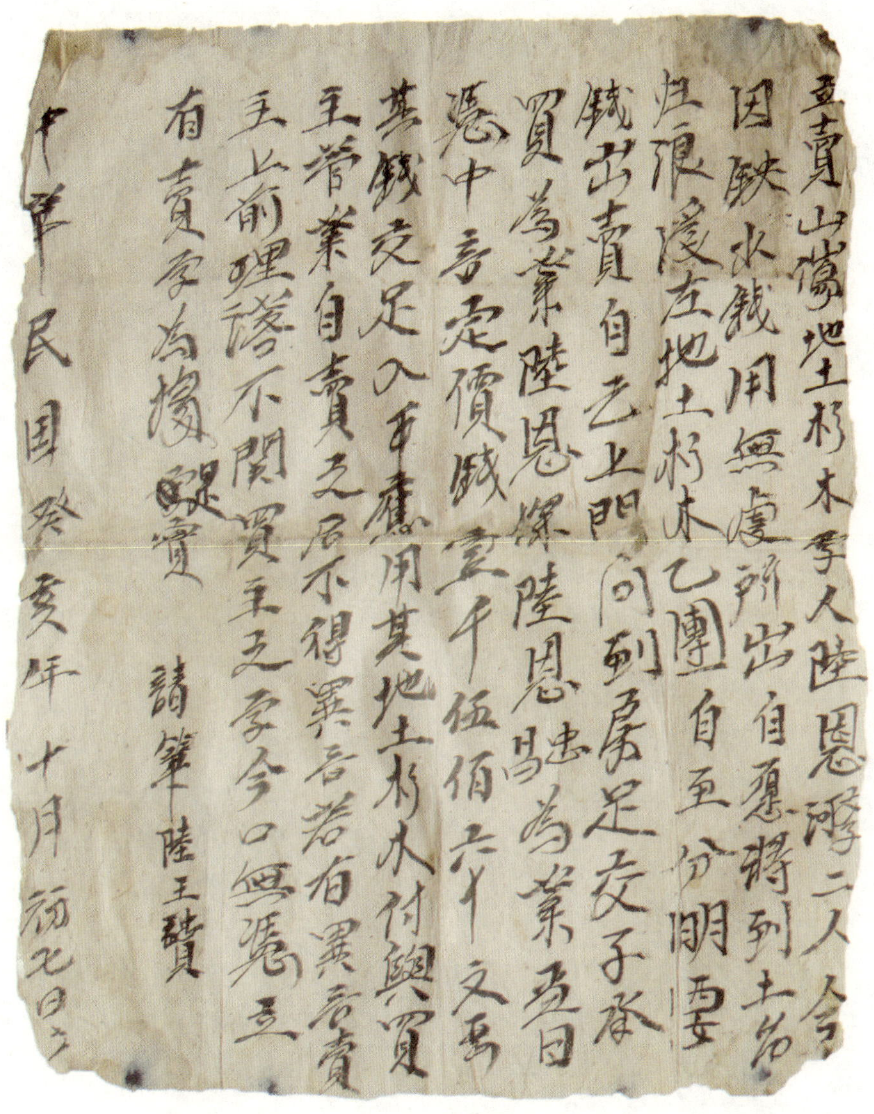

立卖山场地土杉木字人陆恩学、陆恩河父子二人，今因缺少钱用，无处所出，自愿将到土名归浪溪左地土杉木一团，自（四）至分明，要钱出卖。自己上门问到房足（族）交（父）子承买为业，陆恩梁、陆恩忠、陆恩昌为业，当日凭中言定价钱壹千伍佰六十文整。其钱交足入手应用，其地土杉木付与买主管业。自卖之后，不得异言。若有异言，卖主上前理落，不关买主之字（事）。今（恐）口无凭，立有卖字为据是实。

请笔：陆王贤

中华民国癸亥年十月初七日立

20. 吴益安卖棉花地土字（民国十二年十二月初二日）

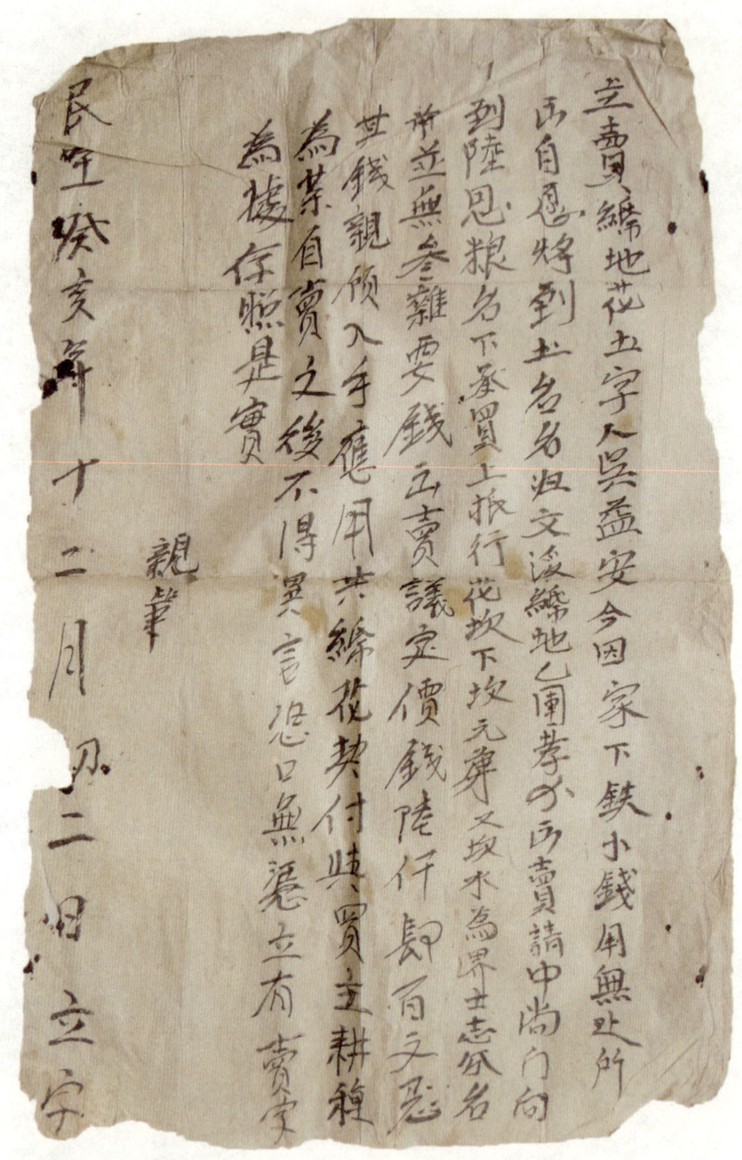

立卖绵地花（棉花地）土字人吴益安，今因家下缺少钱用，无处所出，自愿将到土名名归文溪棉地一团，孝（要）钱出卖。请中尚（上）门问到陆恩粮名下承买。上抵行花坎，下坎元口，又（右）坎水为界，士志（四至）分名（明），并无叁（掺）杂，要钱出卖。议定价钱陆仟肆百文整。其钱亲领入手应用，其棉花契付与买主耕种为业。自卖之后，不得异言。恐口无凭，立有卖字为据存照是实。

亲笔

民国癸亥年十二月初二日立字

21. 陆炳宏卖田契（民国十四年十月十六日）

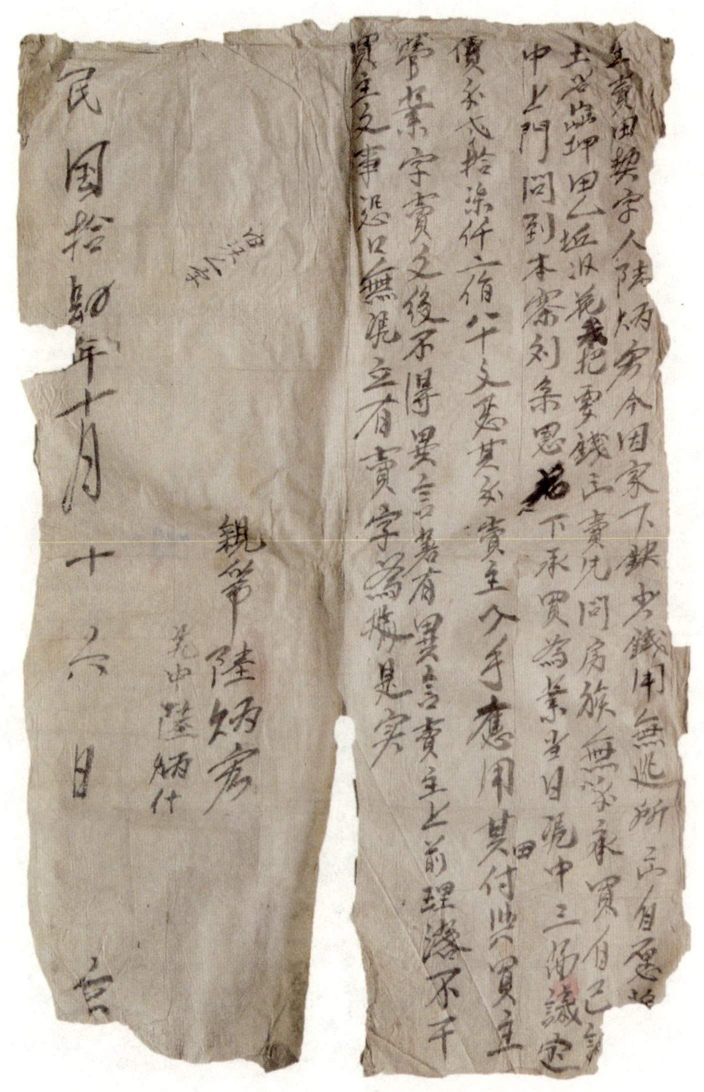

立卖田契字人陆炳宏，今因家下缺少钱用，无处所出，自愿将［到］土名岀坤田一丘，收花叁把，要钱出卖。先问房族无钱承买，自己请中上门问到本寨刘乐恩名下承买为业，当日凭中三面议定价钱贰拾柒仟二佰八十文整。其钱卖主入手应用，其田付与买主管业。字（自）卖之后，不得异言。若有异言，卖主上前理落，不干买主之事。恐口无凭，立有卖字为据是实。

内添一字

亲笔：陆炳宏

凭中：陆炳什

民国拾肆年十月十六日立

22. 刘炳全卖山场地土杉木字（民国十六年六月十七日）

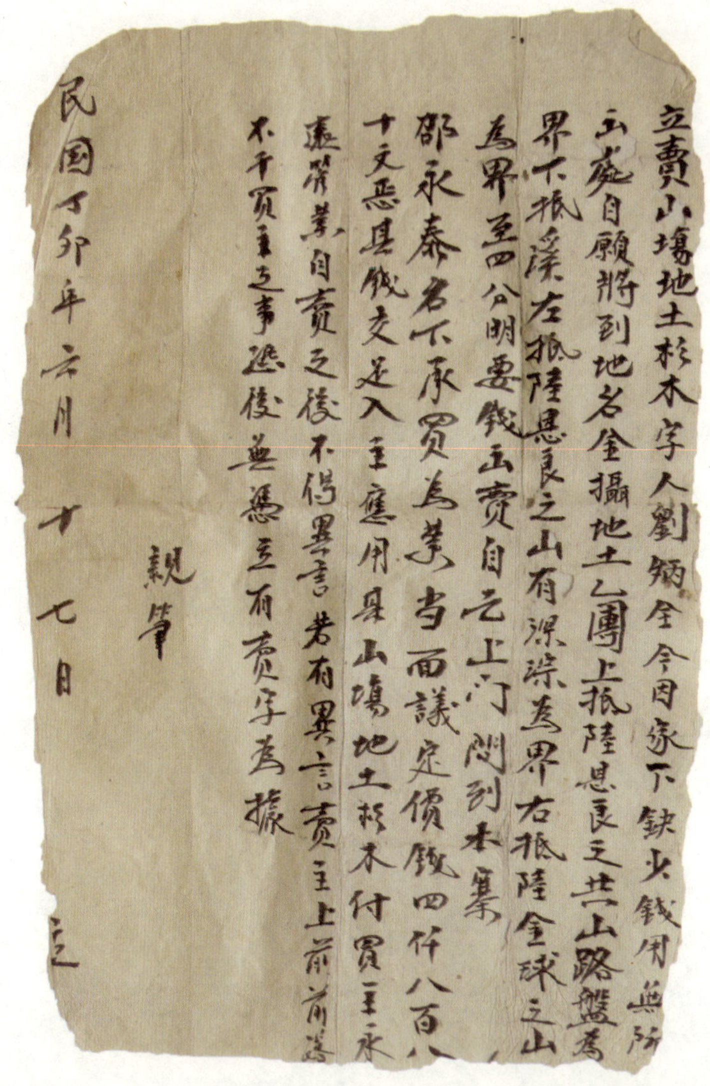

立卖山场地土杉木字人刘炳全，今因家下缺少钱用，无所出处，自愿将到地名金摄地土一团，上抵陆恩良之共山路盘为界，下抵溪，左抵陆恩良之山，有深淙为界，右抵陆金球之山为界，至四（四至）分明，要钱出卖。自己上门问到本寨邵永泰名下承买为业，当面议定价钱四仟八百八十文整。其钱交足入主应用，其山场地土杉木付买主永远管业。自卖之后，不得异言。若有异言，卖主上前前（理）落，不干买主之事。恐后无凭，立有卖字为据。

亲笔

民国丁卯年六月十七日立

23. 刘宗河卖仓库字（民国十七年二月二十七日）

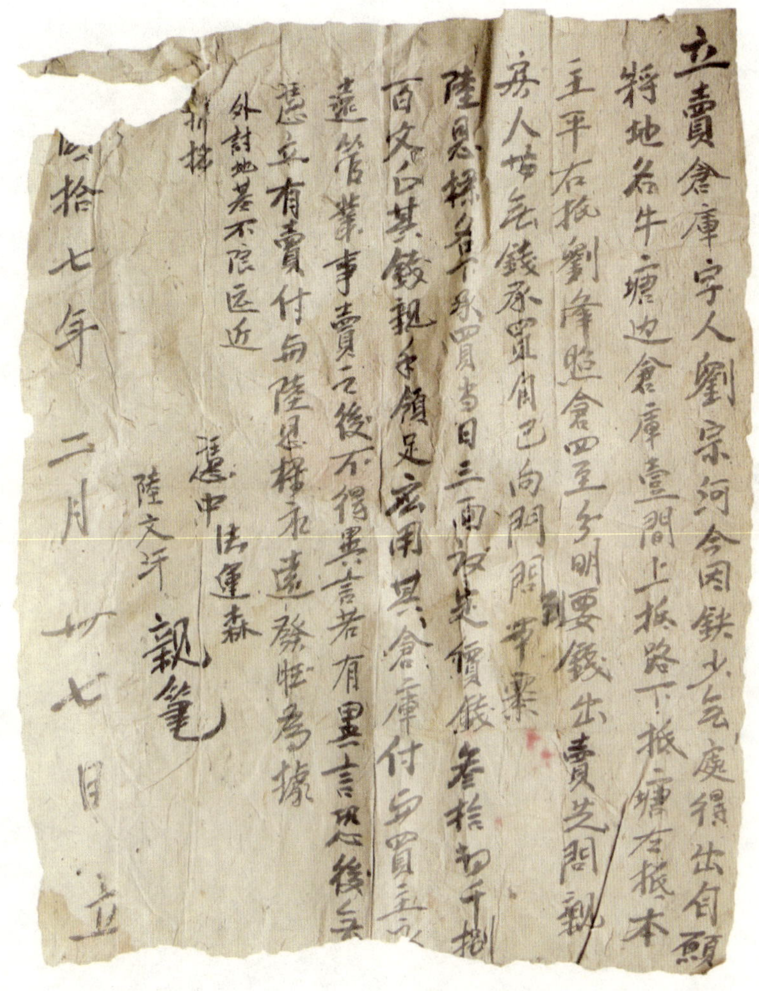

立卖仓库字人刘宗河，今因缺少［钱用］，无处得出，自愿将［到］地名牛塘边仓库一间，上抵路，下抵塘，左抵本主平（坪），右抵刘峰照仓，四至分明，要钱出卖。先问亲房人等无钱承买。自己向（上）门问到本寨陆恩梁名下承买，当日三面议定价钱叁拾肆千捌百文正。其钱亲手领足应用，其仓库付与买主永远管业。事（自）卖之后，不得异言。若有异言，恐后无凭，立有卖［字］付与陆恩梁永远发旺（达）为据。

外讨地基不限远近

□□

凭中：陆运森

陆文汗亲笔

［民国］拾七年二月廿七日立

24. 刘玉梁卖油山字（民国十七年四月初七日）

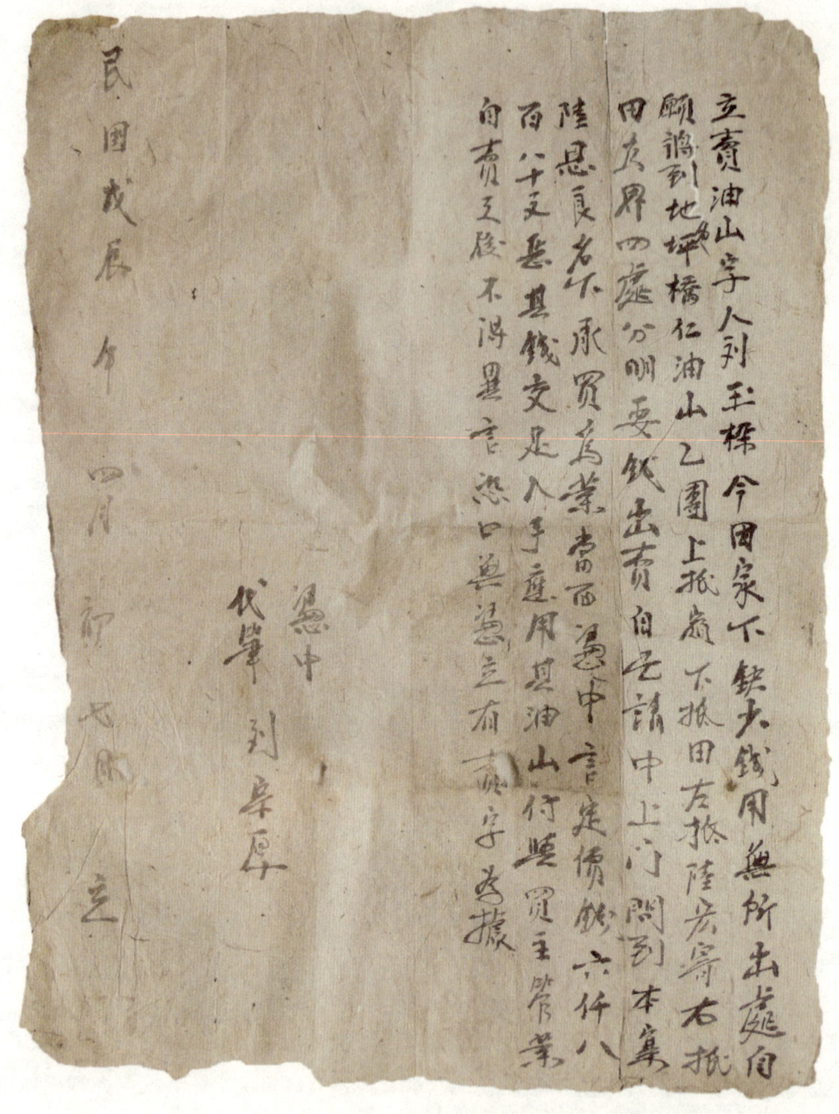

立卖油山字人刘玉梁，今因家下缺少钱用，无处所出，自愿将到地名坪桥仁油山一团，上抵岭，下抵田，左抵陆宏寄，右抵田为界，四处分明，要钱出卖。自己请中上门问到本寨陆恩良名下承买为业，当面凭中言定价钱六仟八百八十文整。其钱交足入手应用，其油山付与买主管业。自卖之后，不得异言。恐口无凭，立有卖字为据。

凭中

代笔：刘宗厚

民国戊辰年四月初七日立

25. 吴荣顺卖园坪字（民国十九年三月初八日）

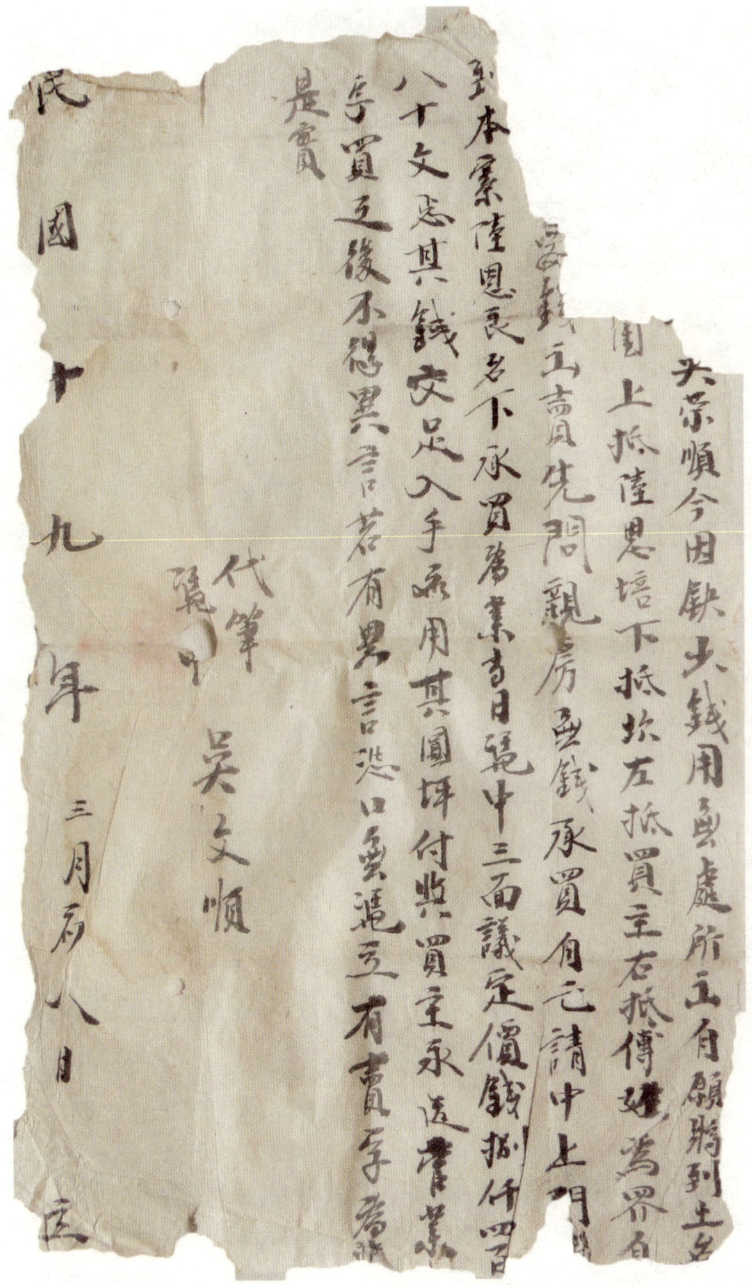

［立卖园坪字人］吴荣顺，今因缺少钱用，无处所出，自愿将到土名……团，上抵陆恩培，下抵坎，左抵买主，右抵傅姓为界，自（四）［至分明］，要钱出卖。先问亲房无钱承买，自己请中上门问到本寨陆恩良名下承买为业，当日凭中三面议定价钱捌仟四百八十文整。其钱交足入手应用，其园坪付与买主永远管业。字（自）买之后，不得异言。若有异言，恐口无凭，立有卖字为据是实。

代笔、凭中：吴文顺

民国十九年三月初八日立

26. 刘永荣父子卖田契（民国十九年三月初九日）

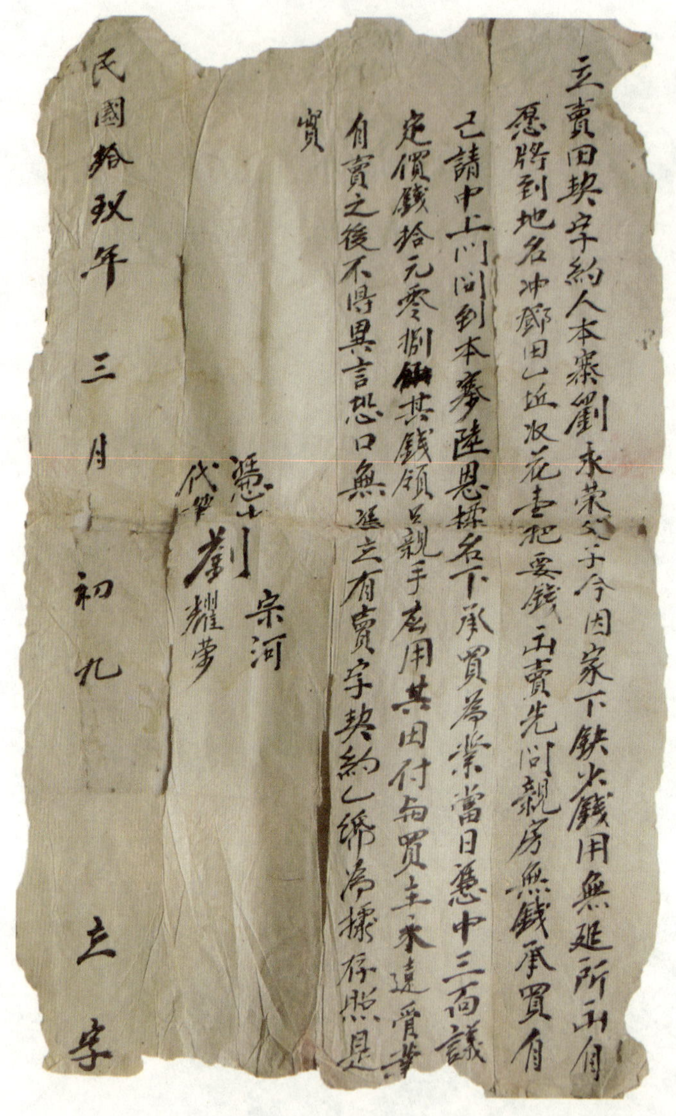
立賣田契字約人本寨劉永荣父子今因家下缺少錢用無延所出自
愿將到地名冲鄧田乙丘收花壹把要錢出賣先問親房無錢承買自
己請中上門問到本寨陸恩樑名下承買爲業當日憑中三面議
定價錢拾元零捌仙其錢領足親手应用其田付与買主永遠管業
自賣之後不得异言恐口無憑立有賣字契約乙紙爲據存照是
實
憑中 代筆 劉 宗河 耀荣
民國拾玖年 三 月 初 九 立 字

立卖田契字约人本寨刘永荣父子，今因家下缺少钱用，无处所出，自愿将到地名冲邓田一丘，收花壹把，要钱出卖。先问亲房无钱承买，自己请中上门问到本寨陆恩樑名下承买为业，当日凭中三面议定价钱拾元零八仙。其钱领足亲手应用，其田付与买主永远管业。自卖之后，不得异言。恐口无凭，立有卖字契约一纸为据存照是实。

凭中、代笔：刘宗河、刘耀荣

民国拾玖年三月初九［日］立字

27. 陆启生卖田契（民国十九年三月初九日）

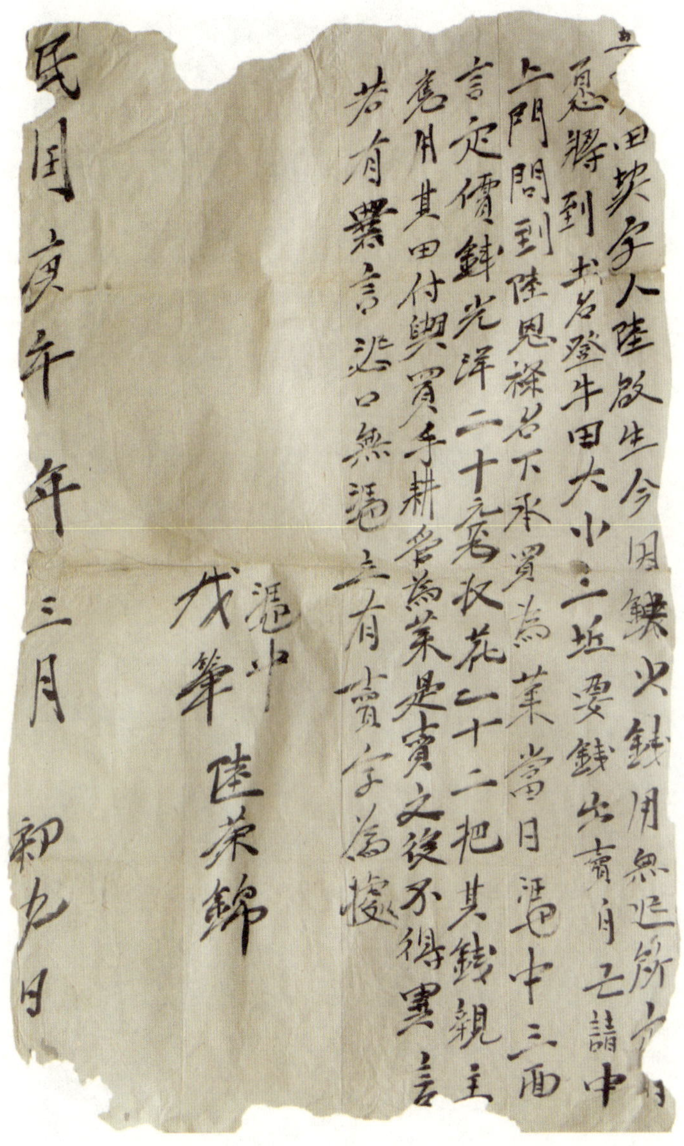

立［卖］田契字人陆启生，今因缺少钱用，无处所出，自愿将到土名登牛田大小三丘，要钱出卖。自己请中上门问到陆恩樑名下承买为业，当日凭中三面言定价钱光洋二十元整，收花一十二把。其钱亲主应用，其田付与买手耕管为业。是（自）卖之后，不得异言。若有异言，恐口无凭，立有卖字为据。

凭中、代笔：陆荣锦

民国庚午年三月初九日［立］

28. 陆文江卖田契（民国十九年十一月十三日）

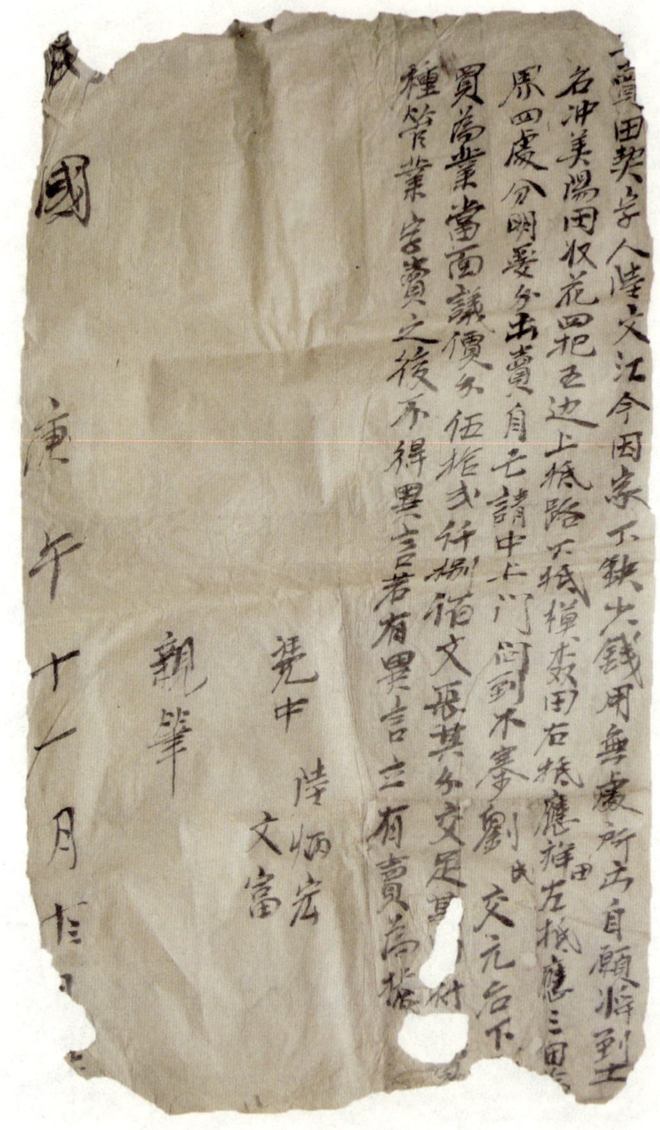

立卖田契字人陆文江，今因家下缺少钱用，无处所出，自愿将土名冲美阳田，收花四把五边，上抵路，下抵模森田，右抵应祥田，左抵应三田为界，四处分明，要钱出卖。自己请中上门问到本寨刘氏交元名下［承］买为业，当面议价钱伍拾贰仟捌百文整。其钱交足，其［田］付与［买主耕］种管业。字（自）卖之后，不得异言。若有异言，立有卖［字］为据。

凭中：陆炳宏、陆文富

亲笔

民国庚午十一月十三日立

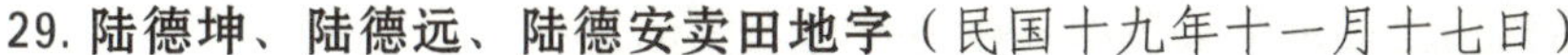

29. 陆德坤、陆德远、陆德安卖田地字（民国十九年十一月十七日）

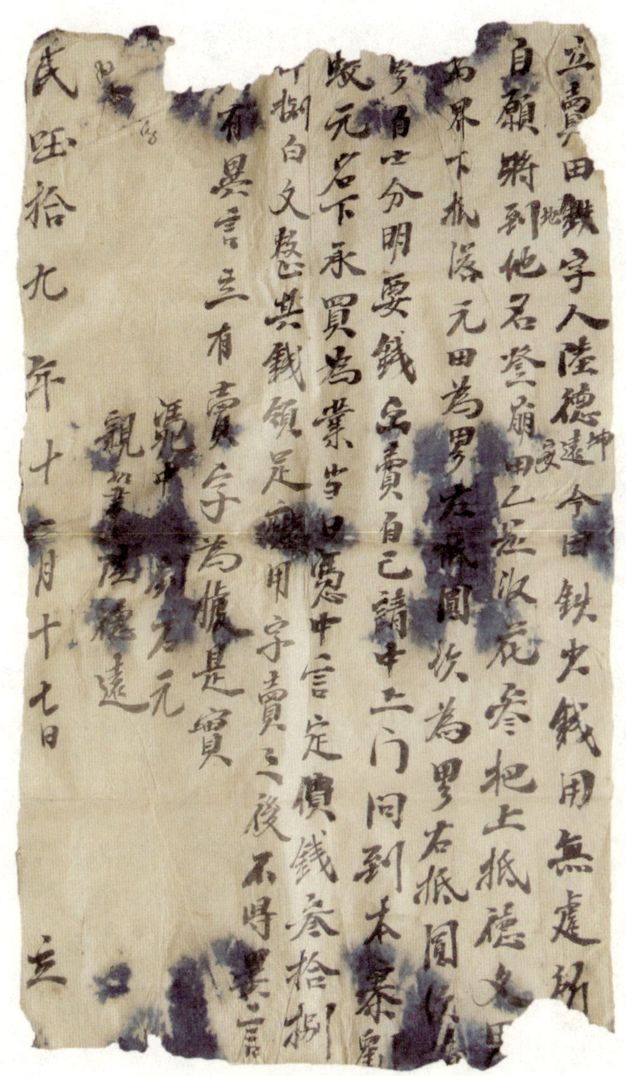

立卖田地字人陆德坤、陆德远、陆德安，今因缺少钱用，无处所［出］，自愿将到地名登崩田一丘，收花叁把，上抵德文田为界，下抵落元田为界，左抵圆（园）坎为界，右抵圆（园）坎为界，自士（四至）分明，要钱出卖。自己请中上门问到本寨刘蛟元名下承买为业，当日凭中言定价钱叁拾捌仟捌白（百）文整。其钱领足应用，字（自）卖之后，不得异言。若有异言，立有卖字为据是实。

内添一字

凭中：刘□元

亲笔：陆德远

民国拾九年十一月十七日立

30.刘汉坤、杨光林、杨光然卖油山字（民国二十年十月二十六日）

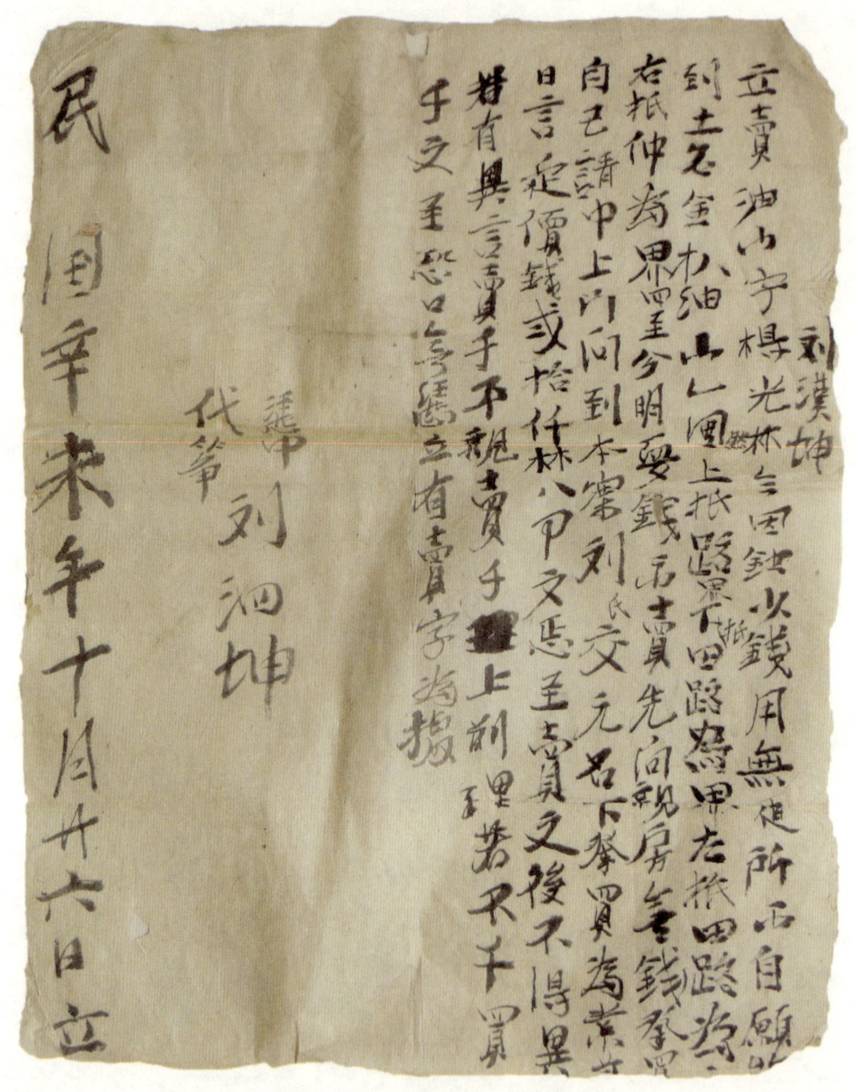

立卖油山字刘汉坤、杨光林、杨光然，今因缺少钱用，无［处］所出，自愿将到土名金扒油山一团，上抵路界，下抵田路为界，左抵田路为界，右抵仲（冲）为界，四至分明，要钱出卖。先问亲房无钱承买，自己请中上门问到本寨刘氏交元名下承买为业，当日言定价钱贰拾仟林（零）八［百］文整。至（自）卖之后，不得异言。若有异言，卖手不亲（清），卖手上前理若（落），不千（干）买手之至（事）。恐口无凭，立有卖字为据。

凭中、代笔：刘泗坤

民国辛未年十月廿六日立

31. 吴荣先卖山场地土字（民国二拾年□□月廿六日）

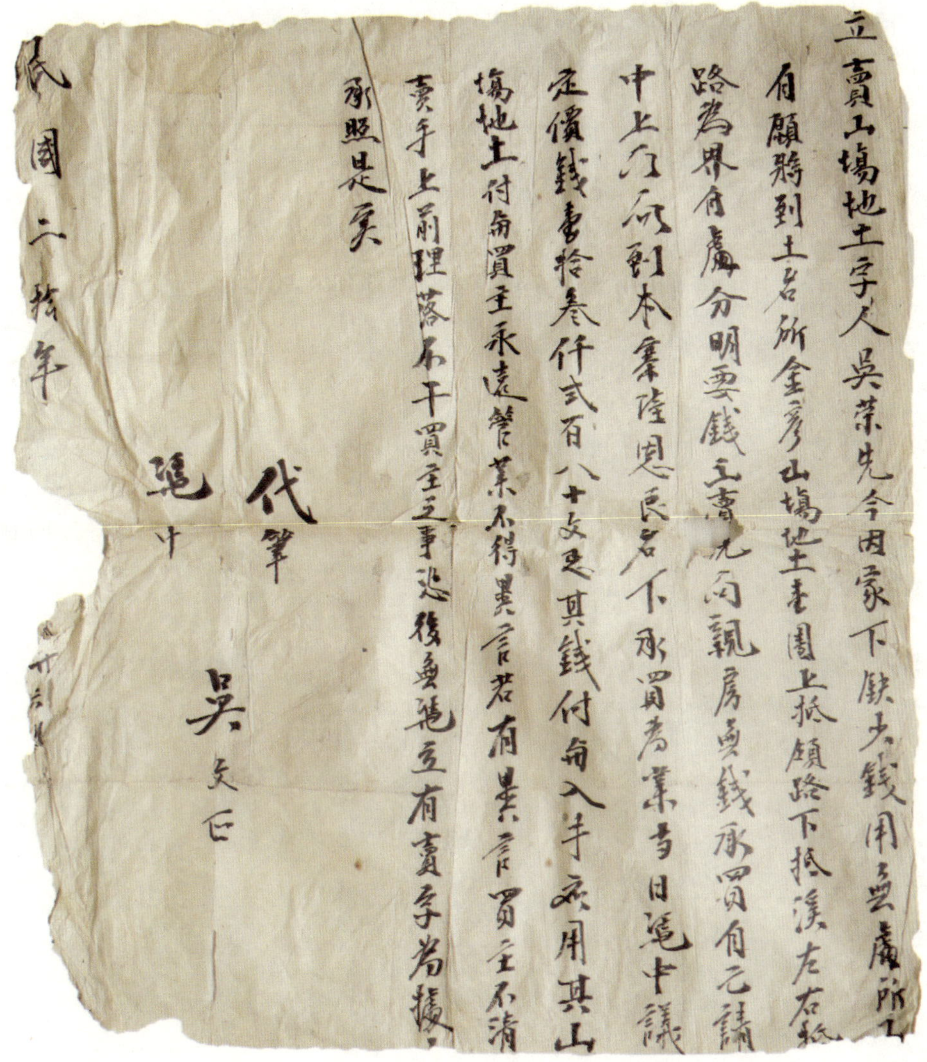

立卖山场地土字人吴荣先，今因家下缺少钱用，无处所出，自愿将到土名所金彦山场地土壹团，上抵领（岭）路，下抵溪，左右抵路为界，自属（四至）分明，要钱出卖。先问亲房无钱承买，自己请中上门问到本寨陆恩良名下承买为业，当日凭中议定价钱壹拾叁仟贰百八十文整。其钱付与入手应用，其山场地土付与买主永远管业，不得异言。若有异言，买主不清，卖手上前理落，不干买主之事。恐后无凭，立有卖字为据承照是实。

代笔、凭中：吴文正

民国二拾年□□月廿六日

32. 彭发兴典田字（民国二十四年十二月初五日）

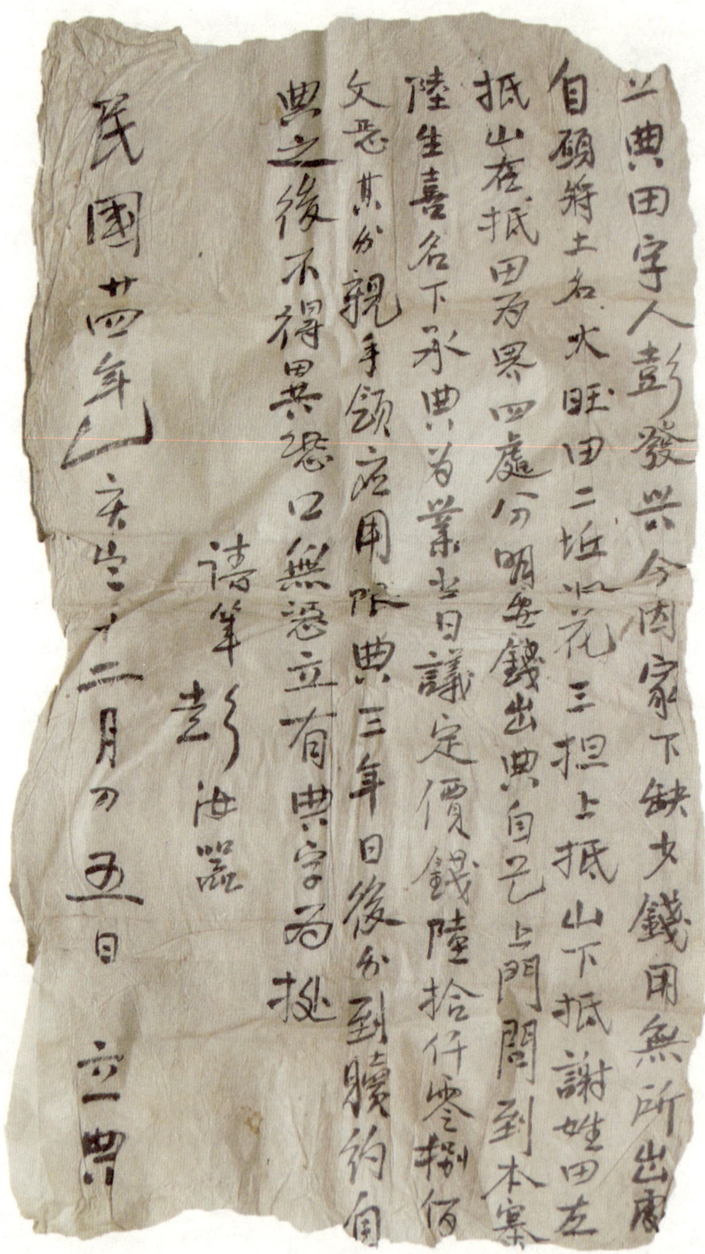

立典田字人彭发兴，今因家下缺少钱用，无所出处，自愿将土名大旺田二丘，收花三担，上抵山，下抵谢姓田，左抵山，右抵田为界，四处分明，要钱出典。自己上门问到本寨陆生喜名下承典为业，当日议定价钱陆拾仟零捌佰文整，其钱亲手领［足］应用。限典三年，日后钱到赎约。自典之后，不得异［言］。恐口无凭，立有典字为据。

请笔：彭汝器

民国廿四年乙亥岁十二月初五日立典

33. 胡成洋卖田字（民国二十五年二月十二日）

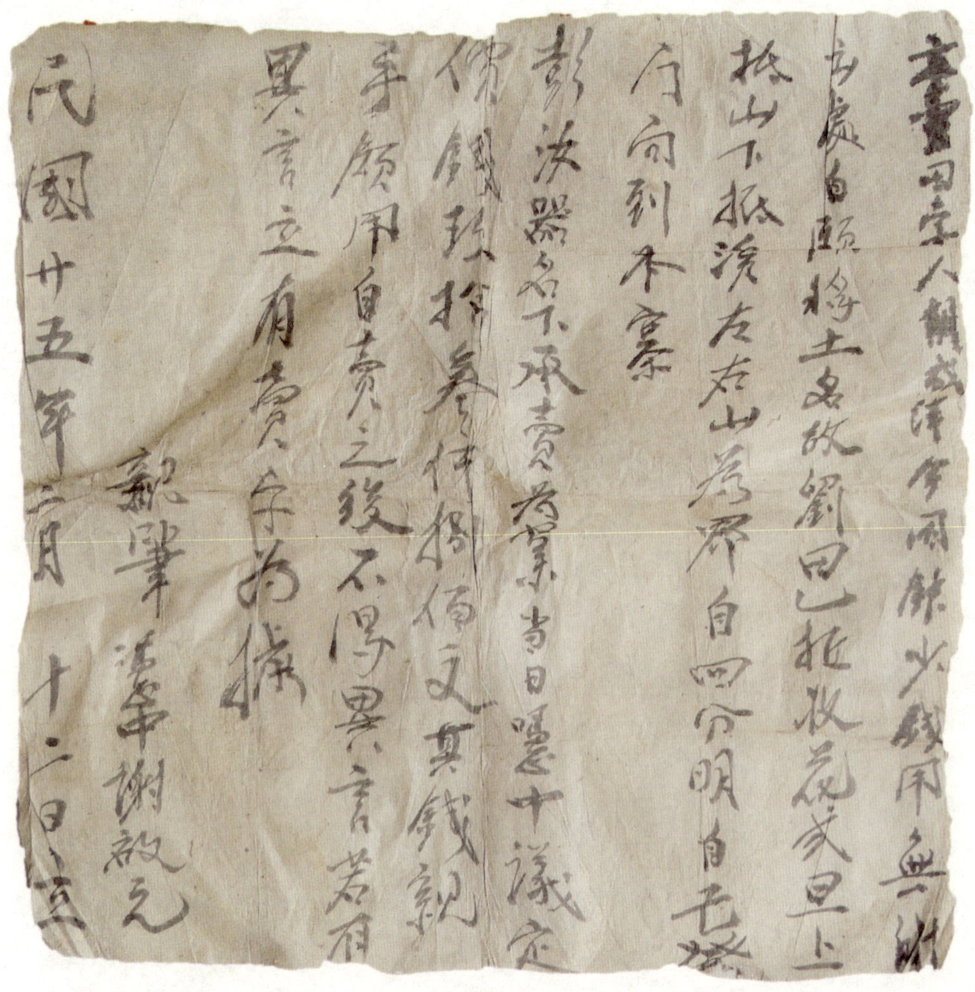

立卖田字人胡成洋，今因缺少钱用，无所出处，自愿将土名故刘田一丘，收花贰旦（担），上抵山，下抵溪，左右山为界，自四（四至）分明，自己登门问到本寨彭汝器名下承买为业，当日凭中议定价钱玖拾叁仟捌佰文，其钱亲手领用。自卖之后，不得异言。若有异言，立有卖字为据。

亲笔、凭中：谢启元

民国廿五年二月十二日立

34. 彭汝器卖田字（民国二十五年二月十八日）

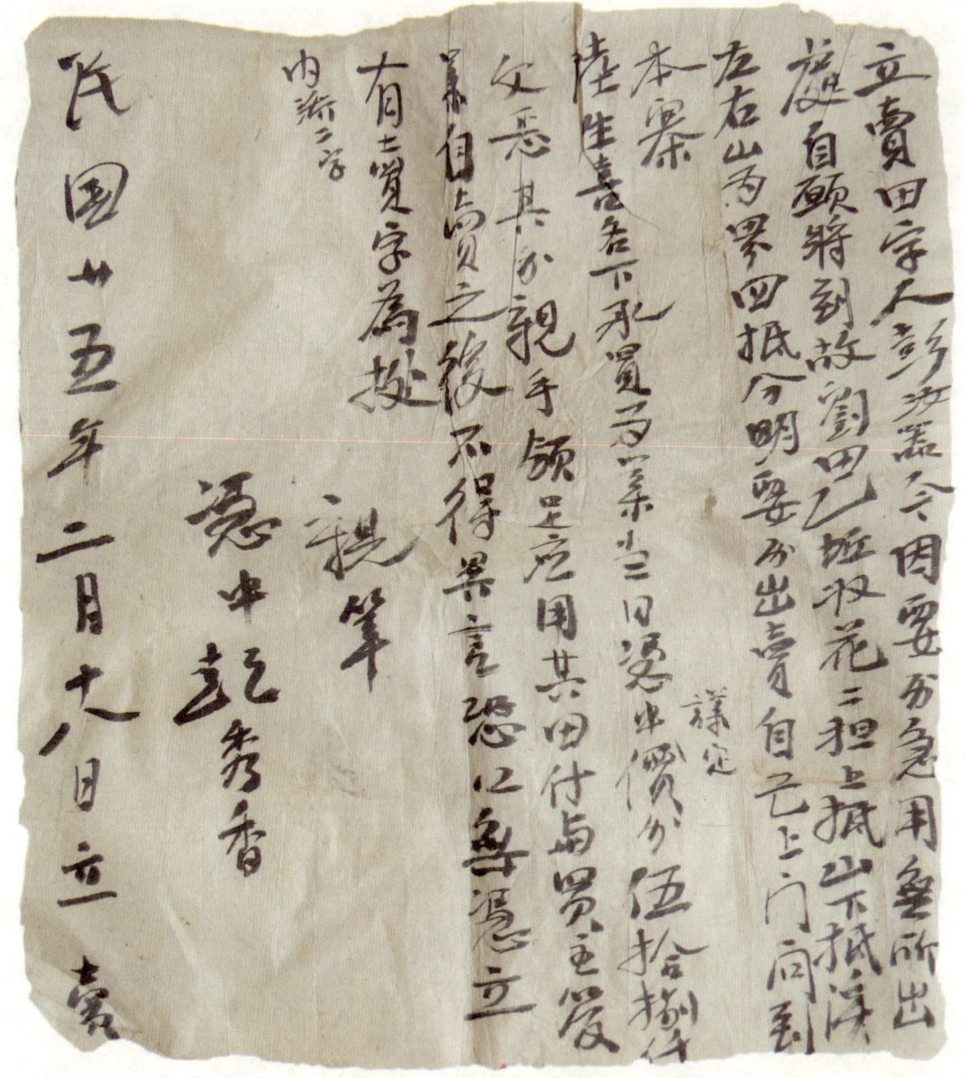

立卖田字人彭汝器，今因要钱急用，无所出处，自愿将到故刘田一丘，收花二担，上抵山，下抵溪，左右山为界，四抵分明，要钱出卖。自己上门问到本寨陆生喜名下承买为业，当日凭中议定价钱伍拾捌仟文整。其钱亲手领足应用，其田付与买主管业。自卖之后，不得异言。恐口无凭，立有卖字为据。

内添二字

亲笔

凭中：彭秀香

民国廿五年二月十八日立卖

35. 陆运森卖阴地字（民国二十六年九月二十九日）

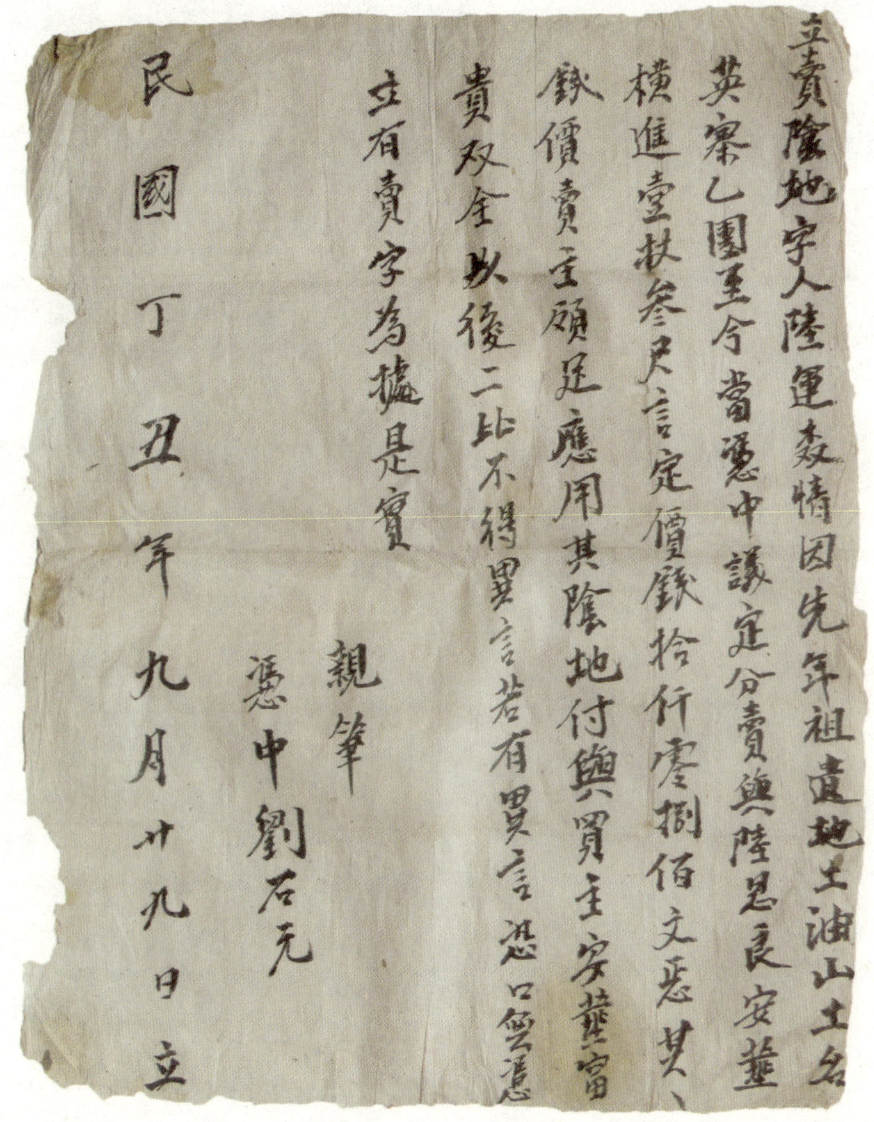

立賣陰地字人陸運森情因先年祖遺地土油山土名
英寨乙團至今當憑中議定分賣與陸恩良安葬
横進壹杖叁尺言定價錢拾仟零捌佰文整其、
錢價賣主領足應用其陰地付與買主安葬富
貴双全以後二比不得異言若有異言恐口無憑
立有賣字為據是實
親筆
憑中劉石元
民國丁丑年九月廿九日立

立卖阴地字人陆运森，情因先年祖遗地土油山土名英寨一团，至今当凭中议定分卖与陆恩良安葬，横进一杖（丈）三尺，言定价钱拾仟零捌佰文整。其钱价卖主领足应用，其阴地付与买主安葬，富贵双全。以后二比不得异言。若有异言，恐口无凭，立有卖字为据是实。

亲笔

凭中：刘石元

民国丁丑年九月廿九日立

36.石福干、王晚内卖房屋及地基字（民国三十年十一月十八日）

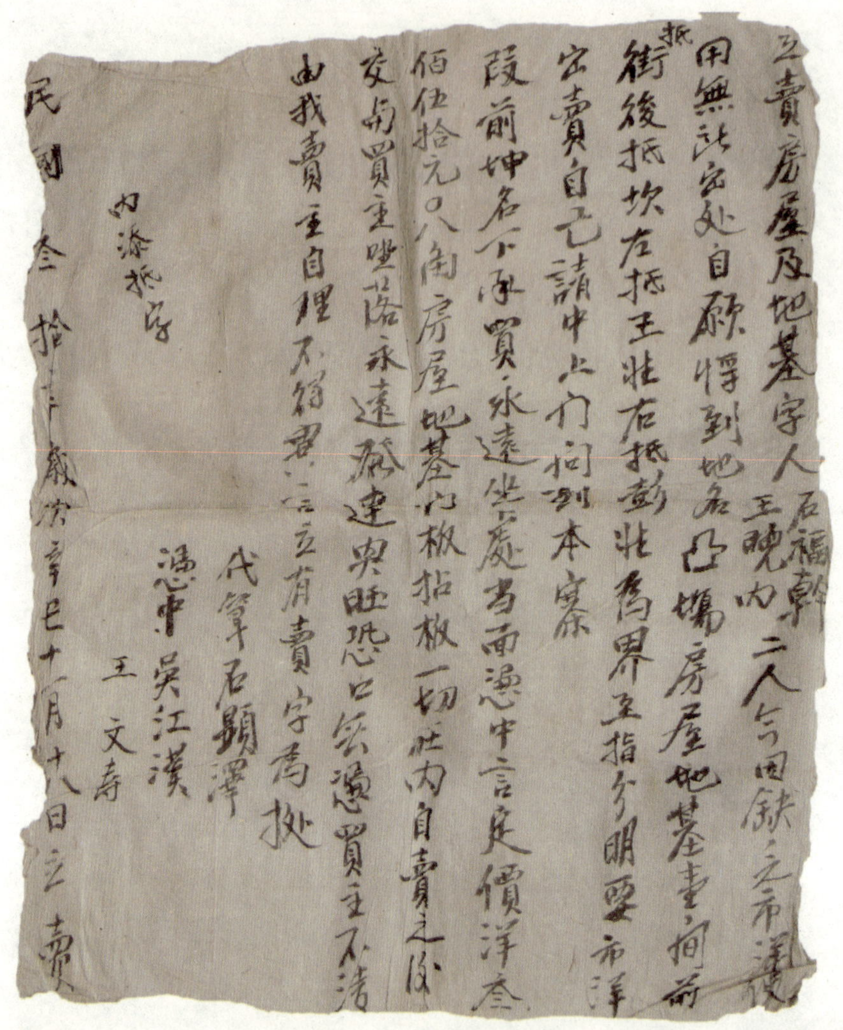

立卖房屋及地基字人石福干、王晚内二人，今因缺乏市洋使用，无所出处，自愿将到地名凸场房屋地基壹间，前抵街，后抵坎，左抵王姓，右抵彭姓为界，至指（四至）分明，要市洋出卖。自己请中上门问到本寨段前坤名下承买永远坐处，当面凭中言定价洋叁佰伍拾元〇（零）八角。房屋地基门板拈板一切在内。自卖之后，交与买主坐落，永远发达兴旺。恐口无凭，买主不清，由我卖主自理，不得异言。立有卖字为据。

内添抵字

代笔：石显泽

凭中：吴江汉、王文寿

民国叁拾年岁次辛巳十一月十八日立卖

37.段前坤卖房屋及地基字（民国三十年十二月初二日）

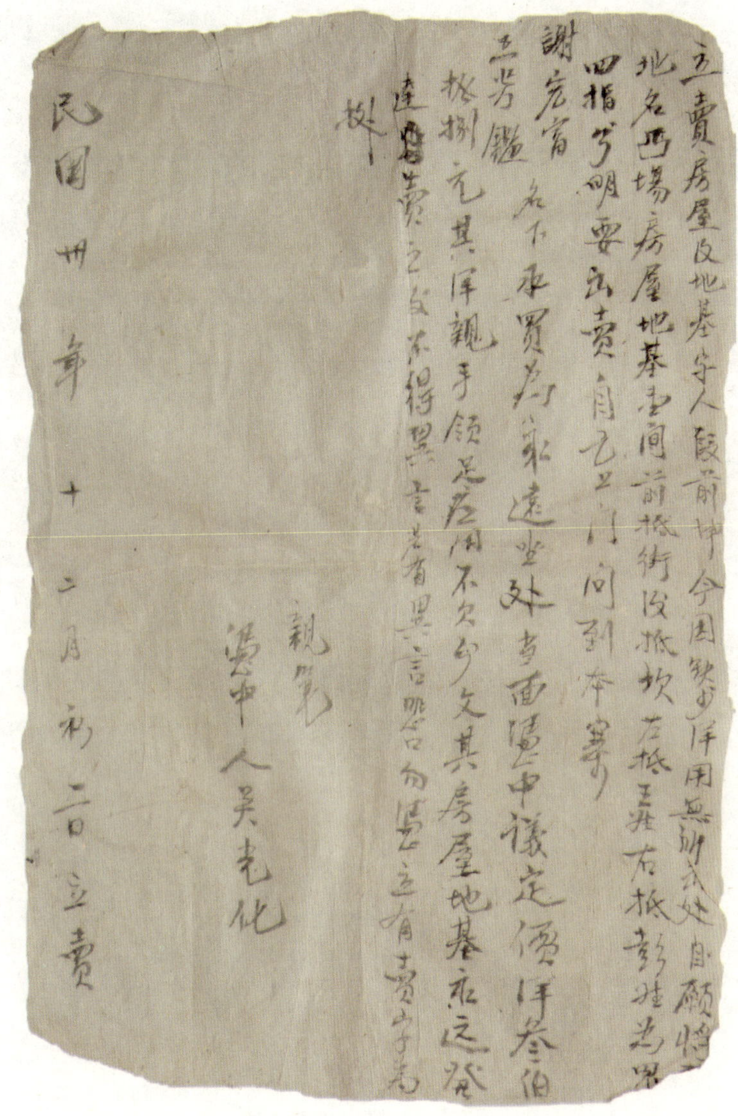

立卖房屋及地基字人段前坤，今因缺少洋用，无所出处，自愿将地名凸场房屋地基壹间，前抵街，后抵坎，左抵王姓，右抵彭姓为界，四指（至）分明，要钱出卖。自己上门问到本寨谢宏富、王芳鉴名下承买为［业］，永远坐处，当面凭中议定价洋叁佰拾捌元。其洋亲手领足应用，不欠分文，其房屋地基永远发达。自卖之后，不得异言。若有异言，恐口勿（无）凭，立有卖字为据。

亲笔

凭中人：吴光化

民国卅年十二月初二日立卖

38. 陆启生卖田契（民国三十一年二月十五日）

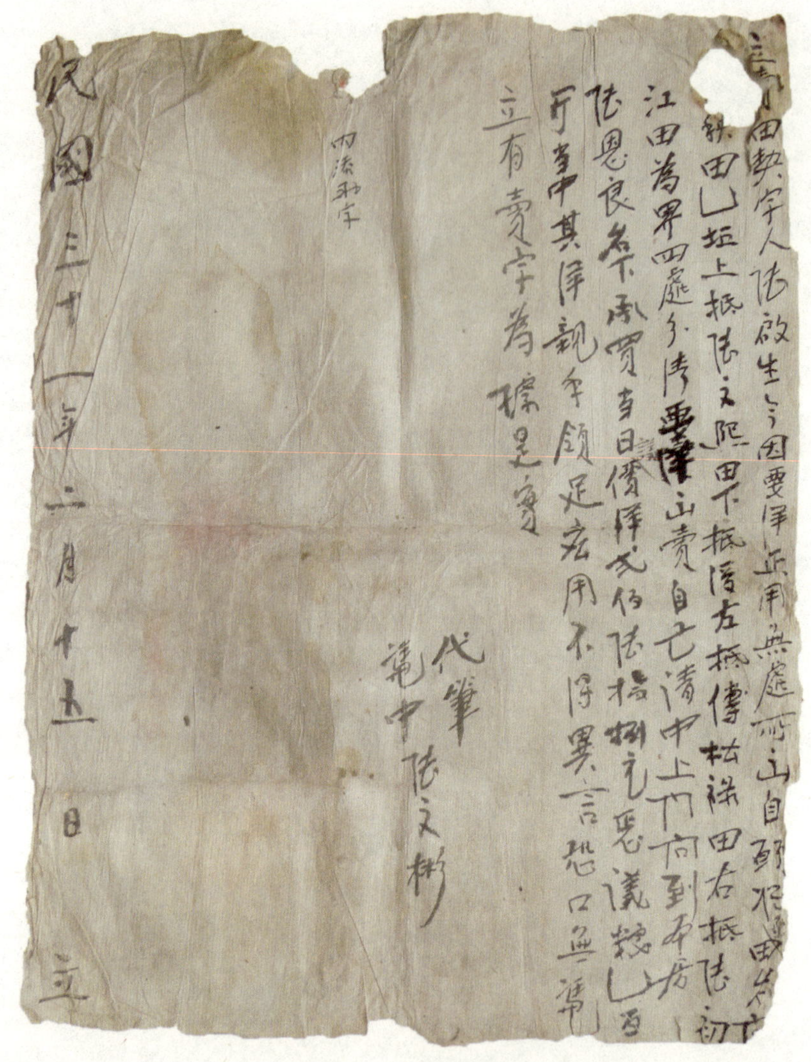

立卖田契字人陆启生，今因要洋正（使）用，无处所出，自愿将到田名□□秧田一丘，上抵陆文熙田，下抵溪，左抵傅松禄田，右抵陆初江田为界，四处分清（明），要洋出卖。自己请中上门问到本房陆恩良名下承买，当日议定价洋贰佰陆拾捌元整。议粮一百斤，当中其洋亲手领足应用，不得异言。恐口无凭，立有卖字为据是实。

内添两字

代笔、凭中：陆文彬

民国三十一年二月十五日立

39. 彭德寿卖园地字（民国三十一年三月三十日）

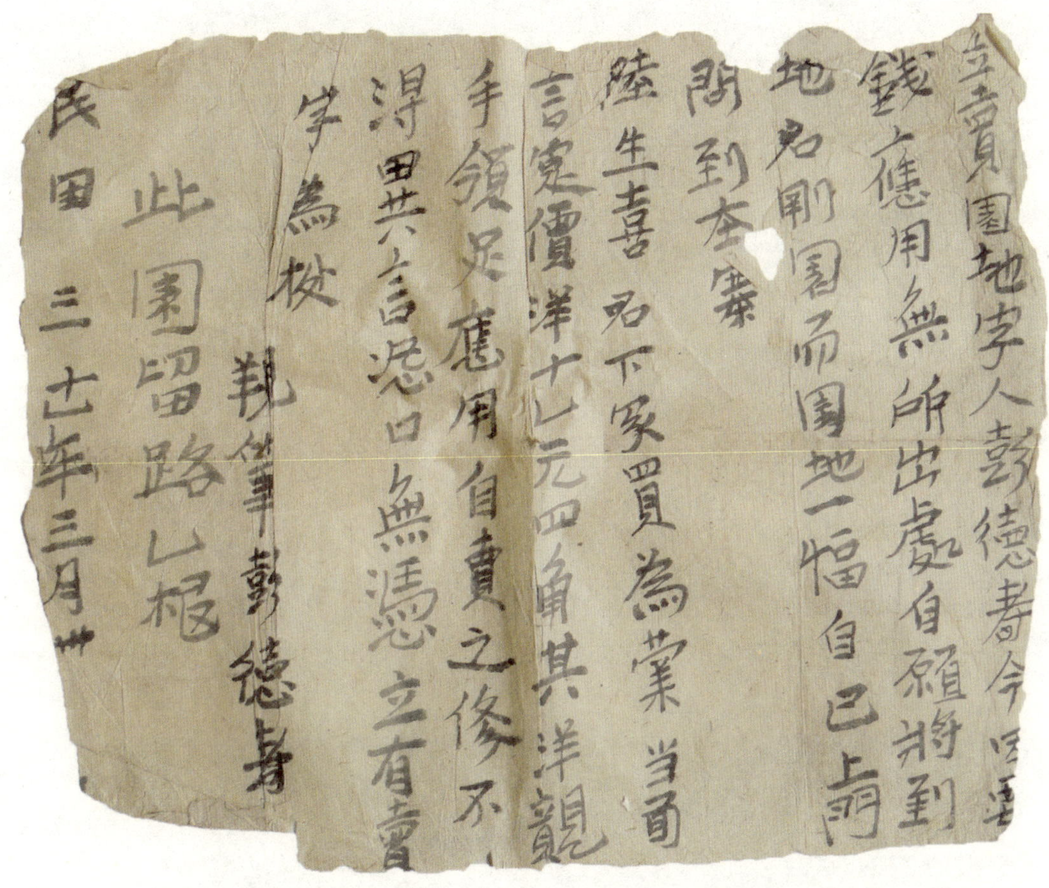

立卖园地字人彭德寿，今因要钱应用，无所出处，自愿将到地名刚园而园地一幅，自己上门问到本寨陆生喜名下承买为业，当面言定价洋十一元四角。其洋亲手领足应用，自卖之修（后），不得异言。恐口无凭，立有卖字为据。

亲笔：彭德寿

此园留路一根

民国三十一年三月卅［日立］

40.陆宏弟卖地基屋地土洞岩石字（民国三十一年五月初七日）

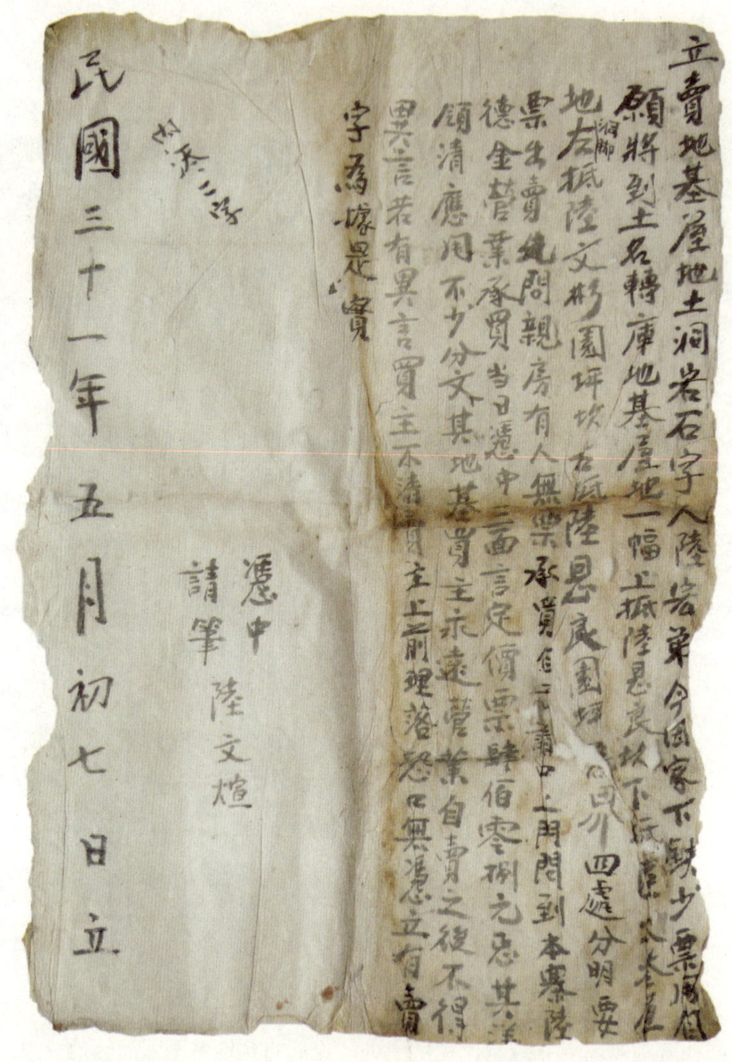

立卖地基屋地土洞岩石字人陆宏弟，今因家下缺少票用，自愿将到土名转库地基屋地一幅，上抵陆恩良坎，下抵陆太叁屋地洞脚，左抵陆文彬园坪坎，右抵陆恩良园坪为界，四处分明，要票出卖。先问亲房有人无票承买，自己请中上门问到本寨陆德金管业承买，当日凭中三面言定价票肆佰零捌元整。其洋领清应用，不少分文，其地基买主永远管业。自卖之后，不得异言。若有异言，买主不清，卖主上前理落。恐口无凭，立有卖字为据是实。

内添二字

凭中、请笔：陆文煊

民国三十一年五月初七日立

41. 陆德金卖地基屋地土洞岩石字（民国三十一年六月二十日）

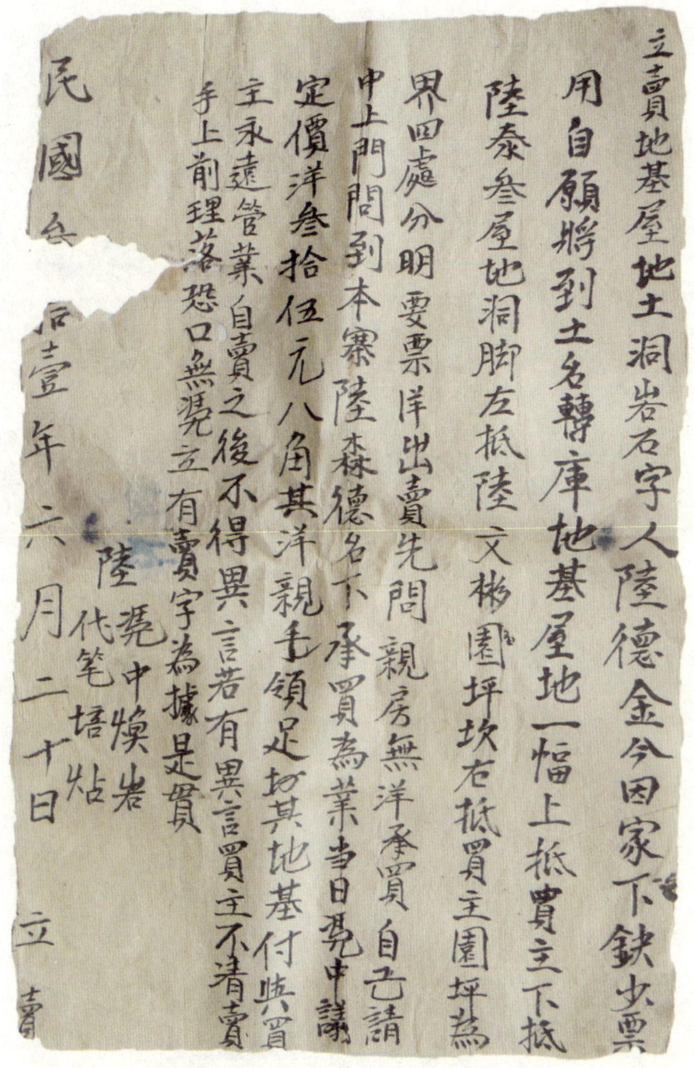

立賣地基屋地土洞岩石字人陸德金今因家下缺少票用自願將到土名轉庫地基屋地一幅上抵買主下抵陸泰叁屋地洞脚左抵陸文彬園坪坎右抵買主園坪為界四處分明要票洋出賣先問親房無洋承買自己請中上門問到本寨陸森德名下承買為業當日憑中議定價洋叁拾伍元八角其洋親手領足其地基付與買主永遠管業自賣之後不得異言若有異言買主不清賣手上前理落恐口無憑立有賣字為據是實

憑中 陸煥岩

代笔 培炶

民國叁拾壹年六月二十日 立賣

立卖地基屋地土洞岩石字人陆德金，今因家下缺少票用，自愿将到土名转库地基屋地一幅，上抵买主，下抵陆泰叁屋地洞脚，左抵陆文彬园坪坎，右抵买主园坪为界，四处分明，要票洋出卖。先问亲房无洋承买，自己请中上门问到本寨陆森德名下承买为业，当日凭中议定价洋叁拾伍元八角。其洋亲手领足，其地基付与买主永远管业。自卖之后，不得异言。若有异言，买主不清，卖手上前理落。恐口无凭，立有卖字为据是实。

凭中：陆焕岩

代笔：陆培炶

民国叁拾壹年六月二十日立卖

42. 谢晚名卖房屋及地基字（民国三十一年十一月二十五日）

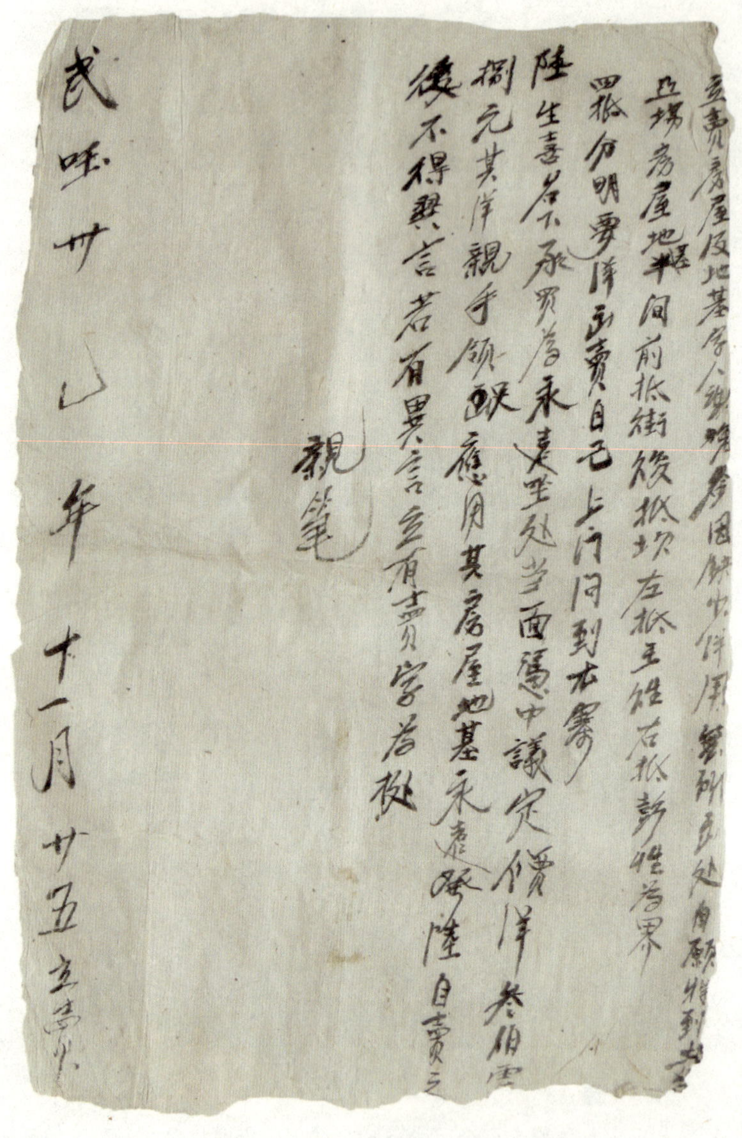

立卖房屋及地基字人谢晚名，今因缺少洋用，无所出处，自愿将到土名凸场房屋地基半间，前抵街，后抵坎，左抵王姓，右抵彭姓为界，四抵分明，要洋出卖。自己上门问到本寨陆生喜名下承买为［业］，永远坐处，当面凭中议定价洋叁佰零捌元。其洋亲手领足应用，其房屋地基永远发陆［达］。自卖之后，不得异言。若有异言，立有卖字为据。

亲笔

民国卅一年十一月廿五［日］立卖

43. 陆泰叁断卖鱼塘字（民国三十二年三月初四日）

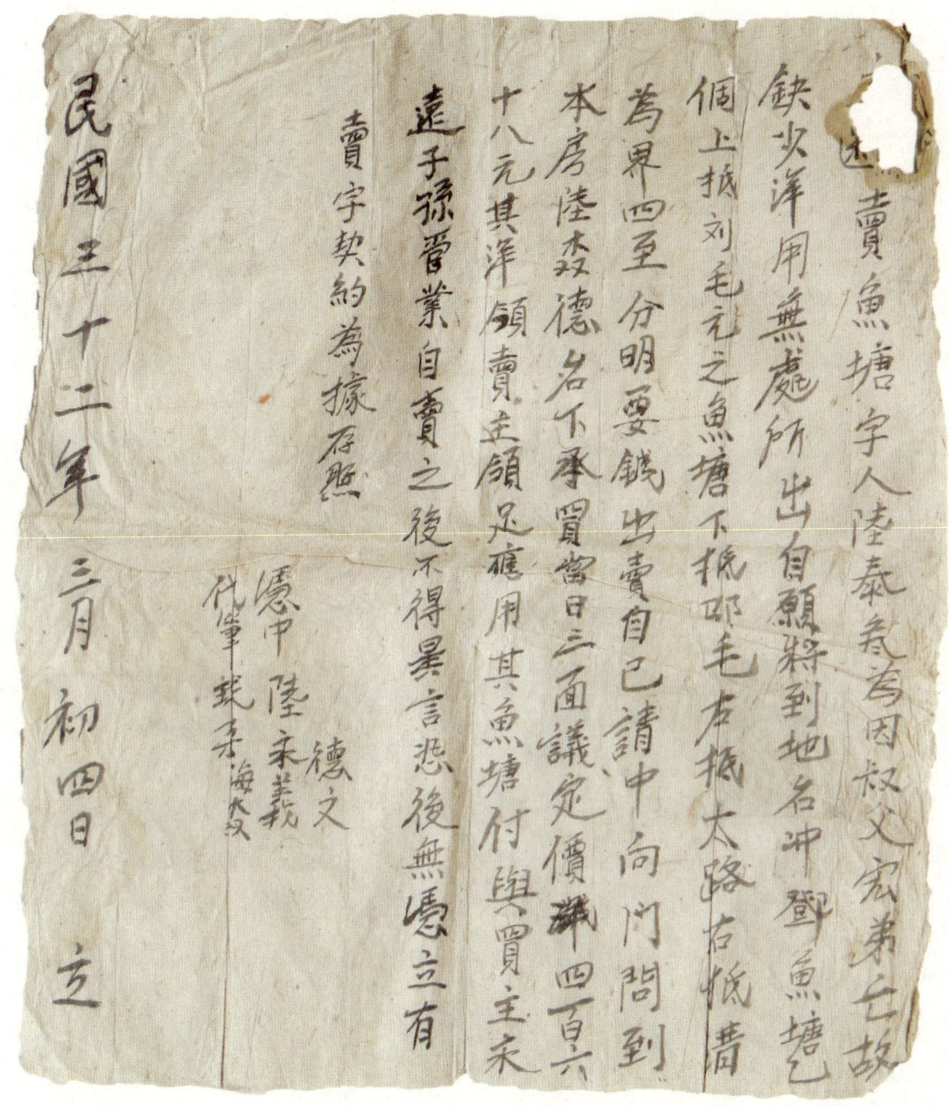

立断卖鱼塘字人陆泰叁，为因叔父宏弟亡故，缺少洋用，无处所出，自愿将到地名冲鄧鱼塘一个，上抵刘毛元之鱼塘，下抵邵毛，左抵大路，右抵沟为界，四至分明，要钱出卖。自己请中向（上）门问到本房陆森德名下承买，当日三面议定价洋四百六十八元。其洋卖主领足应用，其鱼塘付与买主永远子孙管业。自卖之后，不得异言。恐后无凭，立有卖字契约为据存照。

凭中：陆德文、陆永义

代笔：□□海大权

民国三十二年三月初四日立

44. 吴世邦典田契（民国三十二年六月二十一日）

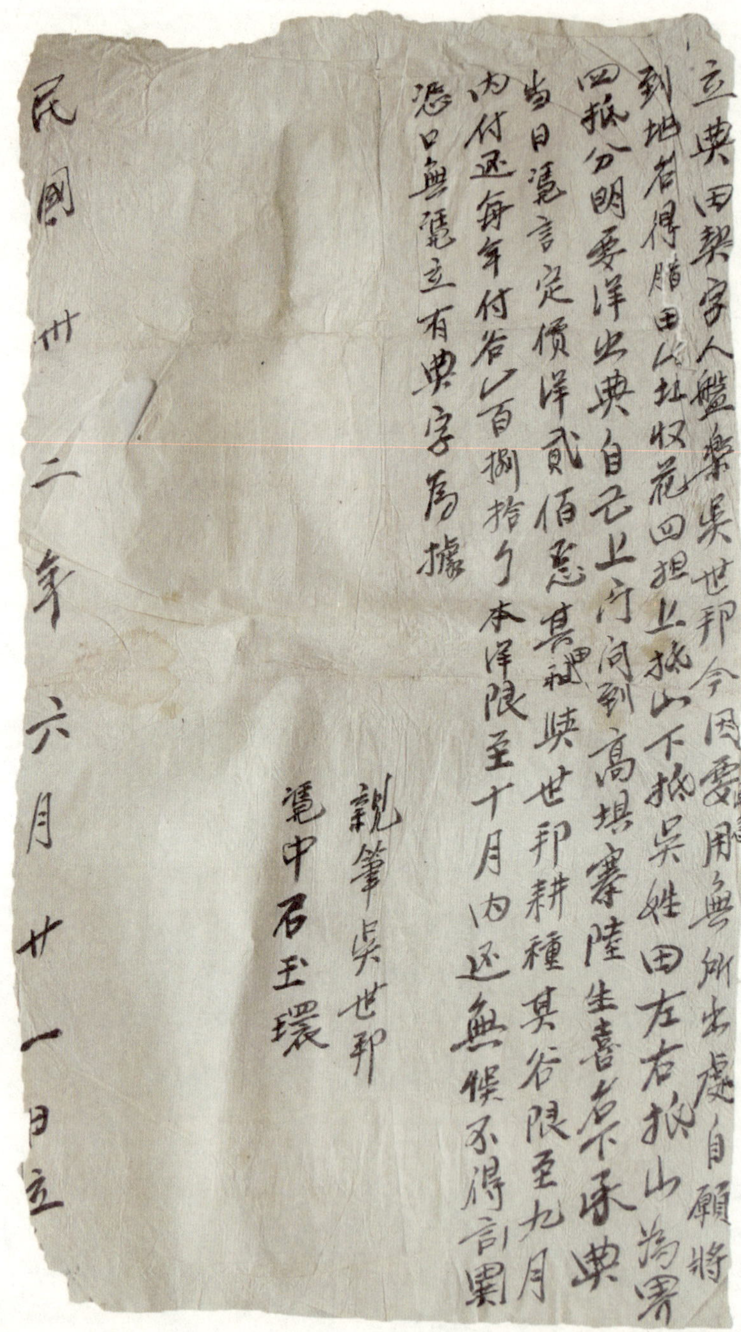

立典田契字人盘乐吴世邦，今因要洋应用，无所出处，自愿将到地名得腊田一丘，收花四担，上抵山，下抵吴姓田，左右抵山为界，四抵分明，要洋出典。自己上门问到高坝寨陆生喜名下承典，当日凭［中］言定价洋贰佰整。其田租与世邦耕种，其谷限至九月内付还。每年付谷一百捌拾斤。本洋限至十月内还，无误，不得异言。恐口无凭，立有典字为据。

亲笔：吴世邦

凭中：石玉环

民国卅二年六月廿一日立

45. 陆德坤、陆德安、陆荣光等父子卖鱼塘字（民国三十三年十一月二十日）

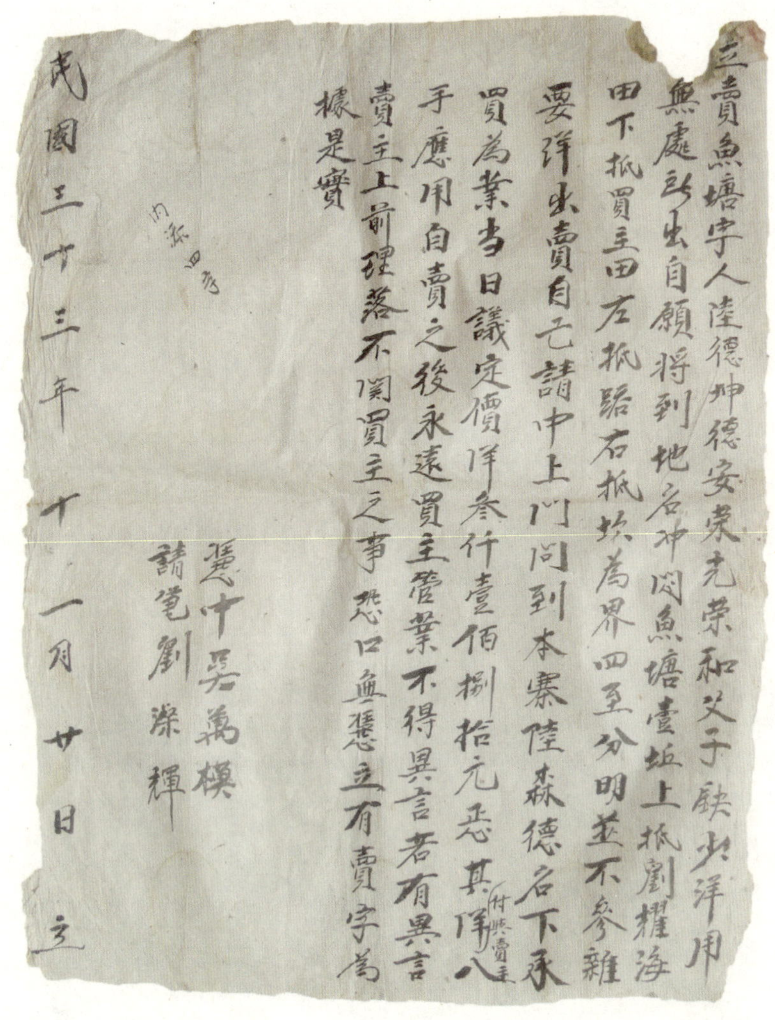

立卖鱼塘字人陆德坤、德安、荣光、荣和父子，缺少洋用，无处所出，自愿将到地名冲闷鱼塘壹坵，上抵刘擢海田，下抵买主田，左抵路，右抵坎为界，四至分明，并不（无）参（掺）杂，要洋出卖。自己请中上门问到本寨陆森德名下承买为业，当日议定价洋叁仟壹佰捌拾元整，其洋付与卖主入手应用。自卖之后，永远买主管业，不得异言。如有异言，卖主上前理落，不关买主之事。恐口无凭，立有卖字为据是实。

内添四字

凭中：吴万模

请笔：刘溁辉

民国三十三年十一月廿日立

46. 陆学坤、陆灿林兄弟卖山场地土杉木字（民国三十三年十二月二十五日）

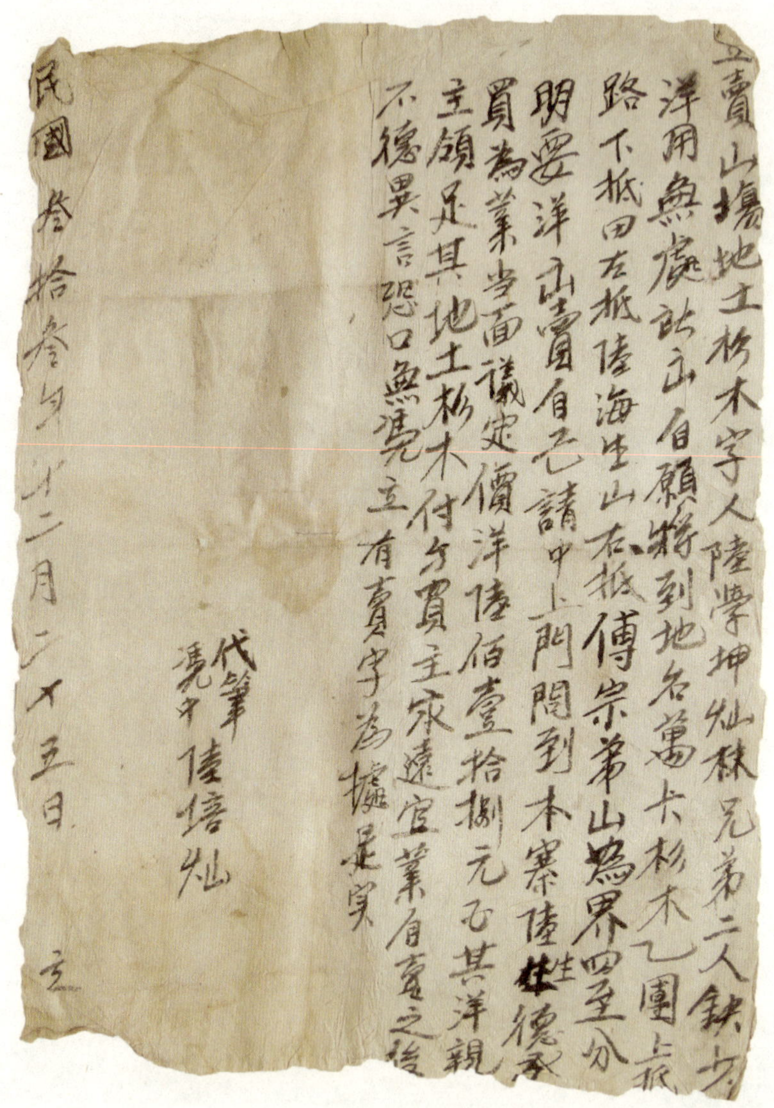

立卖山场地土杉木字人陆学坤、灿林兄弟二人，缺少洋用，无处所出，自愿将到地名万卡杉木一团，上抵路，下抵田，左抵陆海生山，右抵傅宗弟山为界，四至分明，要洋出卖。自己请中上门问到本寨陆生德承买为业，当面议定价洋陆佰壹拾捌元正。其洋亲主领足，其地杉木付与买主永远官（管）业。自卖之后，不德（得）异言。恐口无凭，立有卖字为据是实。

代笔、凭中：陆培灿

民国叁拾叁年十二月二十五日立

47. 龚氏玉昭卖油山字（民国三十七年八月初五日）

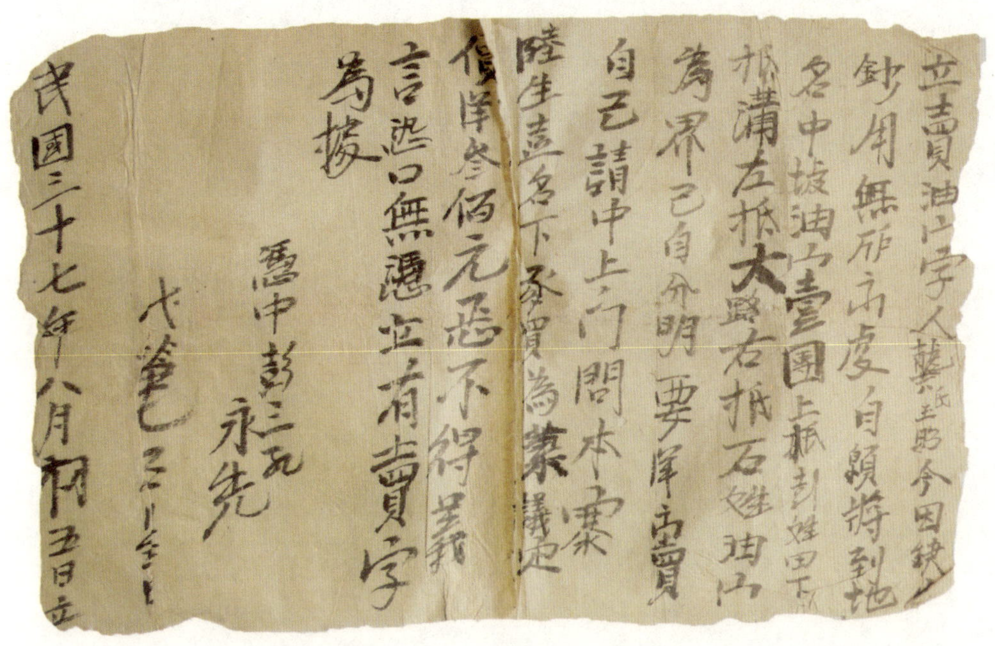

立卖油山字人龚氏玉昭，今因缺少钞用，无所出处，自愿将到地名中坡油山壹团，上抵彭姓田，下抵沟，左抵大路，右抵石姓油山为界，己自（四至）分明，要洋出卖。自己请中上门问到本寨陆生远名下承买为业，议定价洋叁佰元整。不得义（异）言。恐口无凭，立有卖字为据。

凭中：彭三孔、彭永先

代笔：□□□

民国三十七年八月初五日立

48. **王通德卖田地字**（民国三十七年七月十九日）

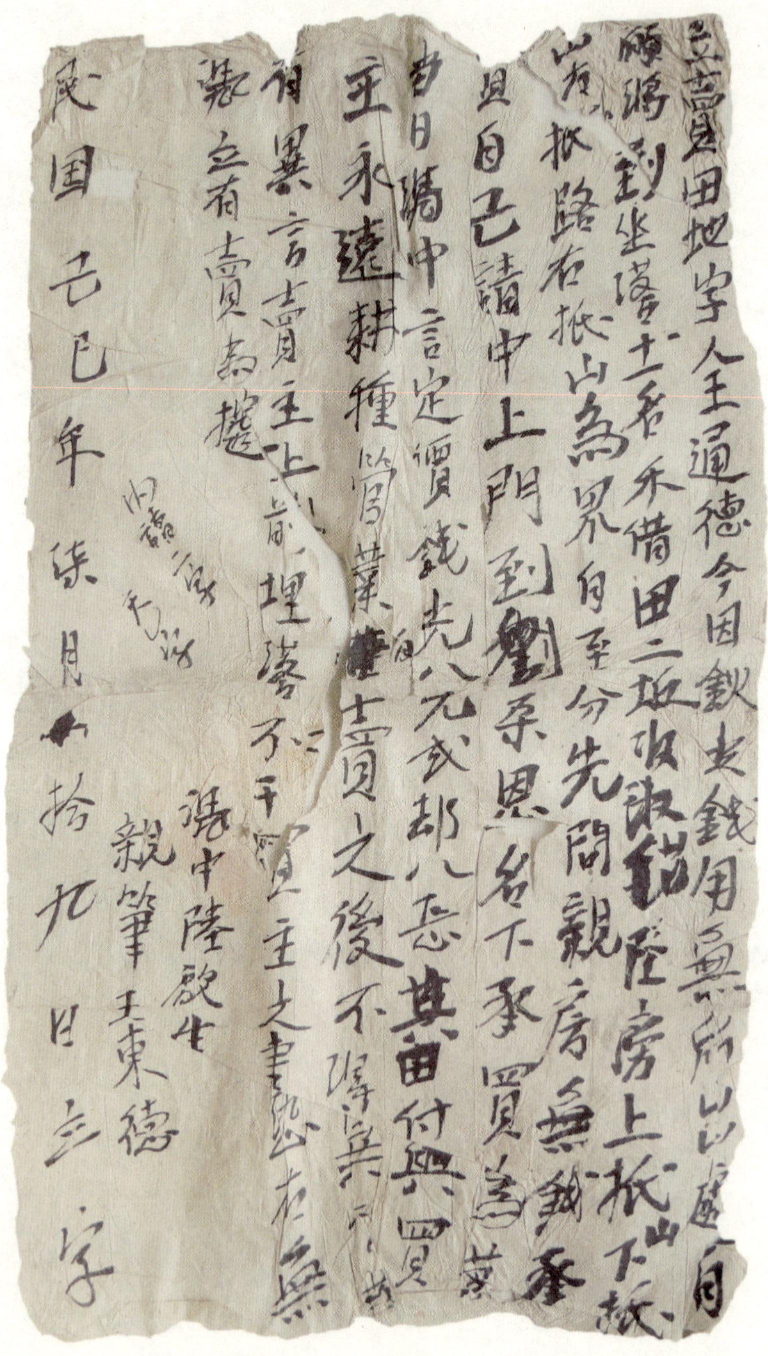

立賣田地字人王通德今因缺少錢用無所出處自願將到坐落土名禾借田二坵收谷……房上抵山下抵岩抵路右抵山為界自至分先問親房無錢承買自己請中上門到劉系恩名下承買為業當日憑中言定價錢先八元武却八仙其田付與買主永遠耕種管業。自賣之後不得異言……恐異言，立賣主上前埋落不干買主之事，恐口無憑，立有賣字為據。

内添二字

憑中陸啟生

親筆王東德

民国戊子年柒月拾九日立字

立卖田地字人王通德，今因缺少钱用，无所出处，自愿将到坐落土名禾借田二丘，收花陆捞，上抵山，下抵山，左抵路，右抵山为界，自（四）至分［明］，先问亲房无钱承买，自己请中上门［问］到刘朵恩名下承买为业，当日凭中言定价钱光［洋］八元贰角八［分］整。其田付与买主永远耕种管业。自卖之后，不得异言。若有异言，卖主上门理落，不干买主之事。恐口无凭，立有卖［字］为据。

内读（涂）二字，天（添）一字

凭中：陆启生

亲笔：王东德

民国己巳年柒月拾九日立字

49. 陆泰叁卖园坪字（民国三十二年十一月十二日）

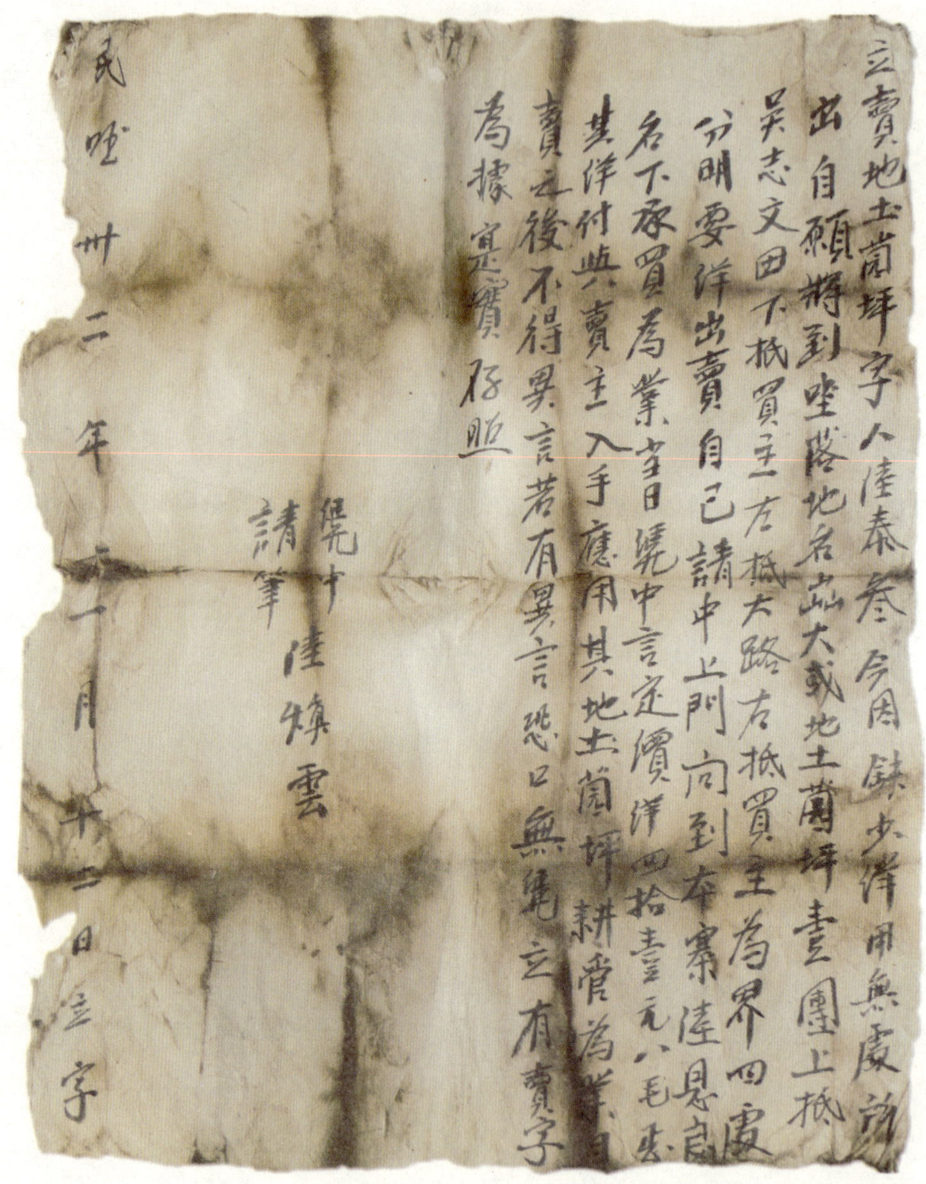

立卖地土园坪字人陆泰叁，今因缺少洋用，无处所处，自愿将到坐落地名岀大或地土园坪壹团，上抵吴志文田，下抵买主，左抵大路，右抵买主为界，四处分明，要洋出卖。自己请中上门问到本寨陆恩良名下承买为业，当日凭中言定价洋四拾壹元八毛整。其洋付与卖主入手应用，其地土园坪耕管为业。自卖之后，不得异言。若有异言，恐口无凭，立有卖字为据是实存照。

凭中、请笔：陆焕云

民国卅二年十一月十二日立字

50. 陆恩良交粮收据（一九五〇年七月十一日）

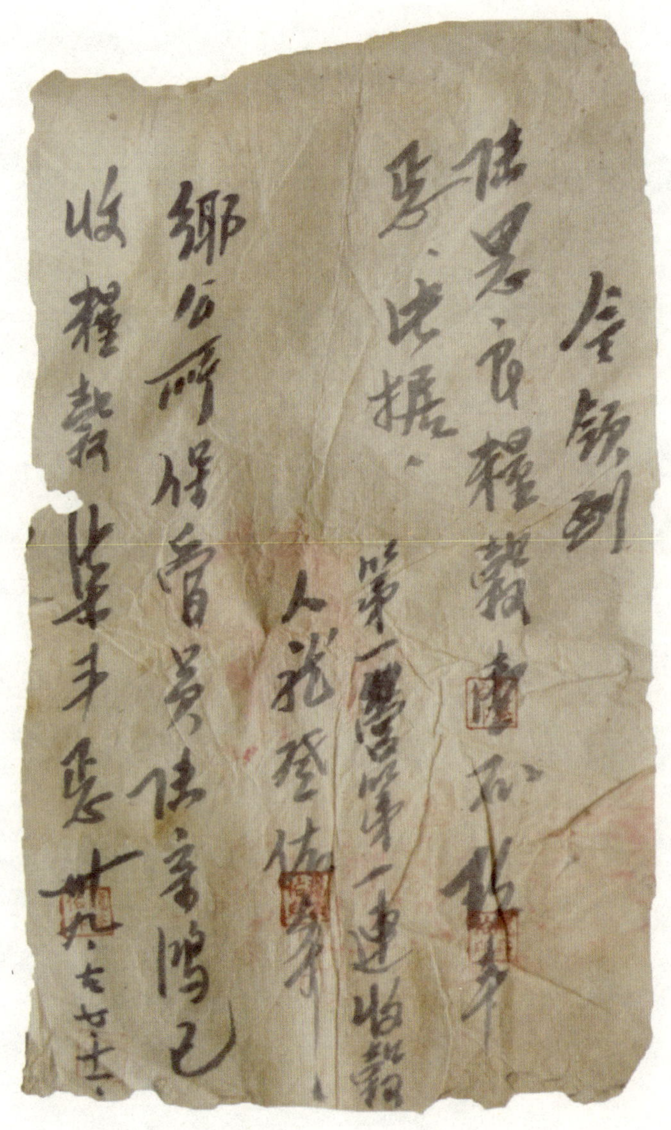

今领到

陆恩良粮谷壹石玖斗整，此据。

第一营第一连收谷人龙登佑条

乡公所保管员陆亲鸿已收粮谷柒斗整。

卅九年古历七月十一日

51. 吴伍全卖土地字（一九六一年六月□七日）

立卖土地字人吴伍全，今因家下缺少币用，无处［所出］，自愿卖到为模棉花地壹团，左抵山，右抵陆生喜为界，上抵刘荣坤，下抵吴志合为界，四至分明，要银出卖。自己立卖，陆初桃承买为业，义（议）定价钱贰拾件米整。自卖之后，不得异言。若有异言，不关买［主］之四（事）。恐口无凭，立有卖字出卖字（是）实。

亲笔

公元一九六一年六月□七日

52. 唐长生卖田契（□巳年十一月十六日）

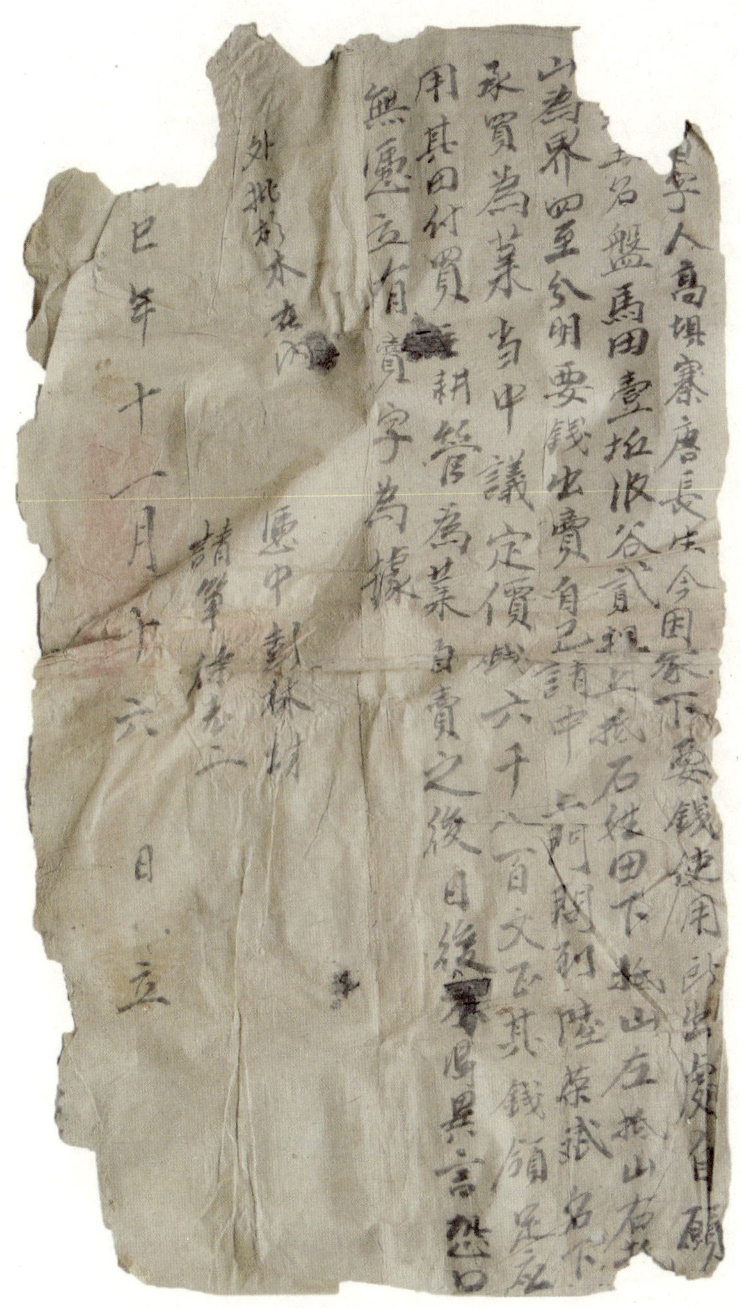

……字人高坝寨唐长生，今因家下要钱使用，［无］所出处，自愿［将到］土名盘马田壹丘，收谷贰担，上抵石姓田，下抵山，左抵山，右抵山为界，四至分明，要钱出卖。自己请中上门问到陆荣斌名下承买为业，当中议定价钱六千八百文正。其钱领足应用，其田付与买主耕管为业。自卖之后，日后不得异言。恐口无凭，立有卖字为据。

外批：杉木在内

凭中：彭林□

请笔：徐老二

□巳年十一月十六日立

53. 刘氏银弟、陆文海母子卖山场地土园坪字（时间不详）

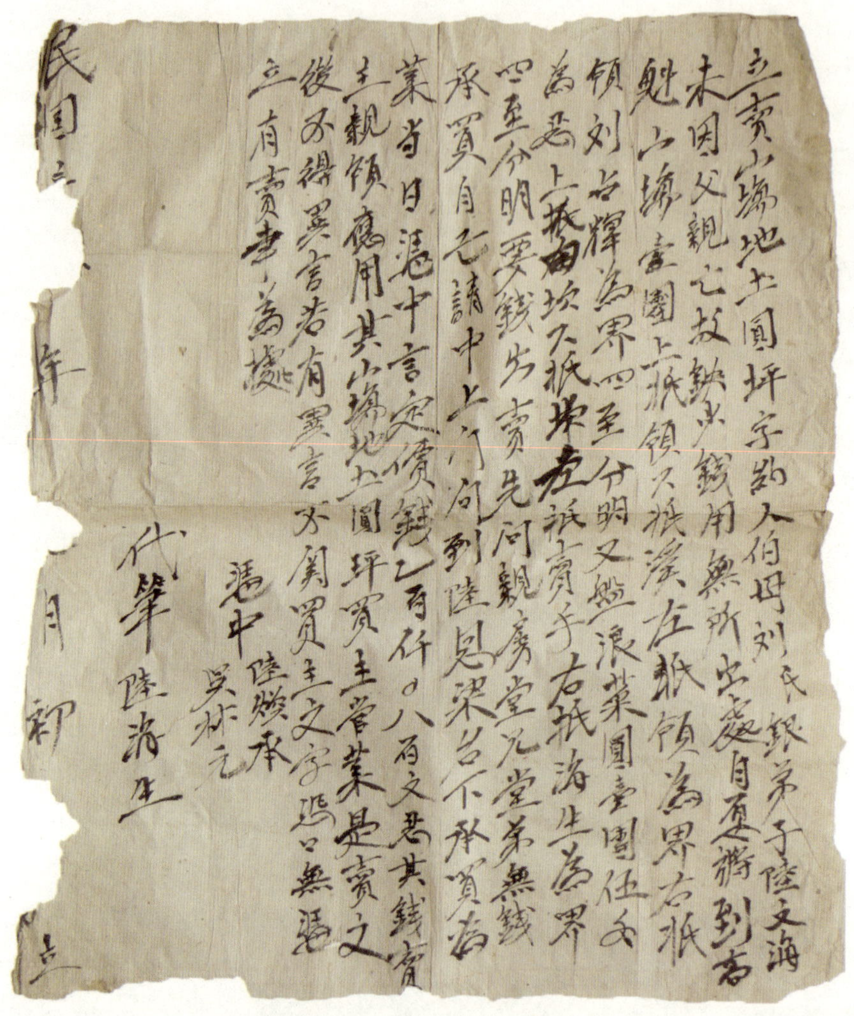

立卖山场地土园坪字约人伯母刘氏银弟、子陆文海，未（为）因父亲亡故，缺少钱用，无所出处，自愿将到高魁山场壹团，上抵领（岭），下抵溪，左抵领（岭）为界，右抵领（岭）刘占辉为界，四至分明，又盘浪菜圆（园）壹团，伍钱为整，上抵田坎，下抵坎，左抵卖手，右抵海生为界，四至分明，要钱出卖。先问亲房堂兄堂弟无钱承买，自己请中上门问到陆恩梁名下承买为业，当日凭中言定价钱一百仟〇（零）八百文整。其钱卖主亲领应用，其山场地土园坪买主管业。是（自）卖之后，不得异言。若有异言，不关买主之字（事）。恐口无凭，立有卖字为据。

凭中：陆焕承、吴林元

代笔：陆海生

民国□□年□月初□立

54. 陆应发、陆应魁兄弟卖地土杉木字（时间不详）

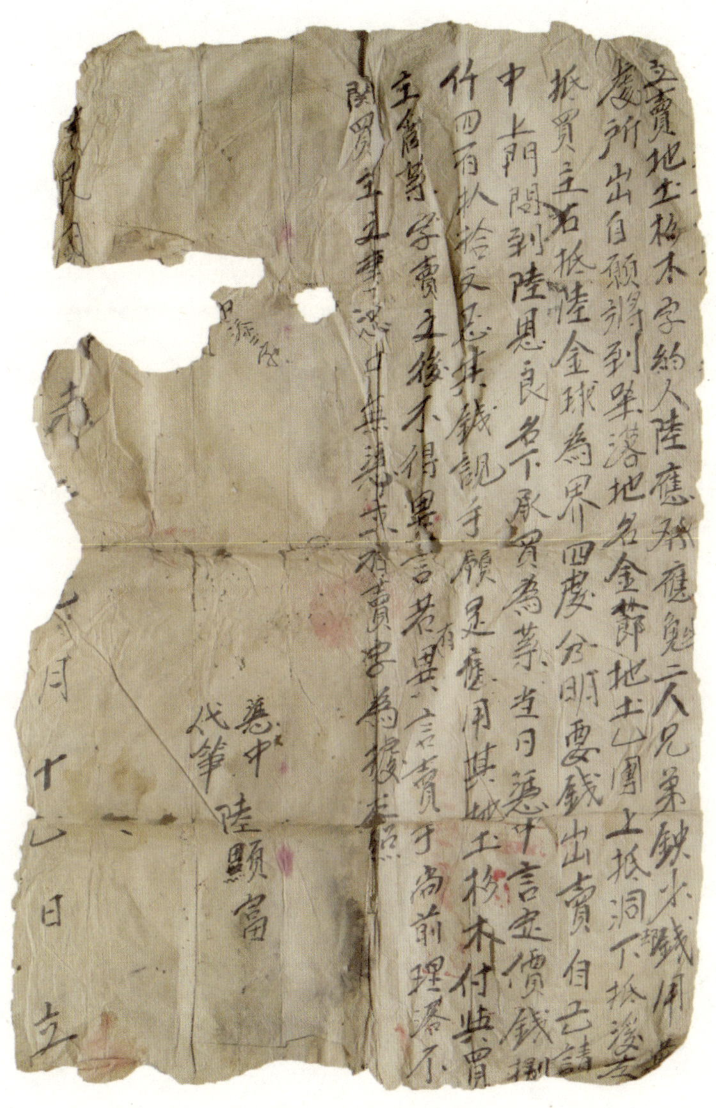

立卖地土杉木字约人陆应发、应魁二人兄弟缺少钱用，无处所出，自愿将到坐落地名金节地土一团，上抵洞，下抵溪，左抵买主，右抵陆金球为界，四处分明，要钱出卖。自己请中上门问到陆恩良名下承买为业，当日凭中言定价钱捌仟四百八拾文整。其钱亲手领足应用，其地土杉木付与买主管业。字（自）卖之后，不得异言。若有异言，卖手尚（上）前理落，不关买主之事。恐口无凭，立有卖字为据存照。

内添二字

凭中：代笔：陆显富

民国□□月十一日立